中国近代人物日记丛书

张廷银 刘应梅 整理

王伯祥日记

第十七册

中华书局

第十七册目录

1963 年

元旦（壬寅岁十二月小建癸丑　己亥朔　初六日　甲辰）星期二

晴，寒。入晚大风。

晨六时半起。八时晓先来访。九时半，潘儿、文权来。十时，晓先去。

十一时，政协放车来接（车编十号），本定与黄季宽同乘，黄已别有车先行，予遂独乘以往，径登三楼，群彦毕集。今日政协全国委员会主席周总理设宴招待在京政协委员及全国人民代表在京代表之年在七十以上之老人，适民主党派亦正在京召开中全会，其中七十以上之代表委员亦不鲜。加以国务院部分领导同志及中共中央之七十以上之老人全都请到，稔友如顾颉刚、章元善、陈通夫等亦以正届古稀被邀参列，于是，济济一堂，皤叟盈座，虽亦有携夫人家属者，究不敌老者之多也。十二时入席，周总理宣布今日出席老人九十以上者三人，八十以上者数十人，七十以上者一百数十人。连家属、招待服务各员凡三十席。予与范文澜、顾颉刚（及夫人）、易礼容及其他老人同席（凡十人）。饮次，周总理以次各领导人且遍历各席敬酒，精神焕发，真令人忘老。二时散，仍乘十号车送归。

到家，潘、润、湜三儿及文权、预孙、硕孙、堉孙、基孙、锴孙、镇孙、鉴孙、惠林均在。元孙、宜孙则往东四剧场看木偶戏，惟燕孙穿插其间耳。欢谈至五时，潘等皆去。元、宜亦返，湜则出访管生矣。

六时,农祥来,遂留伊小饮。夜饭后,农祥去,浥儿归。予取汤濯身洗足,易衷衣就寝。

1月2日（十二月初七日　乙巳）星期三

晴,寒,午后及夜间西北风大作。

晨六时半起。八时后点正《提要》句读,至十时许,点至《术数类存目一》之十二页。刚主见过,遂与长谈,十一时三刻乃去。

润儿今日诣出版图书馆上班,午间归与同饭。午后,润仍上班。予则往过颉刚,二时政协放车接伊,予遂附乘同行,径驰郊外白石桥社会主义学院参加全国文史工作会议。大会会场在六楼,乘电梯以上,晤通夫、循正、立斋、祖荫、世兰、暂沅、伯纯、子岗等。是日颉刚发言,写成书面为《中国史料的范围和已有的成绩》,历一时半。休息后循正发言,无书面,泛谈对待史料的看法云。五时半散,仍乘便车送归。同车者阎宝航、溥仪、颉刚及予四人。先送宝航、次送溥仪、次及予、然后送颉刚。

予到家已将六时半,遂与润、元、宜等同晚饭。琴媳饭后归。九时,予就寝。浥儿十一时乃归。盖持予戏票与硕孙在政协礼堂参加招待晚会,由中国戏曲学校实验京剧团演出全部《铁弓缘》也。

1月3日（十二月初八日　丙午）星期四

晴,寒,仍有风。

晨七时起。啜腊八粥。润儿以须往协和医院检查,四时即去排队,天未明也。八时乃归,俟九时再往云。届时重往,十一时归。谓心率不齐,须作心电图,时间不敷,属明日再往,只得归饭。饭后,润仍上班学习。予则往访乃乾,谈至四时辞归。六时半夜饭,琴媳亦归,元孙转后返。湜儿在厂上课,夜饭后归。八时半,杨志刚来访,谈移时。伊与湜在西屋谈,予乃就寝。

1 月 4 日（十二月初九日　丁未）星期五

风吼淡晴,增寒矣。

晨七时起。阅《水经注》。昨日出外冒风,今又感冒剧咳,痰凝而喉哑,颇不适。润儿归后,又照常赴版本图书馆上班。虽有病痛,依然孤坐,并无人能在侧护侍者,不免情绪波动耳。

午后昏沉之至,介泉夫人来谈,携到代买花生米二斤,至感关切。三时许去。仍独坐呆思,勉展《提要》点之,抵晚完术数类存目二。

傍晚,润归,属出购羚翘解毒丸。夜饭后服一丸,分作八丸吞之,依然阻隔打恶,为治病不得不尔,殊可厌也。八时许,瀋儿、文权来。接汉儿一日信,知明晨七时四十五分可返抵京。琴媳九时返。予以畏冷,九时半睡,瀋、权亦去。湜儿在外看戏归来何时,竟未之闻。

1 月 5 日（十二月初十日　戊申）星期六

晴,寒。风急。

晨三时起如厕,归卧即未入寐,五时后朦胧睡去。恶梦频扰,突然惊醒,已六时半,再挨至七时半乃起。润儿往车站接汉儿,八时半同归。有顷,汉儿归家部署后再上班。润则仍往上班矣。汉儿告知清儿尚好,但青年印刷厂仍未将最后材料寄去。不禁又为之气涌,诚不知若辈所司何事,漠视同人至于如此耶。

午前阅《水经注》，午后点正《提要》艺术类一句读二十四页。润、湜皆归晚饭。饭后，润往会琴媳于蟾宫，同看电影，湜则出访志刚。顯孙、硕孙偕来，盖顯孙近奉调去青岛电表厂工作，今午方自哈尔滨来京，大约耽搁三数日便须去鲁东报到也。因同看电视《春催桃李》。九时，顯、硕去。十时就寝。润、琴、湜亦先后归。

1月6日（十二月十一日　己酉　小寒）星期

风急而晴，严寒日催矣。

晨七时起。阅《水经注》。十时后，潘、权、顯、预、安来，近午颉、硕亦至。盖昌顯归后屡电告颉，皆不通，硕乃诣其宿舍邀之同来也。十二时得汉电话，谓访友被留饭，须饭后再来云。予等乃同进午饭。予与潘、权、顯、预、颉、硕及润、湜、元、安同桌。琴媳则领宜、燕就别座焉。饭后，镇、鉴来，谓大璐亦在途，即将至，乃谈至四时，汉、璐皆未至，旋接汉电话，谓饭后回家，大璐行至半路，以呕吐而折还，大约偶中煤气所致云。于是，潘、权等皆归去，将宜孙同去。镇、鉴亦返去视家。傍晚，润儿往潘家晚饭而后归，携宜孙俱。九时就寝。

1月7日（十二月十二日　庚戌）星期一

晴，寒，仍刮风。

晨七时起。文权来，谓潘今晨发热，未能陪予往医院云云。予因属润于九时后假归，陪予同行。九时半，润儿归，偕予同出，乘廿四路到东单，走往大华路北京医院门诊部。径诣内科，问护士有何较熟大夫？伊云郭普远新调回，遂指请郭大夫接诊，坐待至十时五十分即延入诊视，结果知胆固醇已降至二百六十五，血压为最高一百五十五,最低八十,尿糖已呈减号,不成问题云。惟脉搏仍有间歇时,嘱仍续用原药,并加配止咳药液及薄荷喉片(含剂)。十一时廿分即持方取药。未几,即与润儿离院,走至台基厂北口,乘三路无轨到王府大街,诣大同酒家午餐。餐后,乘一路无轨,转廿四路归。到家正一时,润即上班去。

下午,阅《水经注》,抵暮毕第三十四卷。傍晚,润、汉、湜先后归。元孙亦早返。遂同夜饭。饭后,汉、润、湜、元同往城外看濬儿、顯孙。九时就寝。琴媳归,润、湜、元亦随返,汉则径自归去矣。

1 月 8 日(十二月十三日　辛亥)星期二

晴,寒。惟风势稍杀矣。

晨七时起。上午写信四封,分寄澄、漱、滋三儿及复天津孙毓桂。寄合肥者即以今年计,新编为京一号。尽半日之力,觉大惫矣。近日真不中用乎?

下午续正《提要》句读,至四时点毕艺术类一。湜儿自厂归,欣报喜信,谓厂人事科向伊宣布政治问题已得解决,去年十二月廿九日即得上级批准云云。五年沉薶一旦消散,是不啻拨云雾而见青天矣。盖至此而与予有关亲属之被议者悉行解除,曷胜轻快。

五时半,独出,在禄米仓西口乘三轮径赴王府大街大同酒家,应元善之约。至则颉刚已先在,轶程亦正入门。甫坐定,烟桥、慧远、元善、通尹、琢如夫妇、振甫、圣陶、平伯、叔衡、厥文陆续到,凡十四人。乃以四小方桌斗合为一大方桌,四四相对,三三互照,共坐进餐。真别开生面矣。幸四面合坐,若再摆开一面者,诚如曩日过节祀先耳。一笑入席,欢谈至八时一刻乃散。予与琢如夫妇及平伯乘一路无轨东行,平伯径诣朝阳门,予与钱公母则在南小街下,适有一三轮过,予乃雇之而行。到家已八时四十分,湜儿正在写信,琴媳以感冒早睡,汉、润两儿则往潜家看顯孙矣。有顷,汉、润归,知顯孙后日去青岛云。九时三刻,汉归去。予亦就寝。

1月9日(十二月十四日　壬子)星期三

晴,寒。午后北风又作,中夜月明如昼。

晨七时起。八时后,续治《提要》句读,至午后三时半,点至艺术类二卅三页。书画之属毕矣。下午本有文史资料工作会议之约,听张执一副部长报告,以路远风急,惮未敢行,乃电话致该会告假也。

润儿为看心电图结果,今晨四时又往排队挂号,已为四十二号,非午后不能及,乃于九时归后仍去图书馆上班。午饭后稍憩至二时半,始往协和医院。逾时归,谓心电图尚正常,因持归,再与赵家楼医院接治,且俟有何发展再诊治云。

夜与润、琴、湜、元、宜、燕共饭。饭后看电视歌剧《红霞》。九时各就寝。

1月10日(十二月十五日　癸丑)星期四

晴,寒,仍有风。

晨七时一刻乃起,阅《水经注》。九时半道衡见过,长谈至十一时半乃去。顯孙十时来辞行,今晚十时即动身去青岛云。予以方与道衡谈事,未与多说也。

午后在炉边打盹片刻,点正《提要》句读,至晚将艺术类二续完,并将艺术类存目亦点毕之。琴媳归来较早,以感冒即蒙被卧。

湜儿归来夜饭,后去潜家看顯孙,九时归。十时就寝。

1 月 11 日（十二月十六日　甲寅）星期五

晴,寒。

晨六时起。七时廿分即出,乘廿四路北转一路无轨到白塔,再乘三轮到政协,乘其大轿车开往郊外白石桥社会主义学院,参加全国文史资料工作会议闭幕式。九时开始,由申伯纯作总结发言,十一时散,即在礼堂合摄一影以资留念。摄影后即午饭,予以用立斋所馀饭票进膳,膳后再上三楼憩息于立斋寓室,共谈至下午二时半,又乘会中大轿车驰回城中,径达天安门人民大会堂听报告。在大门口遇厚宣,遂与偕入坐十六排七十六号,已甚偏北首矣。三时半开,由中共中央统战部主持,徐冰主席宣布开会,请中共中央政治局委员、书记处书记彭真作国际国内形势报告。是日参加者为正在北京召开的各民主党派中央全会及全国工商联执行委员会的出席列席人员与在京的全国人民代表及政协全国委员会委员,北京市各民主党派常委等亦参加。以是上下三楼皆挤满,殆及万人也。七时始毕。予遇圣陶、至善父子,遂搭其车送回小雅宝西口,走归家中已将八时矣。乃坐定小饮,从容进晚膳。时润、琴、湜、元、宜、燕辈皆已饭过,予乃独餐耳。十时就寝。接九日滋儿与润、琴信。

1 月 12 日（十二月十七日　乙卯）星期六

晴,寒。

晨七时起。八时半出,乘廿四路南转十路到民族宫参加本院哲学社会科学学部第卅五次中心学习座谈会。潘梓老主席,详谈国际国内形势，内容与昨日彭真所讲相为发明，十二时始散。仍上三楼餐厅午饭。是日参加人多，凡六席，予与棣华、大冈、叔平、念生、奠基、志韦等同席。餐毕出，晤白寿彝，立谈片晌而别。仍乘公共汽车循原路归家。时已一时半，润又上班去矣。李妈见告谓汉曾有电话来，以感冒发热归卧云。甚念之。下午三时，潘梓老在首都剧场作大报告，对全学部干部言，以内容与上午相谈者同，遂未再往。

续治《提要》，至晚得《子部》谱录类，十六页，仅迨其四之一耳。湜儿以厂中无课早归。润、琴亦皆归来共晚饭。饭后，润、湜往汉家省视，潇、权来，基孙亦来。九时半，润、湜归，知汉系感冒，热虽未退，势却不重，明日下午如能起床，当前来云。基孙返校，潇、权随去。予乃取汤濯身洗足，由湜儿帮同擦拭，然后易衷衣就寝。颇觉累矣。

1 月 13 日 (十二月十八日　丙辰)星期

晴，寒。又有风起。

晨七时起。八时半重点《提要·子部》谱录类。十时许，友琴见过，遂止于卅六页。与长谈至十一时半，去。诸承关怀，极感！

午饭后，润、琴、湜等为予所住北屋大扫除，盖循俗所谓掸沿尘也。以予老迈，嘱外出避嚣，因独出乘廿四路南转十路到中山公园，顺购本年度各公园游览券，即走唐花坞赏花。左列建兰，右陈水仙，间以红梅、腊梅，芳沁人脾。为周赏一过而出。步出园西门，走访乃乾，于其家长谈至四时半，行。在西华门雇得三轮东归。

到家屋内尚未收拾完毕，镇孙亦至，知其母今晨已霍然，今晚去长安听北昆，不来小雅宝矣。少顷，镇孙归去。予等亦共坐晚饭。饭后正在看电视京剧《桃花扇》，杨志刚来访，遂闭机与之谈。

九时,杨移坐湜儿室中,予乃就寝。

1 月 14 日（十二月十九日　丁巳）星期一

晴,寒。

晨六时起。阅《水经注》,至午后二时,全部读毕。以所执之本为中华书局排印《四部备要》,错讹孔多,未曾加点,如假我岁月,当求孔继涵刻戴校本及王先谦原刻合校本一对勘之也。因于《备要》本卷末加跋云:

> 善长此书为千古奇帙,自经注混淆之说出,述者纷纭聚讼,至莫衷一是。戴校本收入《四库》,后世遂尊为官本,右之者奉若帝天,绌之者诋为剽窃。其实戴固不自满,假乃有孔刻以自襮,王氏合校之本荟萃众说,一以官本为主,绝不提及孔刻,殆怵于功令不敢自异,抑或竟未睹孔刻欤? 壬寅腊月中旬,读毕合校之本,惜中华排校多讹,未惬所怀,因未加点,拟求孔刻之本与合校刻本对读之,藉明究竟也。

午前接滋儿十二日来合二号禀,谓已请准假期十天,拟即偕佩媳挈铿孙于十六七日来京,虽车挤得票不易,然岁底定能赶到云云。为之欣慰不置。琴媳本患感冒,昨日又因大扫除,不免劳剧,竟发烧,今日热已退,上午在家卧休,但以事冗,下午仍强出上班。

接滋函后,电话告湜儿,湜云手头工作甚紧,今晚要加班,晚饭不能归。或竟住在社中赶此任务也。四时,濬儿来。傍晚,琴媳、润儿、汉儿来,遂共夜饭。饭后琴媳在北屋上电视大学《现代文学史》课,予与濬、汉、润等在南屋闲谈。湜儿亦归,谓厂中工作配不齐,定明晨合组同往厂中上班云。九时半,濬等去,予亦就寝。

1 月 15 日（十二月二十日　戊午）星期二

晴,寒。

晨六时即起。八时廿分出,缓步往文学研究所参加本组组会。冠英主席,到世昌、力扬、范宁、念贻、道衡、友琴、象钟、赓舜、世德、水照、荷生、于陛、绍基、共民及予。总结一年工作,各有所陈,十二时散,仍步以归。饭后续治《提要》句读,至三时半点毕谱录类及其存目。

四时,润儿归,遂与偕出,乘廿四路北转一路无轨,赴政协礼堂。先到服务科交还一九六二年度辛字购买证,俾换六三年度新证,然后诣餐厅晚餐。餐毕出,晡若定,仍走白塔附一路无轨东归。在南小街北口转廿四路返。往还均甚挤,腰为之闪,殊不舒也。到家汉儿及顺林均在,谓亦刚到。顺林已饭过,汉则饭而后行,往访云瑞家。顺林为其家就予家缝纫机缀衣裳,十时乃去。予亦就寝。湜儿今晚应工厂之邀请,招待看电影,以酬业馀教课之劳,十一时始归。

阅报知李俨病逝,当代数学大家又弱一个,不胜凄惋。

1 月 16 日（十二月廿一日　己未）星期三

晴,寒。

晨六时起。八时写贺节片与越特金,并写信与潄儿,属划十元交笙伯转幽若,盖昨晚顺林告润,谓伊接幽若信诉苦也。翼之同在一地,而绝不照顾其胞姊,殊可叹惋矣。

十时后,点正《提要》句读,至午后三时,阅过杂家类一之十七页。而潜儿来,乃与之偕出,乘廿四路到东单,步往大华路北京医院门诊部就诊。坐待未久,即由大夫郭普远接诊,血压高一百五十,低七十,又较前低些,但距离仍远,须注意,且不希望再降云。再听心脏动静,间歇似亦较好于前。续配药物如前,加 V、B 耳。

五时回家,六时后琴、润、元、宜、湜等先后归,遂共晚饭。文权适至,因小饮。饭后,谈至八时半,潘、权皆去。九时就寝。

1 月 17 日(十二月廿二日　庚申)星期四

晴,寒。下午起风。

晨七时起。九时至午,点完《提要·子部》杂家类一,中间有休止。饭后续点杂家类二,至三时。象钟来访,商榷唐诗注诸问题,予又以试作馆藏明清人集综录计画告之,并建议印行同仁通信录(此两建议均作为本所十周纪念刊物)。谈至五时半始去。润儿、琴媳傍晚亦归。元孙已考毕,即放寒假矣。上午九时,本拟往嘉兴寺吊李俨,而硕孙在车站接得昌孙、新孙,因偕昌同来谒,遂未果去。与硕、昌长谈抵十一时乃各归去。夜饭后湜儿始在厂中教课归,复具餐焉。餐后,伊在炉边拭身,予则在案头打五关。九时就寝。

1 月 18 日(十二月廿三日　辛酉)星期五

晚来风狂如吼,撼户振牖,不得好眠,今晨加急,晴色为减,寒乃益凛。

六时便旋。七时起。八时重治《提要》句读。九时半吴翙如来请阅稿,谈移时去。仍续治《提要》,至午毕《子部》杂家类三。午后接点《子部》杂家类四,抵晚亦毕。望滋儿电报不至,殊念之。接湜儿电话,谓今晚在厂赶阿文校样,须十一时乃归,不必等候夜饭。及晚七时后又接电话,谓活多,不及归,当夜住厂矣。汉儿傍晚来。琴媳、润儿亦及时归,遂共夜饭。饭后汉即去。九时许,予亦就寝。

1 月 19 日（十二月廿四日　壬戌）星期六

阴,凛寒殊甚。

晨七时起。八时廿分出,乘廿四路南转十路到北京饭店新七楼,参加科学院院部学习会。到各所三百馀人,由张劲夫主持。听赵毅敏谈反修正主义,于代表中共参与意共大会中经过情况甚悉。十一时三刻完。与会者皆下楼在餐厅会餐,十人一席,人纳粮票三两及人民币八角。予与世昌、厚宣、琢如、志韦等同席。十二时半散。乘九路到东单,转廿四路径归。

到家见滋儿、佩媳、铿孙皆已安抵,询知今晨十时半到家,在途凡二昼夜云。辛苦甚矣。并知润儿已晤及,濬、汉亦已分别通知,惟湜儿则屡电不通。最后,予亲去电话始知在开会。想今晚必能归聚也。与滋儿方谈,琴媳亦归叙,旋仍上班去。下午四时半,濬、权偕来看滋等。有顷,硕孙亦至。傍晚,琴媳、润儿俱归。六时半晚饭,湜儿亦归。遂与濬、润、滋、琴、佩、湜、硕、元、宜等合坐小饮,藉志欢庆。铿、燕二孙则旁列矮几同饭。饭后,汉儿,锴、镇、鉴三孙,惠林、昌昌、新新及志华皆来,于是围炉痛谈,以次各抒心所欲言。十时,志华挈新新往住其家。十时半,濬等东归。昌孙则随汉等西行住其家,乃腾西屋以居滋、佩、铿,令湜儿支床北屋,然后就寝。

1 月 20 日（十二月廿五日　癸亥）星期

风急而晴,寒乃加严。晨起,窗上始结冰晕。

七时起。八时后点《提要·子部》杂家类五。十一时十分,民进派车来接,并过接均正,共赴前外煤市街丰泽园饭庄,盖乔峰在

京开会已毕，明日即须返浙，今午约开明旧同人午餐（昨日已有电
话来约）也。至则乔峰已先在，既而圣陶、至善父子、彬然、叔湘、明
养及伯昕、宾符陆续至，十二时开宴，一时半毕。予仍与均正同乘，
送伊等至华侨大厦后送予归家。来往途中，皆遇大风，黄尘布地，
有类浓雾，在汽车犹嗅得土气息也。

下午闲坐休憩。润、滋、湜三兄弟协同操作，分别割烹，预备度
春节，似此年景实已难得，中心愉快之至。惜珏人久逝，未克共赏
此晚景耳。

傍晚，汉儿来，因共饭。饭后，围炉谈话，十时，汉儿去，予等亦
各就寝。予又失眠，二时后起服安乐神两枚，越时始入睡。

1 月 21 日（十二月廿六日　甲子　大寒）星期一

风稍停，晴，寒弥甚。

晨七时起。八时后续治《四库提要》句读，竟日未出，完其《子
部》杂家类五、六两卷，及卷七之二十页。上午，滋儿诣喜鹊胡同公
安局派出所报临时户口，午后又往换粮票，四时又偕元孙同往西安
门国务院机关事务管理局领购米、肉、葱，六时始返。

潘儿傍晚来，汉、湜亦归，因共夜饭。饭后文权来，八时，汉归
去。琴媳始归饭。九时半，潘、权归去，予等皆就寝。风又狂作，烟
囱倒冒焉。

1 月 22 日（十二月廿七日　乙丑）星期二

晴，严寒。

晨七时半起。湜儿感冒不能起，滋儿为电话去出版社请假。
九时后，续治《提要》句读，至午后三时，点竟杂家类七及其存目一

之廿一页。

　　四时三刻，偕滋儿、佩媳、湜儿挈铿孙出，乘廿四路北转一路无轨，往沟沿走诣政协餐厅晚餐。有顷，琴媳来会，因共进晚膳。在彼晤景耀、洁琼、世英、汝璇诸人。七时食毕，琴媳御骑车先行，滋、佩、铿则过丰盛胡同访友。予与湜儿仍走沟沿乘一路无轨返南小街，再转廿四路归家。抵门，门灯犹未熄，琴媳亦方归。有顷，滋、佩等亦归。来去俱冒风行，且兼灯光照耀，殊以为苦，岂年迈渐感衰退乎？夜与润、滋、湜长谈，至十时半乃寝。

1 月 23 日（十二月廿八日　丙寅）星期三

　　晴，寒，风势稍杀矣。

　　晨七时起。润、湜、琴仍照常上班，宜孙已放假，其母挈之往人教出版社。滋出就浴，家惟佩媳、元孙及铿孙在侧耳（元孙昨亦重感冒，今已愈）。十时三刻，所中车来，其芳、棣华、平伯均在车，约同过访西谛夫人高君箴，然后赴政协礼堂第三会议室参加哲学社会科学部迎春聚餐会。于是先往黄花门大街郑宅，晤君箴，并见其孙洁，坐有顷即行，驰往政协已将十二时。参加者陆续来，至十二时一刻开宴，凡到科学院院长、副院长、哲学社会科学部常委及部属各所正副所长与部分研究员，约百许人。予与其芳、棣华、冠英、平伯、唐弢、之琳、大冈、健吾、元胙同席。宴毕，尚有电影两场，予与其芳、蔡仪、平伯、冠英先行，同车送归。

　　到家滋儿又已他出，元孙复以馀热卧床，燕孙亦正午睡。三时，佩媳挈铿孙归。予续治《提要》，抵暮点毕杂家类存目一，并点过存目二之十九页。

　　夜与润、滋、湜谈，昌、新二孙及小逸、小春来看电视《女理发师》,八时半即完,昌孙等归去。十时许,予等亦各就寝。

1 月 24 日(十二月廿九日　丁卯　除夕)**星期四**

晴,寒。下午风又大作。

晨七时起。九时三刻,所中车来,已接平伯过我同行。十时,到文学所参加迎春联欢大会。全所同人除回里省亲及因事未能出席者外,到百二十许人,由工会主任劳洪主持,其芳及予与平伯、世昌致词祝贺。十二时半乃共诣楼下餐厅聚餐,凡十五席,予与其芳、绍基、叔平、念贻、共民、象钟、锦琪同坐第二席。一一向各席敬酒后,尽欢而散。仍由所中车送各归。同行者为平伯、世昌、冠英。予先到家。

下午,润、滋、琴、佩合治年夜饭。湜午后参加社中联欢,傍晚亦归。六时半,与润、琴、滋、佩、湜及元、宜、铿、燕四孙团坐吃年夜饭。许妈亦同与(李妈以请假归顺义度岁)。欢喜欣慰,畅饮尽怀,近年来最难得之家宴矣。饭后,湜儿赴和平宾馆参加社中招待各国专家之舞会。予等在家看电视,先为解放军各项训练报道,纠纠之姿、干城之选,欢慰无量;继为迎春晚会,先放新摄电影《锦上添花》,并介绍演员与观众见面,各有表演;次为川剧《秋江》,由成都川剧团新来北京之青年演员演出;最后为京剧《新安驿》,由赵燕侠主演。十一时毕,湜儿亦归。予即就寝。于是,壬寅岁成,而癸卯履端之庆作矣。

1 月 25 日①(正月大建甲寅　元旦　戊辰　春节)**星期五**

晴,寒。

---

①底本为:"习习盦日记第八册"。原注:"癸卯元旦至二月小尽止,即一九六三年一月廿五日至三月廿四日。七月十二日晨起,手自缀此,因记。"

晨七时起。八时后即陆续有人来,先为晓先,次为水照、刚主、念贻、绍基、世德。

抵午,乃集在京亲属就庭前合摄一影,由润儿对光取景,即请来客卢漱玉为拨机摄取之。午间聚餐,为设三席,为予及文权、潜儿、汉儿、大璐、预孙、镇孙、鉴孙、埙孙、新孙、元孙。由滋儿照料第二席,为湜儿、锴孙、惠林、颉孙、硕孙、基孙、昌孙。由润儿主持第三席,为宜孙、铿孙、燕孙。琴、佩二媳以家庭的中心主持者和接班人的保育者,双重资格不限席次,巡行照料。餐时有卢漱玉及其女,又颉孙之女同学许同志来会。因命元孙、新孙及漱玉之女并入第三席。至二时许乃罢,在小屋欢谈。抵夕,潜、汉等皆归去,独留大璐、昌孙同晚饭。饭后,以人大会堂联欢入场券二纸授璐、昌,俾往参加焉。湜儿午前及晚间皆出访友,均旋返。夜十时,各就寝。

1 月 26 日（正月初二日　己巳）星期六

晴,寒。

晨七时起。八时后,振甫、雪村及其孙辈来,既而绍华、方白、志华、冠英、友琴陆续来,谈至十一时三刻,予乃偕润儿以次全家赴前王公厂汉儿家午饭。车甚挤,分三批方达。至则潜、权已先在,镇孙、鉴孙、基孙、昌孙、大璐则往厂甸游览,藉分拥挤之势耳。予与潜等午饭毕,镇等方还就餐。予心甚为歉然。

二时三刻,琴媳挈燕孙先归,予与锴孙、惠林、元孙步往厂甸凑热闹,潜儿以次俱往翠微路中华书局丁、徐、傅、宋各家拜年云。予等行入南新华街,即见两旁遍设席棚,张灯结彩,百货骈列,行人如织,幸警察维持交通,主流均靠右行,尚得挨肩擦背而行,乃延久始达海王村,不见所谓旧书摊,遂折入东琉璃厂,出厂东门,经一尺大街、杨梅竹斜街、煤市桥转入大栅栏，出前门大街，乃在大蒋家胡同口得乘二十路车回东单，于是四人转乘廿四路归于家。顺林夫妇携其少子靖在，盖予等方出，伊等适至，乃由许妈煮面享之，并知午前吴世昌来，午后陈翰笙、陈趾华及吴翊如与一徐君（二人俱中华书局同人）亦来。均失迓谈，甚为怅歉。

六时具餐，与顺林夫妇及锴孙、惠林先饭，元孙亦与焉。饭次，润、滋、佩、宜、铿等归来，再同餐。餐后，滋及锴、林往人大会堂参加联欢（尚有一券别授镇孙），顺林等亦赋归。湜儿则径杨志刚家晚饭云。饭后，预孙来，知予政协联欢两券已由鉴孙、硕孙前往参加矣。九时三刻，滋即归，预亦归去。十时，予就寝。湜儿归来与否竟未之知。

1月27日（正月初三日　庚午）星期

晴，寒。

晨七时起。炉已熄，而许妈未能起，润为生火始获暖。湜儿昨晚十二时半乃还。八时，润、滋、湜三儿径往动物园转车前往福田公墓展拜其先母之墓。予补记两日来日记。越时方毕，已多遗忘，老耄不中用，年甚一年，可不惧乎？九时后，续治《提要》句读。有顷，云瑞、述琇夫妇来，十时半，象钟来，少坐便行。又有顷，云瑞等去。十二时予与琴、佩两媳及元、宜、铿、燕四孙午饭。许妈亦起床矣。午后二时前，润、滋、湜三儿即归，知到福田展墓者有汉儿、镇孙、鉴孙、基孙、昌孙云。

予午后续治《提要》句读，至四时半，点竟杂家类存目二及三。五时，汉儿来。六时，润、滋、湜、佩挈宜、铿两孙先往濬家，予与汉、琴二人继往，留元、燕二孙在家。七时许，在濬家夜饭，与权及预、颉、硕三孙共谈。八时，润、琴、滋、佩、宜、铿先归。予与汉、湜又续谈许时乃行。到家，明道、慧英及其二女在，未久即去。汉亦归去。予就灯修脚，然后濯足拭身，易衮衣就寝，湜儿为拂拭。及各登榻已十时三刻矣。

1月28日（正月初四日　辛未）**星期一**

阴，寒，近午降雪，午后雪止。

晨六时半起。七时即续点《提要》。九时，方方、中中来访，谈移时辞去。予仍续点书，至午点完杂家类存目四，即饭。饭后，接点杂家类存目五。湜儿赴王府井购物，比黄昏归来，予亦点毕。潜儿、文权、明道、慧英、汉儿先后至。杨志刚七时至。乃合坐小饮，席间润大发酒风，举室失欢。是夕，反复失眠，耿耿达旦，原为介此春酒，不料竟来此十全大补汤耳，徒呼荷荷已！

1月29日（正月初五日　壬申）**星期二**

晴，寒，又刮风。

七时双眸而起，惫甚。润、琴、湜都照常上班去。八时廿分，文权来，本约同访陈翰笙，以精神欠佳而罢。有顷，潜儿至，遂与闲谈。滋儿往车站取票，未几即归。盖昨日电话预定，故到即取得之。下月二日午间南旋合肥矣。十时许，汉达见过，谈至近午去。假去历史地图三种。

午后，在炉边打盹片晌，馀与潜、权、滋、佩长谈。五时半，润下班，挈三孙往其小姨慧英家晚饭。湜、汉先后归，遂共小饮。饭后，谈至八时三刻，予等登榻就眠，而锴、镇、鉴、堉、基、硕、昌诸孙及惠林来，绕榻与谈，有顷，润等亦归。十时，潜、汉等各归去，予乃入睡。

1 月 30 日（正月初六日　癸酉）星期三

风稍戢,而晴寒乃弥甚。

晨六时醒,七时起。九时,硕孙至,乃与滋儿偕伊同出,乘廿四路南达东单,转六路无轨到珠市口,再换四路无轨,抵虎坊桥乃下,北折入南新华街即厂甸年市矣。以时在上午,而大多干部已上班故,游人远较初二为稀。走至近琉璃厂南路西尚有两摊摆设旧书、文物等,果如前日镇孙所言,然贫乏殊甚,大都下驷底货,仅可一观者数堆烂本破帖耳。予每岁游厂甸,必择购一二书册资念,近因岁比不登,年况大减,前年厂市竟绝未举行,今日形势渐佳,岁首厂市遂复盛,予既两度涉足,似不当孤兹一行,乃勉强物色得元大德十一年孔庙加号文宣王碑一通,草草剪贴六七页耳。纳资三角易以归,亦慰情聊胜之意乎?离厂甸后,仍从杨梅竹斜街经由大栅栏门框胡同至廊房头条穿行劝业场,亦历三楼,然后出西河沿到前门乘九路,过南河沿遂下,三人步往政协俱乐部餐厅午餐,以叫菜有馀,而又未携盛器,乃电话唤元孙携器赶来。十二时三刻,元孙到,复具食享之,仍以馀物携归。乘三路至东单,转廿四路行。二时,滋、佩挈镗出购物,佩友殷维汉来访,接谈有顷乃去。四时许,厚宣见过,与谈移时,近暮乃行。镇孙来同晚饭。

饭后,锴、镇、堉、硕及惠林、元孙送昌孙、新孙返晋,同至车站,基孙以治腰故已住入同仁医院,未与焉。潘、权、汉、润、滋、佩、湜及预孙、鉴孙俱在家。十时许,镇孙归报,去太原车秩序极混乱,有持票不得上而送行之人不得下者,伊等与惠林得挤下,锴、预、硕三孙则随车开出矣。伊先骑车归,惠林随后来,元孙竟未之遇云。方徘徊间，惠林偕元孙归，知错等到丰台后可折回也。潘、汉等皆归去。琴媳亦归来，予乃就寝。十一时许，硕孙来报，谓三人到丰台下车后，购票赶回，错、埙已回汉家，伊特来告慰云。乃属速归，以慰其父母。一场小小风波于焉平息。亦送客声中一段趣话矣。

1 月 31 日（正月初七日　甲戌）**星期四**

晴，寒。

晨六时醒，七时起。十时许，滋、佩、铿出访友。予续治《提要》句读，抵晚毕杂家类存目六、七、八三卷。

下午三时，滋等归。埙孙、镇孙自同仁医院看基孙来告，谓住尚好，但尚未开始治疗也。四时半，屠思聪见访，谈至五时一刻去。埙、镇两孙为滋儿去车站结行李。滋、佩又挈铿孙往宣外香烟营访友矣。

六时半，湜儿归。有顷，埙、镇两孙亦自车站归。又有顷，琴媳亦返。遂与润、琴、湜、埙、镇、元、宜共饭。饭后，错孙、惠林来。有顷，滋等乃归。孙辈同看电视《上海姑娘》，八时半即完。九时，错、镇、埙、林等皆去，予亦就寝。

2 月 1 日（正月初八日　乙亥）**星期五**

晴转阴，下午有风。寒。

晨四时起便旋，五时复入睡，六时醒，七时乃起。八时半方白见过，假《郑延平年谱》去。今日本市有新辟无轨电车一路自新车站开往东北郊酒仙桥，予拟偕滋儿及元孙一试乘之，以十一时滋有同事刘君来访，未果行。届时刘来，遂招与同饭。

饭后二时许，正与刘谈，未觉铿孙、燕孙开门出行，有顷发觉，即由家人分头找寻,竟未见,予乃电话招润回,骑车驰巡,乃于小牌坊得之,双双抱归。扰攘已一小时又半矣。宾客亦不送自去,甚歉。开岁以来,心上又掀动一次,颇为不小之风波耳。

近晚潜儿来,润、琴、湜皆归,乃与滋、佩等小饮。饭后,文权来,锴、林、硕来,汉儿来。看电视后又谈,十时各归去。予乃就寝。风声渐作,又增寒矣。

2 月 2 日(正月初九日　丙子)星期六

风急,晴,寒。

晨五时起便,仍睡,七时乃起。今日滋、佩挈铿返皖,将于十一时半在北京车站发轫。润请假半日,备送行。汉、琴、湜仍上班去。湜九时有电话与滋。八时后,潜、权、硕来,九时三刻,镇来,谓已送锴、林去丰台转窦店,已独来会,并已属堉、鉴径往车站矣。基自医院中有电话与滋。十时具餐飨滋、佩等。十时半,由润、镇、硕、元、宜陪同,径送上车。潜、权则在家伴予。十二时,润、元、宜归报,已看滋等安全开出,镇、鉴、堉、硕皆径归。于是,潜、权亦归去。予与润等乃同饭。滋等归来,出于望外;顾匆匆十日,竟未及好好欢叙,今又远离,诚不胜黯然矣。

午后,润仍上班,予续治《提要》句读,三时许,王贯之来谈,伊已由本所转入本市东城区师范学院教课矣。谈移时乃去,知渠仍住翊教寺二号云。贯之行后,仍续治《提要》,至晚完杂家类存目九。

午前,书友刘君来,送来徐光启手迹及章太炎家书各一册,而所需上海图书馆所编《丛书综录》第三册却未有,至为愻然。

夜与润、琴、元、宜、燕同饭。湜有电话谓下班后偕同事看电影,不必候晚饭,将于十时后始归云。九时半就寝。十一时许,湜归。

许妈假归休息,杂务由李妈任之。

2月3日(正月初十日 丁丑)星期

晴,寒。

晨五时起溲,复睡,七时乃起。上午点完《提要》杂家类存目十。午后,与湜儿挈元、宜两孙出,先乘廿四路南至方巾巷,一试新辟车站往酒仙桥商场之无轨电车。路东出建国门至大北窑,折而北行,过农展馆,直驰至东直门外牛王庙,与原行东酒线合,迤逦东北行,折南乃达商场。仍在百货商场内巡视一周,为宜孙购得玩具一件,遂循东酒线返东直门,再转廿四路南还。是日颇冷,立风中稍久,竟感冒流涕矣。计往返二小时馀。

四时半,陈翰笙见过,谈移时去。汉儿午前来饭,午后往南河沿参加昆曲研习社新春联欢会,六时半,偕鉴孙来,遂共夜饭。饭后看电视转播小王玉蓉主演之京剧《十三妹》。演出《能仁寺》休息,汉、鉴乃去。予续看《弓砚缘》,十时半始毕。就寝后,犹收听俞振飞、徐慕烟合唱昆曲《风筝误》中之《惊魂》,十一时后始入睡。

2月4日(正月十一日 戊寅 立春)星期一

晴,寒。

晨五时起溲,复睡,七时乃起。八时后续治《提要》句读,至午毕杂家类存目十一。午前顺林来,迨午,润归,遂与元孙等共饭。饭后,润上班去,顺林就缝衣机纫制孩衣。予乃续治《提要》类书类一句读。四时,顺林去,镇、埒两孙来。至晚,予点过类书类一卅三页。镇、埒去,而润归,遂共晚饭。

书友刘清源四时半来,送到文物出版社新出《王子若摹刻砚史手牍》排印本,并将前日所该书款一并取去。湜儿以予政协请柬晚七时半在首都剧场参加话剧《红色宣传员》招待晚会。九时半就寝。十时,琴媳归。湜儿归来何时竟未之闻。

2 月 5 日（正月十二日　己卯）星期二

晴,寒。

晨六时起。七时,润儿侍予往北京医院检验处空腹抽血、留小便,然后取所携干糇以开水下之。遇黄洛峰,少谈即行。顺在挂号处预挂下星一下午二时郭普远大夫号,遂离院归。来往俱用廿四路。到家后润仍上班去。予竟日治《四库提要》句读,垂暮完类书类一、二两局〔卷〕。

下午五时许,镇、鉴两孙自同仁医院看基孙来,谓院中仍未进行诊治,徒然留宿而已。闻之至为惊讶。灯下为镇、硕两孙批阅字课。润、湜、琴、汉先后归。遂同进晚饭。饭后,看电视越剧影片《梁山伯与祝英台》。九时半毕,汉等归去,予亦就寝。

2 月 6 日（正月十三日　庚辰）星期三

晴,寒。

晨五时起溲,复睡,七时乃起。八时后治类书类存目一提要句读。友琴见过,以新由中华印行所编《白居易卷》(《古典文学研究资料汇编》之一)相贻。盖即前所辑印(科学出版社)《白居易诗评述汇编》改订之本。此类书实为治文学史之根本,若对古来作家均能作此工夫,则评述自确,不必纠绕纷纭,徒滋辨诘也。因与长谈,畅申所见。十时后乃去。念贻所作增订《史记选》序即属带交之。

晓先夫人雪英来,午饭后去。漱儿托方金者带食物来京,方有信来,嘱下午三时命润儿往所住处(西郊外贸学院)取之。予午饭后续治类书类存目一提要,至四时半毕之。

傍晚,润取物还,湜儿亦归。乃与元、宜等共进夜饭。饭已,看电视苏联影片《复活》。堉孙、镇孙先至,濬、权、汉、硕继来,盖汉儿过濬家,偕之同来也。十时半,电视毕,濬等皆去,予亦就寝。琴媳始归,社中发稿诸事又见倍忙云。

2月7日(正月十四日　辛巳)星期四

晴,寒。禺中又起大风。

晨六时半起,七时半续点《提要》类书类存目二,至十时毕之。午后,又将类书类存目三点完,即当继以《小说家类》矣。

二时后,写信,盖日内连接清、漱、滋信也,四时半乃写毕,即于五时属李妈于领宜孙时带出付邮。

象钟有电话来,约明日下午过谈。五时,农祥、亦秀来,盖昨甫自上海归来,明日即须远离(亦秀仍须去山西原平县崞阳镇中心中学教书也),特来走辞。留夜饭坚不肯,六时半去,怅然而别。时润、湜皆已归,遂共夜饭。饭后,湜往首都剧场看话剧《武则天》,润有票让与者也。润为我理抽屉,发现解放初西谛、藏云致我书札,藏云今与共事,虽非一所,却同系一部,时得握晤,而西谛则长往矣。睹物怀人,凄怆曷已。亟什袭存之,九时就寝。琴媳十时归。湜儿之归又未之闻矣。

2月8日(正月十五日　壬午　元宵)星期五

晴,寒。

晨五时起溲,复睡,七时起。竟日治《四库·子部》小说家类一提要,近暮毕之。午后三时,象钟见过,谈岑参诗,移时辞去。知水照有求调上海说,果尔则颇为本所惜也。湜儿四时电话见告,今晚须下厂赶校,住厂不及赶归云。夜饭后,濬、权来,同看电视元宵晚会。八时三刻即完,濬等归去,予亦就寝。琴媳十时后乃归。

2 月 9 日(正月十六日　癸未)星期六

晴,寒。

晨七时起。八时半出,步往文学所。九时开会,书铭主席,请昌黎县王书记报告当地情势。盖本所生产基地在昌黎,大多数同人都去劳动过,比较熟悉,更可了解耳。据谈农村公社历年转好情形极为透彻,存在各问题亦分析明白,渐得解决。总之,中央政策的贯彻执行,一切都迎刃而解也。听一时半,颇惬。旋为工会全体大会,劳洪主持,报告工作情况及帐略外,进行改选,十一时三刻散。予与吴世昌、戈宝权同车送归。

中华书局送新印《汉书》线装本二十册来,盖赠阅者。下午点小说家类二提要,至四时半,阅过三十页。湜儿归,盖昨夜加晚班,今天又赶完校样,以此下午提前假返也。润下班后即去汉家,琴媳则六时半归。遂与琴、湜、元、宜、燕等共饭。

饭后,看电视北京制片厂与新疆制片厂合摄制之影片《阿拉尔罕》,十时许乃毕。予即就寝。竟未闻润儿于何时归也。

2 月 10 日(正月十七日　甲申)星期

阴转晴,下午大风,气寒烈。

晨七时起。润儿昨夜自汉儿所携归清儿与润、湜信,于是兄弟交谈,于年初各事均有所检点。予午前点完《小说家类存目二》提要。午后一时半,偕润、湜出,乘廿四路北转七路无轨到鼓楼下,拟从银锭桥绕出什刹海西岸,一寻夙昔游踪,乃错过烟袋斜街,竟至地安门桥,遂斜由海子东南岸行,直达北海后门。是时风急严寒,即入北海公园,径造画舫斋参观人物画展览。四室陈列,凡六十馀件,皆今人所作,形象各殊,颇能各显所长。三时半出园,走北长街西华门访乃乾。正入门,高谊踵至,遂共谈,知渠新自上海返京,顺告上海年景特好,已恢复四年前情状云。

五时离陈家,高谊乘车径去,予父子、兄弟三人只索由西华门绕筒子河出午门前,至东华门大街,将近东安门见三条之鑫记饭馆已迁在此处,即入门欲求一餐,乃人已挤满,乃复走椿树胡同康乐餐馆晚饭。饭后三人仍从风中走归。今日走路不少,又奔波风尘中,近年罕逢之事矣,不识两儿亦心知其意有所感动乎? 九时后,取汤拭体洗足,仍由湜儿为予擦背,拭毕易衷衣就寝。

2 月 11 日(正月十八　乙酉)星期一

晴间多云,气仍寒烈。

晨六时半起。八时后点正《提要》句读,抵午毕小说家类三。十一时,潗儿来。有顷,润儿亦归,遂同饭。

饭后一时,润仍上班,予则于二时偕潗儿往北京医院就诊。坐候半时许,即由郭普远大夫接诊。据查血压、血糖及胆固醇俱加高,因复作心电图,并透视肺部。据云透视无问题,惟心电图不够明晰。再作一次,直至近五时始配得药物离院赋归。来往均乘廿四路,尚不挤。

傍晚,润、湜皆归,遂与潗、润、湜及元、宜等共饭。饭后,汉儿、鉴孙来,知鉴孙骤调香山附近一百四十五中,仍教俄文,且令别设分校独开一班,无论远郊荒村,不甚适宜,即能力亦势所不能任,正向该区教育局陈述理由,请求重新分配,不识究竟将如何耳? 九时后,潪、汉、鉴皆去。琴媳亦归。十时就寝。

2 月 12 日（正月十九日　丙戌）星期二

晴,寒,气较和。

晨七时起。八时后,重点《提要》,近午点竟小说家类存目一。

十时,书友刘清源来,送到《丛书综录》第三册及中华书局新印之《杜诗镜铨》、《海瑞集》各两册,接谈移时,款随收去。下午续点《提要》小说家类存目二,垂暮毕之。

濮文彬之女秀丽傍晚见访,谈次知文彬及小文等近况甚悉,移时辞去。伊正从事学龄前儿童教育,因视察幼儿园顺道见过耳。

今日为京俗燕九节,适值燕孙三周岁,合家吃面。汉儿来与,湜则以有他约未归,留面享之。

晚看电视转播洛阳豫剧二团来京演出之《花当朝》,九时即完。湜亦归,汉有顷去。予乃就寝。

2 月 13 日（正月二十日　丁亥）星期三

晴,寒威又淡于前昨矣。

晨四时半起便旋,复睡后颇有梦,孤行无往,为之凄然。而醒已六时半,只索在衾中听完新闻广播而后起,正七时也。八时后,展《提要·子部》释家类点之,至午并其存目毕之。午后,又点道家类提要三十页,至三时停手。盖意倦兴阑矣。少顷,就架闲翻。

五时后，又续点道家类提要至四十一页，上灯乃罢。

夜与润、湜、元、宜、燕共进晚饭。饭后，看电视新闻及影片《金银滩》。文权、濬儿、硕孙都来，九时一刻毕，权等去。予亦就寝。十时琴媳乃归。盖在社准备功课，即将应电视大学考试也。

2月14日（正月廿一日　戊子）星期四

晴，较和，有春日载阳之感矣。

晨六时半起。八时后，续治《提要》句读，至下午三时，点毕道家类及其存目。于是，《子部》全完。须接治《集部》矣。原拟闭目稍静，而无聊难抑，遂取《丛书集成》本《前尘梦影录》看之，一时不能释手，竟至接灯，一气读了，因跋其后云：

　　吾乡徐子晋此录江建霞前辈刻之《灵鹣阁丛书》中所记文房四宝、法帖、书画，以逮骨董、雅玩之具，广征博引，皆亲闻目睹，历历如绘。三吴固文物荟萃之地，要亦留心掌故，好学深思，有以致之。故绝无模糊影响之谈也。予弱冠以后，即背井游食，里居日鲜，江氏原刻虽亦涉历数种，此录竟未寓目。癸卯初春，方以目眚不能看细字，因取粤刻本《四库提要》点勘自遣，今日午后阅毕《子部》，将闭目稍息，而无聊益甚，乃启《丛书集成》大柜随手翻帑，偶得此册，遂就晴窗展读之，爱不忍释手，顾《集成》本字小固无论，而破句、讹字至弗能骤会。爰随笔点正，至上灯乃卒读之。予四十年前佣书涵芬楼，习知同人作风，受先辈感动，莫不黾勉从事，相期毋失。及王云五来主编务，锐意射利，惟求速化，校点排印靡不草率，当局方以善贾见奖，同人建议乃如石投水，徒漂微沫，遂致棘目相看，波及同业。后来出版界之庸滥，胥作俑于此。今偶记此，犹有馀悸。恶风所扇,贻祸有不堪设想者如是耶。

　　燕九日后二夕巽斋止叟识于京寓小雅一廛。时年七十有四。

夜饭后,湜方归,再具餐焉。接亦秀崞阳来信,知已安抵,惟过太原时,未及清等之接,以电报迟到也。九时半就寝。琴媳亦返。

2 月 15 日 (正月廿二日　己丑) 星期五

阴转晴,薄寒。

晨五时起溲,复睡,七时乃起。八时半写信复亦秀。旋展《四库提要》续正句读,至午毕楚辞类及其存目,并别集类一竟之。殊以为快。午后颇想出外散步,而无处可去,仍感无聊,只索续点别集类二。直至垂黑,竟亦毕之。夜饭后,润儿挈宜孙往大华看电影《运虎记》。予与元孙、燕孙等看电视转播京剧《桃花村》,由杜近芳、袁世海等主演。时汉儿、镇孙亦来。十时,电视完毕,湜儿归(亦在外看电影)。润、宜亦归。未几,汉等去,予乃就寝。有顷,琴媳归,谓温课甚紧,须考试过后始得松动云。

傍晚接滋儿十三日来合四号函,附佩媳致琴媳函。

2 月 16 日 (正月廿三日　庚寅) 星期六

阴,渐见微雪。近午加大,积半寸许。午后曾略见阳光,旋又阴合,向晚雪渐止,气寒一如昨前。

晨五时起便旋,复睡,七时乃起。八时后,续治《提要》句读。映窗雪明,快然从事,竟日为之,竟点完别集类三、四两卷,并摘录不少文评资料。

今日周末,儿孙都归。夜与润、琴、湜、元、宜、燕等共进晚餐,适合肥寄来之花生米亦取到,因属琴媳炸上海带来之猪油年糕同享之。饭后,看电视评剧。十时始寝。

2月17日（正月廿四日　辛卯）星期

晴,寒。

润儿挈元、宜、燕三孙凌晨即出,将于七时乘火车往通县一行。盖三孙要求乘一次火车旅行也。予七时始起。九时,偕湜儿出,乘廿四路北转一路无轨到景山,直上万春亭,于时雪后气清,呼吸甚爽。四眺市阛,以日照残雪之故,微蒸成濛,不能极目,惟俯视北海冰镜敷粉,特为出色可喜耳。小坐槛上,日下微风尚不觉甚寒。十时由西麓下山,将出西门,遇伯钧夫妇,立谈片响,即出门。走至团城,见揭有福州工艺美术展览会,乃入登承光殿及东四配屋与后廊,涉览综合馆两处(正殿及西屋)、雕塑馆一处(东屋)、漆器馆一处(北廊),琳琅满目,殊有特色,漆器夙享盛名,予转觉雕塑胜之,良以寿山石为闽产,琢石尤见精工耳。十一时五分出团城,乘三路无轨到沟沿,走往政协礼堂餐厅就餐。途遇李祖荫,在餐厅又遇何其芳、王遵明、倪征燠、曾世英。惟其芳与谈,馀皆握手招呼而已。十二时半离厅,在小卖部购得茶叶、信封等数事,仍走沟沿,乘一路无轨回南小街,再转廿四路归。

到家琴媳已赴考归饭。润儿亦已挈三孙乘公共汽车由通县返家矣。二时半,琴媳偕湜儿往同仁医院看基孙,携去饼干、水果等物,并人大《古今文选》上册与之。三时写京卯二号信复滋、佩,四时半始毕,即令元孙持出付邮。五时,湜归报,基孙诊非骨病,将转神经科,不必久住院,且晤及汉,已往洽其主任大夫详询云。有顷,汉儿亦来,言如前,少停即邀同润、湜去其家,谓锴孙等将与叙谈也。入暮,琴媳亦返,盖自同仁医院出后,又往市场购物也。遂与元、宜、燕等同饭。

晚饭后,农祥见过。未几,潸儿、文权、硕孙亦至,闲谈至九时半始去。予就寝后,久听润、湜不归,直至十一时乃返。予始入睡,已听到十二句钟声矣。

2 月 18 日（正月廿五日　壬辰）**星期一**

晴,寒。

晨四时起溲,复睡,不甚熟,六时三刻起。竟日未出,点正《提要》句读,凡完别集类五一卷、别集类六半卷。夜饭后,湜出浴,旋归。九时就寝。是夕时觉心跳而两耳又轰轰作声,想血压又有变化耳。

2 月 19 日（正月廿六日　癸巳　雨水）**星期二**

晴间多云,仍寒。

晨六时醒,七时起。八时后续点别集类六提要,抵午毕之。午饭后闲翻架书,得数年前在国子监购得之《朝市丛载》八册,阅之。此书门类广泛,实开后来各地游览指南之先声。虽时异世迁（光绪丙子刻印）,而大体仍可揽其仿佛,弥足为谈故者所珍。其中尤以京师分达各省会城之驿程为最要。如今铁道、航路迥非曩比,而昔之官道竟渐至模糊,是亦不可以不亟存之珍闻矣。

四时后,续治别集类七提要,抵暮点正句读毕。鉴孙来,硕孙亦来,傍晚,硕孙去。湜儿、润儿、汉儿、琴媳先后返来,乃共夜饭。饭后,潸儿、权婿、硕孙来同看视川剧。九时毕。潸、汉两家人各归去,予等亦各就寝。湜儿告予,厂方领导已与谈过,决定调出版社须社方洽理便可公布云。

2 月 20 日（正月廿七日　甲午）星期三

晴，寒气较缓，仍有冻。

晨六时半起。八时半出，徐步走往建国门本院文学所，参加本所古代文学组组会。由冠英主持，到平伯、友琴、力扬、晓铃、于黑、叔平、念贻、道衡、荷生、共民、世德、象钟、世昌、绍基、赓舜及予（默存、水照二人未到）。学术秘书处马靖云亦列席。冠英说明开会后，即由绍基传达最近两次所务会议情况及学部工作范围与干部升职条例等（主要为取消党的领导小组，仍为所长负责制，研究生及研究实习员的招收必须通过考试，在进程中不合式可另配工作）。嗣即讨论理论学习问题及加强研究工作检查汇报问题。十一时三刻散会，仍缓步走归。午后，重治《提要》别集类八句读，至暮尽卅四页，未得终卷。夜饭润、琴、湜、元、宜共。饭后看电视曲剧《喜笑颜开》，十时完，乃就寝。

2 月 21 日（正月廿八日　乙未）星期四

晴，仍薄寒。

晨六时半起。八时后续治《提要》，而售酒者司起秀来访，兜售坛酒，为购存一坛，备今冬启用（约下午送来）。司甫去，而新建设社赵幻云来访，谈移时去。始知该社已归本院哲学社会科学部领导，且即在建国门同一院子内办公云。然则前送稿件属审阅，殆有由矣。午前点完别集类八提要，下午续点别集部类九提要，抵晚阅二十八页，犹未终卷。司某午后三时将坛酒送来，计五十一斤，收去酒款五十九元一角六分。

琴媳今日上午偕同事出差去静海、天津一带,调查听讲小学教本试用情况,须三五日乃还。夜与润、元、宜、燕等唉饺子,湜在厂上课,八时归,再烹饺为餐。九时半就寝。

2 月 22 日（正月廿九日　丙申）星期五

晴煦。春日景象矣。

晨五时起便旋,六时半又欲便,只索穿衣径起。炉火为许妈弄灭,重起火又多架柴,烟腾满室,殊不可坐。十时出步往文学所参加本所成立十周年大会,全体同人出席外,学部潘梓老、刘导生、刘斗奎、董荃及张友渔亦到。十一时开会,其芳主席,略述经过情形后,梓老讲话,十二时半聚餐,楼上六席,楼下十三席,凡十九席。予与梓老、导生、平伯、友渔、家槐、其芳、董荃同坐楼上第一席。西谛夫人高君箴亦邀至,即与棣华等坐第二席。回忆五三年二月二十二日在北大临湖轩开成立大会,西谛邀同雁冰、周扬诸人,皆有致词。是日下午临湖轩宾主共叙景况如在目前,又忆五二年十二月中初次被邀谈筹备本所时即在团城文物局局长室聚谈,时西谛正任局长,曾不一晌当时在场诸人,仅见平伯、冠英、默存、其芳、力扬、之琳矣。西谛遇难长往,馀亦有他调者,抚今追昔,不觉惆怅,以是,虽珍馐罗列,高朋满座（是日治筵为江西饭店）,终感欿然耳。

席散后,所中备车送归,先送予,次及平伯、平凡、君箴（四人同乘）。到家嘿坐而已。有顷,摊《提要》重治句读,至暮点竟别集类九、十两卷。夜与润、湜、元、宜等共饭。饭后,润挈宜出就浴,予与元孙看电视《海阔天空》,元以情节害怕,因闭机焉。润、宜九时半乃还,予亦就寝。

2 月 23 日（正月三十日　丁酉）星期六

晴,有大风扬尘,气不太冷,而失舒爽之致。

晨六时半起。八时十分出,乘廿四路南转十路赴民族文化宫,参加学部中心学习组座谈会。晤平伯、世昌、水夫、叔湘、藏云等,惟不见颉刚,殊以为念。今日之会由友渔、梓年主持,即请水夫讲十年来苏联文坛斗争与演变,历三小时,不啻得一近年苏联文学史鸟瞰也。十二时仍就餐厅午饭,予与平伯、水夫、世昌、叔湘、志韦等同席。食已即行,仍乘十路转廿四路归于家。到家正一时,适润儿饭后上班,亦甫出门而未之遇。

下午辑录别集类九、十两卷中关于诗文评资料,亦尽半日之力也。

五时后,润、湜皆归,元、宜亦放学回家,遂提早晚饭。饭后即偕润、湜出,乘廿四路南转十路到御河桥下,走往正义路中国青年团中央礼堂,参加本所十周年纪念联欢晚会。同人多挈眷同往者,儿童亦复不少。七时开幕,由成都市川剧院演出团演出折子戏四出:一、蓝光临、梁明秀、李庄凡等之高腔《萧方杀船》;二、唐云峰、静环、魏含章、彭恩全等之弹戏《柜中缘》;三、杨淑英、司徒慧聪之胡琴戏《戏凤》;四、谢文新、周企何、薛绍林等之高腔《迎贤店》。出出精彩,尤以周企何之店婆、杨淑英之李凤姐、唐云峰之刘春、魏含章之刘玉莲为更突出。惟《杀船》一出情节与形象俱不合味,颇见工力而使人不快,似可改善(此为个人口味,非行家的评)耳。九时五十分散,由润、湜扶掖至南河沿车站,遇默存、季康伉俪,遂同乘十路转廿四路返禄米仓,车中又遇念生。自禄米仓口走还家中已十时半,乃取汤濯足,由湜儿为予擦背拭身,易亵衣就寝。是夕,颇酣然,惟感微累耳。

2 月 24 日（二月小建乙卯　戊戌朔）星期

晴,风已戢,气温如昨。

晨七时起。八时,润儿率元、宜、燕三孙出朝阳门寻加工厂,碾其馆中所配给之玉米。予在家续治《提要》句读,至午完别集类十一。

下午三时,湜儿挈元、宜两孙往蟾宫看电影《运虎记》。予仍点别集类十二提要。四时,与润儿缓步由禄米仓、干面胡同、西堂子胡同到东安门大街,过全素斋、浦五房、两处都有人排队,鹄立未久待即行,到义利食品店,欲凭豆票购面包,至则无人排队,心窃喜之,以为不必久伫矣,乃早经售罄,店员所以萧闲耳。怅怅而去,过百货大楼购得毛笔四枝（久已不见此柜,今又复列）。再过木器店一看,意欲选购坐椅,无当意者,即沿王府井而南,东折帅府园,复由煤渣胡同、东堂子胡同、什方院等处走归于家。此行竟未歇脚,到家颇累矣。路遇一妪,手提鲜鲢一尾,询悉朝内市场有售,润因骑车前往物色之。湜等亦归。六时半,润亦持一尾大鲢归。甚喜其能选购得此也。遂同进夜饭。

饭后,硕孙、基孙、汉儿均来,基已出院,只须依时诣院打针矣。七时后,同看电视滑稽剧《七十二家房客》,颇见有力讽刺。九时后,汉等皆去。十时就寝。睡颇酣,是则走路劳累见功耳。

2 月 25 日（二月初二日　己亥）星期一

昨夜大风撼户震窗,今日平明稍息。日高后又吼啸聒耳矣。北方春日风沙最足使人生厌,兹又肇其端乎?

晨六时半起。八时即用昨日所购笔试记日记，并不见佳，亦无可如何事也。旋展卷重正《提要》句读，而道衡见过，为致其芳、冠英关怀之意。顺谈至十一时始辞去。介泉夫人电话告市场有鱼，甚感之。

午后一时，点毕别集类十二提要。二时后，辑录别集十二提要中评论诗文源流及作品高下之语，亦至上灯乃已。

书友刘清源为送书两种来，一为岑仲勉遗著《中外史地考证》两册；一为陈登原《国史旧闻》第二分册。先展陈书看之，知此书将再有第三分册，记明、清两代事。登原好为掎摭，而持择不精，如第一分册中关于王莽被商人杜吴所杀，杜吴乃商於之地之人，非商贾之人。登原沿胡适之谬谈，谓为商旅中人，在当时（见第一分册时）颇心菲之。然其读书之勤与随录之功足以裨后生多闻之助，则其劳亦不可没。今阅第二册，觉态度已较前谦谨，然则继此而问世者，必将益慎。好学深思，亦在人自作之而已。

夜与润、湜及诸孙晚饭，烹昨买之大鱼头作羹，小酌以酬之。饭后，闲谈家常。九时将就寝，而琴媳叩门归，盖甫自天津公毕返京也。未及详话旅况，即各归卧。仍闻风吼。

2 月 26 日（二月初三日　庚子）星期二

晴，冷，仍有风。

晨七时起。八时后，摊《提要》别集类十三重正句读，近午点竟。午后顺辑其中文评若干则，三时亦完。写复澄儿贵阳，前晚接其来信也。五时十分，润下班归，因偕之同出，乘廿四路北转一路无轨，到白塔寺下，适琴媳亦骑车至，遂偕同转入赵登禹路，不数武，湜儿从后赶上，盖相期赴政协餐厅晚饭，伊亦适自外文出版社乘一路无轨,恰到白塔也。到餐厅坐定良久,元孙亦自家赶来。五人遂共进夜饭。饭后,琴媳仍御车先归,予与润、湜、元乘一路无轨回南小街,转廿四路归。九时就寝。

2 月 27 日 (二月初四日　辛丑) 星期三

晴,寒。

晨七时起。是日听广播《人民日报》社论《分歧从何而来——答多列士等同志》。凡三遍,其中两遍皆对报阅听,一为夏青所播,一为林璇所播,又一遍林播则未对看。理直气壮,淋漓痛快,不识反动集团亦聆而耸神否?听播之馀,点完别集类提要十四、十五两卷,并辑十四文评九则。

上午文权来,谓潆受寒呕吐。下午润儿下班后往看之,已止吐起坐。夜饭后,汉儿来,又偕湜儿去看。九时,湜归告,已痊,汉则径行归去矣。琴媳是夕归饭,将圣陶命假其所书寿予五十诗去,盖将制版插入集中云。十时就寝。

2 月 28 日 (二月初五日　壬寅) 星期四

晴,寒。

晨七时起。八时后,辑录《提要》别集类十五所载文评十一则。又点毕别集类十六。适润儿归,遂同饭。

下午二时,润儿假回,陪予出散步。先乘廿四路到东单,在三阳寄售商店及东单菜市巡行一周,景象大好,百物纷陈矣。乃迤逦而西,达于王府井,在南口稻香春中间百货大楼及东安市场稻香春等处循览,遂由金鱼胡同、无量大人胡同等地走还家中。

六时,正在听广播新闻,乃乾、刚主来访,约同出晚饭。于是,三人复出,从干面胡同走诣椿树胡同康乐餐厅,以时晏,菜品多缺供矣。八时食毕,正欲起行,而服务员来告,家中有电话至,将有人来接,请稍待云。乃坐下闲话。有顷,润儿来接,遂起行。四人同出椿树胡同西口,雇到三轮两辆,乃乾与予各得其一。于是分道赋归。刚主步行径去,润儿御骑车护予同返。

　　到家见琴媳、湜儿皆已归,湜儿得厂方知照,明日即正式调至出版社工作云。十时就寝。十二时听广播介绍红旗杂志社编辑部的重要文章《再论陶里亚蒂同志同我们的分歧——关于列宁主义在当代的若干重大问题》,历半小时始毕。二时后,始入睡。

3月1日(二月初六日　癸卯)星期五

　　晴,煦。

　　晨五时五十分醒,又听介绍《红旗》文章。七时起。九时,对《人民日报》听林璇播送《再论陶里亚蒂同志同我们的分歧》引言及一、二、三部分,至十一时半乃完。十二时十分,润归,遂同午饭。

　　下午二时半,友琴见过,谈刘知几文学思想,移时乃去。予即展《提要》别集类十七点正句读。至五时毕之。少顷,即晚饭。六时后,独出,乘廿四路南转十路到西单,方下车东迈,汉儿已迎来,盖伊已先入长安戏院,见予未到,故来迓候耳。入院坐第一排,汉二号,予四号,六号则夏龙文也。是夕为吴素秋演出小组与尚小云剧团联合演出。七时开幕,先为姜铁麟、萧应祥、徐垚成等合演之《古城会》,休息后为吴素秋主演之《红娘》。素秋剧团久置东北,关山迢递,多年不见矣。此次有少数人假返北京探亲,遂得假尚团以敷演故。指而数之者,为吴团旧人,馀皆尚团之人耳。素秋姿容犹昔,且略加丰腴,宛转流盼仍足动人,竟剧不懈,的是可儿。十时

戏散,汉儿侍予归,乘十路转廿四路,尚顺利。到家润、琴、湜皆未
睡。少坐,各就寝已十一时矣。

3 月 2 日(二月初七日 甲辰)星期六

晴,薄有云,晨有雾,气温十足春融矣。

六时起。七时后,儿媳辈俱上班去,两孙亦分头上学。八时十
分,予独出,走至史家胡同口,拟上廿四路车,而藏云迎面来,乃联
袂同登,至南河沿下,偕往文化俱乐部参加学部学习座谈。是日,
分两组讨论时局,予与棣华、冠英、世昌及琢如、志韦、宝钧、旭生、
文弨等在第一会议室开会,幼渔主持,贺麟、声树、宝钧、文弨、旭
生、世昌、冠英等皆发言,十二时散。就餐室午饭,又遇叔湘、健吾
等。予与棣华、世昌、志韦、琢如同席,予仅啖饺子二两、菜花汤一
盆而已。以久待饺子,食毕已午后一时,乃与世昌同乘三路转廿四
路归。世昌以所著《罗音室诗词存藁》一册见贻,并走送予及门而
返,盛意可感也。归而读之,诗词皆清新真切,而自序尤典重,类容
甫,诚足为我所爱得人矣(世昌字子藏,今始知之)。

潘儿午前即来,为治肴蔬,盖明日星期休沐,乘此时光,家人为
予暖寿也。皤皤垂老,蹉跎堪嗟,而俗例乃不能相忘如此,愧矣。
三时后,辑录别集类十七提要中文评六则,及暮而毕。夜与潘、润、
琴、湜及孙辈共饭。饭后,文权来,因瀹茗长谈,至九时半,潘等去,
予亦就寝。

3 月 3 日(二月初八日 乙巳)星期

晴,较温。

晨七时起。润、琴等为予生日早出买菜及料理家事,潘亦早来

帮同料理(昨日已来制菜一日)。汉于十时后来,亦为治肴,湜则以社中正赶出阿文《人民日报》社论,星期亦带归工作,然不多时,文权及诸外孙皆来。湜亦无法坐定矣。

九时半,刚主见过,知予生日,特来相贺,谈至午刻,因共席小饮,刚主及予、濬、汉、润、湜、权、锴、镇、林、基为一席在南屋,琴、预、颉、鉴、硕、元、宜、燕等为一席,在东屋。欢叙至午后一时半始罢。

饭后,刚主小坐便去。汉、鉴出城往中关村访戚。预、颉、硕则往东大桥看电影。予与锴等闲谈,升埙来,遂另煮面享之。近晚,濬、权及锴等乃各归去。

予酬酢竟日,颇感累,晚仅啜粥。粥后看电视转播北京京剧团张君秋、刘雪涛、高宝贤、耿世华等演出之全本《春秋配》。此剧每仅演出两折(《拾柴》、《砸涧》),不演全,兹君秋重经整理,乃特为演全,遂改名《姜秋莲》。予亦初次看到全本,遂凝神看毕。十时后始就寝。

3月4日(二月初九日　丙午)星期一

晴,间多云,气温如昨。入夜甚冷。

晨四时五十分,琴媳即出门,袱被往大兴安定农场劳动,由润儿送往,走至方巾巷始乘廿四路车奔永定门车站。予五时起溲,伊等已出门久矣。六时予起,七时许,润亦归。知琴媳上车甚从容,且车中并不拥挤,始为引慰。九时,执报纸听广播《红旗》杂志《再论陶里亚蒂同志同我们的分歧》一文第六、七、八部分,直至十二时十分乃毕。时润亦归饭,遂共进餐。

餐后,予写信两封,一京卯三号复滋儿来合五号,一复漱儿,俱告昨日家中热闹情形，并告其他状况。即交润儿于上班时带投邮筒。润儿行后，又写一信，寄太原清儿，复示就职须考虑，不必过于迁就。四时，潏儿来。五时四十分，润儿下班归，为予驰往稻香春买平湖糟蛋，已售完，买一南京香肚归。六时半，汉儿来。有顷，湜儿归。又有顷，鉴孙来。时元、宜两孙皆已下学，遂共坐进面，仍小饮。盖今日乃予七十四岁初度之辰也。食已，文权来，闲谈，且听昆曲片子。九时半，潏、汉等皆归去。予等亦各就寝。

3 月 5 日（二月初十　丁未）星期二

晴，仍寒。

晨六时起。七时半，独自步由无量大人胡同、金鱼胡同径往东安门大街北京剧场，听学部作传达报告。坐第一排，不卸外衣，犹感凛寒，盖去暖气管远而台上乃有风下灌耳。八时半开始，刘斗奎传达周总理最近所作报告，于国际国内形势分析透彻，并申述我等当前主要之任务，兹记其关于我辈知识分子所当记住之精语，即"百家争鸣，博古厚今，百花齐放，推陈出新。各党各派，长期共存，同心同德，自力更生。"其第七语已忘之（三月十日闻伯昕语，因追补之），足征耄荒日甚矣。奈何！十一时半完毕，即乘三轮遄返，到家未及十二时也。坐有顷，润儿始下班归饭，遂共餐。

接清儿二日来信，贺予生日，但其工作事仍未定局，不免悬之。好在昨有信指示，当不致急不暇择耳。下午点毕《提要》别集类十八，并辑录其文评十二则。卷中尚有未及移录者，而转眼掌灯矣，遂罢。晚与润、湜、元、宜、燕等共饭。饭后看电视，潏儿、文权来观。是夕为姜铁麟主演《十字坡》，吴素秋主演《红娘》。九时即完，潏等去，予亦就寝。

3 月 6 日（二月十一日　戊申　惊蛰）星期三

晴。仍有料峭之感。

晨七时起。八时后辑录《提要》别集类十八文评七则，于是，宋人集毕矣。复续正别集类十九句读，至午尽三十页，仅及半卷耳。

下午一时独出散步，乘廿四路到东直门，转七路无轨往动物园。在园内略一徘徊，仅就鸣禽馆一赏雀类，并坐水禽湖畔吸烟一枚，顺赏群鹅游泳而已。湖冰尚未全泮，而开漾处却绿波微绉，颇有春江水暖之味矣。三时许即出园，乘一路无轨东还。一路向无拖车，今乃加拖，甚奇，询之售票者，知此刻东西长安街正在欢迎老挝国王及首相（方从莫斯科飞来），凡穿行两街各电车、公共汽车皆暂时停驶，此乃三路暂假作一路耳。以是，行抵南小街时，只索徐步归家，到门已四时半。拂尘稍坐，续点别集类十九提要，至晚，又得二十页。此卷甚长，犹有十八页待点也。

夜与润、湜、元、宜等饭。饭已，看电视《卓娅》。八时五十分即了，予乃就寝。

3 月 7 日（二月十二日　己酉）星期四

阴霾竟日，无风，亦不暖。

晨七时起。八时后点正《提要》句读，直至下午五时半，点完别集类十九，并辑出文评二十八则。六时许，汉儿来，元孙亦同宜孙下学归。以润在馆中学习，湜在厂中教课，均不归饭，予遂与汉、元、宜等同进晚餐。餐后看电视《英勇的小八路》。九时毕，汉儿归去，润、湜亦归，予乃就寝。

3 月 8 日 (二月十三日　庚戌)星期五

破晓见雪飘拂,至午乃止。未几雪化,檐滴四溅,想道上必多泥泞也。

晨六时半起。七时半后,即续辑别集类十九中文评六则。然后接点别集类二十提要,抵午亦完三十页,仅及本卷弱半耳。

午后一时半执《人民日报》听广播社论《评美国共产党声明》。现代修正主义日滋,非大经棒喝不足发其隐,宜我社论屡为大声疾呼耳。三时后,点别集类二十提要,五时毕之。时阴幽黯淡,倚窗无绪,只索搁笔。

夜与润、湜、元、宜等共饭,饭后看润儿携归三联书店新出版王冶秋撰《琉璃厂史话》,至九时一气阅毕,引用今古人著述,贯串安排而成,颇能使人想象厂甸发展之迹。九时半就寝。

3 月 9 日 (二月十四日　辛亥)星期六

阴。早晨尚见微雪,旋止。午后隐隐有日光,气不甚冷,但背阴处仍见冻。

晨三时起小便,四时又起大便,复睡后梦寐不安,六时半即起。

八时一刻出,乘廿四路到方巾巷南口,转十路去民族文化宫参加学部中心学习组第卅八次学习座谈会。仍分两组讨论,予与冠英、平伯、铁生、叔湘、藏云、宝钧、旭生、文弨、琢如、志韦等在一起。梓老主持之。就当前局势随谈观感,以铁生所谈实例,大足为各篇社论作补充。梓老总结发言,亦鲜明扼要,务在辨明大是大非,决不与修正主义者作丝毫之妥协。十二时半乃退,就饭厅聚餐。今日止两席,予与叔湘、藏云、宝钧、琢如、冠英、志韦、贺麟等同坐。

一时十分毕,各散。予仍乘十路返方巾巷,再转廿四路返禄米仓。与藏云、奠基、厚宣同行。日来西总布胡同正在修路,故廿四路南端止于方巾巷,不复再到东单绕弯也(大约修路平复仍得走东单)。步回家中正一时四十分。

润儿饭后上班去,元孙亦归来午饭,饭后仍去上学云。二时半,执《人民日报》听广播社论《修正主义者的一面镜子》,揭露印度修正主义者丹吉之流的堕落言动,正与午前讨论所及的陶里亚蒂、多列士霍尔等的以紫乱朱之谈互得印证。大道理所在,不烦言而自明矣。

四时后辑录《提要》别集类二十中文评,至晚得八则。晚饭后续录六则,至八时半罢。收听林璇重播社论,九时半就寝。因奋兴太过,竟通宵失眠,听时钟忽届报响,自十时直数至翌晨七时,其间数起便旋,尤为干扰,所谓细数更筹,其况味未必逾此,老鳏末运宜有此遇乎?

3 月 10 日(二月十五日　壬子)星期

挨延至七时,崛然而起,开灯记毕昨日日记。天色阴沉,益增凄恒。

八时,雾略散,予亦勉出,独自乘廿四路南转十路到中山公园,在唐花坞赏览梅、兰、水仙、山茶诸花,而兰尤盛且多,精神少苏。至九时许,徐步出园,仍乘十路西达民族文化宫参加民进中央小组组会,分两组座谈,予与陈慧、志成、伯昕、颉刚、研因、楚波、汉达、纯夫、却尘在一室,徐广平、宝三、景耀、洁琼、麟瑞、之芬、明养、宾符、之介、纪元在又一室。漫谈今后工作,决定每月第二星期为例会,有必要再临时酌定。谈至十二时即聚餐。仍列两席,予与原班同席,仅易楚波为之介耳。

是日,为民进所预定,故肴馔甚精美(每人纳费五元,又粮票二两)。且亦备酒,予为饮茅台两杯。

晴。午后一时半席散,予偕汉达走至其家,晤高谊及汉达夫人,长谈至四时。薛愚来,又谈移时,乃与高谊辞归。即在甘石桥乘九路无轨北行,绕北海、景山而达朝内南小街,再转廿四路南归。予先在禄米仓下,步还于家。润、浞俱在。六时晚饭,予啜粥耳。饭已,浞持予红票往政协礼堂看话剧。予少坐至九时,洗足濯身,润为予擦背,易衷衣,服安乐神片两枚,然后就寝。十时入睡,甚酣。急起便旋,已翌晨五时矣。惟咳喘痰涌,不复能睡,遂开灯穿衣起。

3 月 11 日(二月十六日　癸丑)星期一

晴,有风,仍感料峭。

七时后,即续辑别集类二十提要文评,直至午后四时毕之,又得二十八则。

午前书友刘清源送新书两种来。

浞儿夜饭后乃归。晚九时半就寝。十时入睡。

3 月 12 日(二月十七日　甲寅)星期二

晴,较温,盎然有春融意。

晨五时醒,六时半起。八时半,潜儿来,九时许偕出,乘廿四路南转十路到大华路北京医院门诊部,候郭普远大夫(不见),护士四发电话寻之,竟无着,十时半,始见其旋旋自外来。在我先者先就诊,予复候至十时五十分才得接诊。据量血压为一五四——

七〇,似无问题,乃仍续用前开各药,并洽妥明晨七时半空腹去作心电图,及检查血糖、尿糖、胆固醇。在院候诊时遇守义、陈源、力扬、文藻、冰心、援庵。

十一时一刻离院,乘三路无轨到东安市场,在森隆三楼午餐。餐后过稻香春、吉士林及中国书店旧书部等摊店一为循视。货品大增,人反不拥,足征物质稍充,人心即定;不抢购,自无拥象矣。旋过百货大楼一巡,景象亦复如此,惟购茶叶者则仍排成长龙,绕他柜两匝,则颇不好看耳。复过美术工具门市部,选得李福寿紫毫笔圆转如意两枚,费两元,价较贵于前,不知品质云何也。既而南走至东长安街乘十路还方巾巷,再转廿四路走归于家。

下午三时三刻,濬归去,约明晨七时来陪予再往医院云。濬行后,即续正《提要》别集类二十一,至五时四十分毕之。又从中辑出文评四则。

夜饭后,润儿就机缝补旧衣,予九时半就寝。湜儿在厂赶工作,十时始罢,归家已十一时,予竟未之闻。

3月13日(二月十八日　乙卯)星期三

晴,不甚朗,气煦胜昨。

晨六时起。七时,濬儿来,遂同出,乘廿四路南转十路,皆甚挤,走至北京医院门诊部,刚七时半,即由化验室及心电图室联络进行检试。先从左臂抽血,接做心电图,并留小便,然后饮葡萄糖水一大杯(计量百克),过半小时再做心电图,并在右耳刺血及留小便,自此,每隔半小时照样作一次,又隔一小时作一次,又隔一小时作一次,先后凡五次,作毕已十一时十分。其间初饮糖水后颇感心泛难受,又觉腹中彭亨,不得已如厕泄泻一次。据化验室人士说,饮重量糖水本有此急,逐渐吸收后,自可平复云。询知三天后可悉结果,遂预挂星六上午郭大夫号而行。偕濬儿徐步往南河沿文化俱乐部午餐。餐后乘十路转廿四路,归家已将一时。见润儿,知以感冒未入馆。

下午二时,予续辑别集类二十一提要中文评,至五时半,又得十七则,全卷尚未完也。三时半,司姓酒估送酒六斤至。

傍晚接湜儿电话,知今晚在厂工作,恐深夜才能休,只索住厂云。又接十一日清儿信,知已派定工作,在太原市南城区人民委员会生活服务处,并已正式上班。两年悬宕,今始解决,亦可知晋省人事安排之艰苦矣。汉儿六时四十分来,遂与汉、润、元、宜、燕等晚餐。予小饮后啖馄饨十馀枚而已。夜饭后,密先偕小逸来访汉儿,盖密先自哈尔滨公出来京,顺宁其家,不日即须返哈也。汉、润与密闲谈,而逸、元等则看电视《五朵金花》。九时剧终,汉、密等皆归去,予亦就寝。

3 月 14 日(二月十九日　丙辰)星期四

初阴,禺中日出,亦不甚朗,气温复与昨同。

晨六时四十分起。八时后,续辑《提要》别集类二十一文评,至午得十三则,于是,元代著录之籍毕矣。

午饭后一时半,执《人民日报》听广播《中苏两党为举行双边会谈交换的信件》。二时半写信复慰清儿就事,并寄滋、佩京卯四号信。三时半自出寄信,顺乘廿四路到方巾巷转十路去西单,在桂香村买得松子棕糖半斤,即在商场门前乘九路无轨返朝内南小街,复转廿四路南归。到家正五时,知濬儿曾来过。

六时晚饭。饭后点正《提要》别集类二十二句读,至八时,阅二十页。浞儿适归,遂重具餐焉。以其连日积劳,属即就卧,予亦即寝。

3月15日(二月二十日　丁巳)星期五

阴转晴,气加温。

晨六时半起。八时后,为中华看《勾践世家》及《伍子胥列传》两译注稿,抵午毕之。即电告调孚,属翙如于午后三时来取。

午饭后,续点别集类二十二提要。三时,翙如来,即以上午所看之稿还之。前存调孚处旧作《李白年谱》初稿亦见送还。谈至四时去。予又续点前书,至五时,又得二十页。

六时,润、浞俱归。予即啖面,匆匆而出,乘廿四路南转十路到西单,正七时,在长安戏院门首伫候汉儿。遇芝九、勖成诸人,都已入场,至七时廿分,汉始来,盖伊在车站等,而不知予久已在院门矣。相将入场,皆坐楼上,予为第一排十二号,汉则八排,已靠后墙矣,幸予携有望远镜畀之,否则竟与向隅埒。是晚为北方昆曲剧院特邀俞振飞、言慧珠来京联合演出,首为张竹华等主演之《扈家庄》,次为王宝忠、乔燕和之《下山》。休息后,乃由俞、言合演《惊变》、《埋玉》。究出老手,非常过瘾。十时半始毕。汉儿陪予同乘十路至方巾巷,立等廿四路却颇费时,初出嫌热,久伫风中,乃感凉,幸车即至,便一拥而上,挤极。盖恐末次开车,终致遗落耳。车站上遇贺麟,亦同车到禄米仓。予与汉到家,润、浞俱尚未睡,少坐就寝,已十一时四十分。

3月16日(二月廿一日　戊午)星期六

晴间多云。气和煦,仅有微风略扇耳。

晨六时半起。八时半,瀿儿来,遂同往北京医院复诊。仍乘廿四路南转十路而行。九时四十分,由郭普远大夫接诊,告知日前检查结果并无劣化,属仍照常服药,俟药用完后再诊云云。于是,心头一松,欣然而行。时已十时馀,遂偕瀿乘三路无轨到沟沿,徐步往政协餐厅午餐。餐后,乘七路出西直门径到动物园,先从东园以渐而观象、豹、虎等,因就湖边长椅小坐,绿波微鳞,时有小鱼拨剌出水,静享片晌,亦自得耳。有顷,诣牡丹亭旧址(前数年以提倡种大白菜,尽数拔去,今已平正为土坪,空存原名而已)。觅座啜茗,至二时半起行。再参观河马、长颈鹿、鸣禽、水禽等。迤逦出园,已将四时,乃乘一路无轨返朝内南小街,再转廿四路南归,到家已五时。有顷,润、湜相继归。六时三刻,与瀿、润、湜、宜、燕等同饭。迟元孙不至,七时半乃归。据云校中有事,明日有人去校参观,帮同布置教室故耳。遂重具饭。饭后,文权、预孙、硕孙皆来看电视转播话剧《霓虹灯下的哨兵》。十时半始毕,权、瀿等皆归去,予乃濯足拭身,易衷衣就寝。

3 月 17 日(二月廿二日　己未)星期

晴,煦。

晨六时三刻起。八时后,湜儿挈元、宜两孙去北海划船。予在家续点别集类二十二提要,近午毕,湜等亦还。午刻举家皆啖炸酱面。午后二时半,偕湜儿同出,乘廿四路北转十二路无轨到沙滩,再转八路到南河沿文化俱乐部,旁听北京昆曲研习社同期。晤平伯伉俪及剑侯、敏宣、铨庵、征煥、妙中等。汉儿已先与鉴孙在彼矣。听至五时,迄未见元善、万里诸人,殊念之。以将暮衣薄,遂偕汉、湜、鉴归。乘十路东转廿四路行。

夜饭后,汉儿之友游君夫妇及其女班琪来访(前王公厂同院,现迁来羊尾巴胡同),长谈至十时,游君及汉等皆归去,予亦就寝。

3月18日(二月廿三日　庚申)星期一

晴,煦。

晨七时起。八时后辑录别集类二十二提要中文评,至晚六时写下三十三则。上午九时,硕孙来看报觅画本,十一时许去。

下午五时许,琴媳自安定归。释所负袄被不久,元孙下学,遂母女同出就浴。接湜儿电话,谓听报告,须夜饭后乃归云。

六时三刻,与润、琴、元、宜、燕等同饭。饭后,予又续辑,得文评四则。九时半就寝。湜亦归。

3月19日(二月廿四日　辛酉)星期二

晴,煦。晨略有雾,傍晚有风。

晨六时半起。七时十分,潌儿、硕孙来,遂偕琴媳、宜孙及其母子同出,乘廿四路南转十一路无轨到西直门,鉴孙已先在。盖今日琴媳休息,因约潌等同游颐和园。同上卅二路车,八时三刻即到万寿山,入园先诣知春亭,稍坐,旋由玉兰堂、宜芸馆、乐寿堂等处西入邀月门,遂循长廊西行,到排云门,六人共留一影。再循廊而西,过石丈亭,登清晏舫,至十一时就石舫饭庄午饭。菜品精洁,服务员态度亦可亲,较两三年前迥不侔矣。饭毕,又西北行,在宿云檐前东折登山诣画中游等处,徘徊瞻眺,并坐憩久之。既而循南麓下,出山色湖光共一楼,仍入长廊,徐步东迈,至留佳亭北池畔就日啜茗,历时乃行。由意迟云在、含新亭等处下坡,径达谐趣园,坐饮绿亭久之,乃度知春桥,历寻诗径、涵远堂、岚沼等处,在瞩新桥旁出谐趣园，又历德和园、大戏台等地，乃出东宫门，仍乘卅二路返动物园，转一路无轨入城，至朝内南小街，再转廿四路。回家已五时。

六时半晚饭，与潘、润、琴、鉴、硕、元、燕同餐。餐后看电视俞振飞所演京剧《黄鹤楼》，言慧珠所演京剧《贵妃醉酒》。七时半，湜儿归，李妈陪宜孙理发亦归。叔侄再具餐。十时半，电视始毕，潘、鉴等各归去，予亦洗足就寝。

3 月 20 日（二月廿五日　壬戌）星期三

晴，有风，气煦如昨。室内始停炉火。

晨六时半起。八时后，续辑文评（别集类提要二十二），至午又得十三则。润儿十二时十分归，遂与同饭。饭后，润即上班，予复续辑文评，至二时半，又得七则。觉眼倦腰酸，乃谋散步，遂独出，乘廿四路南抵方巾巷换一路西至西单，往北闲步，适五路无轨自北来，乃乘以出正阳门，到珠市口下，西行至煤市街南口，四路无轨自西来，又乘以入城，至王府井南口下，转二十路到北京车站，略一徘徊，已三时三刻，即乘廿四路北返。四时半，又坐下续辑文评，至五时半，复得三则。于是，全卷毕矣。

接湜儿电话，今晚要学习雷锋，须九十时乃归，不回来吃夜饭云。六时三刻，与润、元、宜、燕等晚饭。饭后，展《提要》别集类廿三重正句读，至九时半罢，点过二十二页，即寝。琴媳八时后归。湜儿十时后乃归。

3 月 21 日（二月廿六日　癸亥　春分）星期四

晴，仍感料峭。

晨六时半起。七时后，续点正《提要》句读，至午点毕别集类廿三,并及廿四之廿一页。午饭后,从别集廿三辑录文评,至五时得廿四则。竟日为此,颇感累,然不干则无聊将更甚耳。

六时三刻,与润、元、宜等夜饭。饭后,瀋、权来,遂同观电视《青年的故事》。八时琴媳归,九时湜儿亦归。十时半,电视始完。瀋、权去,予亦就寝。

入晚转寒,不得不复燃炉。烟囱已不甚通,遂致浓烟塞屋,大开窗牖以散之,经时始宁。而室中炉火之力始见效,甚懊。

3月22日(二月廿七日　甲子)星期五

晴间多云,仍感薄寒。

晨六时半起。八时后续辑《提要》别集类廿三文评,近午得十二则,是卷终矣。午后续点完别集类廿四提要,并辑出文评十则,已向晚矣。夜与润、琴、元、宜等共饭。饭后,瀋儿来。润掇缝衣机就灯下缀连被单,并由瀋协同打补绽,盖湜所用者稀烂,无以易(无布票),只得牵罗补屋,以零碎布头相宜应用耳。

湜儿持予红票与汉儿同往政协礼堂参加晚会,看话剧《霓虹灯下的哨兵》,今晚即住汉家。九时三刻润缝完,瀋亦归去。十时,予乃就寝。

3月23日(二月廿八日　乙丑)星期六

晴,仍恃炉为暖。

晨六时起。七时后,辑录别集类廿四提要文评,直至午后三时,又得廿四则,本卷毕。

目昏心烦,体倦神疲。思欲出外一散之。乃独自乘廿四路北转七路无轨,到北海公园后门,入度桥而南,沿先蚕坛西根过画舫斋,见有本市春季国画展出,知廿四日起方公开,今日预展,须凭柬入场,予既未承柬邀,当然望而去之。由濠濮间南上土山,欲一赏桃林之胜,乃参差太甚,有已开泛褪色者,有仅见蓓蕾附枝,依然杈枒颓顿者,非惟不见可致,抑且黯然钩起惆怅耳。匆匆度陟山桥,循环岛之东南行出园,过堆云积翠桥,入团城参观本市特种工艺品展览。凡分三室,第一室为雕塑,第二室为地毯、桌布等,第三室为景泰蓝器皿及宫灯、饰物等,虽匆匆涉历,却豁目赏心,转较自然植被为可观矣。四时半乘一路无轨回朝内南小街,在金鳌玉蛛桥待车,时南风颇烈,顿见寒凛,幸第三辆即上,否则招凉矣,至转廿四路时,又极挤。到家时湜儿已先返。有顷,润儿亦自华侨大厦听报告归。又有顷,元孙下学,琴媳亦归。遂共夜饭。饭后,汉儿、镇孙来,八时半,汉先行,去游家后径归。予九时三刻就寝。镇孙与润、湜长谈,十时半乃去。

3 月 24 日（二月廿九日　丙寅）星期

晴间多云,气温较还升。

晨六时起。七时,湜儿出游,元孙往中山公园过队日。予展书续正《提要》句读（别集类二十五）,至十时半完四十页,未及卷之半也。会至善电话来,谓云彬在其家,乃翁属招前往共饮。遂收拾笔砚,独出,乘廿四路北行,至东四九条东口下,走往八条访圣陶父子兼晤云彬。遂共饮焉。

午后二时,圣陶、至善、云彬偕予同出,步由钱粮胡同入隆福寺市场,在文物柜见有陈宝琛、罗振玉联各一,颇好,遂为圣陶、云彬所得,予仅于文具摊购得信笺两帖耳。出隆福寺大门,在两家花树店闲眺,无当意者,乃行。至东四与诸人别,雇三轮归。

到家仅三时半,湜儿与元孙俱未归也。写信与清、漱两儿。至五时,颉刚偕万里来访,谈至六时许辞去。元孙五时后归。七时,予乃与润、琴及诸孙夜饭,湜仍未归。硕孙六时三刻来读报,八时乃去。而湜仍未见归来,至九时半始返,盖偕友畅游香山云。予乃就寝。

3 月 25 日[①]（癸卯岁三月大建丙辰　丁卯朔）**星期一**

晴间多云,仍感料峭。

晨五时醒,六时起。七时后续正《提要》句读,近午方毕别集类二十五,此卷较多,凡七十三页。午饭后辑录此卷文评,至三时一刻得十二则。神怠矣,乃独出散步。即将午前写就寄与滋儿的京卯五号信带出投邮。随乘廿四路南转十路,本想去中山公园一行,却在天安门东便下车,只索再等十路乘以出象来街豁口,到牛街北口乃下,沿广安门大街西行,再乘四路无轨回王府井南口,复转十路到方巾巷,又换廿四路返家。抵家已五时馀矣,怅怅而出,怅怅而归,只觉莫名其妙地无聊耳。

接澄儿三月廿一日贵阳来〈信〉知二月廿六去信已收到,而一月八日之信竟付沉浮矣。夜与润、琴、元、宜等共饭。饭后,复辑前卷文评,至九时半就寝,又得五则。湜儿有电话来,谓看电影后时晏,即住厂中云。是夜又熄炉。

3 月 26 日（三月初二日　戊辰）**星期二**

阴,无风,午后晴,乃微有风,终感冷也。

---

①底本为:"习习盦日记第九册"。原注:"一九六三年三月廿五日至五月卅一日。七月十二日晨,手缀讫,记之。巽老人。"

晨六时起。七时半，濬儿来。八时半，予与濬挈燕孙出，乘廿四路北转一路无轨，径造西郊动物园。历象房、狮虎山、河马馆、羚羊馆、长颈鹿馆、熊猫馆而出。在狮虎山遇硕孙，遂同乘七路往沟沿政协礼堂餐厅午餐。途遇研因，立谈数语而别。到餐厅为十一时廿分。餐后走还白塔，乘一路无轨东抵南小街，再转廿四路南归，到家将一时。润儿饭毕，尚未上班也。有顷，润上班，硕归去，濬及燕午睡。予乃续辑文评，抵暮又得八则，仅及别集类廿五之半卷耳。盖明代文坛之盛况几全集此卷也。十九日在颐和园所摄之影乃今日寄到，因将数年来积存之照片属濬儿整理，分别粘入照相册。久不清理，几致不可爬梳，盖积有上百片矣。

接滋儿廿四日来合六号信，复予京卯三、四号者。予昨去之京卯五号当然不会接到也。六时半，顺林来，七时乃与濬、顺、元孙等夜饭。宜孙又以头痛发热，未晚饭即睡。饭后，文权来，顺林则假予缝衣机纫衣。予乃续辑文评，又得四则。九时后润、琴先后归。十时许，顺林及濬、权乃去，予亦就寝。十一时许，湜儿乃归。

3 月 27 日(三月初三日　己巳)**星期三**

阴冷，午后始见日，下午晴，入夜雨。

晨六时起。七时半，李妈陪宜孙往赵家楼医院诊治。八时半，予独行，往建国门文学所参加全所会议，听唐副所长作精简问题传达报告，并报告行政工作若干问题。十时半散，仍独行步归。十一时半，濬儿来，遂同午饭。饭后，濬儿午睡。予乃续辑文评，至二时半，得两则，遂与濬儿同出，乘廿四路南转十路到王府井南口，步往大街，在南口购得粘贴相片之像角四匣，又在百货大楼三楼访寻衣料，无合适者，即行。遇莲轩，立谈片晌而别。复至南口，再乘十路西抵中山公园。先诣来今雨轩，未见乃乾。盖电话约于三时会晤者，乃西行至紫藤棚前遇之，其夫人亦偕来，因折回来今雨轩啜茗。日光不猛，久坐生凉，便起行，过唐花坞一赏所陈兰蕙、杜鹃、茶花之属，四时半各归。予父女仍由十路转廿四路行，到家已五时。有顷，元孙归。六时，润儿归。待汉儿至七时乃来，遂共晚饮。饭后看电视绍剧《孙悟空三打白骨精》，宜孙所爱，因纵令观之。宜孙今日诊视结果仍白扁桃肿胀，上午、下午俱打针，已略痊，但晚上贪看电视，睡后热又回升。十时，雨正急，濬、汉各假伞而行，分头归去。湜亦雨中归。予乃就寝。又过良久，始闻琴媳归来。

3月28日(三月初四日　庚午)星期四

晴，又转冷。

晨五时醒，六时起。八时写信与澄、滋两儿(与滋者编京卯六号)，近十时毕。即续辑别集类廿五提要文评，至午得五则。午饭后，又辑得四则。四时一刻，润儿归，乃与共出，乘廿四路北转一路无轨，到白塔寺，步往政协礼堂餐厅晚餐。圣陶、满子先约在彼相候，遂与同席。

是晚礼堂有北昆剧团特邀俞振飞、言慧珠联合演出晚会，故熟人到者极多。六时半即步入礼堂，四人联坐第二排，待至七时半乃开演。先为董瑶华、张敦义之《借扇》，继为洪庐飞、秦萧玉、马玉森之《断桥》(仿婺剧，亦颇精似)。休息后为俞、言主剧《贩马记》(哭监、写状、三拉团圆)。十一时乃毕。予父子附圣陶、满子车东归，仍送至禄米仓东口下，走归家中。湜儿犹未睡，琴媳亦早归矣。小坐，就寝已十一时三刻。十二时后始入睡。

3 月 29 日（三月初五日　辛未）星期五

晴，较温。

晨六时起。八时半出独行，往文学所参加本组组会，讨论精简问题。十一时散，仍独行归。潇儿来，润儿亦归饭，遂共餐。

餐后，应圣陶约，乘廿四路南转六路无轨，直抵东四北大街松竹园澡堂。至则圣已先到入浴，予稍息，然后就浴。擦背、修脚，至适。三时许，相将过叶家，会彬然在，乃与共谈至四时半，彬然返中华，予亦走至九条东口，乘廿四路归家。顺在汽车站换购四月份月票，然后走还。晚七时，与潇、润、琴、湜、元、宜等共夜饭。饭后，文权来，润等皆往礼拜寺胡同小学参加选民会，予则就灯下续辑《别集类廿五》中文评，至九时，又得五则。潇、权归去，予乃就寝。

3 月 30 日（三月初六日　壬申）星期六

多云间阴，时亦有东风，颇冷。

晨五时起。八时十分，潇儿来，予乃出，徐步走往金鱼胡同和平宾馆，参加学部中心学习组第卅九次座谈会，在东院小凉亭举行，地本那桐旧宅，颇饶园林之胜，开会前即在园中散步，到二十许人，本所唐棣华、俞平伯、吴世昌及予四人出席。馀者颉刚、叔湘、昌群、厚宣、志韦、声树、铁生、奠基、石君、琢如、宝钧、康农等，由潘梓年、刘导生主持，仍谈反对修正主义问题。十二时一刻乃诣东院餐厅聚餐。八人一席，五菜一汤，收费两元，粮票三两，较在民族文化宫为经济，足敷饱啖，所馀不及少半矣（民族文化宫多收一元，而肴品主食皆馀强半也）。此后主持其事者如能处理更当，则愈可适合耳。

饭毕，各散。予走至金鱼胡同东口，乘六路无轨到东单，再转廿四路还禄米仓，步归家中。润饭已，尚未上班。潏儿、硕孙则为予去政协礼堂购得肴点五份归，亦已饭毕。有顷，硕归去午睡。润亦上班。潏、宜、燕等皆午睡。元孙今日起春假，上午十一时十分往红星看新闻电影（予所中赠票），午后近二时始归。二时后续辑文评，至晚得八则，于是《别集类廿五》全卷毕。明代文学之著录于《四库》者尽矣。

夜与潏、权、润、琴、湜、汉、鉴、预、硕、元、宜、燕等团坐合饮，即以购自礼堂之肴点及家制肴蔌为供。夜饭毕，镇、埥至，因为东西南北四屋拆除火炉，人力集中，立时竣事。孙辈又开看电视，至九时四十分，潏、汉等各归，予亦就寝。

3月31日（三月初七日　癸酉）星期

阴，冷。下午雨有檐注，入夜始止。

晨六时半起。七时，润儿御车出，偕同事往东郊慈云寺易米。八时，湜儿出访友。八时半，予方静坐展书，埥孙、镇孙来，收拾昨晚所卸烟筒，打扫包好，挂在门道两壁，颇嘉之。十一时半，润方归，遂与润、琴、埥、镇、元、宜同饭。燕孙今日发烧，令卧床静息。

午后二时许，天将雨，埥、镇归去，湜亦在外饭毕返家。有顷雨作。予点正《提要》句读，将别集类廿六卷五十四页点毕，并辑文评四则。润儿乘雨后扫除庭院，将生炉后积垢尽涤而去之，亦一快也。

夜饭后，看电视，先为动画片《孙悟空大闹天宫》，继为上海影片《女理发师》。八时三刻完，予亦就寝。

4 月 1 日 (三月初八日　甲戌) 星期一

晴,较冷。

晨六时起。八时,润、琴挈燕孙去赵家楼门诊部就诊。元孙、宜孙俱照常上学矣。九时许,润等抱儿归,知为麻疹(南方所谓痧子),因即令润赶往小方家园幼儿院领宜孙归,恐其传染他人也。乃其院电话报告上级后,谓类此情况只要本人不发烧,可以无须回避请假云。然则,予心安矣。为燕孙事,琴媳请假在家看护。润则下午仍上班也。予辑录文评至下午三时,凡得十九则,别集类著录之作全毕。今后续看别集类存目诸作矣。

三时十分,潗儿来,遂同出散步。乘廿四路北转七路无轨,到北海公园后门入,循北岸到铁影壁登渡船南渡琼华岛,见漪澜堂仿膳厅有热点出售,遂入啖春卷而后行。至阅古楼前遇安若定,立谈片晌。五时出公园前门,乘一路无轨返南小街,再换廿四路南归。行至禄米仓口,遇润儿,盖已下班出购花卷矣,因与同归。六时半,与潗、润、琴、元、宜同夜饭。饭后,文权来,湜儿亦浴后归,再具餐。八时三刻,权、潗归去。九时,予亦就寝。

4 月 2 日 (三月初九日　乙亥) 星期二

晴,冷,近午渐阴,午后起风。

晨六时半起,七时半即展《提要》别集类存目一重加点正,至午毕之,凡八十页。午后即辑其文评,至四时半,得十八则。全卷亦了。

上午,赵家楼派大夫来诊视燕孙,谓未必是疹子,且待明日再来诊断云。下午二时半,李妈始来,盖自上月廿九日假归顺义,至是始返销假也。数日来家中正忙,偏滞迹不时至,琴媳不免引恨耳。

书友刘清源来送到中华新印书两种,一为余嘉锡《目录学发微》,其婿周祖谟为加标点者。一为朱芳圃《殷周文字释丛》,以清稿石印者。

五时独出,风已大,冒之而行,先乘廿四路北去,转九路无轨到西四丁字街下,走往同和居。则颉刚、万里、铁符及琢如伉俪已先在,坐有顷,元善至,又有顷,轶程至,凡八人。平伯、乃乾皆先言不来。圣陶则元善电话询之,亦不来。于是,七时始开饮。肴核精且丰,八时廿分始散。予与琢如夫妇同乘一路无轨行,同到南小街下,伊二人走归,予则再转廿四路南归。

到家已九时,潚、汉、权、鉴俱在,正看电视放映言慧珠、董瑶琴《游园》,俞振飞、言慧珠《惊梦》,老夫人则沈盘生也。据云先两出为丛肇恒《夜奔》及俞振飞《醉写》(《吟诗》、《脱靴》),错过颇引为遗憾矣。同看至九时三刻毕,潚、汉等各归去,予亦就寝。湜儿十时半自厂中赶校工毕归,竟未之闻。

4月3日（三月初十　丙子）星期三

晴,颇冷,又添衣矣。

晨五时三刻醒,六时半起。燕孙热已渐退,精神亦渐振,似不是发疹。十时许,医院大夫来诊视,谓非麻疹,系肺炎嫌疑,须再去院诊疗云。因即由李妈踵往院中挂号,琴媳即抱燕继去。十二时半归,谓经透视并验血,断系病毒性肺炎,不能打针,只配药令依时喂服,三五天后始得痊云。时洵已下班,乃与琴等共进午饭。饭后,润仍上班,琴仍在家看护,明日亦须上班工作云。予八时起,展书点读,至暮点毕别集存目二,并辑出文评十三则。夜与润、琴、湜、元、宜共进夜饭。饭后,看电视苏联影片《人间》,九时一刻完,予即就寝。

4 月 4 日 (三月十一日　丁丑) 星期四

阴,寒。似返冬,真寒食景象矣。

晨六时半起。八时,续辑《提要》文评,至午得十二则,别集存目二完毕。

午后一时三刻出,乘廿四路南转十路到东单,漫步至王府井南口,再换三路诣南河沿政协文化俱乐部,应民进中央宣传部之邀,听郑效洵报告现代文学方面的情况,到广平、冰心、洁琼、景耀、汉达、守义、麟瑞、宾符、均正、之介等。所谈与日前水夫所谈略同,大抵分现代苏联文坛概况、作家、作品三项叙述,自二时半至六时,犹有两项未及谈,乃散。

予与汉达就餐厅晚餐。餐后,予乘三路到东单,换乘三轮归家。润、琴、元、宜等正在晚饭焉。八时半,湜自厂教课归。九时就寝。

今日报载苏共中央复中共中央信,由苏驻华大使契尔沃年科自莫斯科携交者。予曾披阅一过,多遁辞,内不足则不得不尔也。

晚饭后续点别集存目三,得十页。

4 月 5 日 (三月十二日　戊寅　清明) 星期五

阴,寒。傍晚雨,入夜止。

晨四时起便旋,仍就衾,六时半乃起。七时半即续点《提要》,至午完别集存目三。农祥十时许见过,以有事赴部洽事,特枉道见存云。少谈即去。

饭后二时即出，乘廿四路南转九路到前门，再转七路去政协礼堂，径诣第二会议室，参加双周讲座，听北大教授吴组缃讲《读红楼梦的一点体会》，傅彬然主持。在场晤及徐伯昕、吴研因、林汉达诸人。三时开，六时五分乃完。只就人物形象、性格及社会原因阐发，不涉琐屑考据，颇受听。听毕过餐厅，则润儿已先在，盖约伊下班前往者。伊为已雨，携有雨具。予等餐毕，即易雨具走至白塔，乘一路无轨转廿四路归。到家湜儿及维零俱在。九时就寝。十时维零去。

4月6日（三月十三日　己卯）星期六

晴，寒。

晨六时半起。七时四十分出，乘廿四路南转十路，径诣民族宫礼堂，参加科学院院部学习组主办报告会。在门口遇冠英，遂与同入，坐第八排十九、廿一号。九时开始，张劲夫主席，请朱子奇报告莫希亚非会议种种情形，暴露修正主义者种种丑恶言行，至十一时三刻乃散。出门时遇吴子臧、张书铭、钱琢如，在十路车站又遇汪蔚林、范叔平、张伯山。到东单后，复转廿四路归家。

到家已将十二时半，遂与润儿午饭。燕孙今日已就痊，又不肯乖乖卧床，且欲在院中奔跑矣。下午自别集存目三提要辑出文评廿四则，垂暮乃止。本卷犹未终也。

夜与润、琴、元、宜同饭。湜儿曾有电话，谓有事不能即归，须八时始返家就餐，直等至十时不至，予乃就寝。翌晨询诸许妈，亦未闻，盖十一时后乃归也。

4 月 7 日（三月十四日　庚辰）星期

阴，寒。入晚乃有月，而寒益甚，诚有料峭入骨之感。不得不翻箱重取皮袍御之耳。

晨六时起。七时，润儿挈宜孙参加版本图书馆组织之春游，往馆附车赴万寿山。予与琴媳、湜儿、元孙则于七时一刻出，乘廿四路南转十路到六部口电报大楼前，与民进中央诸同志及其家属集合，亦分乘三大轿车鱼贯出复兴门，沿途在社会主义学院、中关村等处接受同志，绕过颐和园直驰抵八大处四平台，盖亦近日组织之春游也。

予坐第三车，与颉刚父子、均正夫妇、明养夫妇儿子、宾符、效洵、幼芝、伯霖、方白等同乘。下车后径往二处灵光寺小憩，其地为新建舍利塔院，施工土木杂作，大变昔貌，茶座即设原来僧塔松林下，别开归来庵之后门以通往金鱼池。略坐后即与汉达等同往三处三山庵、四处大悲寺瞻览。大悲寺中刘塑应真像依然无恙，仍登后冈转往五处龙泉院，即俗呼龙王堂者也。其地禅堂中民进亦设有休息室，予等遂止憩其中。已十一时半，乃取干粮作食（会中亦为代办夹肉面包，每份两片，价五角，粮票二两），边谈边啖，饮茶自如，亦颇有味。食毕，有往六处、七处者，有径往八处者，其时元孙与颉子德堪已自七处回，遂偕颉刚、湜儿再去八处观秘魔崖，予与琴媳仅止于五处。予又在彼倩幼芝为予留二影，不知能印出否耳。至下午一时，予等遂顺大道径抵山麓四平台，颉刚等亦自八处返车中。惟元孙、德堪又往一处游玩，久之始亦返车。二时返辕，先过亚非学生疗养院参观，略看院中设备后，在庭园中周行一巡，上车（此院建筑讲究，园林布置亦佳）。遂径驰入西直门，沿途有人下车,至东单而止。予与宾符、颉刚等在金鱼胡同东口下,走归于家。

到家润、宜早已返家,且知潜、权亦曾来过云。七时晚饭。琴媳之弟植之来。(唐山铁道学院将毕业,特来北京、宝鸡等地收集材料,准备提出毕业设计,今日甫自唐山来,现住西直门外大钟寺宿舍。)有顷,汉儿亦至,乃同进夜饭。饭后闲谈(昨日接漱儿信,今日接滋儿信,故颇有所谈也),九时许,植之辞归。元孙送之乘十一路无轨,汉儿亦去。予亦倦极就寝。是夕梦寐频仍,今日为予与珏人结缡五十三周年,去八大处车又往还两过福田,竟以牵于时机不能一为展墓,弥滋憾疚。

4 月 8 日 (三月十五日　辛巳) 星期一

晴,仍寒。

晨六时半起,即御皮袍。七时半后补记前晚及昨日日记。旋写信,一复漱儿,附颐和园所留近影二帧去,属留存,一并以其一与淑儿。一复滋儿合七号(亦以京卯七号),详论返势,亦附一放大照片去,后面加题志者。两信书毕,已午十二时十分,润归饭矣。遂与共饭。饭后,即以此二信交伊,俾于上班时付邮。

二时后,又写二信与清、澄两儿,亦附去照片,分寄,并黔缄后自出投邮。遂乘廿四路南转十路到中山公园,再换五路到西华门,往访乃乾。适乃乾去科学图书馆,未得晤,晤其夫人,稍坐便行。乘五路到北海,换一路无轨返南小街,复转廿四路归。到家门口,潜儿适来,便与同入。六时,琴媳归,谓感冒不舒,少食便睡。有顷,湜儿亦返,遂偕潜、润、湜、元、宜同进晚饭。饭后,灯下续辑文评,复得四则。九时三刻,潜儿归去,予亦就寝。

4 月 9 日 (三月十六日　壬午)**星期二**

雾渐开,禺中晴放,初寒渐暖。早晚仍御皮袍也。

晨六时半起。八时半,潘儿来,遂同出,先乘廿四路南转十路到大华路北口,步往北京医院复诊。晤周亚卫、徐旭升、陈翔鹤、何其芳,均来院诊查者。予遍寻熟稔大夫不得,见牌上有刘锦葵名,以为护士长升作大夫者,似曾相识,姑一试之,及就诊乃则别一人,亦女大夫,同一院同一名,而不稍示异,亦奇。诊后仍照前方开,其态度不亚汪松梅也。

十时离院,步由王府井北行,在东安市场西门北首之新世界绸缎店看得青灰色热罗一端,颇合意,乃剪购一袄料,罗价十一元馀,工业购货券乃需二十张又半,因限于所带之券不敷再买,并里子及裤料全不能买,只得且俟异日矣。

十一时十分,过鑫记南饭馆(本在东单三条,现迁东安门大街华宫旧址)就餐。居然吃到鳝糊,此物久已未尝,但亦平平耳,岂厨师易人乎? 十二时,在王府井南口转十路,西至中山公园,再换五路到西华门,走访乃乾伉俪。伊等方饭焉。纵谈至近四时乃行。乘五路北行,至北海,循海子东岸漫步,花柳迎春,微波骀宕,坐岸侧少顷,观湖上荡桨小艇亦甚怡如,既而入画舫斋参观中国画院春季国画展览。

五时半出园,乘十一路无轨回东单,转廿四路归家。琴媳以感冒休息在家,傍晚润、湜、元、宜等皆归,汉儿亦至。七时,遂共夜饭。饭后闲谈,文权来。九时后,潘、权、汉分头赋归,予亦就寝。

4 月 10 日（三月十七日　癸未）星期三

晴，较昨稍暖。静坐室内，仍须御裘。

晨五时半即起。七时后，续辑文评，至十一时复得十一则，于是，别集存目三毕矣。午后重点别集存目四提要，至晚完四十四页。夜与润、湜、元、宜、燕等晚饭。饭后，湜儿为予抄南洋中学图书馆目分类。九时，予即就卧。

4 月 11 日（三月十八日　甲申）星期四

晴，回暖，较昨迥殊。

晨六时起。八时展书重点《提要》，十时毕别集存目四，接辑文评，至午得十则。

午饭后独出，乘廿四路南转十路到南河沿政协文化俱乐部，参加民进中央宣传部举办之报告会，听郑效洵续谈苏联现代修正主义文艺理论。五时半完，即乘十路回东单，转廿四路归家。盖久坐撤痰致气逆不平，无心在彼晚餐，亟欲返休也。

到家接达婿信，知予之信已收到，清儿工作亦渐上轨道矣。坐息多时，气亦渐平，乃纵笔作日记。

夜与润、湜、元、宜、燕晚饭。饭后，湜往访管竞存，予乃续辑文评，至九时，得十八则。琴媳归。九时半就寝，湜儿何时归未之闻。然十一时后稍一留神，谛听门户即难入睡，二时后始得寐。翌晨询之，知十时半即归云。

4 月 12 日（三月十九日　乙酉）星期五

晴间多云，下午雨，气仍冷。

晨六时半起。八时后续辑文评,至午复得三十则。于是,别集存目四乃毕。

潗儿九时来,持款及工业购货券往王府井为予续购裤料及衣裤里子与驼毛一斤,费四十馀元。下周将觅匠制棉袄裤,俾今冬可替下破旧残物也。湜儿以下午在文化部听报告,十二时廿分亦归来。遂与潗、润、湜及燕孙共午饭。饭〈后〉潗儿午睡,三时归去,盖下午天转阴,气又转凉,亟归添衣也。去未久,而雨至,时作时止,亦见檐注。予午后续展别集存目五重点,至五时毕之,以阴雨故,室中竟需用灯矣。

夜与润、琴、湜、元、宜等同饭。饭后,从别集存目五辑文评,至九时得六则。即寝。

4 月 13 日(三月二十日　丙戌)星期六

阴,冷,夜雨。

晨五时醒,六时起。八时一刻出,乘廿四路南转十路到王府井南口,径登北京饭店新七层楼诣三号会议室,参加第四十次学部中心学习组座谈会。刘导生主持,到二十馀人,文学所到冠英、世昌、大冈及予四人。晤及稔友昌群、琢如、厚宣、旭生、文弨、葆三诸人。讨论四日《人民日报》揭载苏共中央复中共信,一致认为狡展无诚意,殊难达成良好协议云。

十二时散,下楼诣餐厅客室午餐,凡两席。餐毕,在彼小卖部购得韶柑三斤,与冠英同乘九路到东单,再转廿四路归。在十路车遇毛星。及走返家中,润儿饭已未出也。有顷,伊上班去。二时后,辑别集存目五文评十九则。

三时半,晓先夫人来,六时,晓先亦来,汉、润、湜亦归,琴媳亦早返。遂共进夜饭。饭后,潘、权、预、硕亦至,同看电视话剧《霓虹灯下的哨兵》。九时,晓先夫妇及汉儿去,潘等继去。予则看完,已十时半,即寝。

4 月 14 日（三月廿一日　丁亥）星期

阴,有绵雨,禺中开霁,气略还暖。

晨五时醒,六时起。七时半,偕润、琴、湜赴本区投选票。九时,植之来。十时四十分偕琴媳、植之、湜儿、元孙出,乘廿四路南转十路,往南河沿政协文化俱乐部午餐。餐后,元孙陪其三舅植之在附近游览。予与琴、湜由阮府胡同穿行至王府井百货大楼,继又往东安市场及稻香春等处一行,并在天义顺买得酱瓜,人物熙阜,又呈昔岁过年景象。前两年物资减少,往往一夕不知何往,现在逐渐恢复,但若干品种亦往往有一朝忽然而见之感,当局调配之苦心,殆于此等处理会之。予在金鱼胡同乘三轮先归,琴、湜随后走返。二时后,汉儿率镇、鉴两孙来。四时,润、琴诣慧英家,陪植之晚饭后即送之上车去宝鸡实习。汉、湜、镇、鉴、宜五人往看潘家。至则合家外出,废然折回。六时半,予与汉、湜、镇、鉴、宜、燕等晚饭。饭已,润、琴、元亦自车站送行归来矣,乃共谈。九时,汉等去,予亦就寝。

4 月 15 日（三月廿二日　戊子）星期一

阴,冷,午后转晴间多云,入夜雨。

晨五时醒,六时起。九时半,潘儿来,因与偕出,携日前所购衣料乘廿四路到东单,转六路无轨到东四下,诣双顺服装店量制棉袄裤,十一时始讲妥廿四日可取。乃步由朝阳门大街,经市场一转,买得饼饵两三事,再走至南小街乘廿四路归。

午与濬、润、燕午饭,啖薄饼。午后又续辑文评,至三时半得廿四则,别集存目五全卷毕矣。濬为予粘贴照片,基本完毕。

六时半,与濬、润、元、宜等夜饭。饭后雨大作。八时,濬持伞归去。湜亦雨中归来,谓已在社饭过矣。九时就寝。近十时,琴媳归。

4 月 16 日 (三月廿三日　己丑) 星期二

阴霾竟日,气仍寒森。

晨五时醒,六时起。八时一刻出,步往建国门文学所二楼会议室参加全所干部大会。其芳主席,讨论学部关于加强和改进各研究所的工作的报告及本所研究规划提要。十一时半散,仍步归。

午后二时一刻复出,乘廿四路北转一路无轨到白塔寺,步往政协礼堂第四会议室,参加本会文教组座谈关于《红楼梦》问题,仅到傅彬然、方石珊(医学会)、金人(人民文学出版社)、吴研因、李蒸、陈于黑(文学所)及予。安若定曾来,一转即行。彬然主席,居然谈至五时半始散。予上三楼餐室晚饭,遇汉达夫妇。匆匆食毕,购物数事即归,仍乘一路无轨转廿四路而行。

到家已将七时,元孙尚未归,有顷归来,与其弟、妹共饭。九时就寝。十时许,润儿、琴媳先后归。湜儿则十一时后归,翌晨始知之。

4 月 17 日 (三月廿四日　庚寅) 星期三

阴转多云间晴。气仍凉。

晨五时醒,六时半起。八时廿分出,步往文学所二楼续参昨会,盖本组复加讨论也。到冠英、默存、念贻、道衡、水照、赓舜、象钟、共民及予。十一时即散,与冠英、默存步至外交部街东口,乘廿四路到禄米仓,再走还。

十二时十分,润儿归,有顷,琴媳亦归,遂同饭。饭后不久,润、琴仍都上班去。予独坐,眼涩又不能午睡,乃出门闲步,先乘廿四路北往东直门大街,转七路无轨出西直门直达动物园。初拟入览,忽又无聊,遂转二路无轨南行,到正阳门下,复换九路返东单,再转廿四路还家。在途两小时,怅怅而出,怅怅而归,亦不自知其何若也!

夜与润儿、元、宜、燕孙等晚饭。饭后看电视廿七届乒乓锦标赛及古巴影片《十八号封地》。九时半毕。琴媳、湜儿亦先后归。十时就寝。

4 月 18 日(三月廿五日　辛卯)星期四

晴,较昨略暖。

晨三时即醒,随即迷糊,断续至六时起床。八时写信三封,分寄太原敫、清,上海漱儿,合肥滋、佩(京卯八号),前两封为复信,后者为催复。至十时许始写完封好。硕孙偕友来,在湜房听音乐唱片。十一时十分去,乃以三信属伊携出投邮。

饭后二时,潜儿来,遂共出,先乘廿四路到东单,转三路出崇文门,在彼转一路电车,径诣天坛北门入,经长廊穿由祈年门,南至皇穹宇西侧茶棚,茗憩至四时起,登圜丘四瞩,时天宇澄澈,一碧无际,惟四周翠柏缭绕,略见界画而已。舒望久之乃下,迤逦出西王门,即在天坛对面百货商场一巡,盖此处久享服务良好之盛名,乘兴一访,果见买卖平易,大有恬熙之概。出场见十五路车正停靠待发(此为起点,直达动物园),乃怡然登之,西北迤行,出复兴门在阜成门外礼士路口转一路无轨入城,仍返朝内南小街,换廿四路归家。行至禄米仓西口,遇润儿挈元、宜、燕三孙来迎,谓顯孙自青岛出差去哈尔滨过此,正待潛归晤也。潛乃径归,予等亦返,时已六时三刻矣。有顷,琴媳亦归,遂共夜饭。饭后,朱振明来为予修电视机。湜儿在厂教课,九时许亦归。九时半就寝。

4 月 19 日(三月廿六日　壬辰)星期五

多云间晴,气尚和。

晨六时起。六时三刻,硕孙至,谓其母陪其姊话,不克伴予去春游,属伊随予前往云。于是,两人出,徐步至干面胡同东口里本部宿舍候车,七时十分即登车出发,往文化部门前广场集合,凡四车,约百馀人,两车去八达岭,两车去鹫峰大觉寺。予附去大觉者行。本组同人只友琴、力扬、于黑、廙舜、世德及予六人,馀俱他组及同人家属耳。十时许,到大觉寺。寺在山麓,体制与檀柘寺相仿佛,山名阳台,有泉清泓,辽时建为寺,即名灵泉,又称清泉。院为西山八大院之一,最后,有舍利塔镇之,有辽咸雍四年碑,明正统间重修,改名大觉。殿前正统碑屹立如故,院宇不致颓废,以科学院林业经济研究所在彼故。予等循泉访塔毕,仍出山门,还辕转往鹫峰。路甚崎岖,在温泉中学门前场上停车,步行拾级而上,遥望双峰丫立山巅,各有松,酷似两鹫对栖,故以为名。予登山无多路,即择树荫石上坐,友琴及图书馆职员张君及尤培福亦止焉。于是出干糇、瓶茶且谈且啖,山色树光左宜右有,亦致乐也。十一时半下山,返坐车中待同游者之归。十二时后,陆续下来,硕孙到巅头,谓有屋数处,俱荒废,结构皆架临崖,有所谓鹫峰精舍者,亦废矣。有顷,与予同坐之王芸生(资料室)亦来,予询其曾到何处? 伊直云只到半山,真王半山也。予笑谓之曰:君得拟半山幸矣,予且不及半山远甚焉。相与喧嚷。午后一时开车言旋,三时许即返家矣。

四时三刻,鉴孙来,予告之顯来即行,乃往访顯,因与同来。五时,潀儿、顯孙、硕来,顯孙辞往哈埠公干,谓返京后当可逗留一二日云。六时半,即由硕伴送往车站。顯甫去而汉儿来,遂与同饮,润、琴、湜、元、宜等并与焉。饭后谈至九时后,潀、汉等皆归去。十时就寝。

4 月 20 日(三月廿七日　癸巳)星期六

多云间阴,偶洒雨点,近晚亦见晴。气暖于昨。

晨六时起。六时五十分,潀儿来。七时遂与潀、湜同出,乘廿四路北转一路无轨,到阜外甘家口商场下,走往外文出版社,附社中车西游香山。盖社中春游亦得携同家属,故予与潀与之,鉴孙亦骑车先在,遂同行焉。八时开车,先过颐和园,有一批人先下,至卧佛寺又停,予与潀、湜、鉴乃下。一路丁香夹道,色香动人,穿寺而西北,饱览樱桃沟花园。今筑坝蓄水,坝上即起为新筑公路,予等遂沿新路盘过两山,乃望见碧云寺五塔座,但路非坦平(仍须由山沟乱石间行),只得望寺急行(其时有雨点,恐加大),颇力竭汗喘,已十一时始攀上寺门前大道,不得不坐石上稍苏喘息。有顷,乃入静宜园边门,过眼镜湖,径往红叶餐厅谋餐。初得饮啖,正饥渴之时,颇甘之矣。午后一时赶至山下停车场,附车返。一时四十五分到颐和园北宫门,皆下车入。予等沿苏州街北岸东行,径达谐趣园小坐,仍至长廊东段之北茶憩。三时出,仍登原车,三时半即开,径还外文出版社,予与潀即在百万庄下,换一路无轨返南小街,转廿四路归于家。濬即乘未歇脚之馀劲即归去,湜儿则与鉴回社取车各行,湜将往孔家吃饭云。

七时,与润、琴、元、宜、燕等夜饭。饭后,少坐即取汤洗足,并由润儿为予擦背拭身,易衷衣就餐〔寝〕。是夕以疲累易入睡,但梦扰亦多。

4 月 21 日(三月廿八日　甲午　谷雨)星期

晴兼多云,气温如昨。

晨六时起。八时后,润、琴、湜为予整治书架,并为北屋扫除。予则坐西屋补记三日来日记,九时三刻始毕。润等三人分别拭土、理书、包扎号字上架等,纷扰至午后三时,乃得粗毕。浑身尘垢矣。劳动力之可贵在此,其可宝惜亦在此。

三时十分,陈翰笙见过,以其友华南圭遗著《通鉴辑览摘本》及《三国演义节本》相示,属为一阅,有无出版价值。二书稿本均陋,未便面辞,允读后奉告云。谈移时去。

五时许,汉儿、锴孙、基孙来,维零偕其女友亦来访湜,云已饭过。予乃与汉、润、琴、湜、锴、基、元等晚饭。八时,湜偕维零等出。九时许,汉偕基亦去,锴以明晨须在新车站赶车回窦店,遂留宿焉。九时半就寝。以未服安乐神,竟失寐,深夜二时后始朦胧入梦。

4 月 22 日(三月廿九日　乙未)星期一

阴霾。

晨五时一刻醒,即起,锴则行矣。七时后,躬整架书,凡开本与《四部备要》相埒之线装书依类插附,俾成一较完之籍。至午仅及三之二,汗被全身,衬衣皆透。十二时一刻,润儿归,遂洗手盥面,同进午饭。饭后,复续为之,至三时五十分始粗毕,凡贮三橱。再盥洗就坐,腰背俱酸楚矣。且静默稍久,汗收渐冷,天又阴森,至五时竟又重御羊裘。

潜儿午前十时半来,盖来自北京医院,为予配到安乐神送来也。少待即去。约明晨先去朱砚农所候予前往重镶义齿。

夜与润儿小饮,元、宜、燕三孙同饭。饭后,稍憩即就卧。琴媳九时后归。湜儿之归则未之闻。盖服安乐神后果见效,未到十时即入睡矣。

4 月 23 日（三月三十日　丙申）星期二

晴,不甚朗,气较温和。

晨五时半醒,六时起。八时出,乘廿四路南转十一路无轨,到灯市西口下,走迺兹府,径诣朱砚农牙医师所,潜儿已在,少待即轮及予。今日仅用石膏揿上下颚模子,约以后每星三往诊,约四星期可竣事云。既已就之,则不得不耐此烦矣。九时半离彼,即乘十一路无轨到景山东街下,诣景山公园一游。见牡丹已含苞欲放,芍药则嫩苗吐绛,旬日后当有可观。少坐即出西门,乘五路出前门,在蒋家胡同下,往大栅栏一巡。曾过同仁堂、张一元观市况,并在六必居购得宝塔菜。已十时半,乃诣前门大街老正兴菜馆午饭。一切已恢复数年前情况,其经理及熟服务员徐章法均晤及,颇惬意。饭毕,过通三益为孙辈购得糖果半斤,遂携以行。在前门原车站广场乘九路回东单,再转廿四路返禄米仓,在车上晤戈宝权。到家正十二时廿分,润儿、燕孙正午饭焉。

午后一时廿分,润儿上班去,潜儿午睡,予亦打盹。三时许醒来,瀿已去矣。四时,藏云见过,长谈至五时三刻去。娓娓话旧,弥感恬适也。七时,湜儿偕维零归,零已饭过,予乃与湜、元、宜、燕晚饭。饭后稍坐,即寝。盖倦甚矣。

傍晚接滋儿廿一日来合八号函,知佩媳工作已分配在省供销合作社门市部,并知予去京卯七、八两号函都到云。

4 月 24 日（四月小建丁巳　丁酉朔）星期三

晴,气温略见回升。

晨五时半即起。七时后,续理架书,检出《唐宋诗醇》及《李太白集》等五种为昔岁假自文学研究所者,因作书与汪蔚林,即令润儿送缴本所图书馆。又将座后两橱庋藏目录考订图册,及已作各种与日记本者重为分类整理,俾取给较便。午饭时始已。

十二时半,与润儿同饭。饭后,润复上班。二时后,续点正《提要》别集存目六句读,此卷甚长,凡六十一页,迄晚始毕。

六时四十分,与润儿、元、宜两孙晚饭。燕孙已先饭矣。琴媳社中有事,未归饭。湜儿则其同学结婚,下班后径赴婚筵云。夜饭后,润儿往看瀿家,顺送回行军床。途遇瀿、权,遂偕之同归。谈有顷,瀿、权即归去。九时就寝。琴媳九时半归。湜儿十时半归。

4 月 25 日（四月初二日　戊戌）星期四

晴,稍暖。傍晚有风。

晨五时半起。七时起辑录别集存目六文评,至下午三时毕之,得卅三则。

午后得乃乾电话,约在中山公园来今雨轩晤谈。三时赴之,乘廿四路南转十路以往。至则伊夫妇俱在,遂合坐茗话,遇夏慧远。

五时风起，遂与乃乾夫妇步出园南门，予即乘三轮遄归。到家，潚儿在，已为予取到新制之棉袄裤，因试着之，颇适之。

　　友琴见过，长谈移时乃去。七时，与潚、润、琴、元、宜等晚饮。饭后，汉儿来，湜儿亦自厂中教课返，均已饭过云。汉儿为予买来四川饭店所制水磨粉汤圆及安徽六安瓜片茶。九时，潚等各归，予亦就寝。

4月26日（四月初三日　己亥）星期五

　　多云，有风。气温与昨略同。

　　晨五时醒，即起。七时后，写京卯九号书复滋儿，详告近日情况，并属抄回前寄照片后题字。又点别集存目七提要十一页。已将午矣。

　　午后二时，忽感倦欲眠，遂就榻假寐。四时半乃起。阅中华书局送来《提要》夹单，凡《经部》句读有商榷处数十条，乃发书核对：有予疏漏失点者；有本属两可，不必执定者；有单开错误者；亦有纠失甚当，使予心折者。即一一注答之，至上灯后七时乃完。将复书谢之，并望以后《史》、《子》、《集》三部亦能拜受嘉言也。

　　七时后，与润、琴、元、宜等晚饭。时已有雨，饭后加大，予坐待湜儿之归。乃续点别集存目七提要，至九时就寝，又得十四页。湜儿在社中参加联欢晚会，十时半乃归。幸假得友人雨衣，否则濡首淋身矣。

4月27日（四月初四日　庚子）星期六

　　阴，早晚濛雨，夜雨加大，檐溜如注，气仍凉。

　　晨六时起。上午闲翻架书，又略事调整。潚儿十时半来，就缝纫机为其家人缝衣。

午饭后,打盹,三时醒,看《故宫周刊》所载《耕织图》。四时半,雪村见过,出近撰《张载哲学初探》稿相示,谈移时去。予又续看《耕织图》,至接灯乃罢。

七时,与润、琴、湜、元、宜、燕夜饭。潏则傍晚雨将作时遄返矣。饭后,开看电视,先为廿七届乒乓锦标赛实况,后为电影《南海潮》上集。十时就寝,电视犹未完,属元孙于终事后收拾云。

4 月 28 日 (四月初五日　辛丑) 星期

凌晨大风,吼声振窗牖,渐晴。气仍寒凉。

五时半起。上午展《故宫周刊》看画,阅一百期(三〇一至四〇〇),颇惬。

下午与润儿出散步,乘廿四路北转九路无轨至猪市大街下,走诣隆福寺商场,巡历一周而出,过花店买得文竹、美人蕉各一棵,遂徐步由隆福寺东街出东四牌楼扬长而南,走至金鱼胡同口一家乳制品店少憩,各啜乳酪两碗起行,由无量大人胡同、什方院等处步归于家,已五时许。

七时前,琴、湜、元、宜等皆归,汉儿亦至,遂共夜饭,且小饮焉。饭后看电视转播话剧《茶馆》。十时许,汉归去。予以腹泻即取汤洗濯并洗足,然后易衷衣就寝。电视亦未及完也。

4 月 29 日 (四月初六日　壬寅) 星期一

晴、阴间作,仍冷。

晨五时半起。八时半出,步往文学所参加古代文学组组会,通知本定为二楼会议室,乃为他组所先,仍移在后楼冠英办公室举行。到冠英、默存、友琴、念贻、道衡、世德、绍基、叔平、毓罴、共民、赓舜、象钟、力扬及予十四人,讨论关于当局文艺工作问题报告。至十一时半散,与默存偕行,且走且谈,至禄米仓西口而别。

归后接润儿电话,谓将与友人访友,不归饭矣。予乃独饭。饭后,润归一视,仍上班去。予仍续玩书画印本。三时三刻,子臧见过,谈至五时一刻去。予亦收拾画册,静待接灯晚餐矣。

七时前,汉、润、琴、湜、元、宜皆归来,鉴孙亦至,遂同饭。饭后,鉴孙先发,往王府大街文联大楼看昆剧。予乃偕汉儿踵往,乘廿四路南转八路无轨,到灯市西口下,步至剧场已将八时。先坐后排,既而见鉴,遂移座稍前,与昌群夫妇及倪征燠并坐。台上正演《荆钗记·男祭》(《见妇》一场已过),为清华大学昆曲社所爨。演终休息,遇叶叔衡、竺藕舫、钱琢如、汪季文及陈乃乾夫妇。又晤元善,遂以所作雷锋颂诗归之。休息后,接演《文成公主》,为北京昆曲研习社所爨。剧本为许昂若遗著,经平伯整理并由平伯夫人许宝驯谱曲(宝驯为昂若之女儿),再经沈盘生导演,历年馀排练,今始上场。上场人物极夥,几于过半社员为之,主饰文成公主者为张茂滢(周铃厂之表妹也),场面之势闹实开昆剧未有之盛也。方休息时晤及平伯、从文、冠英、叔平诸人,又见云彬、圣陶、满子,遂复移坐益前,竟在第三排矣。十时剧终,与云彬、允和同出,予与汉儿仍乘八路到东单,转廿四路归。鉴孙则御骑车径归其家。步回家门,润、琴、湜均未睡也。少坐就寝。汉留宿焉。颢孙已由哈埠返京,今晚十时即附车回青岛。晚饭后,湜儿曾挈元、宜、燕三孙往晤之云。

4月30日(四月初七 癸卯)星期二

晴,兼多云,气稍回暖。

晨五时半起，汉儿七时去。予七时半亦出，乘廿四路南转八路无轨到灯市西口，步往牙医师朱砚农所，濬儿已先在，尚未挂号，已有五人在彼，幸次第二，试型后未及九时即了，约下星二再往。因与濬儿步至东安门大街公共汽车公司，为濬购换五月份票，再在市场西门搭乘三路无轨到北海，南行至西华门访乃乾。即将中华书局所提《提要》揭签交伊转去。少坐便行。乘五路北至团城前换一路无轨回朝内南小街，再转廿四路。归家时已十一时许矣。

午与濬、润两儿及燕孙共饭。饭后，润上班去，濬午睡，予则伏案打盹。不觉醒来已三时许，濬则归去矣。予乃危坐，展读雪村近稿《张载哲学初探》，一气阅毕，已将晚。此文剖析张氏思想根源及其学问渊源所自，于近来研究张氏哲学诸人附会曲解之浮说，一扫而空，至佩精进。（近人颇有以张氏为唯物主义者及早有地动知识等说，殊感牵强。）

夜饭后，濬、权、硕俱来看电视庆祝五一晚会。未几，润挈元、宜、燕三孙去天安门看热闹，濬、权亦去，硕乃独归。予看至九时一刻，亦闭机就寝。湜往王府井大街购置风雨衣，九时亦归。润等之归则已十时半矣。

5 月 1 日（四月初八日　甲辰　国际劳动节）星期三

晴间多云，气融融矣。晨五时半起。

上午濬、权、预、硕、汉、错、鉴、埙、基皆来同进午饭。饭后四时，陆续归去。三时后，濬、汉曾往羊尾巴胡同访金芝轩夫人，归告已赴沪养疴，须两月后乃返京云。湜儿午饭后即出，偕友看电影，五时半乃归。

六时许即晚饭。饭后润儿、琴挈宜、燕二孙及许、李二妈去新车站广场遥望天安门焰火。元孙已随汉儿住其家,大约亦在西单一带看热闹耳。独予及湜儿留家,湜就灯读书,予则独看电视转播东方歌舞团在北京展览馆演出晚会节目本国各民族及亚非各国歌舞。休息时,转放日间各公园领导与群众共庆五一节场面,亦殊自得。盖日间各公园及晚上天安门焰火,本皆被邀参加,予以劳顿,未敢往。今坐室内领略,恍同身预,只欠焰火耳。九时四十分,许妈先归,润、琴、宜、燕继返,惟李妈则十时始归也。十时一刻,电视毕,予亦就寝。

5月2日(四月初九日 乙巳)星期四

晴,和。

晨五时醒,六时半起。润儿今日照常上班,馀人皆休假,盖四月廿八之星期倒假,各机关奉国务院通知移用于今日,惟版本图书馆以特殊关系,仍照常休假,故今日亦循例耳。八时后,续点毕《别集存目七》提要,并随辑文评廿一则。十一时半写信复漱儿,午后交润儿带出付邮。

下午二时后,续辑文评,至四时一刻,又得十三则,《别集存目七》毕矣。甫搁笔,而农祥至,谓今晨去中山公园,牡丹将阑矣。予日前与乃乾会来今雨轩,青苞颗颗而已,曾不数日,花事将阑,真堪惊心,明日将趁晨曦一为走赏之。与农祥长谈,留与共饮,遂偕润、琴、湜、元等同进夜饭。饭后,少谈,农祥辞归。九时一刻就寝。

维零上午来,午后四时去。湜儿送之上车而返。

5月3日(四月初十 丙午)星期五

晨五时即起,天阴,未几竟雨,原拟趁晴往公园一赏牡丹,遂不果愿,未免悒悒。八时,濛雨止,即披衣径出,乘廿四路南转十路到中山公园,遍历各牡丹池恣意看之,赵粉姚黄最多,魏紫甚少,豆绿依然待放,开泛之枝亦无多,一二落英固不免,但尚未至阑珊之候也。徘徊久之,乃从翠柏绿槐紫藤间转入筒子河边中柏林中,然后穿社稷坛北门、东门,由来今雨轩中过,茶灶无烟,则亦去之。扬长出园,仍附十路东行,转廿四路归于家仅十时许也。硕孙来,就湜屋读书,近午去,天又隐隐若露日光矣。午后复阴。二时小睡,为燕孙所扰,三时即起,乃展《提要·别集存目八》复点之,至晚得廿七页,未及半卷也。傍晚雨。维零踵湜之后来,遂同润、湜、元、宜等夜饭。饭后小坐,九时就寝。维零旋去。琴媳亦归。

5 月 4 日（四月十一日　丁未　中国青年节）星期六

晴,有风,气温转低。

晨五时半起。七时后续点别集存目八提要,十时毕之。适潏儿来,乃偕挈燕孙往章宅访雪村伉俪,顺以雪村所撰《张载哲学初探》稿归焉。谈移时走还。

午与潏、润两儿同饭。饭后,潏缝衣至二时午睡,润则上班去。予二时后小睡,四时半起,则潏已归去矣。就别集存目八辑文评,至晚得十八则。埙孙来,汉儿来,遂与汉、润、琴、湜、元、宜等同饭。饭后,权、潏来,湜之同学二人来。九时,权、潏、汉、埙去,予就寝。未几,湜之同学亦去。

七时,颉刚见过,承检赠《南洋中学图书馆目》。此目为民国八年乃乾所编,予夙有此册,毁于"一·二八"倭燹,久未再得;亦曾假乃乾所弆者,命湜儿钞存其分类之目。盖此目冲破《四部》旧格,颇有创见也。颉刚理架得复本,遂以持赠。盖书为我乡蒋氏旧藏,亦因倭乱散出,为颉刚购得者,甚感故人厚谊焉。

5月5日(四月十二日　戊申)星期

阴,凉。

晨五时半起。七时后,续辑文评,至十一时又得十九则,别集存目八全卷毕矣。

午饭毕,起风,有濛雨。以预购音乐堂杂技票,遂与元、宜两孙携伞出,乘廿四路南转十路到中山公园,径诣音乐堂十六排一、三、五号。遇琢如父女。一时半开幕,满座矣。节目繁富,有飞火叉幻术、寻橦缘竿、射击、飞人、柔软、表现口技、驯狗、驯狮诸品,大都精彩动人。盖上海市杂技马戏团巡回演出者。四时半散出,顺赏牡丹,遇平伯伉俪。五时出园,步往南河沿文化俱乐部晚餐。遇力扬。六时归,乘三路至东单,转廿四路行。到家润、琴、湜、燕等正晚饭。润侵晨去窦店看锴孙,与汉等俱,适已返。湜则上午访维零,亦正归来也。八时半即就寝。

5月6日(四月十三日　己酉　立夏)星期一

晴,有风,气仍不暖。

晨五时半起。八时潜儿来,因同出,乘廿四路南转十路到东单大华路口,走往北京医院门诊部就诊。稔医皆不在,故预挂号时未能指定何医也。比到见牛福康,又回到门诊部,遂坐以俟之,第二人即及予。诊查脉搏、胸背及血压,俱尚正常,仍用前药,惟以咳喘较烈,别加两药耳。牛云半年内将不离门诊部,则此后或可不致频换矣。在院遇季宽、力扬、眉坤、选善略谈。十时离院,穿东单公园至廿四路站,遂乘以归。

午后二时小睡,三时起。潏儿归去。续点《提要》别集存目九,至晚阅十页。七时,与润儿、元孙、宜孙、燕孙夜饭。九时就寝。近十时,琴媳归。十一时许,湜儿乃归。

5 月 7 日 (四月十四日　庚戌)星期二

阴,时而多云,偶亦微露日色,气乃骤暖。

晨五时半起。七时半出,乘廿四路南转十一路无轨到灯市西口下,步往朱砚农诊所,潏儿已先在,甫坐定,适八时,居然得第一号。试装新牙,付讫费用(计四十一元六角),约下星二可以戴走云。八时三刻即行,乘三路无轨到北海,父女偕登团城,参观青岛市手工艺展览会。亦分三馆,其贝壳堆雕、树皮堆画、秫秸堆画,通草象生花鸟具见特色,而刺绣挑纱花边等本为鲁省特产,亦复可观。周览而出,过小卖部购得雕花玻璃纸镇一对,聊资纪念。

出团城,步往西华门访乃乾。有顷,陈济川至、朱士春至,共谈至十一时许,遂邀同乃乾夫妇、济川、士春同往虎坊路湖北餐厅午饭,乘五路到大栅栏转四路无轨行。肴点颇饶鄂味,十二时三刻行。济川先去,予等五人缓步至友谊医院前乘五路往陶然亭,在南牌坊紫藤棚下稍憩,然后诣慈悲院南台啜茗。直坐至四时半乃起行,仍出北门,乃乾等乘五路东行径归。予与潏则乘五路西行,到南樱桃园转十路北返(至东单,再转廿四路)。到家已五时,潏即归去。七路〔时〕晚饭,与湜儿、维零、元孙共餐。盖润、琴皆以开会学习未能归饭,而维零适与湜儿同来也。九时,取汤拭身,濯足易衷衣就寝。维零旋去。有顷,润、琴亦相继归。

接三日澄儿信,知予两信都到,附来近影,又发胖矣。

5 月 8 日（四月十五日　辛亥）星期三

晴间多云，气暖如昨。

晨五时半起。七时作书两通，分寄漱、滋。（告漱昨属润汇百元去，备调拨购物之需。致滋者编京卯十号，询何以久无信，比封好，接滋五日发合九号，并附致湜信。因补一笺复之，所谓临发又开封也。即于午后交润带出付邮。）旋重点别集存目九提要，至午毕之。饭后小睡，三时乃起。觉心跳不匀，且微感噎闷，静坐久之，弗减也。入晚，润儿归，乃与对酌闲谈，转觉一松。饭后只索辑《提要》文评，至九时得十三则。接湜儿电话，知在厂赶校样，深夜不及归，即住彼处，明日下班后须教课，亦当于明晚夜饭后乃归。九时半就寝。

5 月 9 日（四月十六日　壬子）星期四

晴间多云，气较和。

晨三时半即醒，五时乃起。七时五十分出，乘廿四路北转一路无轨到景山，步入故宫神武门，先在御花园绛雪轩前观赏牡丹，石沟方环，流水潺潺，独赏久之，至八时半由东永巷穿出景运门，径诣皇极殿，参观王羲之诞生一千六百六十周年纪念展览，继在东庑参观清代扬州八家（俗称"八怪"）画展。历两小时乃出，小憩于宁寿门，西庑尚有四王、吴恽画展，以与东庑间日开放，未及入览，即扬长由原路出神武门，乘一路无轨回南小街，再换乘廿四路，归于家已十一时。坐甫定而濬儿至，十二时十分，润儿亦归，遂同饭。

午后一时就榻小睡，三时乃为燕孙所扰而起。未几，濬乃归去。予理架看画，亦摩挲良久也。四时后，就别集存目九辑录文评,接灯始罢,又得十九则。

傍晚汉儿来,润、琴亦归,遂与家人共饭。饭后看电视转播电影《美丽的西双版纳》,九时毕。湜儿教课后归。九时三刻,汉儿去,予就寝。是夕胸次不舒,竟失寐,深夜二时后始得朦胧。

5 月 10 日(四月十七日　癸丑)星期五

晴间多云,气温如昨。

晨五时半起。七时后续辑文评,至九时半得十三则。于是,别集存目九毕矣。十时重点别集存目十,至午亦毕。

午饭后二时出,乘廿四路南转九路到前门,再转七路诣政协礼堂,参加双周讲座,听地理研究所所长黄秉维讲中国自然区划(因地制宜,发展农业生产)。三时开始,四时半休息,遇元善,遂未终局而退,同步还白塔寺,伊乘三路无轨,予乘一路无轨各归。予到南小街再转廿四路,回家正五时。少憩后,就别集存目十辑录文评,至接灯得十三则。

夜与润、元、宜等共饭。饭后孙辈看电视,予乘酒倦先睡。睡至十二时半,气逆嗽痰,且便急,乃起如厕,并服药,然后就眠。抽《舌华录》枕上看之,有顷,入睡。

5 月 11 日(四月十八日　甲寅)星期六

醒来已六时,即起。晴,和。八时三刻老赵车来,出学部中心学习组通知,在学部二楼举行四十一次座谈会,以通知迟到,故派车相接云。予乃亟披衣就道,即驰至干面胡同接健吾、默存、子臧,李、钱皆已出外,吴则尚未起也。乃过接平伯,然后至东单头条接冠英,别有会不行,时已九时五分,遂亟驰到学部,会已进行矣。有顷,子臧亦赶至。谈至十一时半,即本部食堂午餐,凡两席,予与平伯、颉刚、葆三、家升、文弼、子臧等同座,在食堂晤伯山、力扬、念生。食已离院,与藏云、颉刚同行,步至予家小憩,谈至一时半乃辞去。

二时,予又出,乘廿四路北至九条口下,步往八条访圣陶,长谈达暮,遂留饮焉。晚八时,湜儿来接,再坐至九时许,乃起行。仍乘廿四路南归。十时就寝。

琴媳弟植之偕其同学自宝鸡返唐山过京,十一时许来宿予家。

5月12日(四月十九日　乙卯)星期

晴间多云,下午颇暖。

晨六时半起。八时许即出,乘廿四路北转九路无轨到北海,车中挤甚,到公园后,遇守义,偕诣仿膳别院,东莼、志成、纪元已先在。有顷,麟瑞、景耀、洁琼、文藻、冰心、楚波、之芬、宾符、均正、颉刚、宝三、汉达、之介、研因、广平陆续至。九时开会,东莼主持,改选民进中央支部支委,并选定分组组长。十一时半会毕,东莼、均正皆行,而恪老来,遂分坐两席聚餐。予与恪老、颉刚、研因、守义、楚波、宾符、之介、志成、汉达及王嘉璠同座。午后一时许散。

颉刚、汉达及予走访乃乾,长谈至四时半始起行。颉刚北行,予与汉达南行,至南长街口分道,予在人大会堂北门乘十路至东单,换廿四路返。车中都挤,假日无法安排耳。到家知潘、汉两家都来小雅宝吃面,盖基孙二十岁初度,即予家聚饮也。予归时,皆已归去矣。夜与润、琴、湜、元、宜、燕等晚餐,餐后取汤洗足,属润为予擦背,然后易衷衣就寝。

5 月 13 日（四月二十日　丙辰）星期一

阴，失暖。午后有雨意。

晨五时半起。八时廿分出，徐步诣建国门文学所参加本组组会，在其芳所长办公室举行。到冠英、默存、子臧、叔平、道衡、念贻、象钟、水照、毓黑、力扬、世德、赓舜及予。九时开始，冠英主持之，先讨论国内一般研究古代文学现状，兼及力扬杜甫研究论文稿。十二时散，予与冠英、默存同行，至宝珠子胡同而别。仍独步徐返。到家，润儿已归，遂同饭。象钟告我本月内本组有两起喜事，即道衡、毓黑皆将结婚，同人各有致贺，予亦各致十元为贺云。

下午辑录别集存目十文评，抵四时半得卅四则。夜与润、湜、元、宜、燕等共饭。饭后少坐便卧。琴媳十时后始归。

5 月 14 日（四月廿一日　丁巳）星期二

晴，回暖。

晨一时起便旋，就枕上看《舌华录》，二时三刻始眼倦复睡。五时又醒，五时半即起。七时四十分出，乘廿四路南转十一路无轨到灯市西口下，步往朱砚农诊所。潇儿已在，少坐即开诊，予已为第二号，八时半乃得装配新牙，再三锉修，试装，至十时许始勉成而行。偕潇在王府大街乘四路无轨南行，径达广安门，在旧关厢一带闲眺，城门及城基，已无存，仅有城河之桥可供复按而已。有顷，乘十七路东行，在菜市口下，即诣美味斋菜馆午饭，供应情况已大为好转矣。饭后复乘十七路而东，初意去东郊，不意车转而南，乃去永定门者，遂于天坛商场下，略在场中一巡，即乘十五路由虎坊路等处转入宣武门，复出复兴门径达动物园，就牡丹亭址（牡丹亭尽拔去,扩为大茶棚)茶憩。坐至三时半起行。在畅观楼前参观宋教仁纪念塔,然后出园。乘一路无轨入阜成门到朝阳门大街,转廿四路归家。

竟日在外乘车往返,颇为累倦。五时鉴孙来,七时汉儿来,遂与濬、汉、湜、鉴、元、宜等同饭。饭后,湜出访维零,予与濬、汉等闲谈,元孙亦访其同学作功课。九时,元孙归。有顷,润儿亦自馆中会毕归。又有顷,濬、汉皆去,予亦就寝。十时后,琴媳归,微闻院中步声而已。湜儿之归则竟未闻也。

5 月 15 日(四月廿二日　戊午)星期三

晴。

晨四时醒,五时半起。

昨日新装义齿未甚服习,饮食仍使旧者,今晨特戴者俾以渐习惯,恐尚须经历多时乃可服耳。

昨日傍晚,友琴过谈,以中国人民大学文学研究班生张锡厚拟稿《略论刘知几的文学批评观》属看,盖友琴负责指导之研究生也。

八时后续辑文评,至午一时得二十五则,别集存目十于是毕矣。下午二时,小睡,四时起。重正别集存目十一句读,抵晚全卷竟。

夜与润、湜、元、宜、维零同饭。元孙在人教社随其母同浴,以是晚归。琴媳则以事留社中未同归晚饭也。夜饭后,润挈宜、燕两孙出游,八时后乃返。九时,湜、零偕出,零归家,湜则赴厂赶夜班,今晚在彼校样,明晨径到社上班,晚又须赶厂教课,故明日晚饭后始归云。九时半就寝。琴媳仍十时后乃返。

5 月 16 日 (四月廿三日　己未) 星期四

晴,暖。

晨五时醒,六时起。八时看张锡厚稿,仅及其半,而湜儿归,盖夜班后返社,社中属令归休也。略言即令就睡。予且搁张稿,就《提要》别集存目十一辑文评,至午得十九则。十二时一刻,与润、湜共饭。饭后,湜去厂备课,教课后乃归。润亦上班去。午后二时,予就榻小睡,四时始起。续辑文评,至晚又得十七则。

夜与润、琴、元、宜、燕共饭。饭后少坐,取汤濯体洗足,易衷衣就寝。湜儿何时归竟未之闻。

5 月 17 日 (四月廿四日　庚申) 星期五

晴兼多云,气暖如昨。

晨五时醒,六时起。七时半续辑文评,至九时一刻后得十则,于是别集存目十一卷毕矣。重点《提要》,至昏,毕别集存目十二。

晚与润、湜、元、宜、燕等共饭。饭后鉴孙来看电视。八时许,濬儿来,与润语,未几即去。九时一刻,鉴孙亦去,予乃就寝。琴媳十一时后乃归,予未之闻也。翌晨乃知之。

5 月 18 日 (四月廿五日　辛酉) 星期六

晴,暖。时阴,傍晚闷热,入夜雨,绵延不休。

晨五时半起。润儿告予,昨晚濬来,言及硕孙忽患吐血,恐予影响睡眠,未敢禀。此儿荏弱,大概因肝炎,之后引近急治当无恙。润、琴在上班之前特过看之。宜孙昨日感冒,在家休息。今日亦上学矣。八时后,辑录《提要》文评,至午得十五则。

午后二时,小睡,三时半起。友琴来,即以昨日看过之张锡厚稿还之。谈至近五时乃去。予又续辑文评,抵暮又得八则。

傍晚,润、琴、元、宜皆归。汉儿亦至,遂共夜饭。饭后,汉往潜家看硕孙,孙辈围看电视影片《画中人》,时已见雨,颇以湜未归及汉在途为虑。九时许,电视忽坏,润调修未得复,遂罢。就寝时,初用中被,终不能耐,乃改用薄被。十一时许,湜儿雨中归,盖在民族宫观剧云。

5 月 19 日（四月廿六日　壬戌）星期

阴雨,气闷郁。

晨五时半起,八时半本有民进中央报告会(在华侨大厦八楼),听东莼讲,乃以天雨,遂未果行。即续辑文评,至九时许又得五则,于是,别集存目十二完。将进而治总集类矣。湜儿为予寻书,前时理架插乱之蒋瑞藻辑《新古文辞类纂》稿本及《吴中文献小丛书》残本俱揽得,为之一快。

午饭后小睡,四时乃起。重点《提要》总集类,至晚阅定二十页。维零来看湜,夜饭后去。

十时就寝。

5 月 20 日（四月廿七日　癸亥）星期一

晴间多云,燥热,入晚阴。

晨六时起。七时三刻出,乘廿四路北转一路无轨到华侨大厦,上电梯径登八楼会议室,参加民进中央召开报告会。由宣传部长梁纯夫主持,特请冯宾符传达周总理在文联的讲话。十一时三刻始散,即由原路归家,与润儿、燕孙午饭。会上晤研因、彬然、祖璋、思原、均正、汉达、麟瑞诸人,知下午尚有续会,传达周扬讲话,予不任上下午连续挺坐,只得放弃不听矣。

午后二时,假寐。四时后起,续点总集一提要,至掌灯又阅十五页。夜与润、湜、元、宜等共饭。饭后奇燠,取汤濯足,并属润为予擦背,易亵衣,就寝已九时。琴媳亦旋归。

5 月 21 日 (四月廿八日　甲子) 星期二

晴间多云,地润气郁,恐雨意正浓耳。

晨五时半起。八时后,续点总集一提要毕之,并就辑文评,至午得八则。午与润、湜同饭。以午后湜在冶金工业部礼堂听报告,故归来午饭也。

午后一时许,予小睡,三时起。看清常衣云(辉)《兰舫笔记》及张露房(柴琳)《红兰逸乘》,皆毕之。二书俱收《吴中文献小丛书》中,于乡邦旧闻述之綦详,然亦有复沓互纠处,须分别观之耳。

傍晚,湜、元、宜皆归。有顷,维零至,汉儿亦至,遂同进夜饭。饭后,汉往潘家看硕孙,留家者看电视。予初感燥热,颇不能耐,独拭身在院小坐,盖已需纳凉矣。九时,予就寝。润儿在馆学习完课归。维零亦去。十时后,琴媳亦自社中公毕归。

5 月 22 日 (四月廿九日　乙丑　小满) 星期三

阴,午后多云间晴,气遂返凉。

晨五时醒,少选即起。七时就总集一提要辑文评,至九时得五则,本卷完。即独出散步,在禄米仓西口乘廿四路北至东直门大街,转六路无轨出正阳门,在山涧口下,略一徘徊,廿路自南来,即登之返城,直达东单,再转廿四路,返家已十一时,衣单生凉,较昨日傍晚躁热迥不侔矣。

午与润共饭。饭后小睡,四时乃起,重点总集二提要,抵暮阅三十三页。夜与润、琴、元、宜、燕共饭,湜儿则持予政协晚会票径赴会观话剧矣。

接业熊十六来信,知调回铝镁设计院,是该厂精简事告一段落,伊不致投闲云。

晚九时就寝。湜儿何时归竟未之闻。

5 月 23 日 (闰四月小　丙寅朔) 星期四

阴,凉,近午见雨,嗣即延绵不休,虽时闻檐滴,而雨终不大。气则加凉,又须御棉矣。

晨五时即起。八时后,冠英来,友琴、默存、象钟、水照亦陆续来,盖预约今日在予家共商注释唐诗事也。互提问题,反复研讨,颇有所得。十一时四十分散,各归。时已见雨,甚歉其行也。约下星四(廿九)仍在予家续谈。

午与润儿、燕孙共饭。饭后颇思睡,而贴枕转不能寐,只索穿衣(添服)起,抽架得刘申叔《国学发微》阅之,尽半日之力,毕之。言有伦脊,文亦优美,惜排植多误,颠倒舛差,颇不惬意耳。

五时半,湜儿雨中归,谓感冒发烧,听报告未毕即遄返,晚上工厂教课亦不能践矣。因属即睡,投以羚翘解毒片,蒙被冀出汗。夜饭时,润、琴均归。饭后与孙辈同看电视,转播北京舞蹈学校学生在天桥剧场演出之《鱼美人》,十时后毕,乃就寝。雨仍未已也。

5 月 24 日（闰四月初二日　丁卯）**星期五**

晴间多云,偶有阴翳,气仍凉。向晚渐见还润,恐又致雨也。

晨五时半起。湜儿热未退净,琴媳为电话致外文出版社代伊请假。八时后,予拂笺写信,凡五通,分寄清、澄、熊、漱、滋,抵午方毕。笔已秃矣。

午饭后,与润儿偕往大雅豁口外观音寺看硕孙,晤及权、潘,知硕肺部拍片后须明日始看结果,现仍照朝阳医院处方打针服药云。坐至二时许,仍偕润行,同过日坛公园,出南门,直由建华路抵建外大街,相将漫步入城。至贡院东街,润乃北行,诣馆上班,予则扬长而前,在方巾巷口乘一路西行,至王府井口下,拟往文化服务门市部选购毛笔。乃适逢盘点停业,扫兴而过,至百货大楼一转,亦无当意之笔,即徐步而北,直至灯市西口,乘十一路无轨回东单,转廿四路归家,已四时一刻矣。少坐后续点《提要》总集类二,未及暮即毕之。

夜与润、琴、元、宜等晚饭。湜取供床前,未与同席,尚未克久坐耳。饭后,鉴孙来看电视英国片《士兵的经历》,小孔亦来看湜儿。十时许,电视完,鉴归去。有顷,小孔亦去。十时就寝。

5 月 25 日（闰四月初三日　戊辰）**星期六**

晴间多云,仍凉。

晨五时起。七时后辑录总集二文评,至午得十一则。午后小睡,三时起。续辑文评,至暮又得六则。湜儿仍在家休息。夜与润、琴、湜、元、宜、燕等共饭。饭后,汉儿、鉴孙来看电视朝鲜故事片。有顷,汉得电话,知基孙在其家,即归去。鉴则留宿焉。十时就寝。

5月26日（闰四月初四日 己巳）星期

晴，暖。

晨五时半起。七时后续辑文评，近午复得八则。于是，总集二提要乃毕。

午前汉儿来，适润、湜陪鉴孙去呼家楼看房子归，知鉴已径归矣。遂与汉、润、琴、湜、元、宜、燕等午饭。饭时，小孔来与焉。午后，汉即归去。

予小睡至三时起。润、湜请偕出散步，乃与润、湜、小孔同出大雅宝豁口，径诣日坛公园，在园东北观览明万历间重修净意庵碑，庵已无存，不知当时何以密迩坛祀如是之迫也。旋出东侧新修之大马路，迤逦由使馆区南达建外大街，乘十一路西抵方巾巷下，缓步走归。

傍晚，湜北大老同学于永宽来访，因留与共饭。饭后，小孔先去，予与于生谈至九时许，辞去。予取汤濯身洗足，易衰衣就寝。

5月27日（闰四月初五日　庚午）星期一

晴，和。

晨五时起。七时，潘儿来，空腹偕之出，乘廿四路南转十路到东单，走往北京医院抽血、留尿，俾化验血糖、尿糖及胆固醇等，顺便预挂卅一日下午三时半牛福康号。而出时正八时，乃与潘儿决定往游颐和园，走至东单，乘十一路无轨，径赴西直门转乘卅二路行。乃该车止于中关村，不得不再等下班车附之西去。九时十分即达万寿山，先在知春亭茶憩，十时一刻起行，即在桥边摄影留念

（服务员兜揽所摄）。旋循长廊西行,大赏芍药,十一时乃诣石舫饭庄午饭。

饭后,循后山大路沿途赏松于浓荫密翠中,夭矫龙拏,绝胜也。扬长东去,不觉已到谐趣园,在岚沼槛上坐憩久之,幽篁丛蒲与泉声湖光相映成趣,既而离园,仍诣乐寿堂西偏桥北茶憩。三时十分行,乘卅二路到动物园下,走至展览馆前转七路无轨,入西直门至东官房下,换十一路无轨到东单,再转廿四路,归家正四时三刻。重点《提要》总集三,至暮得十页。

夜与濬、湜、元、宜等晚饭。润、琴均未归饭。晚八时,濬归去。润、琴亦先后归。十时就寝。

5 月 28 日（闰四月初六日　辛未）星期二

晴间多云,气暖于昨。

晨五时起。七时后即续点《提要》,竟日为之,凡总集类三至五,百馀页全毕。继当点总集存目矣。午后曾小卧,三时即起。夜与琴、湜、元、宜等共饭。润以夜间开会,六时即先饭,置碗即仍赴馆矣。九时就寝。润亦旋归。

5 月 29 日（闰四月初七日　壬申）星期三

阴森欲雨,近午乃露日光。

晨五时起。七时后辑文评,至午得十四则,总集三所包毕之矣。濬儿九时许来,本约同出,以恐雨作罢。伊亦旋去。午后小睡,三时起。就总集四续辑文评,至晚又得四则。

夜与润及三孙晚饭。饭后看电视转播政协礼堂第二届电影百花奖授奖大会实况（电影工作者协会假座）,休息后放映影片《红日》。十一时始毕,予乃就寝。十时前,湜儿归。十时后,琴媳归。

5 月 30 日 (闰四月初八日　癸酉)星期四

晴,暖,向晚西南起黑云,气益闷,入晚雷雨(不久即止)。

晨五时半起。八时半后,水照、象钟、默存、友琴、冠英先后至,九时仍谈唐诗选注问题,十一时散。

亦秀九时许来访,盖自沪省其母返,今晚便须乘车道出太原,回崞阳范亭中学也。予以参会,俾独坐相候,甚歉。客去,遂与长谈,留午饭而去。

午饭后小睡,四时乃起。气闷不任事,闲翻架书,得西谛曩印《寰宇通志》阅之,盖陈循主修之本,弘正间所刻也。(刘翰怡旧藏,西谛据以影印,编入《玄览堂丛书》。)

傍晚接滋儿廿八日来合十号信,知予三信俱到,一切平安。积日牵萦为之一舒矣。汉儿来,遂与润、元、宜等共饭。饭后八时半,湜儿自厂授课归,已值雨。九时,汉儿归去。十时就寝。琴媳十时半归。

5 月 31 日 (闰四月初九日　甲戌)星期五

晴,暖。

晨五时半起。七时后展卷续辑文评。八时半潗儿来,遂收拾书卷,偕之挈同燕孙往游动物园。乘廿四路北转一路无轨以行。在园见到新展出之大海龟,水浅露背曝日,作灰色,恐难久生耳。继访新产之小白熊,适在室内喂食,未得见,又历狮虎山、象房、猴楼等处参观。已将十一时,乃出园乘十五路到虎坊桥下,走诣湖北餐厅午餐。餐毕,即乘十四路北回六部口,转十路东达东单,再转廿四路归家。先安排燕孙午睡,予复与潜儿再出,竟未克多坐也。出门仍乘廿四路南转十路,到东单,走诣大华路北京医院门市部就诊。本预约牛福康大夫,适调去学习,遂任听看护指引,由徐涛大夫接诊。检视日前检查结果,胆固醇已稍降(二百五十六),血糖已正常,尿糖已不见,血压亦平平(高者一百七十,低者八十)。仍用前药,历四十分领药而行,在东单乘廿四路遄返。在院遇王淑明,交谈有顷。五时许,潜儿归去。

七时前,小孔、湜儿先后至,润儿、元孙、宜孙亦归来,遂同进晚饭。饭后,予偕润及三孙出散步,归后看电视。九时就寝。琴媳归。十时半,小孔归去。

6 月 1 日①(癸卯岁闰四月初十　乙亥)星期六

晴,暖。

晨五时半起。七时三刻出,至干面胡同东口候车,遇默存诸人之同住宿舍者。八时,车自文化部前驶至头条宿舍,诸同人亦在,乃相将登车,驶经东单,其芳、蔡仪诸人上,然后同往天桥剧场参加学部报告会。展开五反运动,学部所辖各研究所全体与焉。学部四副主任委员潘梓年、张友渔、刘导生、姜君辰主持此会。九时开始,先由导生传达五反运动缘由,并先检查自己,十一时一刻毕,君辰继续补充检查,最后梓年。结果报告已十二时半,仍附原车回。

午后二时复出,乘廿四路北转一路无轨,到白塔寺下。遇异之、宝航,偕行至政协礼堂参加报告会,听乔冠华讲刘主席访问印尼、缅甸、柬埔寨、越南四国情况。在场晤渭川、云彬诸人。六时一

①底本为:"习习盦日记第十册"。原注:"一九六三年六月一日至同年七月卅一日止。一九六四年三月十五日手自缉装,纸面荼劣,百不如意也。"

刻始毕。即登三楼餐室晚餐，遇实斋、世英诸人。

　　七时许食已，过小卖部购得什物数事，由锦什方街走至白塔寺乘一路无轨回南小街，人多车挤，直立四十分钟，再转廿四路归家，人已大累。知湜儿与小孔出游云。九时，取汤濯身洗足，润儿为予擦背，易亵衣就寝。湜儿何时归竟未之闻。

6 月 2 日（闰四月十一日　丙子）星期

　　晴，暖。

　　晨五时起。八时小孔来。八时半予偕润、琴、湜、元、宜、燕及小孔同往天坛。乘廿四路到东单，转三路，出崇文门，再换一路电车到天坛后门，在祈年殿前合摄一影。继至皇穹宇西侧茶棚茗憩，儿辈则各处闲游。至十时三刻出坛西门，乘十五路到菜市口，诣美味斋饭馆登楼午饭。饭后，乘九路无轨回南小街，转廿四路归家。抵门润儿、元孙已在家多时矣。以伊父女二人来回俱御骑车也。

　　二时小休，三时半汉儿、镇孙、鉴孙来，因起与谈。四时，小孔去，湜同事毛兰亭来访。五时汉等去。五时半，兰亭去。七时许，润、湜、元、宜打扫浴缸，积年蒙尘至此始得刮垢磨光，历时三小时半。九时后，伊等始各就浴进餐。晚饭后，琴亦参与其事，除予及小燕与两大娘外，全副劳动力毕集于此矣。因戒大娘今后使用，必须随时清涤。盖自珏人背世，家人分别就业上学，无人过问，致积垢如此，今日清除，焕然发光。一方嘉润等之抽暇共治，且喜宜孙亦初能劳动，但一方益念珏人之长逝耳。快欤！戚欤！不自知其究为何味也。

　　七时三刻，农祥见过，谈移时，九时许乃去。予视诸儿工毕得休，乃就寝。

6 月 3 日（闰四月十二日　丁丑）星期一

多云转晴，益暖。

晨五时半起。八时一刻出，步往文学所，途遇冠英、叔平、道衡，遂同入。九时开会，到本组全体同人（除平伯、荷生）。冠英先发言，讨论五反问题。十一时四十分散，与默存、季康、道衡同行至宝珠子胡同而别。

归家与湜儿同饭。盖湜今日补假也。饭后本续有会，予鉴于前天竟日参会之疲累，遂请假未往。小休至四时乃起。湜儿往看小孔，留条禀知，不回来夜饭矣。

夜与润儿，元、宜、燕孙共饭。饭后坐庭中看月纳凉。盖早届夏景已耳。九时就寝。十时后琴媳、湜儿先后归。

6 月 4 日（闰四月十三日　戊寅）星期二

晴，暖。

晨五时起。昨晚接漱儿信，知棕绷已交路局寄出，旬日可到。因于今晨先复之。

八时一刻出，步往文学所，先至二楼会议室，见粘有红条，谓今天上午苏东组在此开会，知为先占，即走往后楼组长室，阒其无人，赓舜闻声来视，谓昨日下午会已结束，今日不开云。是绍基忘打电话通知之故，致令徒往也。服务员以学部通知授予，则今日下午在部中召开中心学习组亦讨论五反事，不啻亲往接领耳。因即折回，不免怅怅矣。

展卷辑录文评，就总集四中得十则，已午矣。遂与润儿、燕孙同饭。饭后加热，即就榻小卧，醒来已三时，正满街红日，遂未果出。因续辑文评,至六时又得八则。

晚与润儿、元、宜、燕共饭。饭后润仍入馆参加学习,予与孙辈看电视,播送福建高甲戏《连升三级》,十时后乃完。润、琴、湜亦先后归。予取汤濯身洗足,然后就寝。

是日,许妈假归,晚十一时乃返。

6月5日(闰四月十四日　己卯)星期三

晴,暖。夜月色不甚朗。

晨五时半起。八时出,徐步往文学所参加全体大会,八时半开始,由其芳、棣华两所长作三反检查,语极深挚。十二时廿分乃散,由所派车送归。与棣华、平伯、冠英同乘。

午饭后小睡,三时起。续辑文评,抵暮在总集类四中得三则,总集类五中得四则。夜与润、琴、湜、元、宜等晚饭。饭后润应社中晚会,予等看电视影片《哥俩好》,十时许毕,即寝。

6月6日(闰四月十五日　庚辰　芒种)星期四

晨五时起,始见雨,继而闻雷,又作阵雨,八时廿分雨止,即携伞出,走往文学所参加组会,行至羊圈,雨又至,至贡院西街而止。沿途无避雨处,裤腿、鞋面俱沾泥矣,狼狈甚。八时三刻到所,九时开会,到冠英、平伯、默存、友琴、叔平、道衡、念贻、毓黑、子臧、象钟、绍基、共民、力扬、赓舜及予,凡十五人。谈两所长检查中各问题。予于协作问题略致愚见,以为分工不明确,责任不专属,宜加厘订云。十一时半散,时已转晴,仍步以归。

午饭后小睡,三时起。接高祖文电话,欲见访,即邀之来,未几即至。谈历代钱币制度,五时乃辞去。甫送出而颉刚见过,谈至六时亦去。

七时，与润、琴、元、宜等共饭。午接亦秀崞阳来信，知已安抵校中矣。夜月甚好，九时就寝。十时后，湜儿始归。

6 月 7 日（闰四月十六日　辛巳）星期五

晴，暖。

夜三时起便旋，复睡，晨六时乃起。八时后，写信三封，分寄清儿（告汇与潜之廿元已到）、滋、佩（编京卯十二号，复合十号）、亦秀（昨日接伊二日信知一晨安抵），从容缄帖已十一时矣。

午后小睡，三时起。就总集五续辑文评五则。四时半，润儿归，乃与同出，乘廿四路到东单，转六路无轨至大栅栏下，在前门大街路西一家木器铺看定一座椅。继往大栅栏瑞蚨祥一转，乃行至前门原车站前乘九路到王府井南口下，步往美术服务公司选购毛笔两枝，盖李福寿笔店新制品大黑狸书画笔也。遂偕润缓步扬长而归。

六时到家，润即骑车去前门大街取椅。七时，汉儿来，润儿亦持椅归。乃与元、宜、小燕等共进夜饭。饭后，与汉、润长谈，至十时许，汉归去，予亦就寝。未几，琴媳归。有顷，湜儿亦归。

6 月 8 日（闰四月十七日　壬午）星期六

时阴，有风转凉。

晨五时起。七时后续辑文评，至九时得五则。于是，总集类五卷毕矣。接点总集类存目一，抵午亦毕。

午饭后，润儿往工人体育场参加欢迎朝鲜贵宾崔庸健大会，会毕即赴汉儿家晚饭，须深夜乃归云。予小卧为邻童隔墙嬉闹而醒，二时即起。续点总集存目二提要,至五时亦毕。

六时半,小孔来。七时元孙、琴媳亦先后归。有顷,湜儿亦归,遂与宜、燕等共进夜饭。饭后,琴媳据缝纫机补衣,至十时乃罢。小孔亦去,予乃就寝。十一时许,润儿始归。

6月9日(闰四月十八日　癸未)星期

晴,暖。

晨四时半即起。今日为珏人逝世八周年,儿辈例为设供(无非香花、果点),湜儿及小孔前往福田扫墓,予却万般惆怅,昨宵竟辗转失寐也。七时后,续辑总集存目一、二文评,近午都毕。润儿挈元、燕二孙往大郊亭东郊车站提取棕绷,十时三刻始归。一时无平板车可雇,掮行两站,乃得一三轮携返。到家后即卸去外缚之绳并锯去绷后弧形木档,遂换去弹簧褥,设法安置床下,大亏劳累矣。

琴媳挈宜孙往景山学校参加家长会,十一时亦归。适湜同学于永宽来访,颇得其襄助之力。午后与永宽谈至二时,同出,伊骑车返宿舍,予则乘廿四路南转十路赴南河沿文化俱乐部,参加民进中央组织生活,听许广平传达周总理报告,人代大会推迟至第四季度召开,并及国内外形势。继由赵朴初讲最近赴日访问归来之观感。六时散。予即偕颉刚、陈慧、楚波就餐室晚餐。餐毕,与颉刚乘十路返东单,再转廿四路到禄米仓,然后各归。

到家已七时十五分,汉、润、琴、湜、锴、鉴、元、宜、燕等正饭毕矣。

七时半,湜应同学管竞存之招,往访之。鉴等看电视播送上海来滑稽剧。八时后,文权、潴儿、预孙来,共谈至十时许,潴、权、汉、预先归去。予又与锴、鉴谈。近十一时,锴、鉴乃去,予亦就寝。湜儿十一时返。

6 月 10 日(闰四月十九日　甲申)星期一

晴,暖。

晨五时半起。七时后,点正《提要》总集三存目句读,至十一时毕之。出常熟《杨无咎画册》印本玩赏之。午与润儿共饭。午后小睡,三时起。点正总集存目四提要句读,至五时半亦毕。头晕脑胀,几不可睁目矣,亟罢之。晚与润、湜及元、宜、燕共饭。九时就寝。十时许,琴媳课罢归。盖星一例在社中上电视大学也。

6 月 11 日(闰四月二十日　乙酉)星期二

晴,暖。

晨五时半起。

八时三刻后,象钟来,友琴、默存亦来。九时,共谈注释唐诗问题。水照因妇病返沪,冠英则昨晚发高烧未得来,仅四人互谈,亦解决问题不少。十一时散。

十时许,潽儿为予买一鸡来,以见有人在家聚谈,未久停即归去。昨晚接佩媳信,知已调回供销总社。今日接清儿信,知正忙于外出查账,因电话唤汉儿来午饭,俾看信。饭后,汉为予宰鸡,而后上班去。润一时半亦去上班。予二时小休,四时许起。少选,就《提要》总集存目三辑文评,至六时得八则,全卷毕。

七时前,湜儿归,七时后,琴媳归。遂与元、宜、燕等共进夜饭。润儿以参加运动学习未归饭。九时后乃返,予已就寝矣。

6月12日（闰四月廿一日　丙戌）星期三

晴，热。午后尤甚，向晚转闷。

晨五时起。八时廿分出，步往文学所参加组会。到默存、叔平、友琴、力扬、念贻、道衡、绍基、世德、毓黑、共民、象钟、子臧、赓舜、晓铃及予十五人。水照、荷生在假，冠英病仍未至。由绍基主持，九时开始，十一时半散。所谈皆《文学遗产》今后如何改进问题也。

午后小休，三时半起。续辑《提要》总集存目四文评，至晚得十四则。自辑录以来，不觉已尽五厚册，用本已杂间两色，今后尚有诗文评及词曲两大类，只得别择一种赓用矣。杂牌队伍真堪自哂耳。

傍晚，润、湜先后归。汉及鉴、元等后来，遂与宜、燕等同饭。饭后，汉、湜往看硕孙，予与鉴孙谈重考大学事。九时半，湜归。知汉已径归。鉴遂去。琴媳亦返。予取汤濯身洗足，然后就寝。连日牙床胀影响义齿，艰于咀嚼，并感痛苦，因此睡眠亦不无少损耳。

6月13日（闰四月廿二日　丁亥）星期四

晴，热。向晚尤闷，入夜微有风，稍解烦。

晨四时即起。六时后重点《提要》诗文评类，至午毕一卷，凡五十三番。

午后小睡，四时乃起。夜与润、琴、元、宜、燕共饭，湜则赴厂教课，未归饭。至十时后始归，予已拭身就卧矣。

沈衡老十一晨逝世，明日在中山公园中山堂公祭，已得政协秘书处代治丧委员会所发通知，予素不与衡老稔习，又惮临丧问吊，只能与陈嘉庚同例不参加此热闹场面矣。至其人则斗山久瞻,心仪不已焉。

6 月 14 日（闰四月廿三日　戊子）**星期五**

晴,热。始御凉席。

晨五时起。竟日未出,点毕诗文评一、二两卷。傍晚,汉儿、鉴孙来,因与润、湜、元、宜等共饭。饭后,汉、润、鉴去杜家楼看房,据闻有房可换,汉拟移家相近也。越时归来,适琴媳亦归,共谈,大抵面积太少,恐不能容为缺憾耳。十时汉、鉴归去,予亦就寝。

6 月 15 日（闰四月廿四日　己丑）**星期六**

晴,热。气较前昨略爽。

晨五时起。八时廿分出,独步前往文学所参加组会。到者与十二日人数相同,惟冠英已到,世德请假耳。冠英主持此会,续谈本组工作方向、方法问题。十一时半散,仍步归。往来都携伞,差可少减日炙也。

午后小睡,三时起。四时许,乃乾见过。长谈至近六时乃去。久未晤谈,不觉言之长矣。

夜与润、琴、湜、琳、元、宜、燕等同饭。饭后看电视重庆杂技团表演。九时半毕,琳归去,予洗足就寝。

6 月 16 日（闰四月廿五日　庚寅）**星期**

晴,热。向晚起风,顿杀炎威。夜半又须盖棉被矣。

晨五时即起。九时维琳来,湜儿请偕同往游故宫,遂挈宜孙同行。乘廿四路北转一路无轨,径达神武门,四人由御花园入东路,先参观陶瓷馆,继参观绘画馆,予坐宁寿门憩息,宜孙则随意走动耳。十一时许,湜、琳览画毕,乃同转入西路,由养心殿、体元殿、长春宫等处参观宫廷生活陈列,然后经御花园仍出神武门,循原路归。抵家已十二时半,遂与润、琴、元、燕等同饭。堉孙午前来,亦与焉。

午后,堉孙去,湜、琳亦往汉家省问。二时,予复出,乘廿四路北转一路无轨赴北海,径诣庆霄楼参加民进中央座谈会。由宣传部长梁纯夫主持,请方明漫谈最近参加在布达佩斯召开的国际教育工会的经过,六时半始散。予步往西华门访乃乾,践昨约也。因留彼晚饭。儿辈知予在陈家,汉、湜、琳、鉴七时三刻来候予,知润将接予,伊等盘桓移时,遂去中山公园。九时,润、琴挈元、宜、燕三孙自北海来接予,稍坐后即偕伊等乘五路北转一路无轨,再转廿四路归。到家湜亦归家矣。十时半就寝。

6 月 17 日(闰四月廿六日　辛卯)星期一

晴,热。午后曾有小雨,旋又晴。

晨五时起。竟日看前日乃乾交予雪村近作《漫谈商务印书馆》一稿,傍晚阅毕。此稿叙述极详赡,评骘亦允当,挽近出版史上不可不有之作也。

濬儿午前十时来,为予去前门外西河沿菜场买得虾、鳝,归后即与共饭。饭后小睡,四时许起,濬儿归去。接漱儿十五日来信,知予两信俱到矣。

晚与润儿、元、宜诸孙共饭。八时三刻,琴媳归。九时就寝。湜儿参加社中晚会,何时归来竟未闻知,大约在十一时后矣。

是日各报发布中国共产党中央委员会对苏联共产党中央委员

会一九六三年三月三十日来信的复信,标题为《关于国际共产主义运动总路线的建议》。予于上午十时至中午十二时四十分持报对听广播,理直气壮,神王意足,不识能回彼方之视听稍加警觉否。

6 月 18 日(闰四月廿七日　壬辰)星期二

晴昙间作,殊闷热。

晨五时起。七时后就《提要》诗文评类辑录文评,至下午六时一刻罢,得十八则。

午饭后,曾小休,三时乃起。中华书局又送还予所点第二批《提要·史部》,盖已过点完,仍提出问题若干,当一一解答之耳。

夜与琴媳、湜儿、元孙、宜孙、燕孙共饭。润儿在馆开会,未归饭。饭后,汉儿、锴孙来,锴为校中放麦秋假,伊参加拔麦三天后得假返城休息数天也。九时,润归。琴携具往住社中,以明晨四时须全体集中前往安定拔麦,期突击一天,晚间即归云。十时,汉、锴归去。予等亦各就寝。夜半后闻雨声。

6 月 19 日(闰四月廿八日　癸巳)星期三

拦朝雷雨,旋晴,复多云,午后曾阴,向晚放晴。气由凉转闷,终则热而爽。

晨三时半起溲复睡,六时乃起。八时出,携雨具行,缓步造文学所,即在所长室开组会。到冠英、子臧、平伯、默存、象钟、力扬、念贻、毓黑、共民、叔平、友琴、晓铃、赓舜及予。绍基则到后即行,盖别有会也。道衡、世德则未至。水照、荷生仍在假云。讨论最近中共中央复苏共中央信,大家热烈发言,久郁于中得此一吐,皆感快也。十一时即散,予与子臧走归,至禄米仓口乃分手。

午与润儿、燕孙同饭。饭后小睡，四时始起。续辑文评，抵晚得六则。

夜与润、湜、元、宜等同饭。饭后八时，琴媳归。甫自安定农场拔麦回城也，乃重具餐焉。九时取汤濯身洗足，然后就寝。

6 月 20 日（闰四月廿九日　甲午）星期四

晴昙兼施，闷热殊甚。

晨五时起。七时三刻锴孙来，八时遂偕之同出，乘廿四路北转一路无轨到动物园，茶于牡丹亭原址茶棚。十时半起行，参观小白熊（去冬在本国产生者），甚可爱玩，惜前展海龟以不习环境死矣。十一时出园，乘十五路出宣武门，到菜市口下，走往美味斋登楼午餐。餐已，乘四路无轨到东长安街王府井口，复步往东单，乘廿四路归。

到家润儿饭后尚未上班也。予即洗脸小休，近四时乃起。续辑文评，至晚得八则，于是诗文评一毕矣。

傍晚汉儿来，遂与汉、润、锴、元、宜等共饭。饭后在院中纳凉，八时半，湜儿自厂课毕归。九时廿分，琴媳亦归。十时，汉等归去。予等亦各就寝。是夕躁热，又兼稍劳，竟不安寐，梦扰达旦。

6 月 21 日（五月大建戊午　乙未朔）星期五

晴昙间作，闷热。入晚有风，稍解烦暑。

晨五时起。七时后复核《提要·史部》句读，一一记入中华来单，至午后二时乃毕。备交乃乾转去。

午后三时半，走访雪村，以所撰关于商务印书馆一稿归之，并谈往若干事，俾补充之。四时后雪舟至，又谈许时，即辞归。本拟再访乃乾,以时晏作罢。

傍晚顺林来。琴媳亦归,遂与顺、润、琴、元、宜、燕等共饭。湜以加班赶工作电话来告,未及归饭,八时半始返。十时,顺林去。予等亦就寝。

6 月 22 日 (五月初二日　丙申　夏至) 星期六

晴,热,有风。感觉尚爽快。

晨五时起。八时出,走赴文学所参加全体大会。八时半开始,由唐副所长传达学部领导同志的补充检查,十时半毕。本组即展开讨论,提意见。十一时三刻散,仍步归。

午饭后小睡,至酺,五时许乃起。以日长故,红日犹满窗也。遂展《提要》诗文评续辑文评。接灯时罢,乃得十则。

夜与润、琴、湜、元、宜、燕等共饭。饭后坐庭中纳凉,顺取汤濯足拭身。十时就寝。

6 月 23 日 (五月初三日　丁酉) 星期

晴,热,已兆炎暑矣。

晨六时起。竟日未出,惮暑也。亦不能作何事,仅续辑文评五则而已。下午小睡,三时半起。四时永宽来访湜儿,因留夜饭。琴媳晚饭后出看电影。汉儿来。湜送永宽出。十时后,琴媳归。汉儿去,予乃就寝。湜儿十一时许乃归。

6 月 24 日 (五月初四日　戊戌) 星期一

晴,热。

晨五时起。八时步往文学所参加全所大会,听其芳、棣华两所长补充检查报告。十二时散归。

午饭后小休，四时半乃起。续辑文评，抵晚得四则，诗文评类毕矣。将自其存目中再搜集之。

潜儿晨来，为予往医院取药，午间与之共饭，下午三时归去。

晚与润、湜、元、宜、燕共饭。饭后坐庭中纳凉。九时取汤濯身，然后就寝。琴媳十时许自社上电视大学归。

6 月 25 日（五月初五日　己亥　端午节）星期二

晴，热。

晨四时醒，五时起。竟日未出，午后小睡三小时而已。续辑文评八则，诗文评类存目亦毕。润儿、琴媳俱以参加开会未及归来晚饭，仅与湜儿、元孙、宜孙、燕孙共饭。饭后坐庭中纳凉，看一痕钩月渐匿屋角。至九时半润儿归，予乃就寝。琴之归竟未之闻耳。

6 月 26 日（五月初六日　庚子）星期三

晴，热。

晨五时半起。八时四十分后，冠英、友琴、默存、象钟、水照陆续至，九时开谈唐诗注释问题，十一时后散，默存留谈待车，近午乃去。

午与润儿、燕孙同饭。饭后小睡，三时起。维琳来，谓厂中加班数日，今日休假云。予写信三通，一复清，太原，二复漱，上海，三复滋，合肥（编京卯十四号）。润下班后为予投邮。

傍晚，湜、汉先后归来，遂与汉、润、湜、琳、元、宜、燕等同饭。饭后闷热殊甚，坐庭中亦不见凉。九时后汉归去。予取汤濯身就寝。十时,琳去。

一九六二年前历年所积《参考消息》由润儿理出十馀大扎,翌晨携往文化部出版管理局版本图书馆缴存之,内部发行之刊物,送由公家保存亦惬理之事矣。

6 月 27 日（五月初七日　辛丑）星期四

晴,热。午后,云漫闷雷,殊困人,向晚转露阳光,暑气未减也。

晨五时半起。八时廿分出,徐步往建国门文学研究所参加全所大会。由副所长唐棣华传达学部动员,要全体干部响应五反运动,自发作检查,十时半毕后,向本组作此次精简结果报告。十一时散。定明晨八时半,本组即原处开会,积极响应云。

步归少坐,润儿下班,乃共进午饭。饭后小休,三时起。重点《提要》词曲类一句读。抵晚得廿二页,不免挥汗头晕矣。

晚与润、琴及元、宜、燕孙共进夜饭。饭后,湜儿亦厂中教科归,已在社中饭过矣。

是夕闷热甚,裸卧犹浴汗也。十一时许,南风突作,雷雨狎至,亟起关窗,已不及,雨水挟窗纱尘土渗入室内,当地水汪起而斋头几案盘盂悉为溅洗,草草抢拭,幸雨旋止,仍复就寝,然劳扰多时,心终悬悬,竟未能安眠耳。

6 月 28 日（五月初八日　壬寅）星期五

凌晨四时起,取水揩拭几案盘盂,凡历两小时始了。七时,又杲杲日出矣。旋又阴合,予惧致雨,且乘早凉即携伞出,步往文学所参加组会。八时即到二楼会议室,门犹未启,遇水夫,立谈,为呼人取钥乃开门入。继而默存至,子臧至,冠英、友琴至,晓铃至,水照、道衡、念贻、荷生、共民、毓罴、赓舜至,绍基至。八时四十分开会,九时,叔平乃至。漫谈当前问题。绍基、道衡、念贻、晓铃、冠英、默存、友琴都发言,十一时散。竟未雨,红日当空,热甚矣。乃与默存偕行,由贡院西街、东总布胡同、南小街走至禄米仓口而别,谈甚畅。

到家已交午,润儿亦旋返,乃共进午饭。饭后小睡,四时起,续展《提要》词曲类重点句读,抵暮得二十页。

夜与琴媳、元、宜、燕三孙同饭。湜儿在社饭后过访于永宽,八时始归。琴媳明晨四时又须集体前往安定拔麦,九时即携具住往社中,俾早发。润儿以晚间馆中开会,未归饭。九时十分归,琴已行矣。十时就寝。是夕凉爽,与昨宵迥殊,竟得酣睡。

6 月 29 日（五月初九日　癸卯）星期六

晴,热。

晨五时起,点毕《提要》词曲类一。八时半出,乘廿四路南转十路到中山公园,再转五路诣西华门访乃乾。长谈,即以解答《提要·史部》各条句读问题交转中华编所。十一时,潧儿在家电话寻予,乃乾夫妇乃邀往同饭。饭后复谈至二时半,始偕潧离陈家,乘五路南转,循原路返家。抵家正三时。

五时维琳来,七时半,湜儿归,予遂与湜、琳同饭。润儿六时半先与元、宜、燕三孙饭,饭后挈往馆中看电影。九时,琴媳自安定拔秧归,就浴进餐。湜送琳归去。有顷,润挈三孙旧。十时就寝。十一时许湜乃归。

6 月 30 日（五月初十日　甲辰）星期

晴,热。

晨五时起,有阵雨,七时后霁。八时出,乘廿四路北转一路无轨到沟沿,乘三轮径抵政协礼堂,参加民进中央请叶圣陶作关于语文教学问题的报告会。到三百馀人,许广平主持,十二时半乃毕(其实尚未能全讲也)。承邀同往丰泽园午餐,予即附圣陶车行,与至善、晓峰同乘。同席者圣陶、研因、广平、志公、宾符、晓峰、至善、纪元、明养、彬然、均正。餐毕,仍附圣陶车行,归家已下午三时。

五时复出,过雪村同赴高谊之约,联步往帅府园,路遇都良、宾符昆仲,同行至米市街而别。予与雪村到全聚德时,高谊伉俪已在,良久乃乾及汉达伉俪至,最后乃乾夫人至,已七时矣。谈宴至八时散。予仍偕雪村东行,至协和医院门首雇得双人三轮以归。先过遂安伯,然后回小雅宝。汉儿、基孙在。九时半去,予等亦各就寝。是夕热甚,终宵未安。

7 月 1 日（五月十一日　乙巳）星期一

晴,热,午后四时许忽挟风来一阵雨,又打南窗,亟抢关避之,而忽又云消日出,亦变幻倏骤矣。

晨五时起。七时五十五分时,乘廿四路北转一路无轨电车,径到白塔寺下,车上晤冠英,因各乘三轮同到政协礼堂,听统战部副部长平杰三报告。题为《又一次社会主义的革命》,提出十项问题,指出农村四清、城市五反运动之必要。自九时起,至十二时散。在场晤至善、叔湘、世英诸人。散会后,仍与冠英联步至白塔寺前,同乘一路无轨回朝内南小街,予则再转廿四路乃归。

到家润等已饭过,遂再具餐。餐后小休,四时许为骤雨所惊起,比处理小定,雨已止,日又高悬,暑气并炽,频以凉水拭身,裸坐风扇前,汗犹不止,竟不能更作他事也。

夜与湜儿及元、宜、燕三孙晚饭,润在馆内开会,琴在社中学习,皆未与。饭后坐庭中与湜谈家事琐状,颇加敦勉。九时后,琴、润相继归。予乃就寝。仍闷热,竟不能覆单被耳。

7月2日（五月十二日　丙午）星期二

凌晨四时大雷雨,破晓未止,八时后渐霁。但乍阴乍晴,始终闷热。

晨五时起。八时四十分水照来,有顷,默存来,又有顷,冠英、友琴来。九时许,象钟亦至。遂共谈唐诗注释问题,并决定补选廿三首。十一时许散。送出诸人后,随手掣得方氏《通雅·地舆》、《官制类》看之。

午与润儿、燕孙共饭。午后小睡,四时乃起。仍看《通雅》,近晚始罢。傍晚鉴孙来,汉儿亦来,遂与元、宜、燕孙等同饭。饭后八时,湜儿归,谓待小孔同看杂技未果云。九时廿分,润儿归,汉、鉴旋去。予亦就寝。十时后,琴媳始归。

7月3日（五月十三日　丁未）星期三

晴,热,但较爽。

晨五时起。竟日未出,上午点毕诗文评类并存目,于是,全部《提要》完毕,只待辑评扫尾矣。

下午小睡,四时起,续辑文评,得五则。傍晚,接一日漱儿复信,知弥同虽已出院,颇遭危境,全家受其影响不鲜云;并知顯孙去沪后亦曾以肠炎入院治疗也。是夕晚餐为之不怡者良久。

晚饭后,湜往濬家送漱信,润则携元孙往干面胡同麻捣铺购石灰及麻捣,备修屋。盖前晨大雨,西屋有漏,不得不趁晴抢补耳。若向房管处声请修理,则登记排队不知又将何日。润因自为化灰捣麻备明日凌晨自葺之,此亦自力更生之适例也。一笑。

九时半就寝。琴媳十时后归,竟未之闻。

7 月 4 日（五月十四日　戊申）星期四

晴,热。

晨五时起。润、湜两儿上屋补漏,至七时,湜去上班,润则事竣始下,仍赶八时上班。不三小时而毕,不逮炎威之逼而功已成,亦一快事也。八时续辑词曲类文评,至午得十则。

午后小休。四时起,又续辑四则,并写信复慰漱儿。润儿下班后亦附入一信,即发出之。

七时,与润儿及元、宜、燕三孙共饭。饭后,汉儿来,谈至十时归去,予亦就寝。琴媳十时半归。许妈今日下午返家休息,十时四十分归。湜儿在厂教课后往人民剧场看话剧,政协所发之票也。十一时乃归。

7 月 5 日（五月十五日　己酉）星期五

晴,时昙。夜月尚明。气仍闷热。

晨四时醒,五时即起。七时后,续辑文评,至午凡得十三则。十则为词曲类一中所得,馀三则则词曲类二之前帙也。午后小睡,四时许起,续辑文评,垂暮得五则。

夜与润、琴及元、宜、燕三孙晚饭。饭后，潛儿来。九时许湜儿归，盖在社开会，参加五反运动也。十时许，潜去，予亦浴身就寝。

7月6日（五月十六日　庚戌）星期六

昙，闷热。

晨五时起。七时续辑文评，至午得十二则。硕孙九时半来看报，十一时半去。

午后小睡。三时起。又续辑文评，近晚得四则。

维琳六时半来，有顷，琴媳、湜儿、润儿及元孙等陆续归。七时夜饭。饭后，堉孙来，湜、琳偕出，润为诸孙纫衣。九时半堉孙去。十时就寝。十一时湜归。

7月7日（五月十七日　辛亥）星期

晴，热。

晨四时半即起。八时半维琳来，湜儿请与之俱出，遂同乘廿四路北转一路无轨到北海，诣团城参观南京市工艺美术展览，在小卖部购得毛笔及折扇后，复乘三路无轨回王府大街，诣美术馆参观江苏水印展览并上海朵云轩复制书画品展览。十时三刻又乘三路无轨西行，到白塔寺下，走往政协礼堂餐厅午餐。餐厅因修炉灶之故停顿已久，昨日始复业。今往一试，花色似较前稍多，接待办法亦有所改进矣。十二时十分离彼，仍走至白塔寺候车，乘一路无轨转廿四路归于家。

抵家时，润等午饭甫过也。予以下午有约，未及小休，二时廿分即出，乘廿四路南转十路到南河沿，车上遇潘达人，遂同往文化俱乐部参加昆曲研习社纪念曹雪芹逝世二百周年《红楼梦》曲会。

遇乃乾、子臧、晓铃、云彬、元善、征燠、平伯、南青、圣陶诸人。六时曲会毕,予与汉儿偕圣陶乘十路转廿四路返予家,在庭浅酌漫谈,至八时半老田来接,圣陶遂归去。汉儿谈至十时乃去,予亦就寝。

混儿午后偕维琳出游,十时半混乃归。

7 月 8 日 (五月十八日　壬子　小暑) 星期一

晴,热。

晨五时起。七时五十分出,步往文学所参加全体会议。八时半开会,由王平凡讲自我教育问题。乃结合此次运〈动〉归纳各组反映情况,促使自觉者也。十一时半乃毕。本组定后日上午九时开会讨论之。散会后,予与默存联步赋归。乃所中必欲派车送返,予二人行至贡院西街,老赵驾车载冠英踵至,乃共乘以行。仍先送予到家。

午后二时小睡,四时起。续辑文评,至晚得六则。夜与润、混、两儿及元、宜、燕三孙共饭。饭后坐庭中纳凉,九时半浴身就寝。琴媳十时后归。

7 月 9 日 (五月十九日　癸丑) 星期二

晴,热。

晨五时起。今日上午冠英诸人本约来予家开会,商谈唐诗注释问题,以季康有事赴沪,默存不能出来,改在钱家举行。坚属予天热上三楼(钱家在干面胡同新宿舍三楼)不便,不必参加。予诺焉,遂未果往。因续辑文评,至午得七则。象钟九时来,以事前未悉改址之故,予备告之,乃转往钱家。书友刘清源送新书两种来。

十一时,潜儿来。十二时廿分润儿归,遂同进午饭。饭后,予偕潘出,乘廿四路南转十路到东单,时天忽阴,有微雨,予等走至北京医院乃止。时则大凉,甚快。二时后,医院开始检查,遍历各科,迭施检验,凡透视、作心电图及咽喉、眼、耳、鼻等检视俱经过,直至五时三刻乃毕。此次检查据当场可以了解者言,与两年前所查并无大变化,是病情甚少进展也。全部结果得出后,当更为为可慰耳。

在院遇棣华、之琳、念生、健吾及涵初诸人。内科大夫吴玉丽今日应诊,调入病房已一年,近始调来门诊部,故得为予诊视云。出院后穿行东单公园,乘廿四路返。到家已六时十分。

七时,湜儿、汉儿、元孙等先后归来。遂与宜、燕等共进晚饭。惟润、琴夫妇各以开会未归饭。九时,硕来接潘去。十时,汉儿亦去。润、琴亦旋归。予澡身就卧已十时半。

7 月 10 日(五月二十日　甲寅)星期三

晴间多云,热。

晨五时起。七时五十五分出,步往文学所,在所长室开本组组会。到冠英、默存、友琴、叔平、晓铃、力扬、念贻、道衡、象钟、荷生、共民、水照、赓舜、子臧、毓黑及予十六人,讨论自我教育问题。颇有暴露思想谬误者,足征当局之正风为正及时矣。十一时一刻散,仍由老赵车送归,与冠英、友琴、叔平同乘。

午与润儿、燕孙同饭。饭后二时小睡,三时半起。续辑文评,至暮得长条四则。夜与琴媳、湜儿、元孙、宜孙、燕孙共饭。饭后坐庭中纳凉。九时,润儿归,乃剖西瓜共享之。盖今日初尝西瓜也。十时就寝。

7 月 11 日（五月廿一日　乙卯）**星期四**

多云，闷热，偶露日光。

晨五时即起。八时半出，乘廿四路南转十路到中山公园来今雨轩，赴乃乾之约。待至九时廿分，始见来。谈顷，季文至，同谈至十一时，予偕乃乾出园，乘五路出正阳门，至大栅栏下，诣老正兴午餐。餐后乃乾仍乘五路径归；予则步往前门乘九路回东单，再转廿四路返家。

抵家，润儿尚未上班。有顷去，予亦小睡。三时起，续辑文评，至暮得八则。于是，《提要》全书应辑之条都毕矣。为之一快。此事于第二遍重点句读时即随手为之，择所需者随笔摘录之，至《集部》则专辑文评，亦既五阅月矣。可见积学非旦夕所能致，而英髦之士每忽视积累，欲期顿悟，宜其偾耳。

傍晚维琳来，润、琴、湜及元、宜孙亦先后归，遂同进晚饭。饭后，坐庭中纳凉。九时取汤浴身就寝，维琳亦归去。

7 月 12 日（五月廿二日　丙辰）**星期五**

阴，午后晴阴间作，且有雨意，向晚乃放晴。

晨五时起。手缀日记散页为《习习盦日记》第八、第九两册。旋接点阮氏《研经室外集》，盖即《四库》未收书目，备将来附印《提要》之后者。

十一时写信两封，一复漱儿，昨晚得伊来书，亟慰之者；一寄滋儿、佩媳，编京卯十五号，以半月无信，去书问讯也。

午与润儿、燕孙同饭。饭后小睡，三时起。续点《外集》，至五时毕一卷，遂罢。六时后晚饭前又续点《外集》第二卷，毕之。

夜与润、琴及三孙同饭。湜以在社参会，九时后始归。饭后，坐庭招凉，九时就寝。

7月13日（五月廿三日　丁巳）星期六

晴，转多云，气较前昨益不爽。

晨五时起。七时后，续点《四库》未收书提要及抽毁书提要，至午都毕，凡四卷。

午后小睡，三时起。润儿一昨感冒，今日下午未上班，元孙校中学年考试，上午完毕，下午亦放学在家矣。

四时后点阅《通鉴补正·梁纪二十》。自专意点定《四库提要》句读以来，此事久阁，已将七阅月（点定《梁纪十九》在壬寅十一月廿九日），重睹故人，亦复兴高，抵晚尽十四页。

夜与润、琴、湜、元、宜、燕及维琳共饭（琳傍晚下班后来）。是晚闷热无风，坐庭中亦不感疏爽。九时，维琳去。予取汤浴身就卧，摇扇不停，深夜乃入睡。

7月14日（五月廿四日　戊午）星期

晴，偶昙，闷热。昏后大雨，历两小时乃止，余沥犹不尽也。

晨五时起。七时后续点《通鉴补正·梁纪二十》，抵午毕。维琳来，镇孙、基孙偕来，因共午饭。饭后大热，浴身易衣小睡，汗犹不止。三时起，湜、琳已偕出，镇、基亦去。予接点《梁纪二十一》，垂暮亦毕。

润儿感冒未愈，精神阑珊，服霍香正气丸未见效，走访中医适休息，未果诊而返。

夜饭后，气益闷。八时雨作，室内如蒸，不得已拭体洗足，偃卧

床榻,取李思纯《江村十论》枕上观之。初虞屋漏,固已耽心。及
十时后,雨稍止,而湜儿未见归,益念之。十一时乃返,予竟不能入
寐矣。汗沈粘缠,困甚。深夜二时后始得朦胧合眼。

7 月 15 日（五月廿五日　己未）星期一

晨五时起。晴,微有风。鉴孙六时即出,往崇文门外就试。盖
今起投考,昨晚住来我家耳。七时前,润儿亦出就医,湜儿亦往社
上班。元孙期考虽毕,今日仍到校上课,下周乃正式放暑假也。七
时半,琴媳上班,顺送宜孙入幼儿园。

八时后点阅《通鉴补正·梁纪廿二》,抵午毕之。午后小睡,
近四时起,续点《补正·陈纪一》(原书卷一百六十七),垂暮亦毕。
鉴孙上下午皆赴考。

汉儿七时一刻来,遂与润、鉴、元、宜、燕等共饭。食时,有雷
阵,未果雨。润今日在家休息。湜儿八时后乃归。十时许,汉归
去,予亦就寝。琴媳近十一时乃归。

7 月 16 日（五月廿六日　庚申　初伏）星期二

晴,有风作声,颇挟尘土气,虽较爽,实不甚舒适也。

晨五时起。为求室内通气,遍开北牖小窗。七时后,展《通鉴
补正·陈纪二》(原一百六十八卷)点读之,方欣快间,飙风倏至,
虽有窗纱为障,而细尘挟风俱来,顷已满屋。十时许,适毕此卷,遂
掩砚弢笔罢之。

十时,潸儿来,为予买得鳝鱼,因烹以下饭。饭后小休,三时
起,潸亦归去。润今日照常上班,且参加开会,夜饭未归也。鉴孙
连考两日,今日下午之试云不甚得意,予且慰之。汉儿七时廿分

来,因与鉴、元、宜等共饭。饭后,浴身纳凉庭中。至九时,湜儿、润儿先后归。盖湜亦参加社中开会也。十时许,汉儿一人归去,予就寝。琴媳何时返家,竟未之闻。

接澄儿十二日来信,知将于二十左右趁校中暑假来京一行云。

7 月 17 日（五月廿七日　辛酉）星期三

晴,热,午后雷雨,向晚晴,入夜尚爽。

晨五时起。七时后续点《通鉴补正·陈纪四》,至十时半毕之(昨日下午已点毕《陈纪三》矣)。复澄儿,不知能于行前收到否。午后小休,三时半起,看戴璐作《藤阴杂记》。鉴孙今日考毕,以发风疹,晚饭后即归去。夜与润儿及元、宜等同饭。九时半琴媳归。十时就寝。湜儿十一时后乃返,盖在政协礼堂参加晚会(持予票)也。

7 月 18 日（五月廿八日　壬戌）星期四

晴间多云,午后有雷阵,未果雨。夜又晴,气较爽。

五时起。六时,潜儿来,因与之同挈元孙出游,先乘廿四路南转十一路无轨,到西直门转卅二路,径往颐和园,入门犹未及八时也。先诣谐趣园赏荷,以昨日大雨,岚沿水涌,廊槛阻塞,水从阶下石缝进出,少驻足即登山,历景福阁、荟亭、千峰彩翠,直抵智慧海(千峰彩翠为半城门楼,颇类赤城霞起,予初见之)。出众香界坊,下石级抵佛香阁,坐东南廊茶憩,殊轩敞凉快,至十时拾级南下,出排云门转东廊直出园,即乘卅二路回动物园再换七路入城抵沟沿丰盛胡同下,走往政协餐厅午饭,以人多候至一小时始得食,近午后一时乃毕。

离政协后乘七路南达前门转九路到东单,再转廿四路归。到家,润儿饭后甫出也。

予小睡,三时起,潨儿归去。晚饭时为元孙事,润、琴勃豀,牵及浞儿呵元等等,殊不愉快。十时就寝,竟失寐,枕上默思珏人逝后,不图日渐颓唐至此。

7 月 19 日（五月廿九日　癸亥）星期五

晴,热。

晨五时起。七时四十分出,步往建国门文学所参加全所大会。由王平凡作后两反动员传达报告,揭露阶级存在,并阶级斗争的尖锐事迹不少,十一时毕。本组即冠英召集,到会者平伯、力扬、象钟、水照、毓黑、念贻、赓舜及予,数人漫谈,至十二时散,仍由所中派老赵车送予及平伯、冠英归家。

午饭后,本拟小睡,以三时有会未果,打五关待时。二时许,出乘廿四路南转十路,到南河沿文化俱乐部参加民进中央常务委员会扩大座谈会。由杨东莼传达最近双周座会（各民主党派联合举办）情况,亦反映不少坏人坏〈事〉,揭露阶级斗争的尖锐。五时许,分组座谈,予与严景耀、吴文藻、吴研因、林汉达、徐楚波、许广平、葛志成、顾颉刚、谢莹为第一组（严、葛为召集人）。馀两组由谢冰心、顾均正召集第二组,雷洁琼、陈麟瑞召集第三组,本组广平未到,其他熟人之晤及者则王恪丞、郑效洵、张矛尘、张纪元、傅彬然、董守义、毛之芬、吴荣、余之介、梁纯夫、张明养等也。六时散会,即餐室备有晚饭。饭后即在院中举行乘凉电影茶会,参加人数扩大,有家属及退休在京之会员等。设座盈庭矣。因而又晤及陈万里、计志中等。八时一刻放映电影,预定风景片三:一、《黄山》,

二、《泰山》，三、《桂林山水》。予坐定觉凉，且一人夜深始归，颇不
自放心，俟《黄山》映完，遂行。乘十路东转廿四路归。

九时到家，知润儿携三孙游北海公园。予拭身洗足，露坐纳
凉，以待其归。近十时，润等归，琴媳偕焉，盖伊等预先电话约定
者。又越半时，浞儿亦归，谓今夜偕其同事毛兰亭同游云。予就寝
后，听广播至十一时，中央电台专播中共中央发言人的声明及发布
苏共中央给各级党组织诬蔑歪曲中共的公开信，并预播明日《人民
日报》对此公开信的编者按语。五十分钟始毕。盖苏共在赫鲁晓
夫把持下已堕落至不可收拾之境，故无所用其隐讳，亦取所持正
义，严正驳斥之矣。十二时后始入睡。

7 月 20 日（五月三十日　甲子）星期六

晴，热。

晨五时半起。日来有暇即看清戴莼塘（璐）《藤阴杂记》之关
涉京城及郊坰故实者。今日未出，专阅之，午后小休后看毕。

傍晚维琳来，琴媳、浞儿亦归。润儿咳嗽增剧，下午就诊后，在
家休息。元孙亦已放暑假。遂共进夜饭。饭后，基孙、潜儿、文权、
预孙来，浞、琳出。九时三刻，浞儿归。十时，潜、基等皆归去，予亦
就寝。以热故，终宵浴汗。

润夜半后大咳不停，予起以雪村所赠长春药厂所出止咳灵投
之，觉稍稀而已，未能止也，达旦不能寐。

7 月 21 日（六月小建己未　乙丑朔）星期

晨五时半起。昙，热。五时四十分，琴陪润如赵家楼医院求急
诊，盖咳至说话亦困难，非化痰止咳不能宁。予甚虑之。八时许

返,医仍谓重感冒,或服药过量致痰遏不出云。配药打针,归卧休息。予俟伊等归后始出门,赴民进之约。先乘廿四路南行,在方巾巷南口转十路西迈,人挤不得下,至天安门乃下。再等东来十路,乘以回南河沿,走诣文化俱乐部第一会议室。时尚早,予为第一人到场。嗣后全组成员陆续俱到。九时开会,景耀主持,各陈体会意见。十二时散,予与颉刚就餐室午饭。

饭后,乘三路到东单,雇三轮归家。到家知维琳来,已偕湜儿出。汉儿、锴孙、镇孙亦皆来,以润儿正服药后入睡,未及晤即去。予途中受热,到家即拭身偃卧,未及三时,即为街儿喧嚷所惊起。时润、琴已醒(昨夜皆未安睡),乃就询病况,知稍松矣,痰能吐出云。为之一慰。

点阅《通鉴补正·陈纪五》,至晚得九页。维琳、湜儿偕来,称两人同往百货大楼购到床单等数事云。润儿以不宜冒风,在室内进餐。予与琴、湜、琳、元、宜等则仍在庭中夜饭。九时,维琳去,予等各就寝。

7 月 22 日(六月初二日　丙寅)星期一

昙,热,禺中阴塞,闷甚。近午雨,午后大雨如注,庭院滂沱,良久始止。向晚转晴,乃渐凉。

晨五时起。七时后,续点《补正·陈纪五》,至九时毕之,接点《陈纪六》,抵午亦毕。

今晨房管处饬匠来捉漏,初则待料停工,继则因雨引去,徒费半日,弥令人不快也。

午饭后小休,三时起。接点《陈纪七》,近晚得十二页。七时四十分,汉儿来,遂与汉、润、元、宜等同饭。九时三刻,埙孙至,知向车站打听明日下午四时半衡阳车到,其母已在衡州电告汉乘此车云。十时,汉、埙皆去,琴媳乃归,予亦就寝。十一时许,湜儿始返。

7 月 23 日 (六月初三日　丁卯　大暑) 星期二

晴兼大云,热。

晨五时半起。七时展《陈纪七》续点之。八时半老赵放车来接,谓去故宫参观,既未接有通知,亦无电话关照,不知何事贸焉。随之而已。先过子臧,复过平伯,再过冠英,遂同驰入东华门,在文华殿前下,遇阿英、世德、毓黑、晓铃,始知邀予等预观曹雪芹逝世二百年纪念展览,属提意见者。正殿及东西配殿,凡陈列六部分,有书本、有实物、有图片,于当时社会背景、曹家身世及《红楼梦》作品影响各方面都广泛涉及。十时许,就当事之招,在传心殿前殿茶憩,十一时即乘原车送还家门。

潽儿来。午与潽、润同饭。元孙今午去人教社,午后四时乃归。即往车站接其五姑。予午后略睡即起,续点《陈纪七》,毕之,并续点《陈纪八》,至晚阅十页。

五时半,锴、鉴、基自车站来,谓已接到澄,携其行李先返。既而汉儿亦至,云澄儿、埙孙、元孙偕其同来之友在王府井买物。有顷,澄儿、埙孙、元孙亦归来。润儿下班后饭而后归,照料澄等晚饭,未几,仍去馆学习。七时十分,湜儿归,遂与潽、澄、湜、锴、埙、基、鉴、元等共饭。饭后,韵启来,知住民族饭店三〇七号。文权、硕孙亦来,谈至九时半,埙先去,潽、权及汉、锴等皆归去。十时,韵启去,予始取汤拭身濯足,然后就卧。竟夕浴汗焉。澄儿、基孙宿此。

7 月 24 日（六月初四日　戊辰）星期三

午前时晴时昙，午后有雷阵雨，入晚又雨，气甚燠，夜深始凉。

晨五时半起。七时开点《陈纪》，毕第八卷，后接点第九卷，迨午亦毕。

午饭后小休，三时起，看《枫窗小牍》。雨隙，中华书局张君来，送还《提要·子部》及《集部》之半，予即将已经续点完毕之《集部》及附件等交伊带去。

夜与澄、润及元、宜等共饭。以雨不能庭设露坐，感闷之至。饭后雨止，基孙来。十时湜归，予就寝。基仍宿湜所。十时半，琴媳乃归。

7 月 25 日（六月初五日　己巳）星期四

阴雨，近午略晴，气仍闷郁，下午晴。

晨五时半起。看毕《枫窗小牍》。八时后，默存、水照、冠英、象钟先后至，因续谈唐诗注释及选目、定本等问题。十一时散去。

澄儿、基孙八时半出访友。十一时半濬儿来，旋去。午与润、元、燕共饭。

午后二时廿分出，乘廿四路南转十路到南河沿文化俱乐部，参加民进座谈会，仍由景耀主持，全组皆到，颉刚未至，三时始，六时散。是会普遍发言，休息时，予与汉达就餐室饮冰。散会后，乘三路回东单，雇三轮归家。至则澄儿尚未归，想已径去濬家，润则携元孙往大华看电影《甲午风云》矣。有顷，湜儿归，琴媳亦归，遂与宜、燕等共饭。饭后，坐院中纳凉。九时十分，润、元归，予乃浴身就卧。澄儿十时后归，知基孙已径返校中矣。

是晚转凉,睡眠稍好。

7 月 26 日(六月初六日　庚午　中伏)星期五

晴,热。

晨五时起。七时后展点《通鉴补正》。九时,潆儿、文权来,坚邀出游,谓权放暑假,澄方远来云云。乃冒热偕潆、权、澄出,乘廿四路到东单,转三路至崇外花市西口,换一路有轨电车去天坛。入北门,历祈年门而南,抵皇穹宇西侧茶棚稍憩。遇世德偕其弟世安亦来游,与立谈久之。十一时,起步出坛西门,路长天热,颇缓缓其行,半时许乃出,在附近乘十五路西北行,到虎坊桥下,径诣湖北餐厅午饭,已十二时矣。一时半起行,乘四路无轨入前门,到王府井南口下,潆、权、澄转车先归,予则独行,至百货大楼一转,并在大街两侧闲眺。遇觉明,立谈有顷而别。

二时半乃在王府井南口乘八路到南河沿,径往文化俱乐部参加民进座谈。到者与昨同。六时散,仍乘三路到东单,雇三轮归家。夜饭时,湜已归,遂与澄、润、湜、元、宜等共饭。将毕,维琳至,又具食焉。九时半,琳归去,予亦旋卧。琴媳未几亦归。

7 月 27 日(六月初七日　辛未)星期六

晴间多云,蒸热。下午四时大雨,傍晚又雨,深夜又雨,但闷仍未解,凉亦不透。

晨五时起。八时十分出,徐步往建国门文学所参加本组时事讨论。今日九时,本有三约,一、北京医院复诊,二、学部中心学习,三、本组此会。予于医院则电话改约在廿九日,学部之约则放弃之,即于八时三刻赶到本所。默存已先在,冠英、晓铃继到,毓黑、水照、象钟、共民、绍基、力扬亦陆续至。九时开会,冠英主持之,对苏共公开信展开讨论,直揭其诬蔑无理之处,而仍守我领导所定坚持原则、消除分歧、加强团结、共同对敌之旨,静以相待也。十时半散,与冠英联步至南小街总布胡同口,同乘廿四路北行,予在禄米仓口先下,走归于家。

午与澄、润两儿及燕孙同饭。饭后小睡,三时起。澄儿往濬所同去汉家,约湜亦在彼晚饭,共谈一切。予续点《通鉴补正·陈纪十》,接灯乃毕。盖阴云四合,早黑所致耳。

七时,与润、琴、元、宜、燕等共进晚餐。升基下午来,旋去。八时三刻,接湜电话,谓因雨今晚与澄同住汉家矣。

九时半就寝。于永宽来,盖自沪假满返京,特为见访,且带物也。以湜外出,润与接谈。予已睡未起,移时乃去。雨已止,不图夜半复于枕上听倾盆大雨也。

7 月 28 日 (六月初八日　壬申) 星期

晴,热,较昨前为爽。

晨五时起。七时后展点《通鉴补正·隋纪一》,至十时半毕之。又接点《隋纪二》,至午完五页耳。

午前十时,湜儿自汉所归,有顷,维琳至。午后小休,三时后起。湜友管竞存来访,未几,即偕湜、琳同出,将赴同事之约,晚饭其家云。

四时三刻,澄、汉来,详告昨晚与湜所谈各事,谓湜有所儆,将再与润言之也。夜与澄、汉、润、琴、元、宜等同饭。饭后坐庭中纳凉闲谈。十时,澄仍偕汉归去,予乃浴身就寝。湜儿十一时后乃归,竟未之闻。

7月29日（六月初九日　癸酉）星期一

晴，热。

晨五时起。七时，点阅《隋纪二》。九时，濬儿来，乃偕出，乘廿四路南转十路到大华路口下，步往北京医院门诊部。遇邓广铭、马宗霍。十时半，由郭敏文大夫接诊，初挂吴玉丽大夫，适遇他出，遂改郭，盖亦年馀未见之矣。经仔细诊查，并参以最近（九日下午）检查之结果，据云一切无大出入，惟血压又高出近十度耳。予自揆一旬以来，为家庭琐事攒心，殊感紧张所致也。复何言哉！仍配原服各药，属续用之。十一时半出院，穿行公园后返东单乘廿四路以归。十二时半与濬、润同饭。章氏外孙新新今晨自太原来京，元孙往站接之，即饭其家。

予饭后小睡，近四时乃起，濬儿四时半归去。新新偕小逸五时来。傍晚，湜儿归，遂与湜及元孙、新、逸等共饭。饭后八时食瓜，乃各归去。九时半，浴身就寝。是日为滋儿生辰，午、晚皆面。

7月30日（六月初十日　甲戌）星期二

炎热。

晨五时起。八时半锴孙来，遂与元孙偕之同出，乘廿四路北转一路无轨，到景山，在寿皇殿东侧敞轩小坐闲谈，良久乃步出景山西门，入陟山门逛北海东道宁斋饮冰，天热如蒸，践地若炙铁，遂出南门，亟乘一路无轨还南小街转廿四路归。

午与润、锴、元、燕午饭。饭后小休，四时乃起。续点《隋纪二》，至六时半毕之。七时，与湜、锴、元、宜等晚饭。饭后，湜、锴过访新新，近十时，润、琴先后归，一在中山公园与晋归旧友小叙，一则仍在社中为工作稽时耳。十一时后，湜、错始归，谓在日坛公园乘凉谈话。错仍骑车归去，予乃拭身就寝。

7 月 31 日（六月十一日　乙亥）星期三

昙，热。

晨五时半起。七时后写信三封，一寄太原清儿，一寄上海潄儿，一寄合肥滋、佩（编京卯十六号）。告近日事忙心绪劣，迟迟作复之故。

十时，展点《通鉴补正·隋纪三》，直至午后一时半乃毕之。润儿上午在人民大会堂听报告，予待其归饭，午后二时犹未至，想听时过长，已径回馆工作矣。因就榻小睡。三时起，电话询润，果然。

六时半，润归，因与元、宜等共饭。饭后，润入馆参加学习。九时半浴身就寝。未几，润归。接湜电话，知在汉家，今晚即宿汉家，与澄等谈。十时半，琴始归。

8 月 1 日①（癸卯岁六月小建己未　乙丑朔　十二日　丙子）星期四

晴昙兼至，炎蒸难堪。

晨五时起。七时后点《通鉴补正·隋纪五》，仅得十三页。而权、潘、澄、鉴皆来，元孙亦接新孙来，遂辍笔。

午，权、潘去，汉来。乃与澄、汉、润、鉴、元、新等共饭。饭后，汉、润皆上班去。予小睡，近四时乃起，闷热，扇不停挥，默坐兴嗟而已。

七时，湜儿归，遂与澄、润、湜、元、宜等晚饭。时新孙已归去

---

①底本为："习习盫日记第十一册"。原注："一九六三年八月一日至九月三十日，凡六十一日。一九六四年三月十五日草装。"

矣。晚饭后,润偕湜出,去日坛纳凉,且谈家常。九时半,澄仍去汉处宿,润、湜亦归,予乃就寝。竟宵浴汗,殊苦。

接七月三十日滋儿信,附复湜儿。

十时后,琴媳始归。

8月2日(六月十三日　丁丑)星期五

阴转晴,闷热。入夜微风,有月,宵深雨洒渐达旦。

晨五时起。午前点毕《隋纪五》,午后续点《隋纪六》,毕之。又接点《隋纪七》,殆晚得十页。

晚与润、湜、元、宜等共夜饭。饭后,锴、镇、埙三孙来,与谈至十时,去,时琴媳亦归。予八时后浴身纳凉,十时就寝。

8月3日(六月十四日　戊寅)星期六

拦朝阵雨,旋昙。午后晴。黄昏又雷雨,中宵又见明月,气仍闷蒸。

晨五时起。上午点毕《隋纪七》。饭后小休,三时起。续点《隋纪八》,垂暮得廿二页。

傍晚与润、琴、湜、元、宜等在庭前夜饭,天忽起阵,亟避入东屋进食。饭后,湜儿应汉儿之招,即往伊家。离家未久,雨即大至,禀明今晚即宿彼处,则亦置之矣。九时半,拭身洗足就寝。

润儿昨夜又大咳,今日复往医院就诊,请假在家休息。大夫孙紫垣始用川贝及化橘红。是夕,颇见平复(嘱连服三剂)。

8月4日(六月十五日　己卯)星期

晓后,雨,旋止,近午渐晴,气类霉夏,甚不适。

晨五时起。七时后,续点《隋纪八》,近午点毕,于是转入唐代矣。阅史知兴亡,言诚不虚耳。

午后,雨,旋止,予小睡。三时半,晓先见访,乃起与谈。天时有雷电间以阵雨,因留晓先夜饭而后去。湜儿五时归,谓与澄、汉及基今晨往福田扫墓,在灵光寺午饭,顷方从雨隙赶返云。夜饭后,湜又出赴其友毛君兰亭之约。十时许归,予已就寝矣。

8 月 5 日 (六月十六日　庚辰) 星期一

昙热,午后有雨,入夜稍凉。

晨五时起。八时出,乘廿四路北转一路无轨到沟沿下,雇三轮赴政协礼堂,听国务院副总理李先念作国内形势报告,从两个五年计划谈起,于经济、文教各方面皆有大见好转,至十二时卅五分始散。在车中遇麟瑞,在会场晤云彬、阜西、至善、之芬、南光、异之等。散会后,本拟在餐厅午饭,以星一休息,只得赶归,遂步往白塔寺乘一路无轨转廿四路返。

至家,澄儿在,知已饭过,乃重具餐。饭后小休,三时起,略检前点《提要·子部》句读,酌加修改,盖中华又有一批送回也。研因所印《凤吹诗集》今日送来,此书委托中华代办,已阅八个月矣。

傍晚,接佩媳与湜儿书,于湜婚事颇加箴规,予甚嘉之,询谋佥同,足征其事须多所考虑耳。夜九时半就寝,睡不甚好。

8 月 6 日 (六月十七日　辛巳) 星期二

阴雨,气虽凉而欠爽。

晨五时半起。八时后,检点前治《提要·子部》句读,至午后完毕。

埼孙、基孙来省其母，近午，基孙出访同学，雨大至，阻不得归。予仅与澄、汉、润、埼、元等饭。汉午前下班后，雨中来，午后雨过仍去上班。润亦尔。

予午后小睡，四时乃起。时基已返，澄遂挈埼、基出城。辞濬家，谓将径返汉家云。夜与润、琴、元、宜等共饭。饭后，湜儿归。九时半就寝。

8月7日（六月十八日　壬午）星期三

阴雨，气凉于昨。

晨五时起。八时半，乘雨隙出，步往文学所参加本组学习，漫谈时事。到平凡、冠英、子臧、力扬、晓铃、水照、道衡、象钟、念贻、赓舜、绍基及予十二人。九时始，十一时半散。由老赵车送归家，与冠英、子臧、棣华、健吾同乘。

午与润、元、燕同饭。饭后小睡，三时起。续点《通鉴补正·唐纪二》，至晚毕之（《唐纪一》先已点读竟）。卷末附严衍所补《王通小传》，并附按语一则。为通申直道，颇责唐初诸臣魏徵等，惮长孙无忌权势，竟不为通在《隋书》立传。读之大感动。夫文中子设教河汾，化行南朔，徒以著作散逸，仅存门弟子所记言行，汇为《中说》一书。遂启好自矜异者，疑古之说，以其体仿《论语》，谓为伪托，并罔顾事实，悍然以为更无其人，子孙妄抬虚构云。严氏撷采典实，撰著小传千言以张之，又探《隋书》所以不为立传之故，归咎弟子之背师门，不但为王氏后人吐气，抑补为少陵所咏"不废江河万古流"者更下一注脚耳。

夜饭后，润出与琴共往市场购物（琴未归饭，约在外相候）。湜则于十一时乃归。予就寝久矣。霹霖达旦，殆转秋霖乎？

8 月 8 日(六月十九日　癸未　立秋)星期四

阴雨转凉,暴雨连日夕。

晨五时起。八时,点阅《唐纪二》,至十时毕之。接点《唐纪三》,午前亦竟。午后,坐雨不复能贴席。仍危坐续点《唐纪四》,近暮亦毕。

南屋西间靠南一架顶篷坠落,幸是处外,顶尚未见漏,只得待天晴修补之。入夜狂雨,琴媳及湜儿先后冒大雨归。润儿午后出入俱度水云。九时半就寝。倾盆之势,殊可畏人,达旦未尝停雨声也。

8 月 9 日(六月二十日　甲申)星期五

淫雨不至,东西北屋皆有漏湿处,晨四时即起危坐待旦。及晓视之,予床中央亦有水痕,在顶篷上不得已觅盆预承之,防其下滴。如此景象不啻七年前塌屋前夕矣。心虽惴惴,而无计可施(私人住宅,房管处例置后,图、工、料俱无从取给也),闷损难堪而已。

上午点《唐纪六》,下午点《唐纪七》,俱毕之。贞观之政开始矣。午后三时半,澄儿、基孙来,五时基孙返校,澄儿则留宿焉。夜与澄、润、琴、元、宜、燕等晚饭。

下午三时,亦秀来,知崞阳假归,五时后去。

饭后,文权、潘儿来,谈至九时半去。予乃就寝。湜儿今晚社中有集会,即宿其社设招待所。

8 月 10 日(六月廿一日　乙酉)星期六

初阴,旋霁,禺中开晴。午后朗畅,气亦较和。数日翳闷,为之一扫矣。

晨五时半起。八时一刻出，乘廿四路北转一路无轨，往北海庆霄楼参加学部中心学习组，以暑期出外休养者多，莅会仅九人：院部到两人，刘导生、田夫及工作人员二人；语言所到两人，陆志韦、丁声树；文学所到三人，俞平伯、吴子臧及予。九时始漫谈时事，十一时半止，予与平伯、子臧、志韦、声树即仿膳东厅午饭。饭后一时，予偕子臧过北长街西安门访乃乾，长谈至四时半乃行。与子臧同乘五路北转九路无轨回南小街，再转廿四路南至禄米仓同下，分手各归。

傍晚，维琳来。晚饭后，湜儿偕琳同出，权、濬来，遂与澄、润、琴等共谈。九时半，权、濬去，予亦就寝。湜儿十一时归。

8 月 11 日(六月廿二日　丙戌)星期

晴热。

晨五时起。七时半，与润、湜两儿出，乘廿四路南转十路到南樱桃园，再转五路往陶然亭。坐柳荫下，面湖絮谈，十时行。乘五路返前门巡礼人民英雄纪念碑，然后在历史博物馆前乘九路回东单，再转廿四路归。维琳在。

午与澄、润、湜、琴、琳等共饭。饭后，湜送出琳即归，与澄、润、琴、元等为北屋大扫除，予即以其隙点毕《唐纪八》。三时，振甫见过，就《宋史·岳飞传》商询数事，移时乃去。

夜与濬、权、澄、汉、润、湜、琴、预、硕、埼、新及元、宜、燕等共饭且小饮，盖为澄、新即将返黔、晋矣。饭后，湜出访其同事毛兰亭。予等围坐畅谈，各就观察所得对湜与琳进行婚事殊有异议，湜亦连日自觉不甚妥洽。

振甫午后三时来访（已见前）。十时，汉领新归住其家。有顷，潜等亦归去。湜亦归来，谓同事之见，亦与家人同，不拟再进行此事云。十一时半，始各就寝。

8 月 12 日（六月廿三日　丁亥）星期一

晴热。

晨五时起。八时一刻出，步往文学所参加全所大会。九时开会，唐副所长作整改报告。十时半，分组讨论，十一时半散，仍步归。

澄儿今日往埼孙校中，未归饭，晚七时半乃返。午后小睡，为街上喧声所扰，起点书，至晚点完《通鉴补正·唐纪九》。元孙午后往汉儿家，将小住一二日。润、琴皆未归夜饭，予与宜、燕二孙进餐而已。湜儿未归晚饭，至十一时半始归，予已就寝矣。

8 月 13 日（六月廿四日　戊子）星期二

晴热。傍晚前有雨点。

晨五时起。七时，潜儿来，本拟陪与往医院抽血检查，以刚已早饭，只得作罢。遂偕同潜、澄挈燕孙往西郊动物园一游，藉舒闷怀。八时半即到彼（乘廿四路北转一路无轨行），历象房、熊山等处，而茶于牡丹亭故址茶棚下。是日并非假日，而游众甚挤，竟过于星期也。予独坐憩息，伊等各处闲眺。十一时十分起行，出园乘七路到绒线胡同下，步往四川饭店小吃部午餐。汉儿已在，盖予出门时电约相会者。午后一时半离彼，步至西单，共乘十路东迈。汉至六部口下，径往新华上班。予等至东单转廿四路归。

小睡至四时半起。晚与潜、澄、琴、湜等共夜饭。润在馆中开会,未归饭。饭后,文权来,升埁及其同学来。十时就寝。

8月14日(六月廿五日　己丑)星期三

阴,时有小雨,午后略晴,傍晚又有雷雨,终夕阴。气燠闷,深宵尚未大凉也。

晨五时起。八时半出,步往文学所参加组会,结束整改讨论。十一时半散,与子臧同行步归,至禄米仓西口而别。

午后,略睡即起,续点《通鉴补正》,至晚毕《唐纪十》。夜饭后,雷雨乍作,风急撼户,电路吹折,只得继烛。九时半,润始归,心稍安。十时半,电路修复始入睡。湜手书致琳告绝,已由润便中带至厂中交与工段长转交。湜今晚即住汉家,此事扰人太甚,不识是否了断耳。

8月15日(六月廿六日　庚寅　末伏)星期四

晴热,向晚雷雨,昏后霁,稍凉。

晨五时起。七时,潗儿来,空腹与偕出,乘廿四路至东单,走往大华路北京医院抽血检验。八时,即取原道返家。

接乃乾电话,谓湖北张舜徽来此,邀予同晤一谈。予于九时复出,乘廿四路南转十路到中山公园,再转五路往西华门,径诣乃乾。即以《提要·子部》重订句读一单交之,属转中华照改。有顷,舜徽至,其人沅江籍,现在武昌华中师范学院任教,近以所著《清人文集别录六百种》与中华书局洽印,故乃乾邀予一谈耳。至十一时偕出,乘五路至地安门转三路到南河沿文化俱乐部午餐。餐后,舜徽返李铁拐斜街远东饭店,予与乃乾则走往中山公园原上林春茶棚下茗憩。三时后,恐有雨,即握别各归。予乃乘十路转廿四路返家。

四时半,潏、澄、基来,知排队买车票立七小时未能得,已在汉家饭而后归云。傍晚,润、琴、湜皆归,遂与潏、澄、基等同饭。饭后,文权、鉴孙皆来,为湜却婚事,伊等从长细谈。

雨后,近十时,文权、潏儿归,馀皆止宿焉。予十时就寝。

8 月 16 日 (六月廿七日　辛卯) 星期五

晴间多云,仍热,黄昏有阵雨,不大。

晨五时起。八时后,写信与潄儿及滋、佩(京卯十七号),告湜儿近事,免悬念。午前十时,伯南师之嗣孙毓桂来,谓昨由津来京,明日即返津南归上海。盖实习期满,候分配工作矣。并知大概仍能派来天津医院云。因留与共饭。饭后辞去,或将再过圣陶一行也。师门有后,为之欣快。

午后小休,梦多不成寐,殊惫。起后头晕,左手麻,不敢看书,闭目静坐而已。

入晚,与润、琴、湜、元、宜、燕等共饭。澄儿与鉴孙四时往看潏家,在彼晚饭,润、琴、湜因亦于饭后踵往焉。九时半,润、琴、湜偕鉴归,澄则宿潏所。鉴亦旋返其家。

十时就寝。十二时始入睡。

8 月 17 日 (六月廿八日　壬辰) 星期六

阴曇间作,偶有小雨,气闷损。

晨五时起。七时,续点《通鉴补正》,九时半阅毕《唐纪十一》。晓先夫人雪英来,有顷,晓先亦至。遂闲谈留午饭。饭后,晓先去,雪英留待晤澄儿。澄儿下午四时始自潏家返。傍晚,汉儿至,遂与雪、汉、澄、润、琴、湜、元等共进夜饭。饭后,潏、权亦至。共谈至九时半,潴、权归去,澄、汉亦送雪英同行,澄即住汉家。

　　十时就寝。

8 月 18 日 (六月廿九日　癸巳) 星期

　　晴间多云,热闷。

　　晨五时起。七时十分偕润、琴、湜挈元、宜、燕三孙出,步至东总布胡同附版本图书馆大轿车前往万寿山游颐和园。盖馆中工会所组织,得携同眷属同游也。七时半开车,八时半到园。予等七人先至知春亭小坐,旋往长廊候潴、澄、汉等。亦昨晚约定今日九时同会颐和园也。九时一刻,见锴、镇两孙,知澄、汉同时出,已在西直门候卅二路车云。有顷,澄、汉果至,乃西行诣石丈亭。潴、权亦已先在,伊二人兴高,一早便来此,已沿湖边一周,自西堤绕来矣。于是,一行十三人同还排云门登记照相,全体合摄一影,予又与潴、澄、汉、润、湜五儿合摄一影。十一时诣石舫饭庄谋食,以星期游人多,颇费周折始得坐,草草啖饭而已。饭后,坐荇桥纳凉,临湖披襟,一涤烦虑耳。坐有顷,行。由宿云檐登后山,往日冷僻之地,亦人踪往来频密矣。迤逦而东,达于谐趣园而止。锴、镇则骑车先归,予等至午后二时半出园,潴、权、澄、汉仍乘卅二路行,各归去。予等七人仍乘馆车归,三时开,四时即到家矣。

　　夜饭后,预、颉两孙来看澄,未见,即转往汉家住之。明道、慧英携其两孩来探望琴珠,谈至九时去。予以积倦,亦即就寝。澄儿与基孙于十时半归来,竟未之闻。

8 月 19 日 (七月大建庚申　甲午朔) 星期一

　　阴霾,禺中有雷阵雨,檐溜如注,移时乃止,气渐转凉。

晨五时起。七时续点《通鉴补正·唐纪十二》,九时半毕之。写信寄潄儿,以十七日晚接其信,知弥同已批准入团,并已考取无线电学校,特加奖勉也。继又续点《唐纪十三》,至午后一时亦毕。午与澄、润、基、元、燕等同饭。饭后雨霁,澄、基往东安市场及百货大楼购物,予复续点《补正·唐纪十四》,至五时亦完。时天忽露晴,久闷思出一豁之,乃匆匆乘廿四路至九条下,走访圣陶祖孙三代,知三午伤势已渐痊。(去密〈云〉劳动担水蹉跌,赖名针医张浩志施针而转愈,现仍继续治疗中。)因留彼晚酌。入晚又雨,乃电话告家中,属送雨具来迎。八时,汉儿至,少坐便与同归。仍乘廿四路行,到家则潏、权、澄、润、湜、琴、镇、鉴、堉、基俱在,盖明晨澄将乘车返筑,故团聚畅谈焉。至十时半,潏、权及镇、鉴、堉皆归去,汉、基留。十一时就寝。以兴奋过甚,竟夕不能寐,窘甚。

8 月 20 日 (七月初二日   乙未) 星期二

晴间多云,气稍凉。

晨四时即起。升基去车站购贵阳票,无着即归。汉属往站守候退票,或有望,试之果然,电告得票,澄即检点行李成行。汉、润、琴送之。潏儿七时来,亦与澄话别。湜早去出版社上班,元孙亦以过队日返校,皆未能送。八时,予与潏出,乘廿四路转十路到大华路,径诣北京医院门诊部复诊。少候便由郭敏文大夫接诊,据云血压又见高,心律不齐,亦稍剧。予自知日来环境历乱,心绪尤多不宁,而昨夜又失眠,必然有此结果也。又上周抽血检验结果则糖尿无大问题,胆固醇则又见高涨耳。仍用前药,九时即出。出院后,乘三路无轨去王府大街双辇路美术馆,参观天津泥人张作品展览及广州美术学院本届毕业生下乡作品展览。人多遮拥，不克谛视，草草涉历而已。十一时，乘十二路无轨东转廿四路归。

午与潢、润、元、燕饭。饭后小睡。三时起，潢则已归去矣。镇孙送澄上车后来家，留条告亲见五姨得到坐位，且看开车而后返云。一喜也！继得汉儿电话，知鉴孙已录取北京大学地球物理系。二喜也！旋又得汉电话，谓元镇得建昌信，亦考取山西工业大学，即在太原。三喜也！近日阴翳满目，得此始一展眉，难得矣。因即分写两信，飞告漱儿及滋、佩。

五时，鉴孙来。少顷，与之同出，顺道寄信，即偕乘廿四路北转一路无轨到沟沿，步往政协礼堂餐厅，遇汉达、翰青，遂与同席。有顷，湜儿至，林、袁二公行，予等三人乃同进晚餐。餐后，鉴孙乘七路归去，予与湜参加政协晚会。七时半开，为张家口市京剧团演出《八一风暴》。凡十场，皆南昌起义前夕斗争情形，根据话剧改编，而仍能不泯京剧特色，成功之作也。十时休息，止于六场，以时过晏，只得先退。仍与湜走至白塔寺前乘一路无轨东转廿四路以归。到家已将十一时，从容洗脸抹身而后就寝。服安乐神两枚，居然入睡。

8 月 21 日（七月初三日　丙申）星期三

晴兼多云，气仍燠闷。

晨五时起，竟日未出。上午点毕《唐纪十五》。午后小睡。三时起，点《唐纪十六》，至晚得二十页。

夜与润、元、宜、燕晚饭。饭后，坐院中纳凉，堉孙偕其同学来听唱片。八时三刻，湜儿偕于永宽来访。九时半，琴媳归。十时，堉等去,予亦就寝。

8 月 22 日 (七月初四日　丁酉) 星期四

阴。

晨五时半起。元孙往送新新归太原,八时半乃还,谓直送至永定门车站,见其开车乃行耳。与雪舟、小逸俱,故往返当不孤单云。

七时后,续点《唐纪十六》。九时,接点《唐纪十七》,至午都毕,天亦开霁。接昌孙十九来航信,报考取太原工院,词甚修饰,甚欣慰也。即手书复之,备嘉勉言。又作书寄青岛章彦驯,以一昨有书附诗属改,为点窜五六字,归之。又点阅《唐纪十八》,至晚得十页。

夜与润、琴及三孙同饭。饭后,汉儿、镇孙来,谈至十时去。湜儿电话告晚与鉴孙同饭,夜即宿汉儿家矣。予十时就寝。

8 月 23 日 (七月初五日　戊戌) 星期五

晴。烦暑稍解。

晨五时起。七时续点《唐纪十八》,至八时半毕之。接展下卷,近午亦竟。书称《唐纪十九》,实武周肇端矣。午后小休。三时起,接点《唐纪二十》,至六时读竟。

夜与元、宜、燕同饭。潞儿饭后来。八时半,湜儿归,谓已在汉儿家饭过矣。九时,潞归去。润、琴亦旋返。十时就寝。

8 月 24 日 (七月初六日　己亥　处暑) 星期六

晴,又转热。

晨五时起。八时,挈元、宜两孙出,乘廿四路南转一路,西出复兴门,径达北蜂窝下,诣军事博物馆参观南京路上好八连展览会,顺观民兵馆及礼品馆,并看到徐廷泽自台湾起义飞归之原机,至十时半行。步至木樨地乘二路无轨至麟阁路,转七路往丰盛胡同诣政协礼堂餐厅午饭。晤觉明诸人。十二时行,乘七路至前门,转九路回东单,再换廿四路归。润儿尚未上班也。

二时小睡,三时即起。展点《通鉴补正》,近晚阅《唐纪廿一》十四页。

夜与润、琴及元、宜、燕三孙共饭。湜儿参加本社晚会,即宿社中未归。晚八时,农祥、亦秀来访,十时去。予亦就寝。

8 月 25 日 (七月初七日　庚子) 星期

晴,热。

晨五时起。七时,润儿即为予着手搬房间。八时,湜儿归,遂先将《图书集成》迁入东室,移床西大间。九时半,镇、埙、基、鉴、璐诸孙同来。汉儿偕至。镇、埙等遂同参劳动,拂画搬书,拆装书橱,并添置电钮等,一时纷作扰扰,至午后二时乃粗定。

今日汉儿生日,予为置酒邀亲属同庆。汉因于午前往邀濬家,有顷,权、硕来,而濬不至,谓为头痛服药就榻云。下午二时,始得就北屋设圆桌围坐饮啖进面。

三时半,云彬见过。与谈移时,出所撰《刘邦新传》属为一看。五时乃去。薄暮与汉、润、琴、璐、镇、鉴、埙、基及元、宜、燕等同饭。湜往看天津泥人张展览,六时三刻归,亦及与焉。夜九时,汉等皆去。润、琴夜饭后往看濬,九时许亦归。

十时就寝。以新易床位,未能即入睡,但较为爽垲。十一时后眠甚酣。

夜接贵阳电报,知澄已安达。

8 月 26 日（七月初八日　辛丑）星期一

晴,热。

晨五时半起。竟日未出,摸索室内杂物,俾渐就理。上午点毕《通鉴补正·唐纪廿一》,下午点毕《唐纪廿二》。午后三时半,鉴孙来,旋往潘家访其大姨母。六时,润儿归,即饭。饭后,参加其机关工会。七时,湜儿、琴媳、汉儿先后归,遂与元、宜、燕孙等共夜饭。饭后,潘儿偕鉴孙来。九时半,润亦归。十时,汉、鉴归去,润送潘归,予乃就寝。

8 月 27 日（七月初九日　壬寅）星期二

晴,颇感蒸热,殆所谓秋老虎耶。

晨五时即起,又将屋内陈设稍加调整。上午点毕《唐纪廿三》,下午点毕《唐纪廿四》,中间午睡一小时。润儿馆中学习,未归夜饭。湜儿归饭。琴媳十时始归,润先半时归。是夕燥热甚,又终宵浴汗矣。

8 月 28 日（七月初十日　癸卯）星期三

晴,酷热过于伏天。通宵浴汗,至不适。夜深有雨。

晨四时醒,五时起。上午点毕《通鉴补正·唐纪廿五》。午饭后小休,三时起,又续点《唐纪廿六》,时时擦汗,默坐亦更感烦热,勉事点读,转减苦绪,至晚得十九页耳。

夜与润儿、元、宜、燕孙共饭。饭后,湜儿归,谓往看汉家,都已外出,故即归云。九时三刻,勉入屋内,挥扇就卧。十时一刻,琴媳始返。

8 月 29 日（七月十一日　甲辰）星期四

昙晴间作。午前曾有微雨，气仍燠闷。

晨五时起。七时续点《唐纪廿六》，九时半毕之，又接点《唐纪廿七》。午与润儿，元、燕孙饭。饭后小休，二时起，点《唐纪廿七》，至三时半亦毕。

旧同学范烟桥今年七十，尝赋诗征和，颉刚转属索诗，置之已久，今日午后勉成一绝报之，录如次：

> 同占杖国乐雍熙，回首草桥问学时。南朔暌违引岁月，乡邦文献赖君持。（末句与首句对调）

盖烟桥正主持苏州市文献保管委员会也。

五时三刻，书友刘清源送刘大杰《中国文学发展史》下册来，即去。堉孙、镇孙、鉴孙来，因属堉、镇共舁新修沙发榻回。盖搬房时发见破烂不堪，故抬出付修，价十二元。

夜与润、琴、湜、堉、镇、鉴、元、宜、小燕同饭。饭后，鉴先去，为看同学。堉继行，为返校准备明日赛球。九时，镇孙归去。润儿挈燕孙夜访友于华侨大厦，九时亦归，予乃就寝。

8 月 30 日（七月十二日　乙巳）星期五

阴转晴间多云，空气稍爽。

晨四时即醒，五时便起。上午十时前并接清、澄信，知新孙已游云冈安返并垣；澄亦于廿三夜十时十分安抵筑垣，翌晨归白云乡宿舍矣。顺报沿途所见，被水情况，殊严重而广泛，不识能速挽救否耳？颇以为虑。

午后小休。午前,顺林来,与润儿等共饭。小休起,续点《唐纪廿八》,至四时半点毕。

六时,润归,即与共饭。饭已便行,已七时矣。乘廿四路南转十路到西单,走诣长安戏院看北昆上演王昆仑改编之《红楼梦》剧《晴雯》。盖汉儿为予预购之票也。比登楼则汉儿、鉴孙已在座矣,戏亦第一场已开始。予坐第一排第五号,汉三号,鉴一号。凭栏平视,殊可慰。戏凡七场,十时三刻始完,饰晴雯者为顾凤莉,表演极成功,惟饰宝玉者体略高,稍嫌不称耳。然较之昔年所见越剧《红楼梦》,则远胜之。

戏散后,鉴孙独归去。(知伊已向北大报到,一切手续俱已妥帖,只待住入听课矣。)汉儿则伴予东归,各乘三轮行。到家已十一时半,润、琴、湜尚未睡(为候予故),因略坐,拭身,然后各就卧。仍感热,浴汗终宵。

8 月 31 日(七月十三日　丙午)星期六

阴,微雨。近午展晴。

晨五时起。七时后,诸儿俱出门上班去。八时,予掌伞步往文学所参加全所大会。八时半开始,张书铭主持,由王平凡传达周扬报告关于戏曲作品作法等五个问题。十时许即散,所中派老赵送予等(平伯、世昌、冠英、叔平及予)归。

午与润儿及元、燕孙共饭。饭后,又阴,予小休。三时起,点《唐纪廿九》,移时竟。

傍晚与润、琴、湜、元、宜、燕等共饭。饭后,与湜儿出,乘廿四路到东单,转十一路无轨到灯市西口下,步往文联大楼,应平伯之招,参加晚会。盖北京昆曲研习社十二次彩排也。时已将近八时,

第一出《琴挑》已演过半矣(徐书城饰潘必正,韦梅饰陈妙常)。继
为李筱燕(蔡伯喈)、袁美成(赵五娘)之《南浦》。休息后,为《絮
阁》(朱莞亭饰高力士,陈颖饰杨贵妃,楼宇烈饰唐明皇,邵怀民饰
永新)及《断桥》(吴受璩饰白素贞,过亚丽饰小青,樊书培饰法海、
许淑春饰许仙),十时半毕。演员皆业馀爱好者,尤多后起之秀,可
嘉可慰(其中,尤以吴、陈为特出,过、许俱有劲)。在场熟人至夥,
先后晤及叶叔衡、王昆仑、陈翰笙、宋云彬、俞平伯、袁敏宣、倪农
祥、郑亦秀、许姬传、戴叔源、陈万里、陈宣昭、谢刚主、潘达人、路
坎、余冠英、周妙中等。汉儿亦已先在,及散出,汉儿已行,予仍与
湜乘十一路无轨转廿四路归。车上遇沈从文。

　　到家已十一时一刻,润、琴尚未睡,予取汤拂拭,然后就寝。是
夕始去席。

9 月 1 日(七月十四日　丁未)星期

　　多云,有风,午后晴。气渐爽。似有秋意矣。

　　晨五时起。九时,汉儿来,遂偕湜儿与同出,乘廿四路至东单,
转八路直达法塔下,走诣幸福大楼南区十楼二层七号访农祥、亦秀
畅谈。遂留彼午饮,亦秀弟亦至。下午四时乃行,仍循原路归。汉
则在东单分手归去,约晚饭后再来小雅宝。

　　到家,润等俱出。有顷,琴先归,谓往看潴家,知文权卧病高
烧,硕孙亦高烧,预在友谊医院上班,颉往招回,将送朝阳医院求
诊,伊即买药再送去,归来时适润亦挈三孙归,遂由润往潴家料理。
予俟其归饭,七时半犹未回,而汉已至,乃由汉、湜继往,予且饭且
待之,终饭不至。九时,润归,谓已雇汽车送权、硕往朝阳医院,预、
颉俱在,伊先归饭。知文权决留住院中,硕则留待观察,须移时乃

可决定是否住院耳。以此匆匆食毕，又骑车前往。九时半，汉、湜归来，亦云然。未几，汉归去。十时半，润乃归，谓硕可不住院，已陪送归家，而后返云。日来多事，纷纭扰扰，至十一时许乃得就寝。

9 月 2 日（七月十五日　戊申　中元节）星期一

晴，较爽，渐见秋光矣。

晨五时起。七时后点《通鉴补正·唐纪三十》。九时后，水照见过。以中华印行其新选《宋代散文注》两册赠予，并商略若干事，移时去。予续点《唐纪》，至午毕卷之三十。

午后一时四十分出，乘廿四路南转十一路无轨到灯市西口下，步往首都剧场看内部电影（科学院发票，水照转来）。二时半开映，为苏联片《雁南飞》，描写战争恐怖，混淆正义与非正义限界，盖宣传修正主义之反面教材也。可见，赫鲁晓夫之流在若干年前已处心积虑图谋毒化气氛，潜移正确方向趋下坡矣。四时毕，下尚有《士兵之歌》亦同类教材，予不耐久坐，即起行，仍循原路归。

五时，瀋儿来，知硕孙热已退净。有顷，接预孙电话，谓已去院看过其父，热亦退，情势不严重云。大家为之放心不少。

傍晚，与瀋、润、湜、元等共饭。夜九时，瀋去，予旋亦就寝。十时后，琴媳归。

9 月 3 日（七月十六日　己酉）星期二

晴转多云，气尚爽。

晨五时起。七时后，点阅《通鉴补正·唐纪卅一》，至十一时毕之。

稍息即写信，瀋儿为予从北京医院取药回。有顷，润儿归，因与共饭。饭后小休,三时起。潜儿归去。予续写信,至五时,共写四信,分寄太原敔、清,贵阳澄儿,上海漱儿,合肥滋、佩(编京卯十九号)。

傍晚,与湜儿、元孙、宜孙等共饭。饭后,湜儿往汉儿家,即宿彼处矣。八时,润儿参加学习归。九时半就寝。十时,闻琴媳归。

9月4日(七月十七日　庚戌)星期三

晴,爽。

晨四时即醒,五时起。点《唐纪卅二》。九时,平伯见过,以《文学评论》四期(一九六三年)赠予。盖载有所撰《〈红楼梦〉中关于十二金钗的描写》一文也。谈移时去。预孙今起休假在家,静候分配工作。十时来谒,与谈至近午,去。约明晨与之偕访鉴孙一谈也。客去,续点《唐纪卅二》,毕之。

午后小睡,少顷便醒。枕上一气读毕平伯近作,四时半起。接湜儿电话,今夜在厂赶校样,须深宵始休,即住社中宿舍云。未几,又有电话,谓九时即可结束,仍要返宿,不必锁门。

夜饭后,九时就卧,湜儿归否竟未之知。

9月5日(七月十八日　辛亥)星期四

晴,爽。阳光亦不太烈。颇有风。

晨五时起。询知湜儿昨夜仍在厂赶工作至深夜一时,乃借车骑归,故今日八时乃起。上午应休息,适预孙来,遂同往前王公厂看鉴孙。予与预孙乘廿四路南转十路行,湜则仍御骑车。九时半,偕湜、预、鉴同游西郊动物园(予三人乘七路,湜仍骑车)。十一时三刻,乃出园就食于新疆餐厅。下午一时半离厅,湜赴外文出版社上班,予三人步往紫竹院一游。即在活鱼食堂前茶棚茗憩。三时起行,绕湖一周,沿长河出白石桥,乘七路无轨回东直门大街,转廿四路南归。是晚,本应参加科学院赠予史地名誉学部委员称号仪式,因深晚归途无车,且疲本不任复出,未果往。

傍晚,预孙归去,汉儿来,润儿先饭即行,往民族宫看汇报演出,湜儿归,遂与汉、湜、鉴、元、宜等同饭。饭后,潜儿来,共谈至九时三刻,与汉、鉴各归去。电视机今日由服务处派人来修好,试看之,勉强而已。究以历年已多,恐非易件不为功耳。十时,琴媳归,予亦就寝。润儿看毕归来,已十一时许,予竟未之闻也。

9 月 6 日(七月十九日　壬子)星期五

晴,爽。偶有云,亦微有风。

晨五时起。七时四十分出,步往文学所参加八时半本组讨论会。漫谈日前所看《雁南飞》等电影,结合修正主义文艺观点批判之。十一时半散,与子臧同行至南小街小雅宝西口而别。到家接琴媳电话,谓已得景山学校通知,宜孙已补上,下午即可办入学手续,燕孙亦已向教育部托儿所说妥,下半月可送入全托云。近来纷扰不易解决之问题,一时俱获安排,不可不谓为非常欣喜矣。

润儿去厂工作,未归午饭,予独餐。饭后,琴媳、元孙均归来接宜孙上学,予亦早属李妈将宜孙领回(自幼儿园召归)。一时许,三人俱出,宜孙得欣然入小学矣。一时半,听广播读报《苏共领导同我们分歧的由来和发展》(人民日报编辑部、红旗杂志编辑部合著《评苏共中央的公开信》),三时半始毕。抉发痛快,骨鲠为之一吐也。润儿自厂归,过家一行,即上班去。

傍晚,元、宜下学偕归,欣欣有喜色,虽童稚亦知向学,予甚以为慰。夜与润、元、宜、燕同饭。饭后,润、宜出理发,予与元孙看电视影片黄梅戏《天仙配》,九时毕即寝。十时,琴归,及十一时,湜偕其同学毛兰亭归,予皆未之知,翌晨始知。

9 月 7 日(七月二十日　癸丑)星期六

多云转晴。气爽,有风。

晨五时起。七时后,为云彬看所注《刘邦传》,抵下午五时毕之。电话告云彬,俾约期谈取。

夜与润、琴、湜、元、宜、燕同饭。饭后,濬儿来,遂偕湜儿出,走访介泉之家。润、琴则往百货大楼购物,一则润将去沪作扫尾工作,一则燕孙将入全托,于外亦需添备枕衾等用具也。予在家看电视,又中坏,一时调不好,只得罢之。八时半,湜归,知濬已径归矣。有顷,预、颉、硕三孙来,并偕颉友孙永周谒予。谈至九时五十分,预等辞去,而润、琴亦归矣。予少焉即就寝。

9 月 8 日(七月廿一日　甲寅　白露)星期

晴间多云,气复返热。

晨四时半醒,五时起。

今日为宜孙阳历生日,恰周七岁,初以少此八天,格例报不入小学,继乃补上景山学校馀额,居然顺利就学。予心大喜,乘星期休假,遂于午间治面馔以志欢庆。汉儿为欲搬家,挈诸孩往东郊看屋过此,埚、基两孙亦至,因同与面馔。午后,汉等皆均去;湜儿亦同出。予乃稍憩于床,三时便起。

五时,接高谊电话,谓汉达在彼,即偕来访予云。有顷,林、陆两家伉俪果至,少坐,汉达夫妇坚邀同出,于是五人偕乘廿四路北转一路无轨,往王府大街北口大同酒家晚饭。星期人多,获座甚艰,立候许时乃得食。七时毕,各归。予仍循原路行。九时就寝。湜儿十时乃归。

9 月 9 日(七月廿二日　乙卯)星期一

初阴转晴,气复蒸郁。

晨四时醒,五时起。七时后,续点《通鉴补正·唐纪三十三》,逾时即了。接点《唐纪三十四》,亭午亦毕。午与润儿、燕孙同饭。

饭后小休,三时起。点读《唐纪三十五》,向晚得十五页。颉刚见过,知一日自大连归,谈移时乃去。五时半,所中葛涛介广播局人员辛昶来了解朱振明事,盖曾托代买变压器疑有问题耳。

夜与润、湜、元、宜、燕等共饭。饭后,润入馆开会,潜儿来,知文权已痊愈出院矣。九时半,潜归去,予亦拭身就寝。有顷,琴媳归,又有顷,润儿亦归。

9 月 10 日(七月廿三日　丙辰)星期二

晴间多云,仍燠。

三时即醒,就枕上补阅《红旗》所载《苏共领导同我们分歧的由来和发展》一文之附件三篇。五时复朦胧,六时起。七时半,续点《唐纪三五》,十时点竟。接点《唐纪卅六》,午后一时半亦毕。饭后,偃卧,风起南方,动雷,须臾雨作,颇大,断续至四时半乃止。关窗下闼,闷损甚矣。只索点阅《唐纪卅七》,至晚得十六页。

夜与琴媳、湜儿,元、宜、燕三孙同饭。润儿以在馆学习未归饭。饭后,湜儿往潜家看文权。有顷,汉儿来,知已决定径迁东郊,亦往潜家洽事。九时半,汉、湜偕归。未几,汉归去,予就寝。十时,润始归。

9月11日（七月廿四日　丁巳）星期三

阴,时有细雨,午后略显日光,旋又匿采,气却转凉。

晨五时起。八时出,步往文学研究所,参加全组座谈会,除孙子书及王水照、陈毓罴未到外,馀俱莅场。凡到余冠英、俞平伯、钱默存、陈友琴、范叔平、曹道衡、吴晓铃、胡念贻、刘世德、邓绍基、乔象钟、蒋和森、吴赓舜、梁共民、吴子臧及予十六人。冠英主席,讨论反修问题。至十一时半散,仍独自步归。少顷,润儿归,遂与同饭。

饭后小休,三时半起,续点《唐纪卅七》,至暮毕之。夜与润、湜、元、宜等共饭。饭后,润为予移置电视于东室。湜友管竞存来,为将与文征平结婚,属湜帮写喜柬也。九时半,予就寝。十时,琴媳归。十二时许,竞存始携喜柬去。翌晨湜儿告予知之。

9月12日（七月廿五日　戊午）星期四

阴,有细雨,禺中渐晴,气温如昨。

晨六时起。八时半,接云彬电话,即来看我。越时见过,就《刘邦传》注释各项商定十馀处。十一时,偕伊同出,乘廿四路南转十路,往文化俱乐部午餐。终席仅予两人,回顾三年前,柜前排列长队候食之状,转感凄清矣。午后一时餐已,云彬乘一路返翠微路,予则走至东单乘廿四路归。到家小坐,即偃卧休息。

三时,亦秀见过,因起与谈,并电约圣陶来会。五时,圣陶至,六时,附其车偕出,与亦秀同乘往东长安街北京餐厅晚饭。行前电约农祥会食。有顷,农祥至,遂共饮啖。八时散,农、秀归去。予仍附圣陶车至小雅宝西口,然后步归。

润、琴俱已往汉儿家,据闻,可以换房,故就商之。湜则径往彼家,助理收拾物件云。九时半,润、琴归,谓换房须先解决产权始可进行指换,明日将令润儿往房管处接洽也。十时就寝。

9 月 13 日（七月廿六日　己未）星期五

晴间多云,气较热于昨。

晨五时醒,六时起。上午点毕《唐纪卅八》,下午点毕《唐纪卅九》。

是日匠人来修屋,土木猝集,而屋质太劣,一动更见破坏,须大修,是以房自累,真大包袱矣。

今日润儿曾向本市房产管理局洽问,是否可以易赁较适之屋,迁地为良,只以产权不能无故接受,便觉窒碍难行,亦惟俟诸将来,相机办理耳。

夜与润、琴、湜、元、宜、燕等同饭。九时就寝。

9 月 14 日（七月廿七日　庚申）星期六

阴,有微雨,旋转晴。气亦爽于前昨。

晨六时起。上午写信三通,分复太原敫婿,上海漱儿,合肥滋儿、佩媳(编京卯二十号)。午与润共饭。

饭后小休,三时起。四时藏云见过,伊自青岛归,长谈垂暮始去。匠工大致粗毕,明日休息,须后天乃能了此耳。夜与润、琴、湜及三孙共饭。饭后,润、琴率三孙往访邓家,湜则往贺竞存、征平结婚。九时半,润等归,予乃就寝。湜归已将十一时矣。

9 月 15 日（七月廿八日　辛酉）星期

晴间多云，无风而爽，真佳日也。

晨五时半起。八时三刻出，乘廿四路至东单换四路环行，至西单商场下，走往辟才胡同十号访汉达。谈至十时半，高谊夫妇至。十一时一刻，汉达夫妇挈其媳孙偕高谊夫妇及予步往政协礼堂餐厅午饭。饭后，复回林家，长谈至四时半乃与高谊夫妇行。同乘四路回东单，再转廿四路各归。

到家，润、湜两儿方自汉儿东郊新居归，备述汉搬家情形。盖今日乘星期休假，遂合力以赴之耳。有顷，鉴孙至。又有顷，汉儿电话请往一视。予以竟日在外，深感疲惫，不欲行，俟过日再省之。

夜饭后，湜偕鉴往看竞存、征平，润、琴则往看光暄，予偃卧而已。九时半，润、琴归，予亦就寝。十时，湜归，知鉴孙已偕其同学径回北大矣。

9 月 16 日（七月廿九日　壬戌）星期一

阴凉。

晨五时半起。七时，点《通鉴补正·唐纪四十》，十时半毕之。十一时许，锴孙来。十一时一刻，汉儿来，乃偕之同出，本拟往文化俱乐部午餐，既抵王府井，忽忆今日星期一，例停不接纳，遂至北京餐厅共饭。十二时半，饭已，锴孙骑车径回窦店中学，汉则送予归后始去上班。

燕孙已说妥送白塔寺锦什坊街东养马营十五号教育部托儿所，今日琴媳归饭，饭后办理户口迁移手续，三时半，由润、琴及李妈袱被送往。予适应亦秀之邀，圣陶车来接同前往，遂先行，未见燕孙出门也。心怜其幼弱而遽离家庭,远托他所,殊难释然耳。

四时到亦秀家,长谈至暮,农祥亦归,乃共杯酌。饭后,又谈,九时始言,旋仍由圣陶车送至小雅宝西口而别。

到家,润、琴方以屋内修竣,重理箱箧,湜则晚饭后往看汉儿矣。十时就寝,湜亦旋归。

9 月 17 日（七月三十日　癸亥）星期二

晴间多云,爽适。

晨六时起。上午点毕《通鉴·唐纪四十一》。润儿定后日赴沪,上午仍到馆办事,下午休假料理。予乃偕之出,二时往隆福寺一逛,正值拆除山门,由边门出入,略一徘徊即行。在大佛寺南马市大街上四路无轨,到王府井,赴百货大楼购儿饵数事,带上海分享漱、淑两家及钱家。

三时,润径归料理,予则在王府井南口乘十路往中山公园赴元善、颉刚之约。至则乃乾、万里、轶程、圣陶、元善、颉刚、实君已在。有顷,平伯、琢如、纬明亦至。谈至五时,齐赴西四同和居聚餐,惟元善、纬明以事未与。同和居菜平平,而甜菜"三不沾"者,在予为初尝,颇值一记。其物不外鸡蛋、淀粉、白糖用油拌制而成,但一不沾盘,二不沾勺,三不沾齿,滑润甘芬,诚饶趣也。七时毕,予与平伯、琢如附圣陶车行。

到家,润、琴、元、宜甫饭过,基孙在。有顷,汉儿至,八时,湜儿自厂返,具餐焉。九时半,汉、基归去,予亦就寝。时念燕孙惯否,因此颇影响睡眠。

9 月 18 日（八月小建辛酉　甲子朔）星期三

晴间多云,爽适。

晨六时起。八时半亦秀来，因偕出，乘廿四路北转一路无轨到故宫，由神武门入，在御花园小憩，一瞻钦安殿，然后历西六宫，一观宫廷生活展览。在养心殿阅时较久，复入乾清门，经乾清宫、交泰殿、坤宁宫，仍出神武门。遇唐立庵，稍谈即别。乃与亦秀乘一路无轨西行，到沟沿下，换乘三轮，径抵政协礼堂餐厅。时已十一时半，坐定，润儿亦至，盖亲到车站排队购得车票，明日上午成行，特如教育部第一幼儿园看燕孙，遂来会餐也。据云燕孙甚好，竟未哭过，临行亦甚爽利，闻之稍慰。餐后，润骑车先归，予与亦秀乘七路到民族宫前换十路回东单，亦秀归去，予转廿四路返家。

三时，润又去车站结行李，逾时乃归。五时，往访潜家，而潜乃自外来，谓过张葱玉家，未晤其夫人云。有顷，润自潜家归。湜儿、琴媳、汉儿亦先后至，元、宜孙亦放学归，遂共进晚饭，吃饺子。晚饭后，永宽来，农祥、亦秀，俱托润带水果去上海贻其家属。文权亦来。九时半，潜、权、农、秀等皆去，予亦就寝。十时，永宽去。盖与湜儿长谈也。

9月19日（八月初二日　乙丑）星期四

晴爽，间有云彩。

晨三时起溲，复睡。六时起。八时前，润即赴车站排队候登车，李妈送之。盖既未买得卧铺，又不对号就坐，须提早列队或可得坐耳。知吕朗今已买到软席票，可以同行矣，否则仍须润先行也。九时许，润儿留李妈在站守候，身归话别。十时乃行，予送之门口，怅惘而已。午独饭，顿感凄惶。午后，天转阴，四时许，有西南风挟细雨洒阶，予小睡不宁，起视此景，愁绪推拂不去矣。强展

《通鉴补正·唐纪四十二》,至五时半毕之。

中华书局朱士春下班后来此,带到《四库·集部》提要两函,并勘误十馀纸。盖全部竣事矣。

傍晚,汉儿、琴媳、湜儿、元孙、宜孙皆归,稍稍自怡,乃围坐共进晚餐。九时,汉归去,予亦就寝。

9 月 20 日(八月初三日　丙寅)星期五

初阴转晴。气凉而爽。

晨一时即起溲,返床复睡。五时一刻起,灯下穿衣结袜也。七时,点阅《通鉴补正·唐纪四十三》,至十时毕之。遥念润儿此刻当在淮上矣。

午饭后,独出散闷,乘廿四路转一路无轨,到北海团城,本拟一看本京特种工艺品展览,乃尚未布置就绪,未开放,遂在承光殿瞻玉佛,并在玉瓮亭侧小坐而已。有顷,下团城,入北海,度积翠堆云桥,绕东边入倚晴楼长廊,在漪澜堂前坐渡船北抵铁影壁,遂沿北岸步出园后门,乘十一路无轨返东单,再换廿四路北归。到家已五时,颇感累,而闷则未散也。

七时,与琴、湜、元、宜共饭。擘蟹下之,虽甚小,而尚堪把唼,且数年未得此,亦慰情聊胜焉耳。九时就寝。十二时起旋,腹亨而大解不畅,殊不适,返床后,至二时方入睡。梦幻纠结,翌晨五时又起旋,仍未畅。

9 月 21 日(八月初四日　丁卯)星期六

晴间多云,凉爽宜人。

晨五时半起,婆娑拂拭。八时后乃展《通鉴补正·唐纪》点之。迨午仅及《唐纪四十四》之十七页。接亦秀电话,约午后二时半会圣陶家,拟同游西郊动物园。届时予乘廿四路以赴之。圣陶已挈两孙往大华看电影,亦秀则正与满子谈事,先未约,致相左也。四时,满子往省其兄龙文,圣陶亦归,遂共谈,因留彼晚饭。饭后,即与亦秀同乘廿四路而南,亦秀去东单转八路,予即于演乐胡同口下,盖谈话匆匆,误以为已抵禄米仓耳,只得缓步走归,到家正七时三刻。

琴媳与潛、预等往看汉家,惟湜儿在家,及元、宜、燕三孙方共嬉焉。燕孙今晚接归,依旧活泼地绝无拘牵,惟面容稍瘦,究为初离家庭,不免思念所致也。予怜之而无如何。九时半就寝。十时一刻,琴乃归。

9 月 22 日(八月初五日　戊辰)星期

晴,爽。

晨五时半起。八时三刻,偕湜儿挈宜孙往看汉家新居,乘廿四路北至东四九条东口,转十三路无轨,东过三里屯等地,达于呼家楼下车,复东行,步由田野间道到小猪店六号楼。十三路无轨前日始通车,北自安定门东,南达大北窑,盖撤销自地安门至郎家园之六路车,遂以此线代之也。汉家新居在六号楼三楼,南北俱有阳台,殊宽畅。锴、镇、鉴三孙及大璐俱在,塎、基两孙亦。近午晓先、雪英夫妇及潛儿亦来至,遂共饭焉。晓先携八宝鸭见飨,予买金奖白兰地佐之,因得饮饫尽欢。下午四时,予与湜、宜先行,乘十二路无轨,西入朝阳门,在南小街转廿四路归。感疲乏,晚饭后九时即就寝。腰酸腿软矣。

9 月 23 日 (八月初六日　己巳) 星期一

晴兼多云,傍晚雨,气由此转凉。

晨五时半起。七时后,续点《通鉴补正·唐纪四十四》,至十时半毕之。

午饭后二时许,独出散闷,乘廿四路南至东单,转四路环行到西单商场下,径往桂香村,欲购熏鱼,归资夜饮,乃明标熏鲤,只得缩手。盖北人重鲤,而予却并不嗜之也。顺过商场一转,南部正在翻修房屋,南货部未得见,更无所获,仅在北首文具部购得白信封五十枚,在灵境胡同西口乘九路无轨回朝内大街,再转廿四路南归。到家已四时半矣。

六时一刻,元、宜两孙雨中归,亟属易衣就燥,移时乃与共饭。据闻燕孙今晨送入托儿所时,同伴小儿有哭者,遂引起同啼,虽抱入后终得宁贴,然予闻之弥牵老怀矣。

夜九时就寝。琴媳十时归。湜儿十时半归,予竟未之闻。

9 月 24 日 (八月初七日　庚午　秋分) 星期二

晴,午后西北风大作,气大凉。

晨五时半起。八时,锴孙偕预孙、硕孙来请予同出游眺,遂与偕出,乘廿四路南转十一路无轨,到西直门,再转卅二路,直放万寿山。十时入颐和园,由宜芸馆后径登山,迤逦而西,至智慧海下,经佛香阁抄游廊而南下,过排云殿,出排云门,循长廊西达石舫饭庄,已十一时半,遂唤酒菜共进午餐。餐后起行,北出宿云檐,过桥转入西堤,历诸桥间亦坐憩,并在玉带桥下由锴孙为予挹流涤义齿,惜风太大,竟不能久伫,遂行。盘过绣漪桥,转入昆明湖东岸,抵铜牛所,正值风急浪溅,飞沫直扑其座,而形象屹然,于是镇水之说益神耳,相与指讲疏解以喻之。再行而北,过文昌阁,以避风故,茶于小卖部室内,谈至三时半,起行。出园仍循原路转车入城归家。抵门已五时矣。有顷,预、硕归去,锴留此夜饭。元、宜亦归来,遂共餐焉。

八时半,琴媳归,锴归去。予以多走路,不免疲乏(往返徒步十馀里),即寝。湜儿十时半归。(午接润儿航信,知已安达。)

9 月 25 日(八月初八日　辛未)星期三

晴,西北风仍紧。河朔易燥,已觉飞沙扬尘矣。气亦深凉。

晨六时起。七时卅五分,所中老赵驾车来接,力扬已在车上矣,因附之以行。过接唐弢、冠英、水夫共驰出阜成门,直达西郊友谊宾馆大剧院,参加世界科学工作者协会北京中心成立大会。盖应科学技术协会之邀请也。故陆、聂两副总理,科学院郭院长及各副院长皆莅会。由周培源主席,宣布成立大会开始(时上午九时),继由张维、李四光及朝鲜、日本、缅甸代表世界科协执事者先后讲话,气氛严肃而欢畅。十一时半,主席宣布下午因尚有各国代表在途中未到,休会,明日续开大会。成立会遂告成。散会,予仍与力扬、唐弢、冠英、水夫同车入城,先后送归。

到家知朱继文曾来,带到滋儿托带之花生、瓜片各一包。又知亦秀亦来过,知予出外参会,少坐便去云。

午饭后,稍睡。湜儿有电话来,谓下班后径往汉儿家,不归晚饭。五时,元、宜两孙放学归。六时五十分,老赵又来接,盖接有中华人民共和国科学技术协会主席李四光、世界科协北京中心主任张维、中华医学会会长傅连暲联名请柬,八时在人民大会堂宴会厅举行宴会也。仍与力扬、唐弢、水夫同车,冠英则未往。到人大会堂北门,遇子臧、宝权,遂同入。又遇藏云、琢如、厚宣等。予与子臧、唐弢、水夫同坐第五十七席(请柬指定)。同席四人初不之识,及询问,则一为铁道部雷从民,一为法学所郝晋卿,一为煤炭部王德滋,一为历史所白天。于是,本院同人乃占四之三。八时开始,宾主联欢且饮啖,且讲话(凡有人讲话,皆由指定人员翻译成英、法、西班牙、日本及汉语五种)。十时一刻始散,仍由老赵车送各归。

到家,琴媳、湜儿皆归来未久,正候予也。十一时就寝。

9 月 26 日(八月初九日　壬申)星期四

晴,有风,大凉。

晨五时三刻起。八时,错孙、预孙、硕孙来。湜儿今日社中秋游,可以自由参加,遂改约伊等同游故宫。予九时须参加本所全体会议,因于八时半偕之同出,湜等四人伴予步至建国门本所门口,予入所,伊等则乘九路西行。唐副所长主持会议,作调整薪给报告,十时十分即散。由各组室分头讨论,初定汇报本组定明日九时召开,遂散去。予出门见九路适至,遂乘以达前门,步由正阳门大街一瞻新象(报载市容焕然一新),在路东侧南边至大蒋家胡同口,廿路车恰至,乃夷然登之,驶返东单,再转廿四路归家。至外交部街口,世德、叔平、毓黑上车,予以评级情况太不了了,遂托世德代为请假,明日之会不参加矣。

到家见中国书店送来郦纯所著《太平天国制度初探》在案上,盖书友刘清源带来者也。午刻,湜儿偕错等三孙归来,遂与同饭。饭后,偕湜等五人往西郊北京展览馆影院看墨西哥彩色片《躲藏的天堂》，是以当地特产火鹤群生活为主之介绍片，而以珍禽异兽为穿插者，丽景络绎，殊可观。三孙先往买票，予与湜乘廿四路转一路无轨以赴之。四时即完，乃共乘七路无轨到东直门转廿四路归于家。

薄暮，预、硕归去。汉儿及琴媳俱归，元、宜亦放学返，遂与汉、琴、湜、锴、元、宜共饭。饭已，潘、权来，琴出。顷接润来书，传观之，知尚未正式接手也。锴去看话剧。九时，潘、权、汉、湜同出，潘、权归去，湜则伴汉止宿其家。予即就寝。

9 月 27 日（八月初十日　癸酉）星期五

晴，爽，偏凉。夜月甚明。

晨五时三刻起。七时，检核《四库提要·集部》句读，直至午后二时，全部校改毕。惟未收书目及抽销书目，局方未见送回，乃乾适电话见询，遂属转催送来。潘儿十一时来，午饭后三时去。乃乾本约来看我，至五时未见来，大约别有他约矣。

午接漱儿廿三日来信，告已晤及润儿，并告弥同入学后尚好云。夜与琴媳，元、宜两孙同饭。饭后孙辈看电视，予则九时即寝。湜儿社中联欢晚会，十一时后始归。

9 月 28 日（八月十一日　甲戌）星期六

晴间多云。气还暖。

晨五时三刻起。八时半出，乘廿四路南转十路到民族宫，参加学部四十四次中心学习组座谈会，听萨空了报告港、澳现状。九时起，十二时止，详析利弊，曲绘当地政治、经济、生活各面情况，流畅飞动，娓娓忘倦，真有舌灿莲花之妙，惟恐其终，竟不觉其长矣。散会后,与颉刚、琢如同乘十路东达南河沿文化俱乐部同进午餐。餐后,各行。

予以昨日未见乃乾来访,因乘十路转五路往西华门访问之,讵知踵门而门加肩钥他出矣。无怪早上出门之前打电话不通也。废然而行,仍乘五路北到地安门转十一路无轨回东单,再转廿四路归家。案上见所中同事葛涛、马靖云留条,谓将领导之命,特来访问,并以水果一篓存贻。未得接谈,甚以为歉,且屡承党政工会关心,尤切感纫耳。

夜与汉儿、琴媳、元孙、宜孙同饭。汉下班即至,待湜儿久不归,遂进餐。饭后,濬、权来,濬已为予从北京医院取得药物来,谓遇见吴玉丽大夫,即由吴大夫处方云。有顷,锴孙亦至。八时半,湜儿始归,盖已在东安市场饭过矣。九时半,濬、权、汉、锴皆去,予亦就寝。

9 月 29 日 (八月十二日   乙亥) 星期

阴。

晨六时起。八时,接润儿廿七晨来第二号信,知吕朗到沪后,已与上海图书馆及文献所协商妥定,准备结束尾件,大约六三年底可以集事;果尔,则早得归来。予心亦为引慰也。因即写信,一寄合肥滋儿、佩媳(编京卯廿一号),告继文带物俱收到,仍催常来信;一则并复漱、润两儿(编为第一号),详告家中情况。近午始写毕,时乃展晴矣。

午后小睡,三时起,展《通鉴补正·唐纪四十五》点之,垂暮毕。

夜与汉、琴、湜、元、宜共饭。时已雨,旋作旋止。琴媳持予券往政协礼堂参加晚会,看京剧张君秋演《望江亭》。汉、湜往访平伯,予与两孙在家。九时半,汉、湜归,汉旋归去,予亦就寝。琴归已十一时后,予未之闻也。

9 月 30 日（八月十三日　丙子）星期一

晴爽。

晨六时起。九时半出,步往文学所,径登二楼会议室参加国庆纪念及迎新联欢会。据工会主席报告,今年分配来我所之大学毕业生有二十馀人。虽有代表致词,惜未能一一自我绍介耳。何所长讲话后,有节目表演,由工会请来数人(大概音乐、文艺等校之同学)及同人中颇有参预其事者,歌唱弹奏,达午尽欢而罢。本所十年以来,此为创举,亦征同人潜影匿采,平昔不轻示人以豹斑也。十步之内必有芳草,于此益信。会毕,所中派老赵车送平伯、冠英、平凡及予归。在所接庆祝中华人民共和国成立十四周年筹备委员会请柬,明日仍在西二台观礼云。

十二时四十分独饭。饭后小睡,三时起。点阅《通鉴补正·唐纪四十六》,至暮得十一页。夜与琴媳、元孙、宜孙、燕孙同饭。今日燕孙自托儿所接归,较上周好多,想渐能习惯,颇为引慰。宜孙亦由校方批准入儿童团,系上绣字红领巾(儿童团为景山学校特创之,因加绣字者,以示别于正规少年先锋队也)。灯下看诸孙,致以为乐。

饭后,汉儿来,以明日与琴媳俱须参加国庆游行,东郊道远,特宿于此也。湜儿以其老同学孙谷源结婚,下班后径往贺喜饮喜酒,而归已九时许矣。十时就寝。

10 月 1 日[①]（癸卯岁八月小建辛酉　甲子朔　十四日　丁丑　国庆节）

星期二

晴爽。

晨六时起。八时一刻，偕湜儿步至禄米仓西口候车。少顷，棣华至，又有顷，老赵驾车自南来接，其芳、唐弢已先在车上矣。北驶至老君庙堂西口，平伯来乘，遂由朝内大街西行，盘过故宫，仍循西华门筒子河直驶入中山公园，驻车，相将出公园前门，登天安门西二台观礼。先后晤及云彬、彬然、圣陶、觉明、异之、洞国、孝通、寰澄、伯纯、阜西等数十人。十时，典礼开始，北京市长彭真讲话，继以游行，盛况更甚于去年，外宾观礼者特多。十二时十分，礼毕，仍乘原车送归。

到家时，琴媳亦适归，乃同饭。湜儿与诸孙先已饭矣。饭后，湜往看孙谷源。予小睡未稳，而朱继文至，因起与长谈，移时始去。予再就榻，竟睡至六时许乃起，然乱梦颠倒，颇不舒。盖积累已甚耳。

夜与权、濬、琴、湜、预、硕、元、宜、燕同饭，藉志欢庆。明日中午将邀汉儿一家来饭也。饭已，预、硕归去。权、濬、湜、元往汉家，藉其新居露台遥赏国庆焰火。琴亦挈宜、燕往近处看热闹。予偃卧听节日广播。九时半，琴携两孙归，予乃就寝。十时半，湜儿、元孙亦归。

10 月 2 日（八月十五日　戊寅　中秋节）星期三

晴爽，偶阴，且飘小雨，入夜有月，惟时见微晕耳。

---

①底本为："习习盦日记第十二册"。原注："一九六三年十月一日至十二月卅一日，凡九十二天，中间有旅蜀日记别见。一九六四年三月十五日容翁手自草缉讫。"

晨五时半起。七时后，展点《通鉴》。九时许，祖文来访。长谈至十时半，汉儿及大璐、元锴、元镇、元鉴、升堉先后来，祖文亦辞去。

十二时，与汉、琴、湜、璐、锴、镇、鉴、堉、元、宜、燕等共进午餐。餐后，与湜儿、大璐同乘廿四路南转一路，到西单剧场听苏州评弹团说书。到场已二时，过去一小时矣。未久即休息，嗣为谢毓菁夫妻播说《双金锭》中戚子卿写状一段，颇餍望，馀则平平也。此次北来演出，老辈中尚有周玉泉、徐云志二人，今日日场俱未排入。

四时半散场，三人走至西单商场一转，然后在甘石桥乘九路无轨，直出朝阳门达小猪店下，径到汉儿家。则汉等早回，元、宜、燕三孙亦且随汉儿到矣。六时，汉同事张君至，又有顷，琴媳亦至。七时，乃团坐小饮。晚饭后，潏、权偕预、颉、硕三孙至，且与文杰之婿殷祥生、颉友孙永周同来。因在露台赏月，并欢谈，月色虽蒙纤翳，澄鲜较逊，而朦胧中仍不失银盘清光之致也。九时半，琴挈宜、燕先归。十时，予偕湜儿及元孙亦行，乘十一路无轨，到朝内南小街下，转廿四路南归。潏等则尚在汉家盘桓也。十一时就寝，睡尚酣。

10 月 3 日（八月十六日　己卯）星期四

晴间多云，午后风甚劲，气益凉。

晨六时起。为汉达看所撰《三国故事新编》稿第八册，及午阅七章。午后二时半，圣陶、至善车来，过接予同赴崇外幸福大楼农祥、亦秀之约，本订泛舟龙潭，以风作未果。长谈达暮，小饮其家。晚九时乃行，仍附圣陶车归。琴媳言接汉儿电话，今宵湜儿同在西单听书，即宿汉家云。十时就寝。

10 月 4 日 (八月十七日　庚辰) 星期五

晴爽,夜月甚朗。

晨五时半起。九时许,继文来,乃与同出,乘廿四路南转二十路到天桥下,走往天坛公园。在皇穹宇西侧茶棚中茗憩,谈至十一时一刻起行,仍出坛西门,乘十五路到菜市口,登美味斋饭馆之楼小饮午饭。饭后,乘九路无轨回朝内南小街,再转廿四路南归。继文送予至门而别。

下午三时小睡,颉刚偕张纪元见访,遂起与谈,移时去。即为汉达看毕《三国故事新编》第八册稿本。

傍晚,琴媳、元、宜皆归(燕孙晨仍送入托儿所)。有顷,汉儿亦至。七时,乃共进夜餐,餐次,晓先来,斟酒两杯酌之。八时半,晓先、汉儿各归去。有顷,湜儿归,谓在精益配眼镜,且与其同事毛君在美味斋晚饭云。接滋儿一日来合十六号,知予京卯二十号已读悉,廿九日所发廿一号自未经目也。昨接佩媳致琴媳书,知佩挈铿孙返甬省亲,滋书亦提及之,预计十二日左右可以返庐也。

九时三刻就寝。

10 月 5 日 (八月十八日　辛巳) 星期六

晴爽如昨。

晨六时起。八时写京卯廿二号信复滋儿。随即续点《通鉴补正·唐纪四十七》,至十时毕之。午后小睡,三时起。续点《唐纪四十八》,近晚亦毕。

夜与琴、湜、元、宜、燕同饭。今晚又接燕回家也。晚饭后,湜儿偕硕孙(硕饭后来访)同往濬家。九时,予就寝。有顷,湜偕预孙来,知预即日派往顺义县见习半年,户口由校迁回家中,工资在市卫生局支领,届期或能调回市区耳。为之大慰。少坐,预即归去。

10 月 6 日（八月十九日　壬午）星期

晴爽。

晨五时半起。九时,与湜儿同出,乘廿四路北转九路无轨到甘石桥下,走往辟才胡同十号访汉达,即以所撰《三国故事新编》第八册稿本还之,乃九册稿本亦已写竣,便属携回焉。谈至十一时一刻,予父子二人辞出,步往政协礼堂餐厅午饭。遇张庆孚、葛志成、张绷伯,均略谈。

午后一时,再过林宅,盖忘外套在彼,因过取之也。未晤汉达,匆匆取衣即行。在甘石桥乘九路无轨回北海,走北长街访乃乾。会乃乾偕其友出城访云彬,离家未久也。遂稍坐,即以中华送来之《四库提要》句读第四批勘误表交乃乾夫人,属转达。移时行,乘五路北至地安门转十一路无轨,到东单再换廿四路归。

五时许,琴媳、湜儿将应带与滋、铿等物送往演乐胡同朱继文处,属携转之。元孙陪宜孙往王府井照相,七时半乃归,遂共夜饭。饭后,预孙来,九时去。予取汤拭身洗足,易衷衣就寝。

10 月 7 日（八月二十日　癸未）星期一

晴爽。

晨二时起溲,返床即不能入睡,左头侧作痛,痰复大作,因而颇感苦寂。挨至五时半,不得不起矣。元、宜孙入学,燕孙亦送托儿所,家中静极,予头痛不敢作意,看书乃随架庋《日本大百科事典》

闲翻之,取其方面广,插图多,漫无目的而漫阅之,亦颇适。午饭后,头痛稍好,未倚枕,仍看《大事典》,至四时终不能任,掩卷插架而后已。

接澄儿一日贵阳来信,知予去信早到。夜与汉、湜、元、宜同进晚饭。饭后,潏儿来,五六日未见之矣。共谈至九时,潏、汉皆去。予亦就寝,十时许,琴媳归,携到三日灯下所作三号信告旅沪近状。

10 月 8 日(八月廿一日 甲申)星期二

晨五时半起,未明也。有顷,启窗视之,阴而地湿,不知昨夕何时见雨耳。八时后,渐转晴,气温仍如前昨也。

上午,点毕《通鉴补正·唐纪五十》。饭后小睡。二时半起,即出,乘廿四路南转十路到中山公园,赴元善、颉刚之约。至则二公皆先在,并有元善先公之学生张君在座。有顷,轶程至,又有顷,圣陶至,又有顷,慧远至。原约乃乾、平伯皆不至也。平伯上午曾见过,以近撰四十年前旧日记跋语见示,回忆畴昔,其旨弥永矣。谈次,因以午后之约告之。五时,张君及慧远先后去,予等五人乃走西长安街鸿宾楼聚餐。其地本为全聚德分号,近收却,此馆遂自崇内新桥饭店移实之也。遇都良、宾符昆弟。七时食已,轶程别去,予与元善、颉刚附圣陶车,沿途送归。

到家,元、宜两孙正晚饭,良久,琴媳始归饭焉。九时就寝。十时半,湜儿归,盖在北京剧场与潏、权、硕同听苏州评弹也。

10 月 9 日(八月廿二日 乙酉 寒露)星期三

晴间多云。气凉爽。

晨六时起。八时写信两通,分寄澄儿贵阳及润儿上海(编京二号),俱复告近状。十时,顺林来,带到润所托塑料袋等,盖伊曾假返南中,未晤及润,而物则携来也。又带到苏州幽若信,求饮助云。谈至十一时去。

饭后小睡,近四时乃起。预孙来辞行,明晨即奉派去顺义县牛栏山服务矣。续点《通鉴补正·唐纪五十一》,五时半毕之。

湜儿下午社中组织参观日本工业展览会,五时许即归。六时,与之同饭。饭已即出,偕乘廿四路北转十二路无轨到沙滩,再转八路到锡拉胡同西口下,走往东安门大街儿童剧场(即北京剧场原真光电影院)听苏州评弹。预约汉儿在门口相候,有顷,见之,遂同入,坐第一排廿三、廿五、廿七号。在场晤邦达、斐云、公文、觉农诸人。七时一刻开场,(一)王鹰、王月香对唱,新开篇《我的名字叫解放军》,(三)魏含英《珍珠塔》、《方卿见姑娘》。休息后(二)曹汉昌《岳传》、《辕门》、《投书》,(四)谢毓菁、侯丽君、汪梅韵三档《落金扇》、《堂楼设计》。十时一刻乃散,汉儿径归,予与湜儿乘双人三轮返家。

琴媳候门尚未睡,予与湜少休便各就寝。

10 月 10 日 (八月廿三日　丙戌) 星期四

初阴,渐转多云兼晴,气仍凉,午后有风。

晨五时三刻起。七时半,潜儿来,乃与偕出,乘廿四路南转十路到大华路北口下,步往北京医院门诊部。空腹取血备检验血糖及胆固醇,并预挂十四日下午号看结果。

八时半离院,与潜同乘三路无轨到景山,在绮望楼参观果品展览会,旋绕由山后出西门,进陟山门登琼岛揽翠轩茶憩,至十一时下山。在漪澜堂渡至铁影壁,步出园后,乘十一路无轨到东单,转廿四路归。

近一时乃饭。饭后小休,三时起。五时后,汉儿、基孙来,盖自日本工业展览会参观归来也。七时许,濬儿去,持予书票往听评弹也。有顷,元、宜二孙归,遂与同饭。饭后八时半,汉儿、基孙归去。两孙课毕,亦就卧。予坐至九时半亦寝。

10 月 11 日（八月廿四日　丁亥）星期五

晨六时起。阴。

七时,湜儿告昨宵与濬、琴同听书,返家已十一时云。八时后,续点《通鉴补正·唐纪五十二》,抵午毕之。接人代常委办公厅、全国政协秘书处联合通知,将于本月十五日左右开始视察工作,十一月十三日以前结束,询参加与否及地区项目。予拟道出西安去巴蜀参观文教事业及自贡天然气田等,而下峡到武汉归京,即分别函复两处。

汉儿来饭,饭后即属携出付邮。一时后小睡,三时起。四时,濬儿来,五时即共饭。

饭已,偕出乘廿四路北转一路无轨往动物园,走至北京展览馆前,人挤如潮,殆皆为日本工业展览会而来,连日白天开放,拥挤不堪,予未敢一往也。兹因有特别请柬,晚六时至九时接待参观,故乘兴一往,乃挤至门前,拦绳把守不听入,揭条谓本晚因有事,故停止参观,请原谅云云。是不啻受绐矣。嗒然而返。即乘七路无轨抵东直门转廿四路南归。

到家,琴尚未归,湜则归,饭后又出看戏矣。惟元、宜两孙在耳。八时雨作,濬即归去。有顷,予亦就寝。十时后琴、湜先后返。

10 月 12 日（八月廿五日　戊子）星期六

晴爽。

晨六时起。八时出，走赴文学所参加本组组会，原定八时半开，有人误会为九时，遂无形延迟半小时。到余冠英、钱默存、陈友琴、范叔平、曹道衡、吴子臧、胡念贻、刘世德、陈毓罴、乔象钟、王水照、邓绍基、蒋和森、吴赓舜、梁共民及予十六人。俞平伯、吴晓铃未到。新派来本组之复旦毕业生董乃斌则仅到一见即行，不日下乡赴山东一年云。会上漫谈时事，十二时始散。所中派老赵车送予及子臧、默存、叔平、冠英归。

予到家，潘儿已在，共饭后偕出购物，乘廿四路北转十二路无轨到王府大街，再转四路无轨到百货大楼，在大同、同升和等处择问所需，都不合，乃复乘四路出前门，到大栅栏下，先在内联升购得呢面鞋一双，复在当地百货商场及劝业场等处一转，仅购得金丝蜜枣一斤耳。于是走至前门旧车站，乘廿二路往西单商场，更无所获，复乘四路环行回王府井南口，再换四路北至东安市场下，在王府商店购得开士米绒裤一件，复至稻香春买得熏鱼半斤，乃各乘三轮，归家已四时。少坐，潘归去。

六时，湜儿归。七时许，琴媳挈元、宜、燕三孙同归。遂共进晚餐。餐后，湜有友二人来访，琴则携三孙往看慧英。九时半，琴等归，湜友亦去，予乃就寝。

10 月 13 日（八月廿六日　己丑）星期

晴爽。

晨六时起。八时出，乘廿四路北转十二路无轨到沙滩，再转八路南达南河沿文化俱乐部,参加民进小组生活。时尚早,予为第一人,既而伯昕、楚波、颉刚、陈慧陆续至,乃漫谈学习情形,并及时事。十一时散,予与颉刚、楚波即餐厅午饭。饭后,予独往北长街访乃乾,附十路转五路行。晤谈至三时半行,以《研经室外集》点句本携归。乘五路到地安门转十一路无轨回东单,复换廿四路归。

五时后,汉儿来。有顷,颉刚偕京周见访,京周盖休假旅京,特来访旧者。殊感之。谈至六时去,予与汉、琴、湜、元、宜、燕等乃共饭。

饭后,湜去天桥剧场看芭蕾舞剧《巴黎圣母院》。予偕汉儿乘廿四路转十路往民族文化宫看云南京剧院一团演出,坐第八排二号。剧为关鹔鹴主演之《谢瑶环》,十时半散。以十路人多挤不上,与汉步至西单各乘三轮东返。到家少坐即睡,已十一时矣。

10 月 14 日(八月廿七日   庚寅)星期一

晴爽。

晨六时起。八时后点阅《通鉴补正·唐纪五十三》,至十一时许,潆儿来,遂辍点,凡得十页耳。写信三封,分寄润、滋两儿及外孙昌预。

午饭后小睡。二时即起,与潆同出,乘廿四路南转十路,到大华路,走往北京医院门诊部复诊。本预约郭敏文或吴玉丽两大夫,至则郭大夫仅看上午,吴大夫则在急诊部应诊。方由护士电话招吴,予瞥见牛福康大夫,遂诣牛请诊。据告检查结果:胆固醇及血糖均大增,前者赠至三百四十几,为之大惊,岂过节时多食脂肪及精神有激刺之故乎? 幸血压不高,又略见下降,与牛大夫商谈,除前用药物外,加配止咳药水,并换用安眠药,约视察归来后再作检查,并核定新药试用结果云。在院晤彬然,知云彬去江苏视察云。

三时半离院,与瀋复乘十路西转五路到西华门访乃乾,即以《四库》未收书目复核之本交之,于是,此一工作告终矣。谈至四时三刻行。乘五路北转九路无轨东到王府大街,赴大同酒家晚饭,遇周有光及俞鸣鹤,略谈。七时行,乘十一路无轨南转廿四路归家。元、宜两孙方饭毕。有顷,湜儿始归饭。八时,瀋归去。九时就寝。近十时,琴媳归。

10 月 15 日(八月廿八日　辛卯)星期二

多云转晴,凉爽,入夜大风。

晨六时半醒,盖试昨夜新药之功也。即起。八时十分出,乘廿四路南转十路到中山公园,走往人大会堂南门,途遇王家桢、吴景超。入门径诣山东厅,应召参加视察分组会议,予报名往四川,因指定在此开会。熟人甚多,许广平、雷洁琼、涂元檀、覃异之、周嘉宾、郑洞国、凌其翰、薛愚、章伯钧、陈铭枢、康同璧、张明养等,凡二十六人,俱同伴入蜀者。申伯纯主席,选出组长、副组长,并定十八日下午四时集北京站成行。十时即散。予独自徜徉天安门广场,迤逦步出正阳门,穿由劝业场出大栅栏,在新华书店购得影印《大条子手写画谱》及黎锦熙主编《汉语词典》。遂挟以阅市,遍历正阳门大街两侧(北自大栅栏,南至珠市口),新设旧有俱见,颇有新颖之物矣。十一时廿分,到老正兴叫鳝糊一盆,茅台酒一杯,小肉面一碗。独自饮馔,希有之事也,亦甚自得。十二时行,即在门前乘四路无轨入城,径达东安市场下,在稻香春购得熏鱼、素鸡,即在门首乘三轮,到家正一时。

下午,为预习旅行所经途径,发箧陈书,并点阅若干资料。傍晚,潗儿为予凭科学院证购得好米八斤来(本为李妈经办)。有顷,元、宜归,秋梨(慧英之女)亦随至。又有顷,琴媳、慧英及汉儿、湜儿都至,遂共夜饭。饭后,陆续归去。

九时半就寝。翌晨三时起溲,复睡至六时乃醒。

10 月 16 日(八月廿九日　壬辰)星期三

晴,凉,下午有风。

晨六时十分起。八时接京周书,属弗往访,鉴于予忙于出行也。五十年前老同学,情挚可感也。顺询予"劣容"何解?遂作书答之,并分写京四号、京卯廿四号寄上海润儿及合肥滋、佩,均告出行日期。

午后一时半,亦秀见过,谓自圣陶所饭后来,谈至二时半去。四时许,潗儿来。六时半,元、宜归。有顷,汉儿至,遂与潗、汉、元、宜同进夜饭。饭后,电视机转播苏州评弹徐云志、王鹰合唱《三笑·唐伯虎追舟》。惜机坏,显影不明,仅藉放音一听耳。八时半即完,潗、汉皆归去,予与两孙各就寝。九时半,琴媳课毕归。十时半,湜儿始自天桥观剧归。予将入睡矣。

10 月 17 日(九月　大建壬戌　癸巳朔)星期四

晴,间有云,薄寒矣。下午仍有大风。

晨六时起。八时后,续点《通鉴补正·唐纪五十三》,至十时半毕之。明日将参加政协分省视察工作,启程入蜀,则此事又将中辍多时耳。十一时,潗儿来。

午饭后小睡,三时起。接民进中央电话,谓明日下午三时三刻派车来接,送往北京站,俾共参赴蜀视察。又接人大常委秘书处电话,谓车票已购就,希明日下午四时在车站候车室相待云。

六时,潽先饭,即去政协礼堂参加晚会,与汉儿相约同观关鹔鹴演《多沙阿波》(现代生活京剧,演云南哈尼族女英雄椰枝攻打土司衙门事)。看戏毕,即与汉各自径归矣。

有顷,湜儿归。又有顷,琴媳及元、宜两孙归,遂与同饭。饭后,永宽来,谈至九时,予取汤拭身濯足,易衷衣就寝。永宽如湜儿屋再谈,未几亦去。特来送行,可感也。

平伯饬人送近作《红楼缥缈歌》,知予游蜀,特贻此诗壮行色,尤感!

10 月 18 日(九月初二日　甲午)星期五

晴,薄寒,微有风。

晨四时即醒,枕上看《萤窗异草》,亦复可观。六时起。八时许,接颉刚电话,谓何遂邀渠同入蜀,以事不能行,已函介予与作伴云。

本日下午动身赴蜀,历冀、豫、秦、陇四省境,直达成都,又往自贡、重庆视察,然后下三峡,在武汉逗留两日,十一月十四晚五时四十分始归京寓。别有记详他册。

10 月 18 日①(癸卯九月大建壬戌　癸巳朔　初二日　甲午)星期五

晨四时醒,枕上阅《萤窗异草》。六时乃起。晴,颇凉。午前,平伯送近作《红楼缥缈歌》至,谓尘予行箧,因纳入行笥,备途中细参。午前,潽儿来,汉儿来,共饭。饭后,晓先来,硕孙来。三时,洁

---

①底本为:"一九六三年十月十八日至十一月十四日赴四川日记"。现按时间顺序,编于此。本日日记,记载两次,内容有所不同。——整理者

琼乘民进雇车见过,遂辞家,别晓先,与潜、汉偕登此车,直驶北京车站。硕孙则骑车行。抵站,入坐迎宾馆候车,竟为第一号。有顷,同行者始陆续至。四时相将上车,予叨年老,坐小汽车驶月台,遂登指定车厢,予居第八号室,与经委副主任周仲英及其二随员同室而处。四时卅五分开车,由京广线南驶。过保定晚饭。八时半即寝,及翌晨五时醒,已抵豫境安阳矣。

10 月 19 日（九月初三日　乙未）星期六

六时半过新乡,进早餐。度黄河桥达郑州,西向转入陇海线,过洛阳午饭。垂黑过潼关,无所见矣,遂晚饭。自此以西,八百里秦川悉在夜中行。十时,过西安,仲英等下,约三日后再来成都。于是,随他两秘书,搬来八号室住。予即就寝。翌晨四时醒,已早过宝鸡到秦岭矣。"八百里秦川梦里过",惜哉!

10 月 20 日（九月初四日　丙申）星期

晴,午前后颇暖,盖渐行而南,气候自异耳。

四时半起。五时车抵秦岭站,同人皆披衣下车,一观宝成段路工之异。惜天尚未明,一切冥冥,及开车,只得登上南驶。过凤州,早餐。过略阳、阳平关等地,进入蜀境,至广元午饭,已午后一时矣。沿途所经,隧道与悬桥相属。路随嘉陵江宛转而南,山水映带,景色绝丽。层岩叠嶂,杂树蔽之,到处红叶点缀。不但雄伟山势足以傲视海内,即北京西山红叶,诚小巫之不若矣。蜀山之奇,信美哉! 同行画家如叶浅予辈,莫不默识心追,纷纷蓄稿焉。车中初识何遂,博雅健谈,良伴也。七时过绵阳,晚饭。九时卅五分抵成都。省方已有多人在迎候。遂随众分乘汽车南抵锦江宾馆,宾主酬酢一番,予被指住二百四十七号室,窗南向,有阳台,设备颇周。予以积倦,草草洗脸,大解后即就榻,未几即入眠。

10 月 21 日(九月初五日　丁酉)星期一

四时起渡,即穿衣就灯补记三日来日记。旋写家书航寄回京(交服务员封发)。六时半,天犹未明,近七时下楼散步,遇伯纯、明德、浅予、晓邦、洁琼。八时乘电梯登八楼餐厅早餐,与伯纯、洁琼、晓邦、浅予、薛愚、文熙、允檀同席。相约少尝辣味,故申明暂时固定席位也。九时,在二楼会议室开会,伯纯主持,商量行程及视察项目。大致定在成都住八天,自贡市往返四天,在重庆住五天,即下峡过武汉回京云。十时,省方副省长以次及成都市长诸位来访,因在二楼原地彼此介绍见面,半小时即散。十二时,如餐厅午饭,文熙迟至,易以伯球。饭后可回室少休。

昨夜有雨,今日阴,午后稍现日光。气温与北京无大悬殊。只感少湿耳。据当地人言,此间天气,晚上往往有雨。三时随众出发,经华西坝迤逦西南行,约二十里许,到工部草堂,凡一大轿车,二小轿车。予喜大车,遂乘焉。到渝后常被拉坐小车。后视此例。入祠门,古木参天,花树扶苏,桥侧芙蓉一株,仅见一花,而嫣然迎人,宜此城有蓉城之称矣。此后所见芙蓉正多也。历屋三重,为工部祠,龛塑杜子美像,左为黄山谷像,右为陆放翁像,俱古淡雅洁,称其屋宇及园林也。东廊之庑,陈列杜氏生平经历,用图片配合诗句显示之。西廊之庑则陈列近代人所作杜诗诗意彩绘大幅,山水人物,栩栩如生。又,东北一屋陈列杜集及选本各种版本,并及日本、朝鲜及欧西各国文译本,然选集居多,有仅见数首者。工部祠前为诗史堂,堂西辟室休憩,予贪览胜迹,宁舍茶,仅在此室购得

《杜甫诗意画选》一大帖,凡廿一幅,顷所见大都摄入矣。西北园
林尤美,溪桥亭树,点缀合宜,饶竹,益令人兴清幽之感。

　　五时许,乃行,车由老西门入,(顷出新西门)穿行市街一圈,
殷富殆胜江南也。六时晚饭。六时三刻乘车往华兴正街锦江剧
场,观川剧。第一出高腔《别洞观景》,陈嘉英、张正帘主演,武旦
戏。第二出弹戏《柜中缘》,唐云平、赵学容、静环、彭恩全主演,趣
剧。第三出高腔《投庄遇美》,周企何、谢文新、阎传凤主演,丑旦、
生、旦喜剧。休息时招待茶憩,闻人言,今日演出,适三个川剧团会
合共演,故多精彩,或当局为此安排耳。第四出弹戏《花田写扇》,
陈书舫、蔡光临、颜树主演,即花田八错之前幕,甚可欣。第五出高
腔《金殿审刺》,杨淑英、田国忠、蒋俊甫、辛大全主演,演明末三大
案梃击事,满台排场,极热闹。淑英实能压此大轴也。十一时散,
仍乘车返旅舍。日间感热出汗,夜乃大凉。客中气候不能不特加
注意。抵舍洗脸洗足,服药就寝。数日以来无此酣畅矣。

10 月 22 日（九月初六日　戊戌）星期二

　　晨六时半起,大雾,旋开晴。多云。傍晚又见雾,入夜雨。气
温早晚大凉,午前后仍感燠也。

　　七时半早餐。九时在九楼(最高一层)西会议室开会,听取省
方农业、工业厅介绍报告,并取得视察成都地区项目日程表(虽
云初步安排意见,其实客从主人,当然照行)。据报,工、农业俱呈
好景,国民经济迅速好转云。十二时半散会,未几即如八楼餐厅午
饭。固定座位已打乱,一变而为先到先坐,满一席即开饭矣。

　　饭后,乘午睡之隙阅《四川日报》,转载新华社廿一日电,人民
日报编辑部、红旗杂志编辑部发表之《四评苏共中央的公开信》,

题为《新殖民主义的辩护士》。痛快淋漓,鞭辟入里。二时三刻即有人来促行,遂馀末尾未及了。三时车发,往人民公园(原少城公园)参观社会主义阶级教育展览会。凡陈列五室,以次由讲解员连续接讲,反映阶级斗争仍尖锐,殊足为已得解放之人民警惕也。参观毕,顺游公园,各种盆景至夥,一时目不暇接,以限于时间,匆匆一巡而已。出园后车出东门,径达锦江之滨望江楼。其地有薛涛井,胜迹也。四川大学即在其西,址相毗,未暇一入。进望江公园,竹径幽通,树木苍润,主屋即居井之西,陈列各种竹子盆景,尽态极妍,流连不忍去。继在井畔闲坐剧谈,何老谈锋甚健,同行者屡催而后起行。同人多直造望江楼,登其最高楼,予与康老数人未上,坐槛上欣赏两长联耳。五时半,回辕入城,越一刻钟到旅舍。

六时晚餐。六时三刻与浅予、晓邦、云亭、允檀诸人车往四川军区影剧院(在提督西街)观凉山彝族自治州文工团演出音乐舞蹈。九时一刻散,绚烂热烈,诚有生活火花之感。而苍笙、口弦尤为彝族特有乐器。剧终,演员热烈欢送,有送至门外者。时已雨过,登车径还。到旅舍为九时半。洗脸洗足,服药就寝。

10 月 23 日(九月初七日　己亥)星期三

四时半醒,窗外有雨声,即起便旋,开灯穿衣盥洗。阅毕《四评》馀文,并记昨日日记。六时半,天犹乌黑,尚未逮黎明也。灯下写信与上海润儿,属转漱、淑,详告旅中状况。七时半交由服务员航空寄出。出门忘带浆糊,两次都露封属代粘者,深悔未携此物也。

八时早餐。九时出发,到老西门外营门口,参观人民公社。由该社社长罗有猷介绍报告生产情况,并述当地阶级斗争甚剧烈,而且甚复杂,举多例阐明之,与昨日所观展览,颇相发明,深感此一问题极其严重耳。十一时半车返,约下午再往实地视察。到旅舍稍休,即上八楼餐厅午饭。晤周仲英,盖方自西安到来也。午后二时半出发,径如营门口所辖前进大队参观。此一大队半种菜蔬,半植花木(观赏植物)。即坐其培养盆景树桩之所听大队长介绍。旋往抚琴大队观菜畦,并与社员座谈。既而往青羊大队观暖房及新培育之品种。抚琴队长系老农,青羊队长则师范毕业生志愿下乡服农者也。新品种即其所摸索之结果。其人且被评为劳动模范矣。归途顺过王建墓一参之。其地本为一土丘,俗称抚琴台,且讹以为孔明抚琴处。近年公社辟土,偶发见墓碑,遂发掘整理,现为全国重点保护单位之一。左庑陈列墓中雕刻拓片及实物照片,闻实物都存省博物馆,暇当一往访之也。六时到旅舍,即登八楼晚餐。

王建据蜀自立,与朱梁抗,亦曾雄视一隅,实为后世军阀之标兵。墓为一般砖甃券门隧洞,惟建于地平之上,复壅土成山耳。盖成都盆地,地下积水,故筑于地平之上防水侵也。因思浙、绍一带都在地面砌石筑坟,亦此理乎?

是日晴,朝暮有大雾。晚七时半,初开小组会。予被编入第四组,与张明养、黄药眠、陈铭德、何遂同组,周仲英为组长,柴菲充秘书。在三楼会议室举行。漫谈至九时半乃散,何老兴奋激动,至于泪下,予亦略陈所感。归室后洗脸服药,未几即就寝。十二时起溲,复睡。

10 月 24 日 (九月初八日　庚子　霜降) **星期四**

凌晨四时半醒,五时起。梳洗便旋,六时始毕。灯下写信寄滋儿、佩媳合肥。七时一刻封发(已得云亭浆糊也)。天刚明,窗外浓雾。七时三刻下楼散步,与文熙略谈。八时登八楼早餐。八时半出发,赴南郊金牛区石羊乡人民公社参观。社办公处即在乡人委内,听书记、社长介绍后即车往石桥大队参观访问。分访社员之家及养猪、碾米等处。农村殷厚,居处亦调适,真翻身矣。有一家,中间囤米一囷,约二千斤,中设"陈氏历代高曾远祖考妣之位"大红纸幅。案下设宅神位,前设石炉,足见农村中慎终追远之思不浅也。民俗使然,竟不能骤以封建绝之耳。

十一时半返辕,越廿分钟即抵旅舍。十二时午餐。下午三时,车往东郊红旗铁工厂参观。该厂为地方国营,由成都市领导。先听厂长介绍,知于五〇年省方组织九个失业工人创始,现发展至六百馀人。继参观车间五处,并观自制推土机表演。最后分组与厂中技术人员、老技工、青年工座谈。予参加老技工组,相谈甚洽。五时半行,径回旅舍。

六时晚饭。六时五十分,车往华兴正街锦江剧场观川剧,应当地省委统战部招待也。一为灯戏《两亲家》,周企何、薛少林、阎传凤演,现代剧。二为弹戏《拷红》,竟华演红娘、戴雪茹演崔夫人。三为现代剧《两块六》,司徒慧聪、静环、谢文新、杨淑英合演。休息后为第四出,田卉文、蒋立元等合演《白蛇传》金山寺。打出手之全武行也。四折子戏件件皆精。尤以《金山寺》之武工及变脸技巧为他剧种所罕见,已将杂技及芭蕾舞等粹存部分胥吸收之矣。十时半散,车归,少休即就寝。闻人言,川剧团明日即将离蓉,演出于别处,今夜得见,不可谓无缘云。

10 月 25 日(九月初九日　辛丑　重阳节)星期五

晨六时起。梳洗便旋及记日记毕,已将七时。熄灯开窗,浓雾四塞。下楼闲步,亦茫然无见。徘徊至七时三刻,复返卧室。待至八时乃上八楼早餐。九时出发,至西郊锦江边蜀锦厂参观,规模较在杭州所见为逊,而古老相传之技术尚不负历史光荣也。十时半,车入西门出北门,参观一煤炭制砖厂,利用回收馀煤,初供燃烧(燃灰制坯如蜂窝煤),终成空心砖,供建筑。今年二月开始试验,目前尚有问题,然继续发展,前途实有无限希望也。十二时许乃离此入城,径返旅舍。予等数人直上八楼午餐矣。上午往返途中俱大晴,以此气转热。

下午三时,偕何叙甫、叶浅予、吴晓邦、黄药眠、李伯球、雷洁琼同乘,往少城公园博物馆参观,由馆长彭长登、谢雁翔,保管科杨有△接待,饱览馆藏书画刻迹十馀件,汉画像砖及其他砖刻甚多。长卷画轴册页均见,惟对联则未见也。在招待室中,又由其干部同志出示革命文物多种,有明末张献忠大顺二年颁发离八寺长官司铜印及永乐年造精铜制佛铃,有平昌县摩崖刻"拥护中华苏维埃共和国中央政府"大拓片,字较泰山峪石经大逾半。有巴中县等地石刻苏维埃第一次代表大会决议及告示等大拓片。有零星收拾墙上标语及革命战争中之捷报等原件。画幅以敦煌壁画(唐画北宋初题字)两帧为最古,五代无名氏作花鸟巨幅为最大。琳琅满目,不暇接赏。流连至五时许,康同璧及其女踵至。有顷,康等先行,予八人再过近旁美术服务社一为盘桓,各有所购,予却空手而归。

六时十分车还旅舍,乃直上八楼晚餐。入夜,弦月甚明,自来蓉城,第一次见到如许夜色也。七时半,第四组在三楼会议室开会,周仲英有事,托明养代主持。其他只药眠及予二人莅会,铭德、叙甫皆未到。谈至八时半即散,药眠过谈,以所假成都地图转假一阅。盖近年来,各地地图皆无公开出售者,此乃借自宾馆所贮城市规画蓝图耳。明日阅后当径还小组秘书柴菲也。十时就寝,仍服眠而通。

10 月 26 日（九月初十　壬寅）星期六

五时半醒,三刻起。梳洗便旋,毕已六时半。灯下写信寄家,移时乃得封发,天明未久,仍塞浓雾。旋开晴,颇热。七时四十分上八楼,先进早餐。盖昨晚会上声说予起颇早,早餐过于延迟,殊感不便,经关照餐厅特许于七时半后可以随到随开也。八时半开车,遇江苏视察团亦适到,晤计雨亭及陈鹤琴,遂同往新繁县新民人民公社参观。是日人多,凡用两大轿车及四小轿车。予被拉坐小车,乃与陈真如及成都中医学院李斯稙同车。行驶一小时,过驷马桥、天回镇、三河镇等地,径达新繁禾登场。禾登乡人民委员会与新民人民公社合一处,所谓政社合一也。由社书记兼社长罗世发(全国人民代表)作介绍报告。方知此社生产高,管理经营得宜,致有今日。屋宇宽敞整洁,庭前有一大樟树亭亭直立,殊有姿。卫生设备亦尚好。报告毕,导往社办水电厂参观碾米,盖夜用照明,昼用碾米也。旋又返社午饭。肴蔬丰洁,且设酒。一切均自给,不假外求,令人生羡。予以晨餐多食名点叶包(以竹叶包夹沙糯米块),饭前竟先就社中厕所大便。饭后散步少时,坐廊前竹椅上与罗社长、雷洁琼、黄文熙、吴晓邦合摄一景。一时车至该社第一连队,观其豢猪场及居民点,社长即住此新屋中。予与李斯稙坐憩其屋久之,馀人纷纷访问别家也。及离此地,与罗社长及副书记黄静仙别,乘车直放新都县宝光寺。寺为唐僖宗时建,清道光时新修。规模宏大,有罗汉堂。在客厅休憩,主僧心极,为介绍该寺简史。并瀹珠兰茶见饷。逗留半小时,离寺,复如明杨慎故居桂湖一游,桂湖南边即新都故城垣,饶有亭台阁榭之胜,今已辟为公园。
予等坐于澄心阁,即今纪念馆品茗,移时乃起行,缘桂湖而南,登问
津楼,即故城垣上所建,俯瞰田畴,城河萦带之。垣上楠木八树,俱
合抱。其他多桂树及芙蓉。池中残荷犹存,芙蓉则正盛开焉。又
在其间照一相,与云亭、允檀诸人合影。柴菲为摄取。顺道出园,
乘车南返。又历十八公里,乃及成都北门。过成都饭店,斯稙下。
五时半到宾馆。

六时上八楼晚饭。是晚休息不开会。九时许,薛慕回来谈,移
时辞去。九时三刻就寝。是日劳倦,转得酣睡,醒来已将翌晨五
时矣。

10 月 27 日(九月十一日　癸卯)星期

晨六时起,颇感暖,天尚黑。七时始明,开窗出阳台,雾尚轻,
可以辨近树,虫声四闻,不减初秋。八时后开晴,气甚暖。

七时三刻登八楼早餐。二陈(铭枢、铭德)已先在,可见须要
提早者不止予一人矣。有顷,同璧母女及明养俱至。九时,在九楼
会议室与省方领导开座谈会,由省人委会秘书长主持,成都市正、
副市长均在座。予等参观所感及若干建议,已在两次小组会谈到,
分别由各小组长综合整理。今日之会,即由各组以次报告,先为雷
洁琼,次覃异之,次李云亭,次张明养。十一时休息。休息后,由副
市长及会秘书长分别补充说明或解答。十二时廿分散(予曾于十
一时前下楼大便,明养之话未听全)。

十二时半再上八楼午饭。饭后洁琼来约,言广平、明养及予四
人同道出游,四时前往民进省部与当地会员晤谈。遂分乘两车(广
平、洁琼一车,予与明养一车),驰往老南门外武侯祠一瞻丞相祠

堂。现已辟为南郊公园,东部为昭烈庙,正殿设汉昭烈帝像,左今为关羽,右今为张飞,两庑亦皆像设,东文西武,东以庞统为首,西以赵云为首,凡蜀志有传者俱列焉。塑像皆佳。两庑配像俱有石刻传略。后殿乃为丞相祠,中为诸葛亮,东龛为诸葛瞻,西龛为诸葛尚,俱塑像设位,栋上题"淡泊明志,宁静致远"八字,因即署为静远堂。本为昭烈庙,即北地王谌哭庙之所。今昭烈像左尚塑有谌像。后世以诸葛名高,遂以武侯祠著称也。旋往西北隅一参昭烈陵。竹林夹道,界以红墙,别有一番清幽肃穆之感。其西即公园,以盆景著,惜时间匆促,只得舍游。复驰而西诣青羊宫,登无极殿及八卦亭。殿设三清像,有铜羊二,左右列前楹。据传宋时由苏州移来,是与玄妙观有关连矣。愧未知之悉也。八卦亭八柱俱石刻蟠龙,且刻联语,(宝光寺所见亦同,惟无蟠龙耳。)其外周屋盖与中屋悬离不连,亦奇构也。管理处招待至东侧二仙庵茶憩。因见地面甚宽,有饭馆、茶寮及照相馆等设备,知为群众游乐之所,不减苏州玄妙观及上海城隍庙等处,询之管事者,知此观每年正月初一至十五有灯会,二月十五至三月十五有花会。每届节至,游人如云,统计来观赏者达七十万人次云。有顷,起行,一观二仙殿,亦设吕洞宾、韩湘子等像。三时,离观,车入西门,径达春熙路,下车涉览,由省政协女干部马同志导引,一览市容,熙攘不减北京王府井。予在新华书店古籍部购得木刻大字《杨升庵集》廿一册(内有两册系配补,书品大小不一),价十二元。因交邮费两元属寄京寓。如有多馀,以邮票寄京。时已近四时,乃驱车径赴民进省部(路不远,顷刻即至)。省主委杨立之等已在门首迎候。当地各基层成员俱集,约数十人,鼓掌欢迎,予四人遂视为上宾矣。先由杨君开始介绍,继由三个支部负责人讲话。旋由广平、洁琼、明养讲话,皆词严义正,颇感肃然。六时将散,坚欲予讲话,予乃以入蜀所感,举王建墓一例自证实践之可贵,却亦轻松收场矣。因思同行领导中颇有轻视游览名胜古迹,以为游山玩水,终不若多看几个工厂、公社者,言外似有玩物丧志之诮。殊不知名胜古迹乃历史、考古、文艺各方面之活教材,取与现代建设相配合,乃为有根。若以隔行而忽之,是诚夏虫不可以语冰矣。

六时半车返旅舍,即登楼晚餐。七时十分,偕同人车赴东胜街十二号政协礼堂,应四川省成都市政协主办晚会之招也。先导观各部门,然后到礼堂,节目有省、市曲艺队李德才等扬琴演奏之《将军令》,西城区曲艺队罗俊林演四川相书(一人在帐中演多人对话及禽鸣等,合口技相声而一之)《找鸡作对》,省曲艺队萧顺玉演唱四川清音《小放风筝》,东城区曲艺队卢玉书说评书《吴用智取生辰纲》,市杂技团阳帆、王云如(俱小姑娘)演出对口咬花。最后为市曲艺队邹忠新演金钱板《舌战群魔》。选精拔萃,殊未易得,尤以金钱板为提劲,颇类快书而风格稍异也。每节目间,必间以跳舞两场,周嘉彬、郑洞国、覃异之辈各翩翩捉对起舞矣。予素不习此,每逢邀舞辄谢之,极窘,顿思前数年在北戴河修养时景象耳。十时一刻,先归,尚有一部人在彼狂舞也。到旅舍,极感燥热,取汤(浴盆水不热,因以暖壶水用之)洗身擦足然后入寝。虽亦服药,效力远逊于昨,翌晨四时即为恶梦所扰而醒矣。

10 月 28 日(九月十二日　甲辰)星期一

五时起,梳洗后记昨日日记,六时三刻乃毕。七时开窗,薄雾笼罩,八时后开晴,颇热。

七时半上楼与广平、惕吾同进早餐。八时四十分出发,予与仲英、惕吾及仲英秘书杨旭光同一小车先发。其他分乘大小车辆共四乘，鱼贯出北门，循成彭公路，径赴青城山。十时一刻到，即止息于建福宫。其地楠木参天，浓荫蔽日，而苔粘阶除、庭院俱绿。惜构屋非土非洋，有楼有轩，终感俗气耳。予与广平、叙甫、惕吾诸人稍休后即在近处雨亭、天然亭（亦称署宝，西蜀第一山）、青城硶等处略一徜徉，并连摄数影。终以脚力难胜，未及上，馀人皆直上至天师洞也。即以予所浅涉言之，亦已美不胜收。削岩如壁，溪流萦回，泉瀑玲琮，楠林遍翳之，间以木芙蓉。溪石上自生菖蒲，天然画境，诚无法形容之。俗谓"青城天下幽"，殆不诬也。予等回至建福宫，待至午后一时，始见去天师洞者陆续下，予等乃乘车先发入灌县城，始终由副县长包树青（女县长）招待，即幸福食堂午餐。餐毕，大车始至，候伊等餐毕乃行，已二时许。车驰至都江堰旁山坡上，遥望岷江索桥及内江、外江分流处。分流之处即都江堰，亦称鱼嘴山。鱼嘴云者，堰之最上一点也。移时又车至离堆二王庙（伏龙观）一游（今亦辟为公园）。殿供李冰像，冕服如王者，惟其子二郎像则不之见。予等听介绍及看幻灯说明，始了了于李氏父子之伟绩。憩息于离堆西侧亭亭亭前，听浩浩波声回旋撞击，忆亭柱有一联云"直与峨眉争秀色，应从灌口寻源头"。盖离堆自凿离玉垒山后，内江之水直从此口灌良田，县亦以此得名，况此山阙乎！五时许行，迫于时，两地皆未克畅领其胜，不无遗憾矣。回车疾驰，历数县，径归成都，六时一刻到旅舍。省方副厅长、秘书长、招待处长等特再招待晚宴，即八楼餐厅设筵，凡五席。八时罢，复有川剧相娱，予以积疲不复振，且明晨即须收拾行装，谢未往，同人中亦颇有类我者。宴后，予与云亭、真如、允檀即二楼会议闲谈，至九时乃各归卧室，予乃匆匆概记此。汗渍衣襟，无法替换（洗不及干故也),仍抹身擦足,将就入卧。十一时后始入睡。

10 月 29 日(九月十三日　乙巳)星期二

　　晨起(四时)便旋,以连日多食辛辣,不免影响,又以不能及时易衷衣,颇感鏖糟,但上午即须赴自贡市,随即起身收拾行装。百计约缩,仍多出一小件,只得另贮一塑料袋矣。收拾就绪,刚六时,天尚漆黑也。予既性急,又拙于安排,不得不预为措施,所谓"笨鸟先飞"耳。有顷,就灯下写信寄家,告离蓉城去自贡。七时始毕,乃熄灯,窗外亦大明矣。下楼闲步,在庭园中与晓邦、浅予、允檀立谈。七时五十分上八楼早餐,向厨司告谢而别。匆匆八天已过,又将别上征途矣。九时,服务员来取衣箱送运车站。九时半,一行人众遂乘车北赴车站,省方仍到站欢送,且派人陪往自贡。十时卅五分开车,临时挂一节车厢附发。予与周仲英、屈武、吴文焘共一室。沿成渝线南行,过石桥镇午饭。以临时挂车故,去餐厅须越过车厢多节始达,在人丛中行,颇不便。饭时与章伯钧、薛慕回、黄药眠同席,予与伯均各饮泸州大曲一杯,菜肴极丰,厨人仓卒供应,诚匪易事。食毕,惮于穿行,乃与云亭、伯均、真如即餐车聊天。迨车至资阳,乃乘停车较久之会,由站台走返末节车。人皆午休,予则立车厢后门回望来路,随赏山色。此段多丘陵,多隧洞,地饶赤土,较成都平原为略瘠。然蔗田、柑树亦复不鲜。六时,车达号志口(东距内江只一站),遂西南行,转入成叙线(可抵宜宾县,旧叙州府也)。车行较速,七时十分抵自贡市,已黑。市招待处有人在接,乃乘大轿车前往公园招待所。当地系山城,车由市区盘迂上坡,七时半到所。市长张奇以下俱在,介绍见面后即饭。饭后分配住房。以人多屋少,大都两人一间,予乃与叙甫同住十五号房,在楼东头第一间。行装甫卸,即就浴,亟将衷衣换下,交由服务处洗涤。据云天晴,明天下午即可洗好送来也。然此地甚暖,大类孟秋,开窗就卧,犹不能骤盖棉被也。予所带无单薄,虽换替,仍未能适应耳。十一时入睡,三时半醒,起便旋,返床复睡,尚能眠。

10 月 30 日（九月十四日　丙午）星期三

晴间多云,时有雨。日中如仲夏矣。

晨六时起。七时半早餐。八时听市长及工业管理局局长先后报告本市生产概况。十时廿分,由张市长导观市容,从公园中盘行下山(即昨晚来路),市所颇模仿成都。步至盐业历史博物馆一览。馆为旧西秦会馆。依山筑屋,规制极宏壮,供奉关羽(今已撤去),戏台廊庑,俱石柱雕镂,门前大石狮亦极俊伟,盖陕人之业盐者多富商,遂酿金建此示阔耳。经管事者导视陈列各室,自秦、汉以至现□,盐井进展,楚楚可明矣。自贡者,自流井与贡井之合名。下午将先观一盐厂,俾可更为了如也。出会馆,空车已停候在彼,乃乘车回招待所午饭,已十二时半。

饭后,乘众人午睡乃得抽时补记昨日以来所历如右。二时少息,假寐片晌。二时半分乘两大车前往大安区张家坝盐厂参观,沿途览管遍布,遇高处则置一大桶为接介站(谓之枕窝子),分管四出,因此架空越岭,无所不达,盖此管全用毛竹衔接,外裹篾青,皆使汇送盐井提汲之卤水以达于制盐厂者。到厂后,经厂长介绍后,即分四组(仍原小组之旧),分由张市长及侯策名副市长等导往各车间巡视,地面甚大,分布距隔亦不近,凡观制食盐、氯化钾、硼砂、溴素、碘素、氯化钡、盐酸等各车间,所惜工业知识太差,纵经指讲,仍难了了,惟利用天然气以供燃料则大为惊叹耳。四时半即返所。

六时晚餐。饭后与文煮闲谈。既而与凌其翰、叶浅予三人闲步,即请招待人员导往工人文化宫,其地即在招待所前,下坡不多路即达,如乘车迂回而往转须绕远走坡也。予等既到文化宫,时尚早,往后台一为访问,晤周企何、陈书舫等正在化妆,未便扰之,颔接而已。七时开幕,予即入座,坐第二排中间,其他人陆续至,多乘车绕道而来者。与陈鹤琴遇(连日多与江苏参观团在一起),知明日伊等即先去渝州云。戏为《武则天》,取郭沫若所作剧本改编,演来极描绘淋漓之致,且置史实不谈,就演技论,个个出色,不仅主角陈书舫一人已矣。十时散,时已有雨,乃随众下坡出前门,乘车返招待所。以雨故,且夜深,气始稍凉,到所不久,即洗脸服药就眠。

10 月 31 日(九月十五日　丁未)星期四

五时半起,微雨,有风。便旋梳洗讫,何老亦起。予记日记,何未几复睡。七时半早餐,何老乃起。八时出发,先过三多镇看牛转盐井,抽气时带出卤水,乃熬盐,同时即用天然气作燃料。盖保存最早形式,以资对比者。继至扇子坝制盐厂,即利用天然气煮蒸汽,带动卷扬机,在二千公尺井下汲卤,较三多不啻百倍矣。又至鸿鹤镇化工厂看制碱等,道远路滑,又兼雨淋,赖得当地招待诸人之扶掖,始得聊观大略。十时半复至凤凰坝天然气田看自贡第二井(计划有十馀井,今已开四五井,此井最大),用重机压盖,然后分布管道供应操作及提炼,除三多用土法外,顷所见者俱受其益者也(其他供气之处,当不止此)。十一时半返招待所,即饭。以下午二时尚须去四十公里以外参观,故提前开饭耳。

饭后属何老休息,予乃追记午前所见。而何老偏在卧榻上蒙被大声讲话,此老健谈,不择时地,岂耋年必经之阶乎? 然则予大可取鉴矣! 二时出发,往西南郊区邓关镇,一路沿釜溪绕山越岭,历一时许乃抵露天煤气压举卤水场,参观后返途盘至山下即炭黑厂,利用天然气自燃取炱。此炱用途极广,油墨、制橡胶轮胎均为必需品,经济价值极高,国际声誉甚著。观其大略,即转辕返市区,往返山水之间,在两侧梯田之中蜿蜒行驶,绿被遍布,诚可谓地无旷土矣。

六时半抵招待所。七时,自贡市当局正、副市长、书记、统战部长等设宴相飨。肴点精美,丰腆适口。闻主人言,厨司为昔日盐商家所蓄,故烹调技长,今且收徒传艺云。八时散,秘书柴菲、旭光为予调住楼上,俾安睡,至感。上楼后与洁琼、云亭、允檀等闲谈,陈书舫亦在,纷与交谈,伊亦请人提示意见。艺成,尚随人征询,宜其艺之日进耶! 十时就寝。与旭光同住一室。

席散后并与洁琼、惕吾、云亭等闲步公园,在釜溪桥上赏月。

11 月 1 日（九月十六日　戊申）星期五

晨浓雾,予五时即起,梳洗便旋后下楼散步,时天尚未明,乘庭中灯光在树下往来独步,凝露下滴,湿地有声。在雾中渐见人影,乃云亭、文焘、允檀、真如、伯纯诸人也。或打太极拳,或练气功。予仍往来踟蹰而已。七时半早餐。餐后整治行装,八时半离所赴车站,送者甚众,且专派一员陪赴号志口,代为接洽车辆。十时半,叙州车来,遂附之北行。时已大晴,甚暖。十一时许到号志口候成渝车,因在附近散步,购得花生一斤,且道旁有代擦皮鞋者,乃坐下,不多时,昨日泥沾无奈之鞋焕然一新矣。快甚。十二时许车至,于是转上成渝路,东迈径指重庆。过内江,午饭,予与伯纯、屈武、云亭同坐,各饮大曲,以花生下之,颇俊。饭后分开小组会,五时始散。七时许过江津,八时半乃达重庆。濒大江婉转而行,景色绝佳,惜先为开会,后又时晏,不能饱领此风物耳。到站时,当地派车接赴人民路人民礼堂重庆市交际处第一招待所安寓。予与允檀同住楼下一一〇室,先后就浴易亵衣,风尘稍洗,而后贴枕。明晨即将听市当局介绍,安排参观项目次序云。夜雷雨,睡不甚稳。

11 月 2 日 (九月十七日　己酉) 星期六

四时已大醒,挨至五时起,便旋梳洗。旋记昨日所历。六时半记罢,允檀亦起矣。时雨声已渐止。复写两信,分寄京、沪,简告已抵渝。旋与允檀出登楼,遇文熙、云亭诸人,乃往大礼堂一为瞻仰。规模宏大,圆顶仿天坛,场内分四层,可容四五千人。两旁角楼重檐,凡二重,傍主楼者方形,两翼之端为八角形,左右各伸建翼楼,凡四层。予等所居乃其左翼也。七时半早餐。九时,当地党政领导市长、副市长等约予等见面介绍。时间极匆促,一时竟记忆不起谁是谁,只得含胡握手。见面后即出发参观市容,由市长及交际处处长陪同,分乘两小车一大车,巡行市区。予与真如、叙甫、同璧共乘一车,先到朝天门,长江、嘉陵江会合处瞻眺,时微雨间雾,江南岸山色及江北旧县等形势未能清晰观览,至深可惜。在新建亭上听市长介绍后,一试缆车,下坡临江,有顷即还,乃车往热闹区群林市场(解放碑)、百货商场,新华书店等处一转。予随购得网线袋一口,欲买汗衫则已收藏(夏令货收去矣),怅然而返。车过体育场等地一看,以雨作,亟归所。此地湿热躁闷,时有雨,雨则鏖糟,晴则暄热,大类江南黄梅天,至难应付也。

阅报知昨日下午美制蒋帮 U2 飞机一架又窜扰华东地区,我航空部队击落之,国防部长林彪元帅已下令嘉奖。同人交深赞叹,快慰之至! 人民日报编辑部发表《苏共领导联印反华的真相》一文,痛揭赫鲁晓夫背叛正义,阐明我国决不会被孤立及骂倒的。予乘人午睡时浏览之,未能从头细研也。

午后三时出发,予与同璧、真如同车。径往红岩村瞻仰革命纪念馆,当年为八路军办事处,中共南方局亦设于此。周总理经常驻此办公。毛主席亦曾为与国民党协商时局住此。其他领导人曾驻此办公者亦不鲜。瞻仰之馀,钦挹无涯。归途过曾家岩周公馆,今辟为红岩革命纪念馆分馆。当年周总理驻此与群魔作斗争之地也。两地都为国民党设防控制,红岩则四面山头及路口屋旁密布军警,周公馆尤感危迫。(屋内亦分屋办事,大门公共出入,外表看来真似鸟鼠洞穴,其实中共正在此艰苦斗争中益练而强,卒成坚贞无前之标帜。)赞叹久之,乃乘车归所,心犹振奋未已也。

六时半晚饭。饭后七时又出,与同人车诣枇杷山公园,车道盘旋而上,可抵山顶。此山在市区为最高,登临其上,全市在望,夜景尤为绝胜。今建亭,可供休憩。灯火遍布,有类繁星,长江、嘉陵江左右萦带,群山环列,远近错峙若相揖。所惜目力不济,又兼月色欠朗,竟无由一穷其胜耳(终日微雨时作,傍晚始晴)。八时许返所。即拭身易汗衫(所中代为置办送来选购者),大为爽适。因与涂老共听联合广播且畅谈。九时半就寝。是夕服药,又兼体爽,大得酣睡,醒来已翌晨六时矣。快哉!

11 月 3 日(九月十八日　庚戌)星期

晨六时起,记日记毕,未逮七时也。乃出外散步,与云亭闲谈,见左侧岩石,洞门骈列,当为抗日时防空洞(连日出行所见不少此类,询之人,俱云然。),日寇侵略我国所造成之血债,即此可以诏示后人不忘矣。稍一涉思,难免气涌耳。七时半至餐厅早餐,以予早起,秘书柴菲特为关照先开者,至感!八时开车,前往西郊九龙坡大渡口重庆钢铁公司参观。时有雨,着雨衣而行。车行半小时许到达。由厂长王廉、总工程师黄荣昌导入介绍,极详核。此厂为我国产钢基地之一,产品质量,均驰名远近。听报告毕,即参观重点,如天然气炼煤焦及回收作工业用之厂、高炉炼铁厂、轧钢板厂等。往来仍须乘车,厂内铁路四通,可以推见厂基之大矣。十一时三刻始离厂返所。十二时廿分到达。少休即诣餐厅午饭。归途已略晴,而热同中夏,汗沾难耐也。

下午未排项目,本为自由活动。许、雷二位约予与明养往访此间民进会。三时当地民进负责同志刘西林(教育局副局长、民进副主委)、傅永禄来迎,予四人遂乘车随之行。先过第三医院探民进原重庆主委俞传鉴,以瘫痪在床久不起,较为夷老仅能自饮自食(亦须人喂)耳。院在山上,登陡坡数十级,已犯喘,闻病人尚在四层楼上,只得由洁琼、明养二人上楼探问,予与广平即在楼下休憩以待之。有顷,病人之妻、女皆随洁、养二人下楼相访,又谈有顷乃别。车抵民进市委会,已有各支部负责者廿馀人在彼相候矣。刘主委彼此介绍后汇报工作,继又有一人发言。以时促,便由广平致词。及收束返所,已六时廿分矣。匆匆登楼晚餐,同人已饭过半矣。

晚饭后(六时三刻),洁琼、明养及予出观市,由交际处何骏生(万县人,其芳族人也)陪同乘车往解放碑附近市中心一逛,在土产公司购得竹雕笔筒一枚、黄杨雕小人物两件,并至古旧书店一转,购得道光刻《壹是纪始》八册,价二元五角(已脱线微蛀)。雷、张亦各有所获。八时即遄返所中。八时半与允檀同听联合广播。

九时后拭身就寝。

11 月 4 日（九月十九日　辛亥）星期一

晨五时醒，即起。梳洗讫，记日记。六时一刻毕，天犹未明也。乃就灯下看《壹是纪始》。七时在庭园散步，颇凉，乃返室添衣，复出徘徊。七时半乃登楼早餐。八时半在三楼俱乐部后会议室听重庆市委书记兼市长任白戈报告本市发展情况，不用讲稿，亦不携任何手册，各地数字，滔滔背诵，仅见之矣。讲三小时，十一时半乃散。十二时午餐。

阅报知南越政变，吴庭艳、庭儒兄弟被杀。美帝在幕后策动，将维护一新傀儡阮玉书上台云。赵孟所贵，赵孟能贱，类此之流何不悟乃尔耶！

午后三时，四小组开会，第四组在三楼俱乐部，仲英有事未到，明养代主持之。漫谈上午所听报告及综合成都、自贡所见总言之。五时散。

六时夜饭，知京电大会在十五、十六日召开，十三、十四必须报到，于是，又多人乘明日有船即行矣。六时四十五分车往解放碑（邹容路）重庆剧场，承当局招待看川剧（本市川剧院二团演出）《晴雯传》。予坐第一排八号，与真如、允檀、文熙联号。主演刘卯钊，青年演员，表演细致，馀亦各称其职，较北昆所演为多交代，更有力。十时半散，车返招待所。洗脸抹身而后睡，已将十一时矣。是夕睡亦好。夜有雨。

11 月 5 日（九月二十日　壬子）星期二

晨五时一刻起，摸索毕已六时一刻，遂披衣外出，送先行者动身(许广平、陈真如、郑洞国、覃异之、周嘉彬、黄文熙、吴文涛、李伯球及许之秘书王永昌)。及出户而车已先行矣。因在灯光下闲步以待旦。七时,柴菲等送者已还,允檀、云亭亦起身出外,遂与立谈。七时半上楼,近八时乃早餐(虽别置早点,仍与同人共餐之)。八时半出发,阴,欲雨。车至九龙坡渡口,由轮渡载车渡江,达南岸李家沱。越半时许到重庆机床厂,参观其齿轮加工车间,精密闻国内。观后车发,乃径达南温泉,今已辟为南泉公园。时雨作,即招待所客厅休息,已十一时半。十二时诣餐厅饭。食大青鱼,甚鲜美。三刻,上二楼假寐(廿九号房,有至三楼、四楼者)。予如厕,未携手纸,甚窘,终寻到服务员,取纸乃行。午后一时四十分各浴室浴,设备虽略逊广东从化,而汤泉浸澡,亦殊常浴,畅适之至。浴后坐外厅小憩,室外室内俱有汤也,游泳者麇集,盖附近有中学,有游泳专校,故生徒为多也。二时半与陈铭德回至客厅,雨渐密。三时半,有人导游园景,乃从之(有何、涂、陈等十数人),循花溪行,访飞泉诸胜,其地在溪上游,削壁千仞,飞泉两道,喷薄而下,渟蓄广潭。对面石壁斜道真采画大斧劈也。泉下别架一梁抱之,便观景。予等立雨中欣赏久之,不忍遽返。复前至回船岛折回。沿途又遥见小三峡、滟滪堆诸胜,惜雨中不及泛舟一访之。又有仙女洞在山上,予惮路滑,竟交臂失之耳。回至客厅休息,俟诸人毕集已四时半。开车还重庆,由海棠溪等地仍由李家沱北渡。到所已五时五十分,雨已止而地湿如膏矣。六时晚餐。餐后与允檀如小卖部买得芦柑、桃片诸物,又选得竹制小屏及笔匣等数事。归装不鲜,又深感携带之难,此一小矛盾殆人皆有之耶!八时半听联合广播,十时就寝。寝前孟、余两大夫来访问,因属量血压,与离京时差不多。并向索取安乐神十二片(六天量,可以维持至汉口)。是日往返两地,均与仲英、同璧、叙甫同乘。

11 月 6 日（九月廿一日　癸丑）星期三

　　晨四时三刻醒,即起便旋,遂不复睡。梳洗讫,就灯下记昨日所历。六时半犹未天明也。七时出外闲步,绕至礼堂后边乃折回。遇云亭,谈。七时半早餐。餐后大便。八时半出发,循昨日原路渡江到李家沱,参观花溪人民公社光明大队,亦菜蔬为主之社也。花溪即南温泉下游。有电力抽水设备。又顺道参观重庆水轮厂,至十一时半乃行。渡江北边,抵招待所已将一时,少息即登楼午餐。山城交通陟降频繁,设非现代设备,不可能多历处所,且亦体力难胜也。连日渡江往还,沿途饱看苍润山色,竟不觉疲,殆造物有意欲调节劳人心眼者乎?

　　午后三时与省、市当局合开座谈会。省长李大章适在渝,因来莅会,与任市长等俱集。仲英主席。先由伯纯综合同人之意,谈感想及建议,继由云亭、洁琼补充发言。李省长乃作全面介绍并解答所问,亦不备稿,亦不搬词头,而于本省设施之道,先后之宜,言之津津,头头是道,是诚紧握原则,深于马列主义者矣。六时一刻乃毕,主席宣告散会,遂如餐厅晚饭。政协同人王家桢、李平衡二君适由黔省视察返,过此将同行回京,遂亦食宿于斯。

　　晚饭后小卖部送来炒花生米三斤半外装一洋铁匣,甚佳,价虽稍昂而提携甚便,不可谓非旅中预设之良法也。七时半本有电影可看,予与旔叔(允檀字)、其翰皆未往,遂就卧室闲谈。八时半且听联合广播。九时就寝。三时半起便旋,返床复睡,虽入眠而梦扰不安矣。

11 月 7 日（九月廿二日　甲寅）星期四

六时半起,游叔知予昨日招凉,出藿香正气片四枚属予服,甚感关心。因起稍晏,灯下记昨日日记后未出散步,以资休息。七时半乃登楼早餐。八时半同人多往南岸参观皮革厂,下午有参观鹅岭公园菊展者,有参观美术学院及市博物馆者,予与洁琼、明养则由交际处米女士(米暂沉之女)陪同亦于八时半出发,前往北碚及北温泉等处游览。车行一小时十分即达北碚市街,此公路沿嘉陵江行,穿行王陲洞,风物甚美。在北碚闲步,适有赶场,柴炭、禽蛋、鲜蔬等布列道旁。殷阜之气,溢于容色。过一售石砚之店,三人各选购一二事,盖当地特产,即以江峡中石琢磨而成者也。上车复行,十一时许到北温泉(今为北泉公园),即在数帆楼休息。楼俯临嘉陵江,对岸山如翠弄,楼外环以梧竹,虽小小一楼字曰“数帆”不诬也。少坐即起行,由米女士导游佛寺、乳花洞、飞泉、石刻园等地,葱茜幽邃,远胜南泉矣。乳花洞颇类北京北海琼华岛。彼乃人工,此则天成,且石钟乳悬垂为不同耳。雷、张、米三人都入内穿行而出,予则走飞泉旁赏景以待之。石刻园有宋代石刻罗汉像及明清时碑文,予在石刻前属明养为予摄一景,藉留鸿爪。十二时一刻返数帆楼午饭。

饭后雷、张就温泉浴,予乃辟室小睡(以昨有感冒,不敢复浴也)。二时三刻上车直上缙云山,一访缙云寺。知为太虚所复兴,曾辟为世界佛教苑汉藏理教院。太虚为和尚政客,专与军阀及侨商勾结,殊不足道,地则幽胜,今为市级保护单位。由管事者导观一周,曾见古生植物水杉及世界稀有之树飞鹅树。据云此树开花如蝴蝶,结果类飞鹅,世界仅有三株,一在日本,一在苏联,一在此山耳。诚幸遇矣。

四时下山，车过烈士墓，为解放前夕，被蒋匪帮集体杀害之三百馀人整葬地。今装石树碑，瞻仰之馀，敬憎交织，不图蒋帮兽性如此其烈也！五时五十分到招待所。六时登楼晚餐。餐后理行装，又感热。亟服藿香正气片，以镇之。八时半仍听联合广播。九时半拭身就寝。

11月8日（九月廿三日　乙卯　立冬）星期五

晨三时半醒，起便旋，不畅。五时四十分即早餐。六时廿分离招待所，车发朝天门。抵埠时，予由王秘书长扶掖而下，凡历百馀级，始过趸船上江蓉轮。予与㳺叔仍同居二等舱二号室，甚舒适，实较火车软席为良也。贴近餐厅，户外即走廊。七时，送行者皆归去。江蓉为安全计，须雾散乃开。予等乃游行廊下，聚偶闲谈。十一时一刻，雾开现日，乃启碇下驶。江景宜人，而石滩颇不鲜，舟行不甚速，盖迂回依航标而行耳。十二时三刻始饭。在会议室（权作餐厅，特例也）聚餐，先三席，后工作人员两席。予在船购得五粮液一瓶，与云亭小酌之。

下午三时卅五分抵涪陵，停靠，上下客货。旋听广播室宣布：今晚即在此过宿（因航标无灯），须明晨四时半开行云。同人多有登岸买物闲眺者，予惮于上坡（陡而高，且水枯期，近水处无级路可循），独坐舱中记今晨以来所历。虽闲身并无急事必需起笔，而任此滞巡，亦不无钩起归思矣。五时后，登岸者陆续返舟，有行至半路折回者，有甫及城关者，有入城及市者。六时，予与屈、李、王（家桢）剥花生下酒，馀二人同席者叶浅予、李平衡也。有顷，晚饭。饭后在餐厅看明养与平衡下棋。终一局，乃折回卧室服药，坐听广播。九时后就寝。服药而眠，睡尚好。

11 月 9 日（九月廿四日　丙辰）星期六

　　晨四时半，江蓉轮启碇下驶。五时起便旋，返室穿衣，记日记。江风浩浩，开箱着棉袄。有顷乃如盥漱室梳洗。七时五分，船抵丰都，停靠半小时，即开驶。八时十分抵高家镇，早餐。停一小时始行。十时一刻抵忠县，明末女将秦良玉故里也。乳腐甚著名，有登岸买下者。十一时开船。航行未久，予与屈武、树人（家桢字）、云亭就餐厅剥花生闲谈，且小饮。忠县以下，石滩多，江流曲，予等坐厅内前瞩，左顾右宜，萦洄曲折，行航标间，未有是等设施前，宜多失事矣。十二时饭。饭后不久，过石宝寨，在江北岸，奇石突起，类千仞壁，四无依傍，块然耸立。面江建寺，寺门内依山建屋，凡八层，象半塔附壁也。顶上接一亭，亦三重，如塔尖，奇构也。相传系秦良玉屯兵处。惜不能一上访之耳。

　　下午二时到万县，停泊。明晨五时始下驶。于是皆拾级上岸，百馀级乃达市街。顺街左行，盘旋而上，到西山公园，虽未能悉穷其胜，而大体涉历之。离园下山，又在中街（市中心）徜徉观市，购得白扁带一丈，备捆蓝之用。复购得梁平柚子八个盛一篓，广柑四斤装一袋。下埠返舟，幸周老同行之干部为予提送到舱，否则不胜负担矣。心感之至！

　　六时晚饭，仍与屈、王、李诸老同饮。七时，同人多登岸看川戏者，予与康、何、涂、叶、吴诸公未上，且已有雨，更不敢重为问津也。因在餐厅聚谈，尤与吴、叶所语为多。未几，慕回亦至，盖约其妻妹晤谈，亦未往看戏耳。八时三刻始听到广播。涂老要求乃得。岂广播虽以人多离船不须播送，抑亦随众上岸耶？九时半就寝。

11 月 10 日（九月廿五日　丁巳）星期

　　四时一刻,江蓉启碇下航。予即醒。四时半如厕,由舫到彼,江风甚劲,天犹漆黑。遇云亭、其翰,盖亦早起便旋者也。三刻返卧,以气急不能平,遂起。记昨晚所事,五时十分毕,尚未破晓。风声浩浩,与江流相应答,竟不能一出观之,殊憾。五时廿分往盥洗,遇浅予、晓邦,可见早起之人不鲜。黎明往餐厅坐,看峡江山色重叠,江随峰转。已有峡江之实,惟名不甚著,遂不见称耳。八时抵奉节,故夔府也。早餐。餐后开船,进入夔门,两壁对峙,中才容舟。初涉为风箱峡,即瞿塘之首。正饱览之际,后急殊甚,不得已如厕,风箱峡忽焉已过矣。九时半抵巫山,始进入巫峡。云山复沓,莫辨远近,其十二峰乎! 旋经舟人介绍,十二峰之名,历历可数。两岸奇峰峭壁,互揖相招,秀丽殆不可名状。风虽大,不得不披大氅,缠围巾,络呢帽,出舱指数,同人因亦随出,两舫顿满立,有照相者,有打图稿者。予登甲板,柴菲为予与云亭、屈武、洁琼、明养等共摄一景。十一时半出巫峡,已入湖北巴东县境矣。未几饭,小饮。今日风寒,薄饮亦复用得着也。以此较为普遍云。十二时半过巴东入西陵峡。一时五分过浅滩,下泄急而滩多,故多逆流也。一时半过香溪口,相传王昭君故里也。稍下即所谓兵书宝剑峡。一时三刻过新滩,明时山崩新形而成者,亦称青滩,以下即牛肝马肺峡矣(二时过)。二时五分过空舲滩,(亦有作"崆岭",误。)滩多碰石,在昔舟行过此,多触溺,故名。又名鬼门关。今已临险如夷矣(解放后整治故)。二时半眼倦甚,返室偃卧,竟入睡。三时一刻,忽听广播,谓已抵某峡,急起细视,无甚异,但闻言云如猪八戒首而已。究竟如何? 只得从阙。三时三刻,过南津关。关为上峡之东门,西陵峡最后出峡处也。自此而东,宜昌在望矣。四时一刻抵宜昌,五时行。据云,今晚十时四十五分可达沙市,停泊不久,仍夜航直下也。

六时,与屈、王、李等仍小饮。旋进夜饭。饭后闻人言,将请船长为予等一行讲江行程途及江蓉轮本身情形。予回房未久,即复诣餐厅。时天已冥黑而江风甚劲厉,至则有人在着棋,或聚谈者。再询之,则云须明日行之云。乃至浅予、晓邦处观其连日所得画稿。八时廿分仍回餐厅,与旐叔、其翰等听中央电台广播。九时归房就寝。船上所备两毡毯,竟感单薄,遂以日间所御衣覆盖之。是日行峡中,未见日。

11 月 11 日(九月廿六日　戊午)星期一

四时醒,越半时乃如厕。风大,船舷掠过,殊感危凛也。回房后灯下补写日记毕,刚五时。不知舟行已越何地,已到何处?恨不能出外一问之。离家兼旬,归心如箭矣。五时许到监利流水沟,予亦理箱着棉裤。六时半出舱望之,旭光正高射也。此地有大农场,故所上之货多大米。为上货,历时甚久,七时乃开行。大致东南向,迎日而行,数日来难得之快晴也。九时,请本船船长、书记介绍本船情况,并参观操作台及轮机室。惜信号繁复,都不晓然,只随众溜达而已。顺在小卖部买得大桥牌烟两盒,回至卧铺已将十一时。又感后急,复如厕。大概不早换棉裤,致腹部招凉耳。船离流水沟后,方幸晴快,乃听毕报告,天已转阴。及到操作台,窗外雨作矣。如抵汉口仍有雨则未免扫兴,奈之何!十一时半,与王、屈、李、涂、谭小饮以御寒。十二时过城陵矶,即饭。自此上下直达汉口,俱不停泊,虽知之亦等于未见,只索略之。

午后一时,先理行装。须人代携者且四件,殊不安。一时半,靠榻略憩,竟入睡。二时廿分起便旋,闻云亭喧呼"赤壁至矣!"遂就右舷临眺之。危石壁立如墙,自北岸伸入江心,是殆当年孙、刘结盟同破曹兵地耶!三时,组长召开会议,就餐厅宣读《人民代表、政协委员四川视察组视察工作报告》(草案),一致修改通过,交由申组长处理。四时散。六时晚饭,仍小饮。雨已渐止。七时半,将行李集中,统由服务同志处理搬运。八时望见武汉长江大桥。灯火通明,连接三镇,宽敞阔大,又别具一境界矣。八时半船过大桥而下,停泊汉口。当地负责诸位已群来江蓉接晤。纷纭一时,乃相将下船,乘一大轿车,径达江汉一路璇宫饭店。予仍与游叔同住一房,为五楼五〇六号。其弟允成来接,因长谈。予乃就灯下记日记。时为九时三刻。十时半,客去。三刻就寝。舟中经历四天,宜其倦矣。未几即入睡。

11 月 12 日 (九月廿七日　己未) 星期二

四时半起便旋,顺为梳洗。以未明,仍返榻。俄延至五时一刻,痰涌气塞,非起不可,乃起穿衣,游叔方酣睡,不便惊之,暗中默坐以待旦。六时廿分,游叔起,乃开灯,予启户出阳台,弥望红瓦,鳞次栉比,仅远处灯火一带似为大街或路轨,昨晚初临,疑为汉江者误也。盖予等所居为璇宫之五层楼,故俯视皆红瓦耳。六时半写信告润儿,七时毕。八时下二楼餐厅早餐,遇张、石、安三位,前年同往上海、杭州之旧侣也。知去广东归来,亦将于明日北上。餐已,与晓邦下一楼寄出航信,仍返五楼与浅予、晓邦谈至九时,随众出发,由市方交际处派员陪同游览市容,从中山大道、胜利街、解放路、利济路等地,经江汉桥过汉阳,盘龟山,上长江大桥,在桥顶下车,步行至南首桥头堡,乘电梯降至二层大厅,听管理处负责人介绍大桥施工经过及落成后六年来情形。再至底层看桥基,又上三层看铁路桥轨,南出至黄鹤楼原址看武汉长江大桥建成纪念碑,北向隶书。碑为八角柱,南向刻毛主席手书词语"一桥飞架南北,天堑变通途"十一字。碑址八面刻建桥记文,楷书,语体,分段标点。徘徊瞻仰久之,乃拾级上,不复乘电梯,盖已至桥面,车已停彼相候矣。驱车过洪山绕出珞珈山武汉大学,径达东湖招待所。休憩至十二时,即在彼午饭,食鱼甚美,所谓"武昌鱼"也。

午后略憩,至一时半乘汽艇游湖,先谒鲁迅像,至长天楼,继至屈原纪念馆看菊展。有人去行吟阁瞻屈子像,予与㳺叔、云亭、树人、平衡还车,待半小时,有一部分同人来,又开至行吟阁前停,以待其他同人。今日初阴,疑有雨,至此乃畅晴,荡舟甚乐而热颇甚,曝日下竟不可耐。下车散步,久之人始毕集,遂开车复过长江大桥、江汉桥,由武昌历汉阳回汉口,四时三刻抵璇宫饭店。洗脸稍休,倦始苏。车中闻陪游者言:汉口地面极大,东西尤长,中山大道长十八公里,解放路胜利街长二十七公里,故谚云"快走慢走,近走远走,一天也走不出这汉口",足以证之。又云:胜利街本横贯旧日各国租界之大马路(原名已忘),由西而东,通过英、法、德、奥、日五租界,今已为历史陈迹,谥以胜利,真不忘夙仇之意耳。

六时晚饭。饭后,㳺叔出访亲友,予随众往清芬剧场观武汉剧院一团演出,坐四排第一号,与康老、云亭、惕吾联座,剧目为《三关摆宴》,根据山西上党梆子移植,合旧剧《雁门关》、《南北和》、《太君回朝》诸剧而加以改编,于杨延辉投敌招亲事大为声斥,丑化至于淋漓不堪,应合政治,对动摇分子施以深刻的教育,殊饶意义。戏者戏也,固不能以史实订之矣。饰萧后者为陈新云,极佳,戏单上书为"箫银宗"亦新颖可喜也。其他饰佘太君之童金钟,饰杨延辉之冷少鸣,俱唱做兼长,在汉剧中为有数人物。大多青年演员,前途正无量乎!十时散,车归饭店,旃叔之叔及弟俱在,予乃过凌其翰一谈,免惊动之。十时半,客行。旃叔招予返室,并道歉衷,亦太诚笃矣!服药就寝,至酣眠。

11 月 13 日（九月廿八日　庚申）星期三

六时醒,即起,有雾。旋开晴。

七时半补记日记。八时早餐。八时半同人有分往屠宰场或机床厂参观者。予既不愿看屠宰,亦不欲再看机床（以不懂故）,遂在饭店休息。招待处送予等武汉简图及胜地说明各一份,遂披览以导昨日旧游,亦殊得也。九时许,予与晓邦、药眠出散步,在附近大街闲逛至十时一刻乃还。百货公司即在楼下。沿途小吃摊甚多,商店亦应有尽有,殊不减当年景色,北京视此,殆不如也。可见此为商业中心,本有其基础,而年来经济好转尤于此取得例证矣。今日晨起,略感泛恶,予谓腹枵所致。及餐后出步,稍觉疲故,泛恶乃益甚,亟闭目静坐以调之,始渐宁。十二时午饭,肴特佳。清蒸大鳜鱼,大虾球,清川鲫鱼汤,鸡丁,炒青菜。武汉本以鱼羹著,今日有同送行,更见佳妙。交际处之调度,处处经意如此,真不易当此任也。

旃叔晨与其弟出访戚友,未归午饭。予午后小憩,二时醒,天转阴,旃叔仍未见返,颇念之。午后二时半取行李,旃叔乃还。三时半与同行者聚齐,准备登车。四时一刻行。仍由当地负责诸位躬送到车站,并特由郑州调来软卧车一节,待挂。五时半,京广特快廿四次车到汉,遂挂于车尾,予等毕登。五时卅五分开驶,遂与汉至送行诸人别。车过广水,晚饭,与经文、云亭、树人等饮茅台酒。九时半就卧。服药后眠甚适。车声隆隆竟变催眠曲矣。

11 月 14 日（九月廿九日　辛酉）星期四

晴,佳。醒来已过新乡。到安阳早餐。入河北境,水灾情形惨重,路轨、桥梁冲坏者不少。临时修路修桥,故车行极缓。两旁水已退去,而残迹犹存,地多变沙,而水纹宛然。断垣颓壁,触目皆是,南行时夜中过,未之见,今乃白昼,历历在目矣。过保定饭。以后车行甚速,下午五时四十分到达北京新站。文学所、民进中央皆有车来接,汉、湜、权、元皆来站。乃分乘各携行李。顷刻便归家矣。快甚! 有顷,宜孙亦返。七时,同进晚餐。饭后,分物贻人。九时后,潏、权乃归去(潏在家候予),汉则留宿于家。十时后取汤洗身抹足,易衷衣就寝。

予同来京开会,有电话见告,住北京饭店四五二号。明日当一访之。

11 月 15 日（九月三十日　壬戌）星期五

多云间晴,不甚感冷。

晨四时起便旋,五时三刻起。七时后,汉、琴、湜俱出上班(汉儿昨宿家),元、宜孙亦上学去。九时出,乘廿四路转十路到六部口,再转十四路到虎坊桥下,诣前门饭店,向全国政协大会报到。遇树人、伯球,取得文件后,即循原路归家。整理归装,匆匆已届午饭矣。

饭后,亦秀见过,谈移时去。知明后日即去沪省母云。五时许,潏儿来,为予取到药物,并知已去过乃乾所致意。五时半出,乘廿四路北至九条口下，走访圣陶。圣陶今日七十寿辰，故其亲属毕集。时方在人大开会，尚未归，俟至六时半始来。七时，分两桌饮酒吃面。予多饮，已醺，九时后，汉、湜两儿来接，遂偕之同归。十一时许就寝。颇不舒，非老友之庆，亦不至此，然而过矣。

11 月 16 日（十月大建癸亥　癸亥朔）**星期六**

晴间多云。还暖。

晨四时醒，仍带宿醒。六时起，静坐多时乃稍好。十时许，书友刘君来，前欠书款（予不在家时送来者）悉收去。预孙来，告昨晚奉调回京，俟十八日开会后再分配工作。至以为慰。

午饭后，假寐片晌。三时，接予同电话，即乘廿四路转十路，往北京饭店四二五号房晤之，谈至四时半，复偕过其邻室谭季龙谈，五时半，以伊等均尚有事，遂辞别而返。乘九路回东单，转廿四路行。

夜与琴、湜、预、元、宜、燕共饭。饭后，韵启来，汉、鉴来，潘、权偕李针南来，与谈至八时半，针南先去。九时半，潘、汉、权、预、鉴皆去。十时就寝。

11 月 17 日（十月初二日　甲子）**星期**

多云间阴，夜有雾，风中颇冷矣。

晨六时起。八时半，老赵来接，遂乘以过晦庵及其芳同赴人大会堂。九时参加政协小组，予在廿八组，由南门入，于三楼三五三号会议室举行（何、唐俱为文联成员，列十五组，在一楼东大厅开会，入北门），选举廖沫沙为组长，裴丽生、傅鹰、黄子卿为副组长，并通过议程，九时半即散。以车停北门，乃由服务同志导送出北门，老赵已早在，遂入车坐待。十时五分，其芳、晦庵始出。同乘以赴政协礼堂参加十时卅分政协第三届全国委员会第四次会议开幕。予坐第十六排第九号（编次早定）。周主席致词后，陈叔通作工作报告，又通过例案，十一时半散会。即在礼堂午餐。餐后偕何、唐同车归家休息。下午二时半，老赵复来，仍过唐、何同赴人大会堂列席第二届全国人代第四次会议开幕。毛主席以次均到，朱委员长宣告开会，继听李富春副总理作关于一九六三年国民经济计画执行情况和一九六四年国民经济计划草案的报告。三时开，六时毕。中间休息廿分，予坐廿四排第五十七号（亦编定席位）。散会后，即人大餐厅晚餐，遇觉明、平伯，与同席。餐后仍与唐、何同车归。时已大雾，灯下驰车颇存戒心也。积日忙于会，不免感冒，入晚竟声暗，琴媳立为予出购梨膏及羚翘解毒片服之。九时即就寝。

接十五日润儿航信，知予汉发之信已到，故径复寄家也。旅外归来，即知滋儿下黑粪（佩媳有信），未有续报。予烦忙不能安心伏案，即属湜儿于昨晚作航信询之，不识即能获复否？甚念。今日润信亦未能即答之耳。颇感紧张。

11 月 18 日（十月初三日　乙丑）星期一

晨大雾，旋转阴，气不甚寒，殆酿雪耶？

二时即起便旋，返床不能复睡，俄延至六时乃起。再服药，会中送文件三通至，遂披读至十时半始毕。写京五号信复润儿。十二时午饭。饭后小休。

二时半，老赵车来，遂乘以过接唐、何同赴人大会堂列席人代大会。听国务院副总理兼财政部长李先念作关于一九六三年国家预算草案和预计执行情况及一九六四年国家预算初步安排的报告

（是日郭沫若执行主席）。毛主席以次仍到场，四时半散会。

与何、唐出东门寻老赵未见，知为就餐，乃折入等待，遇棣华，因小坐茶憩至五时，只索登楼就餐厅晚餐。五时半离场，棣华别乘一车，予仍与何、唐共乘送归。人大散会时，遇何叙甫，即以预约假伊《东坡宜堂帖》与之，盖期于开会时携往，伺便授之者也。

七时，汉儿来，遂与元、宜共进夜饭，予亦再饮一杯。湜儿因加班未归夜饭。八时半始返家。九时半就寝。

八时半至十时听广播红旗杂志、人民日报编辑部《五评苏共中央公开信》。

11 月 19 日（十月初四日　丙寅）星期二

雾转晴。

晨三时半起便旋，返床不能入睡，迷糊至五时半，开灯起穿衣。今日本须参加政协小组讨论会，以体不爽，属汉儿电话请假。九时，展《通鉴补正·唐纪》续点之，并对日报听林璇广播《在战争与和平问题上的两条路线——五评苏共中央的公开信》。甫已，顺林至，遂与长谈，留饭焉。饭后，顺林去。

房管局派匠来修砌水井盖，予离家期间，自来水管破裂渗水，琴媳即着力雇工修复，惟水井须反工，乃屡催屡延，至今方来修砌耳。不二时即竣。可见压工徒引日月，颇妨事也。

闲坐打五关，不能看书。傍晚，汉儿来，有顷，元孙归。又有顷，预孙至，告已被分配在朝阳医院服务，明日正式报到矣，为之大慰。七时半，湜儿始归，盖又加班。琴媳与宜孙亦先湜归。乃团坐小饮吃面。以今日为润儿三十八岁初度，又适值其本命日也。食后，以自蜀携归之广柑分享儿孙辈。并听唱片，蒋月泉、朱慧珍合唱之《玉蜻蜓》、《庵堂认母》及俞振飞唱昆曲《长生殿·闻铃》。然后,预孙、汉儿后先去。予亦就寝。

11 月 20 日（十月初五日　丁卯）星期三

阴,午前微雪,略寒。

晨三时起便旋,返床不寐,枕上看《清诗话》,五时朦胧入梦,六时半乃起,以待车。翻阅昨日书友刘清源送来之西谛书目,挚友长往,徒留鸿爪,不禁潸然。八时半,老赵车至,乃乘以过接唐、何同赴人大会堂参加小组,仍先送予入南门,予登三楼径诣二十八组,知为阅读文件,予乃重读李富春报告一过。十一时三刻散,偕卢宗澄、喻楚杰同至二楼餐厅午饭。遇其芳、晦庵已饭过矣。乃约在东门口相待。予匆匆食已,即下楼觅之,遂共乘各归。时已见雪,地已略润矣。

十二时三刻到家。看报小休。午后点毕《唐纪五十四》。傍晚,汉儿来,遂与元、宜等共饭。琴媳在社上课,湜儿在厂加班,俱未归饭。九时后,先后归。十时就寝。汉儿留,与宜孙同卧。

11 月 21 日（十月初六日　戊辰）星期四

阴,薄寒。晚有雨。

晨一时半起便旋,至四时后入睡,六时起。八时四十分,老赵车来,予一人前往人大会堂参加小组。裴丽生主持,浦熙修、陈功培、董守义、邹秉文相继发言。十一时五十分散,即往餐厅午饭。饭后,老赵送予归家小休。午后二时半,老赵又来接,复往人大会堂参加小组。三时开会,傅鹰主持,秉文续谈农业生产专题毕。白薇、卢宗澄相继发言,予亦踵其后,就旅中体会三项分言之,已五时十分,后为蔡金涛发言,五时五十分散。仍至餐厅晚饭。饭毕,出会堂已雨。有人扶予下阶,车已在,乃乘以归。

是夕,汉、琴、湜、元、宜都在家夜饭。予仍凑热闹复饮两杯。九时半就寝。

11 月 22 日(十月初七日　己巳)星期五

晴,薄寒。

晨五时起便旋,后倚枕阅《升庵集》,六时半起。八时半,老赵来接赴人大会堂,参加小组讨论。黄子卿主持,听赵世兰、刘定安、吴文藻发言。十一时三刻散,到餐厅午饭。饭后车归休息。二时许,老赵复来接往政协礼堂参加大会。郭沫若主席,先后听蔡廷楷、汪胡桢、喻楚杰、陶述曾、邹秉文、黄德茂、茅以升、税西恒、孙鼎发言。六时散会,即餐厅晚饭。

饭后车归。琴、湜、元、宜等正晚饭过也。有顷,濬儿至。八时半,文权至,九时,遂偕濬归去。予亦就寝。

11 月 23 日(十月初八日　庚午　小雪)星期六

晴,微寒。

晨六时起。八时稍过,老赵车来,即往政协礼堂参加大会。九时开会,由康生主持,继由许德珩、陈维博、刘良权(以上两人联合发言,由刘读)、冯友兰、王遵明、丁是娥、孙维忠发言。休息后,由杨亦周发言。十二时十分散,上食堂午饭。饭后车归。

下午二时二十分,老赵又来,乃乘以过接晦庵、其芳同赴人大会堂列席人代大会,听陈毅副总理关于国际形势的发言,五时半散。晚饭而后归,仍与何、唐同车。

　　明日休假;后日,上午小组,下午大会云。是日,上午到会即闻新华社消息,美总统肯尼迪昨日遇刺身死,原因及致死详情虽不明,而为世界人民去一元恶则固同声称快者也。晓秃方屈膝求媚,一旦得此噩耗,不识亦有动于中否耳。陈、刘所作言辞与昨日孙鼎发言俱为揭露资产阶级潜在之劣根性,为下一代教育问题大声疾呼,至切要。丁辞颇抉发文艺思想之正确道路,杨词为河北水灾而发,绾合各方,曲达灾情,并表扬救灾中的可歌可敬事例,虽长达十八页,而听者忘倦,足征言之有物,自能入耳动心也。

　　会毕归来,少顷,琴、湜、元、宜、燕皆归。盖周末矣。八时许,锴、镇两孙来谒,与谈至十时,乃去,并假《三希堂帖》全帙行。伊等行后,予亦就寝。

11 月 24 日(十月初九日　辛未)星期

　　晴不甚朗,晚有彤云,或酿雪也。

　　晨六时半起。竟日未出,翻《升庵集》考订诸条。午后小睡,五时乃起。屡醒屡梦,殊不适,转不若不睡之为愈耳。

　　夜饭时,锴孙来△车,即赴良乡窦店中学云。九时后,拭身洗足易衷衣就寝。

11 月 25 日(十月初十日　壬申)星期一

　　晴,薄寒。

　　晨六时起。八时廿分,赵富斌车来,乘以过接其芳,车出交民巷西口,红灯初变绿灯时,突有一骑自行车者自南向北掠车抢行,致撞于予车之左后侧,骑车坏而人未伤,岗警问明勘察后,车仍前进直达人大会堂南门。其芳往陕西厅开会,予仍登三楼至廿八组,参加小组会,听倪征燠、黄药眠、茅祖构、吴景超先后发言。十一时三刻,诣餐厅午饭。饭已,出觅车,老赵适往饭,遂折回门内与服务员小吴(只十七岁)闲谈,十二时半,见老赵在车旁,乃由小吴搀扶登车,又在车中待有顷,其芳、晦庵乃来,遂同乘各返。

到家知元孙以头痛归卧,幸不久即止。琴媳亦归来,陪同往赵家楼门诊部就诊。未及见归,老赵已来,乃独乘往政协礼堂参加大会。三时开会,陈毅主持,先后由曾广福、张超、沈粹缜、姚克方、胡师童、冯定、刁光覃等六人(与陈荒煤、陈其通、陈鲤庭、焦菊隐、熊佛西联合发言)、吴晓邦等八人(与金国富、赵得贤、康巴尔汗、黄虹、喻宜萱、杨荫浏、卫仲乐联合发言,由黄虹读)、贾亦斌发言。五时三刻散,尚有毛镇桥发言未及之。主席宣布留待明日下午续行。

晚饭后,车归,湜儿正与元、宜二孙晚饭。饭后,汉儿至,湜乃与之同过平伯家唱曲,曲后湜即随汉宿其家云。

今日上午,在小组上连署注重英文教学案。下午在大会前,连署请设立现代化图书馆案(前案为黄子卿所提出,后案由顾颉刚所提,皆将向大会提出)。入礼堂时,有人持纸一卷,谓何遂代表所托交予者,及归,启看,乃还予《雪堂帖》及为予分书大联谭浏阳莽苍苍斋句也。此二语,(河流大野犹嫌束,山入潼关不解平。)予极爱之,在旅中为叙甫诵之,叙甫竟书以贻予,诚古道照人矣。

九时半,琴媳归,知明日尚须为元孙再往医院检查小便云。十时就寝。连日晚上都有戏剧球赛等晚会,予以惮于夜行,均谢未往。即明日小组大会亦请假休息矣。

11 月 26 日(十月十一日　癸酉)星期二

晴冷,有风。

晨五时起便旋,六时穿衣起。今日上午小组会,下午大会,予以积疲难任未往。元孙以小便验出有蛋白质,琴媳陪伊上下午皆就医,午后三时乃上班。予午后点《通鉴补正·唐纪五十五》,近暮毕之。

夜与权、潆、汉、琴、湜、元、宜同进夜饭。饭后,汉为湜缝制窗帘,予等听唱片。至九时半,权、潆归去,汉留宿。十时半就寝。有顷,政协送件至。

11 月 27 日（十月十二日　甲戌）星期三

晴,有风,薄寒。

晨五时起便旋,六时半披衣起。八时廿分,老赵来接,乘以过接晦庵同赴人大会堂,分别参加小组会。予组黄子卿、傅鹰、王弼先后发言,皆有关科学研究问题,深望接班人能迅速培养云。十二时始散,乃就餐厅午饭。饭后,仍与晦庵同车各归。下午阅读文件,夜有文化部京剧歌舞晚会,予均不拟参加,遂在家休息。写京六号及京卯廿五号信,分寄润、滋沪、肥,各航空寄。

夜与元、宜两孙饭。琴媳九时归。湜儿偕其友毛兰亭九时半来,谓在社学习。十时许,毛去,予亦就寝。

11 月 28 日（十月十三日　乙亥）星期四

晴。

晨五时起,湜儿亦以同时起。盖西屋炉火不旺,竟感寒而醒云。

八时半,老赵车来,乘以赴人大会堂南门,登三楼参加小组会。裴丽生主持,徐长勋、侯政、金城先后发言。十一时三刻散,至二楼餐厅午饭。

　　饭后,乘车归休,适顺林在,且上海古籍书店为予寄到《上海博物馆藏画》一巨册,在东单邮局待领,乃属顺林骑车一往取之。略一翻阅,诚洋洋大观也。暇当逐一欣赏之。

　　二时廿分,老赵复来,顺林去,予乃乘以赴政协礼堂参加大会。三时开,傅作义主持之,王绍鏊、朱学范、谢高峰、郭则沉、王夫强等七人(与田富达、丘琳、陈文彬、陈文、苏子蘅、徐萌山联合发言)、孙耀华等七人(与戴戟、袁敦礼、郭宗汾、练惕生、董守义、穆成宽联发)发言。休息后,许德珩主持之,沈雁冰(与舒舍予、何其芳、唐弢、纳·赛音朝克图等五人联合发言,稿为唐作,由舒舍予登坛宣读)、王芸生、陈撄宁(与赵朴初、匡冀、松溜·珂夏牟尼、戛拉僧丹比札拉森等五人联合发言)、皮漱石(与张家树联合发言)发言。五时三刻散,主席宣布会期延长至十二月三日止,明日上午阅文件,下午仍开大会云。夜饭后行。至善附乘至东四下。

　　予到家已七时,琴、湜、元、宜正在晚饭也。

　　九时半就寝。

11 月 29 日(十月十四日　丙子)星期五

　　晴,较昨寒,见薄冰。

　　晨六时起。八时后,欣赏《上海博物馆藏画》,幅大册重,目又不济,立观须伛腰,殊吃力,百幅翻一周竟尽半日矣。午后二时廿分,老赵来,乃乘车径赴政协礼堂参加大会。三时开会,沈雁冰主持,由史良、陈中凡、曲仲湘、邹仪新、苏延宾发言。休息后,改由康生主持,陶晋初、盛彤笙、顾颉刚、宋云彬发言。顾、宋皆言整理古籍事,而顾且建议于科学院设立中国古籍研究所云。六时散,至餐厅晚饭。

饭后乘车径归。元、宜孙尚未饭,即属进餐。七时,汉儿至,已饭。旋得湜儿电话,谓在厂看清样,将于九时往汉家,汉因于八时半归去。九时半就寝。十时许,乃闻琴媳归。湜则住汉所矣。

11 月 30 日（十月十五日　丁丑）星期六

晴间多云,薄寒。

晨四时便旋,六时起。七时后展卷点《通鉴补正》,先将前昨点残之《唐纪五十七》点毕,然后点毕五十八,亦毕,又接点五十九,至午完十七页,及半卷耳。

潜儿十一时来,遂与同饭。午后二时一刻,老赵来,遂乘车径造政协礼堂参加大会。先晤元善,观其近作。三时开会,陈叔通主席,由吕叔湘、傅懋绩、黄友谋、阿木提发言。休息后,杨尚昆主席,由周亚卫、聂真、梁尚立发言。六时散,尚有四十五人书面发言,遂宣告大会结束,明日休息,二日上午小组,下午列席人代大会,听周总理、贺龙副总理讲话,三日小组讨论,四日闭幕云。会后,过餐厅晚饭。

饭后乘老赵车归。到家则琴媳、湜儿,元、宜、燕三孙皆在,甚慰,乃小酌一杯,与伊等共饭。九时后就寝。

今日叔湘所言乃语文教学问题,至关紧要,诚宜唤起教育界注意着力研进者也。

12 月 1 日（十月十六日　戊寅）星期

晴,薄寒。

晨六时起。午前,点阅《通鉴补正·唐纪五十九》,毕之,又点过《唐纪六十》二十三页。午后二时,与湜儿同访乃乾,乘廿四路转十路,再转五路行。长谈至四时一刻,行。乘五路北转十一路无轨,到东单,再转廿四路还家。

到家,农祥在,遂与长谈,且留饮。九时,农祥去,予亦就寝。

接滋儿合十八号信,知安好,极慰。

12 月 2 日(十月十七日　己卯)星期一

晴兼多云,颇冷。

晨六时起。八时五分,老赵便来,遂乘以过接其芳伉俪,先送往首都电影院看内部影片,然后送予到人大会堂南门,径登三楼参加本小组组会。黄子卿主席,先后由傅鹰、黄子卿、邵循正、林葆骆、梁守槃、裴丽生发言,十二时乃往餐厅午饭。燕孙感冒发烧,今晨琴媳携伊去赵家楼就诊,予饭后回家,燕正在睡眠中,琴则出外叫煤及买菜矣。有顷还,知燕又为扁桃腺肿所苦,注射药针后,午后再往注射云。

下午二时廿分,老赵车来,乃过接唐弢、其芳同赴人大会堂列席大会。毛主席、刘主席以次党政领导都莅会,朱委员长主持大会,先后听贺龙副总理,周总理发言。周总理于国际形势详加阐述外,再三注意阶级斗争及阶级教育,最后提出三年内施政大纲十六项。六时廿分散会,仍与唐、何同席,晚饭后同车送归。

九时半就寝。

12 月 3 日(十月十八日　庚辰)星期二

晴,薄寒。

晨五时便旋,六时起。八时廿分,老赵车来,过接唐弢同往裱褙胡同接其芳。适车坏待修,而其芳亦有事须缓行,予与唐二人遂乘海军部何辉车先送往人大会堂,约唐十二时左右在东门相待,同候老赵车行。予到廿八组时已开会,由廖沫沙主席,有喻楚杰、黄药眠、陈公培、凌其翰等发言,十一时半,白薇又起立发言,冗长无聊,拖至十二时许乃已。不料,沫沙作结又拖长半小时,十二时半方毕,亟取衣下楼,不及赴餐厅(以知何、唐久待矣)即赶至东门,果何、唐餐已久待,乃同上车遄返。讵车至东交民巷西口里,又走不动,停车久修无效,乃下车步行,走半里许,车乃追上,仍各送归家。以车须修理,下午势不能行,遂相约放弃人大闭幕大会不去,俟明晨十时去政协礼堂参加闭幕云。惟闻今日大会有张经武作西藏问题报告及荣高棠作新兴力量运动会报告,不获听,颇感懊恼耳。然事势相牵,亦只得任之已。

到家属许妈炒冷饭食之。琴媳在社电话见告,燕孙已妥送托儿所,据云所内设有医疗机构,小病固无须外求耳。并知车票已买到,明日上午十时去安定劳动二十天也。

下午,闲翻中华书局新印《文史》第三辑,内中有力量之文章不少。晚,汉、湜、琴、元、宜都归,遂同进夜饭。饭后,潜儿、文权同来,共谈至九时半,去。汉亦归去。予取汤拭身洗足,易衷衣,至十时乃就寝。

12 月 4 日 (十月十九日　辛巳) 星期三

晴,有风,颇寒。

晨三时便旋,六时起。七时,续点《通鉴补正·唐纪六十》,至八时一刻毕。八时半,老赵始来,以所中车尚未修好,易雇一车,先接其芳,来接予,乃同过无量大人胡同八号接唐弢,然后直驰往政协礼堂参加大会闭幕式。周总理主席,徐冰秘书长、彭副主席先后发言，并通过决议。十二时半，主席宣布胜利闭幕。散会后，就餐午饭，与蕕叔、汉达、叔衡、文中同席，真完满功德矣。饭后，仍与其芳、唐彀同车归。

下午在家整理会中文件，大略归类分庋，不觉已四时矣。腰酸不任坐，乃徘徊室中，背手徐行以遣之。傍晚风作，撼窗有声，元、宜两孙始归。琴媳今日上午九时出门，袱被往大兴安定劳动，两儿归询其母，迎风作喋，不无兴怜矣。六时半，予挟两孙晚饭。

饭后八时半，汉儿工会开会毕，来省，即住下，抚元、宜。九时半，湜儿归，亦以政治学习故晚归也。十时就寝。

12月5日（十月二十日　壬午）星期四

晴转多云，冷。

晨三时便旋，返床后至五时始合眼，乱梦至明，六时乃起。七时后，先写圣陶七十祝寿小引，继写信六通，分寄上海润儿及庞京周，合肥滋、佩，本京何叙甫、冯其庸、唐鸣时，抵午始毕。于是积件一清，亦一快也。

潚儿十时来，夜饭后去。

下午续点《通鉴补正·唐纪六十一》，至晚仅得十馀页。夜饭后，基孙偕其同学来，知汉儿以许彦生将往访，不来矣。九时半，基孙去。予亦就寝。

12月6日（十月廿一日　癸未）星期五

晴，冷。

晨六时起。七时半，潚儿来，遂同出乘廿四路南转十路到大华路北口下，走赴北京医院化验处，空腹抽血备查血糖、胆固醇、尿糖等。遇广平。八时进食，顺手挂号，居然吴玉丽大夫在内科，遂就诊焉。据量血压与出门前差不多，处方后属往透视处拍摄照片，遇蓟伯赞、钱俊瑞。十时离院，往新华书店看汉儿，约午在同春园饭，乃与瀱同乘十四路北至西安门，走往北海公园西陂，参观第六届菊花展览会。凡八室，遍历一过，真琳琅满目矣。十一时半出园，乘九路无轨往西单，径到同春园，则正值下班就餐之时，顾客特盛，竟无隙座，立俟良久始得坐，而汉亦至，遂唤菜小饮。一时一刻饭毕，汉儿上班去。予与瀱儿走至桂香村买到水果后，仍乘九路无轨返朝内大街，再转廿四路南归。

文学所送来科学大会堂出入证，顺索照片三张，予乃与瀱再出，在东单金山照相馆拍摄，须一星期后取。

六时半，湜儿、元、宜孙皆归，遂与瀱等同饭。饭后，湜携宜孙去就浴。八时许，汉儿开会毕来。有顷，湜、宜亦归，瀱乃归去。十时就寝。

12 月 7 日（十月廿二日　甲申）星期六

晴，寒。

晨六时半起。八时十分出，乘廿四路南转十路到南河沿，走往文化俱乐部，参加哲学社会科学部委员会四十五次中心学习会。刘导生主持，到吕叔湘、陆志韦、李健吾、黄文弼、郭宝钧、徐炳昶、翁独健、汪奠基、傅懋勣、贺麟等。十一时三刻散，予就餐厅午餐，与叔湘、志韦同座。

饭毕，乘三路到东单，转廿四路归。到家，瀱儿在，方饭毕。伊为予购得羊毛线围脖一条，甚好，乃查有小病，未几，又前往调换。予展《通鉴补正》点阅之，至五时许，毕《唐纪六十一》，兼及六十二八页。潏儿亦归,少坐便归去。

六时半,元、宜两孙及湜儿先后返,遂同进夜饭。饭后,韵启来访。相与谈至九时半,韵启去,予亦就卧。

12 月 8 日（十月廿三日　乙酉　大雪）星期

晴,薄寒。

晨六时起。七时三刻,湜儿即往汉儿家,约同往北海参观菊展。元、宜在家。予续点《唐纪六十二》。午间,汉、湜偕鉴孙归来,因共午饭。饭后,汉、鉴去,湜往房管处结修水井帐。予已写好三信,分寄润儿上海(京八号,兼及漱儿),滋、佩合肥(京卯廿八号,续询近状),琴媳大兴(复告家中平安)。即属汉携出付邮,并汇款八十元与润。伊等走后,遂点毕《唐纪六十二》。

元、宜往看燕孙,知患水痘,托儿所不容见而返。明知该所有医疗组织,然心不能不牵挂之矣。四时半,湜归。潏儿五时半来。夜饭后文权、预孙皆来。于永宽来访,接谈至九时,潏等去,予亦欲睡,永宽遂移坐湜西屋续谈,十时后乃去。

接硕孙青岛信,知在彼生活尚好,居然能时时出外作画云。

12 月 9 日（十月廿四日　丙戌）星期一

晴间多云,寒。

晨六时起。上午点毕《唐纪》六十三、六十四两卷。午后小休,又续点《唐纪六十五》十八页。接乃乾夫人电话,知乃乾感冒在床,明当访之。

夜七时,与汉、湜、元、宜共饭。饭后,汉、湜往俞宅唱曲。九时半就寝。十时半,汉、湜始归。

12 月 10 日（十月廿五日　丁亥）星期二

晴,寒。

晨六时半起。八时,续点《唐纪六十五》,至九时毕之。乃出,乘廿四路南转十路到中山公园,再转五路到西华门访乃乾。寒热尚未退净,下午须往友谊医院就诊云。妙中在,遂与共谈,因饭陈家。饭后一时半行,乘五路到地安门转十一路无轨回东单,再换廿四路北归。

三时许,展点《唐纪六十六》,至暮得廿二页。汉、湜、元、宜皆归,遂与同进夜饭。九时半就寝。

12 月 11 日（十月廿六日　戊子）星期三

晴,寒不甚,晨有浓雾。

六时起。八时廿分出,步往文学所参加本组组会,到者颇不少,未见晓铃外,馀皆晤之矣。九时开会,冠英主席,讨论根据学部扩大会议精神,如何对工作作总结检查。谈至十一时三刻散。予与默存、子臧同行至宝珠子胡同南口而别。到家即午饭。

饭后,二时廿分出,乘廿四路南转十路,到南河沿文化俱乐部参加民进学习会。到时已开会,正由徐伯昕讲视察福建情况,张纪元继之,亦谈闽事。严景耀主持此会。休息后,由梁纯夫、徐楚波讲视察云南情形。五时四十分乃散,予与颉刚同谒餐厅晚饭,晤均正、祖璋等。熟人极多,诚不虚此行也。前在成都民进讲话,承当地主持人送书数部,交洁琼带京,今日晤之,即以所携书十余册摊陈案上,属予择取。多近人诗词,予择其中近刻《升庵长短句》三卷(合一册)携归。离俱乐部后,与颉刚偕行至王府井南口,得雇三轮先归。

　　至门,汉、湜、宜方在晚饭,知元孙已饭过,往同学家抄书云。八时半,湜偕汉往看潜家。予即就卧,以上下午开会,腰酸难任耳。十时,湜归,知汉亦径行归去。又有顷,元孙始归。

12月12日（十月廿七日　己丑）星期四

　　雾转晴,气不甚寒。

　　晨六时起。八时后,正续点《通鉴补正·唐纪六十六》,顺林来,遂与同听广播《两种根本不同的和平共处政策——六评苏共中央公开信》,适报纸亦送到,竟得对本听读,甚快,不图现代修正主义之作法竟下流一至于此也。听毕,顺林就缝纫机制伊所需之衣,至午同饭。饭后,顺林小睡。

　　琴媳负袱被归,盖社中需要甚急,特从农场召还者。此讯两日前已闻元孙言及,以交通阻隔故,今始实现耳。

　　三时,顺林仍缝衣,予则续点《唐纪六十六》,至五时毕之。湜儿归来即饭,饭后往政协礼堂与汉儿同看话剧,将于戏毕后,同归汉家。顺林留此晚饭。饭后再制衣。予俟顺林作工,再点《唐纪六十七》,毕之,又接点《唐纪六十八》,至九时半,得十七页。顺林亦工竟,乃留宿于西屋,予亦就寝。

12月13日（十月廿八日　庚寅）星期五

　　大雾,近午始渐霁。气温与昨同。

　　晨六时半起。八时廿分出,步往建国门文学所参加组会。除平伯、晓铃未到外,馀皆到。九时开会,冠英主席,检查本年度工作情形。十一时三刻散,仍步归。

午饭后,续点《唐纪六十八》,至三时毕之,又接点六十九,迨晚得十二页。

夜与汉、琴、湜、元、宜共饭。九时,汉归去。予亦就寝。

12 月 14 日 (十月廿九日　辛卯) 星期六

雾转晴。气较昨寒。

晨六时起。七时后,展读马石亭《秋窗随笔》及黄士龙《野鸿诗的》,九时半毕之。接点《通鉴补正·唐纪六十九》,近午及廿七页,全卷仍未完也。

十一时,往访雪村,潜儿踵至,遂同归午饭。饭后,在炉旁小睡。三时许,介泉夫人来访,因与潜儿共接谈,逾时去。

薄暮,文权、鉴孙、宜孙、琴媳、元孙、汉儿、韵启、湜儿、镇孙皆先后至,遂围坐小饮,为请韵启也。予偶感冒,竟未能饮,啜粥陪坐而已。九时后,韵启、文权、汉儿等皆去,予乃服药就寝。十一时、三时皆起溲,四肢无力,甚疲。

12 月 15 日 (十月三十日　壬辰) 星期

晴,寒。

晨七时起,软甚。八时,汉儿来,偕湜儿往赵家楼访友。十时半,农祥来,因同过雪村,电话叫出租汽车,拟同赴外城丰泽园之约。乃星期车忙,竟回绝无车。不得已,走往青年会北首,乘六路无轨行。汉儿亦赶来同行。到珠市口下,走至煤市街丰泽园已十二时馀,圣陶及诸宾客俱集矣。歉甚。有顷,锡光至,最后湜儿亦至,遂出予所书小引之册子,叙齿签名。是日到者圣陶及至、满小夫妇外,凡二十二人。章雪村(七十五)、王伯祥(七十四,子女汉华、湜华)、陆轶程(七十三)、章元善(七十二)、顾颉刚(七十一)、朱文叔(六十九)、宋云彬(六十七)、傅彬然(六十五)、俞平伯(六十五)、徐调孚(六十四)、贾祖璋(六十三)、顾均正(六十三)、贺昌群(六十一)、吕叔湘(六十)、徐伯昕(五十九)、唐锡光(五十九)、夏龙文(五十五)、倪农祥(五十五)、覃必陶(五十四)、张志公(四十六)，分列三席。予与圣陶、雪村、颉刚、文叔、云彬、彬然、平伯、伯昕同座。饮宴甚欢。二时半始散。予与云彬，颉刚，农祥，元善，汉、湜两儿分雇两车驰往南河沿文化俱乐部，参加北京昆曲研习社同期。有顷，圣陶、至善父子亦至。在场又晤熟人极夥，赵景深久不晤，近亦由沪来京开会，得于同期见之，把谈甚久。近六时乃散，汉、湜先已归家，予与颉刚、元善附圣陶车各归。

到家晚饭，又感疲软，啜少粥即罢。八时，汉儿来。又有顷，文权、潃儿来。近十时，潃、权去，汉留宿，予乃濯足就寝。

12 月 16 日（十一月大建甲子　癸巳朔）星期一

昙。气较昨前略暖。

晨七时起。十时，潃儿来，下午四时半去。上午，平伯见过，谈移时去。书友刘清源来，送到中华新印《宋代五次农民起义史料汇编》。

午后，正小睡，刚主来访，又谈移时乃去。傍晚，为锴、镇两孙看所试为创作稿，灯下毕之。俟来谒时面谕之。

湜儿傍晚与元、宜两孙先后归。晚饭后，湜儿去俞宅学曲，以西屋灯灭，不及续生火，今夜曲后住往汉家云。

予腰酸疲累，九时即就寝。琴媳上课归来，已十时矣。

12 月 17 日 (十一月初二日　甲午) 星期二

风霾,气寒。

晨六时半起。上午写信两封,分复润、滋。下午为汉达看《三国故事新编》稿第九册,及晚,仅看一半。夜与汉、湜、元、宜共饭。饭后,勉坐至九时,易衷衣就寝。汉儿归去。

十时三刻,琴媳始归。

12 月 18 日 (十一月初三日　乙未) 星期三

雾转晴,气温如昨,道冰不化矣。

晨七时起。体气仍不舒,腰酸腿软。八时半,勉出赴文学所参加组会。晓铃到,平伯仍未到。讨论六四年度工作计划问题。十一时三刻散,仍步归。到门,按铃无应者,敲门久之,亦无效,而邻儿之顽嚚者复从而起哄,予意许妈一人在屋,莫非中煤气薰灼所致,则殆矣。遂急走潛儿所,拉同走还,取钥入视,则许妈方笑言自若,谓适出外为予沽酒,致彼此相失云。予连走急路,心又耽虑,极不适,坐下竟不能立起,延至午后一时乃进饭。

下午,本约民进往文化俱乐部讲入蜀观感,以体怠神昏,无法践诺,即令潛儿电话告雷洁琼乞假。颇歉然耳。

三时许,晓先见过,长谈至五时半乃去。潛儿亦遂归去。夜与琴媳、元孙晚饭。饭后,琴媳复往社中上课,兼挈宜孙(宜在同学梁家)。湜儿则今晚在民族文化宫看歌舞(社中请客)。予与元孙坐至九时,令元归卧,予亦就寝。十时,琴媳挈宜归。湜儿十一时许归。予已入睡矣。

我家平日在家者惟予及许妈二人。予有事外出,则许在家守门,许出买菜,则予竟不能离一步。时而有人送信,时而有电话来缠,应门亦无人矣。今午之事,便坐此失,今后如无所改善,我家终非了局也。

晚接太原清儿信及上海润儿信。清意欲于春节归省,润则云一月十日左右当可结束沪事,橐装归来也。汉达《三国故事新编》稿第九册今夜亦勉为看完。

12月19日（十一月初四日　丙申）星期四

晴兼多云,有风,寒。

晨六时半起。七时后,续点《通鉴补正·唐纪七十》,迄午毕之。濬儿十一时许为予购买节物来,遂与共饭。饭后小休,三时,复点《唐纪七十一》,迨暮得廿页。近来昼短甚矣。四时半濬去。夜与汉、琴、湜、元、宜同晚饭。九时许,汉归去。予乃就寝。

接润儿十七晚发来第十一号信,报年内已得京沪两馆同意,可以赶回云。为之大喜。

12月20日（十一月初五日　丁酉）星期五

晴,寒。

晨七时起。八时后,续点《唐纪七十一》,至九时半毕之,又接点七十二,竟。外孙昌硕昨自青岛归,今来看我。我以北碚石纸镇贻之,午间去。午后作书跋两首,一写乾隆刻本《升庵全集》之首,一写近刻本《升庵长短句》之首。

四时许,濬儿来。有顷,颉刚偕叙甫见过。甫坐定,而颉家即来电话,谓有客待晤,于是叙甫遂与同去（假去《法帖大汇》十五册）,未及多谈也。

元、宜孙放学早归,瀹亦归去。入晚,汉、湜相继归,遂同元、宜共饭。饭后,汉、湜往看瀹、硕。

九时就寝。十时,湜归。十一时,琴媳归,盖持予票偕其同事参加政协戏剧晚会也。

12 月 21 日(十一月初六日　戊戌)星期六

晴,寒。

晨六时起。上午点阅《通鉴补正·唐纪七十三》,下午点阅七十四,皆竟。接洁琼电话,约午后去文化俱乐部讲话,以感冒未愈却之。瀹儿近午来。今日为冬至夜,汉儿拥诸外孙在其家度节。瀹儿、权婿则偕预、硕两外孙来小雅宝庐度节。傍晚,元孙挈燕孙先归。琴媳挈宜孙继至。程韵启亦应邀来。七时许,湜儿归,乃团坐吃冬至夜饭。九时半,韵启及瀹等皆去,予亦就寝。

12 月 22 日(十一月初七日　己亥　冬至)星期

晴,寒。

晨六时半起。八时后,点读《通鉴补正·唐纪七十五》。九时,瀹儿、硕孙来。湜儿往芳嘉园赵家接文敏、文苹姊妹来,苹之同学某女士适往访,亦偕以来。文敏为汉儿新华同事,苹在朝阳区九十七中教语文,汉儿通过同事介绍,俾湜、苹相识,今乘冬至家宴,邀来便饭也。近午,苹之女友辞去。有顷,汉儿来,硕孙去。十二时,遂聚坐小饮。饭毕,敏、苹即辞归。予点毕《唐纪七十五》后,接点七十六,近晚亦毕。夜与琴、湜、元、宜、燕晚饭。

九时就寝。

12 月 23 日 (十一月初八日　庚子) 星期一

晴转多云。午后风大作，虎虎有声。寒。

晨六时起。燕孙咳嗽，琴媳仍送之入托儿所。八时写信三封，分寄清、润、滋。旋点《通鉴补正·唐纪七十七》，日加午，毕。

午饭后，殊无聊，颇思一出，乃大风忽起，渐见晦冥，竟不果，就炉旁略打一盹，不识感冒又将增进否耳。蹶起呆坐，风声甚急，不得已，仍伏案点书，至接灯，毕《唐纪七十八》。

夜与汉、元、宜共饭。饭后，汉往昆曲研习社唱曲，湜则下班未归饭，先过于永宽，然后与汉会也。九时半就寝。琴媳十时归。汉、湜十时廿分归。

12 月 24 日 (十一月初九日　辛丑) 星期二

晴，西北风甚紧，窗上玻璃始见冰花。

晨六时起。未几，汉、湜皆出上班，元、宜两孙寻亦上学。琴媳七时四十分亦上班去。予八时点《唐纪七十九》，迨午毕之。午饭后，倚炉小睡，三时三刻乃起。接点《唐纪八十》，至晚得十六页。元、宜、汉、湜、琴先后归，乃共夜饭。饭后，汉灯下为琴裁衣。九时，汉归去，湜亦随之去，即宿其家。十时就寝。

12 月 25 日 (十一月初十日　壬寅) 星期三

晴。风稍止，加寒。

晨六时半起。八时后续点《唐纪八十》，至九时竟。接点《唐纪八十一》及《后列国纪一》，至午皆毕之。于是，唐祚既终，群雄益相角逐矣。

午后一时三刻出,乘廿四路到东单,亲诣邮局汇款一百廿五元与上海福州路四二四号古籍书店,还《上海博物馆藏画》帐(以已接催片)。旋乘十路到中山公园转五路,往西华门访乃乾。长谈至四时半,行。仍乘五路北至地安门桥,再转四路环行到张自忠路下,走由七条穿至八条访圣陶。盖先得满子电话,约往小饮也。晤谈至晚七时,张纪元乃来,至善亦归,四人遂就东屋饮,新开瓮尚佳。八时半,濬、汉及硕孙来接予,满子遂酌汉儿两杯。九时许,乘纪元车送归。文权在,琴媳亦方归,湜儿则为永宽灯下改稿,元、宜则皆睡矣。有顷,权、濬、硕及汉都归去。十时就寝。

12 月 26 日(十一月十一日　癸卯)星期四

晴,寒。

晨六时起。八时后,点读《通鉴补正·后列国纪二》,至十一时毕之。午后二时独出散闷,先乘廿四路北行,至东直门转七路无轨西出西直门,达动物园下。入览熊猫馆及鸣禽室,湖水已冰,水禽之乐缺如矣。扬长而出,乘一路无轨,东入阜成门,径达朝内大街下,再转廿四路南归。到家已将五时矣。接汉儿电话,工会发票两张,今晚在民族文化宫看话剧,已约湜儿同往,观已即同住其家云。夜与琴媳、元、宜两孙同饭。

饭后八时半,即就卧,被中听广播,周扬十月中在科学院哲学社会科学部扩大会议的讲话,题为《哲学社会科学工作者的战斗任务》。十一时半始毕,予亦迷然入睡。

12 月 27 日(十一月十二日　甲辰)星期五

晴,寒。

晨六时起。午前,除对报再听一遍周扬讲话外,点毕《通鉴补正·后列国纪》三、四两卷。午后二时一刻出,步往文学所听唐副所长传达世界科学北京中心筹委会会议情况,并讨论有关参加一九六四年国际学术会议等问题,到各组组长及副研以上人员。五时散会,仍步归。觉冷气袭人矣。

夜与琴、湜、元、宜晚饭。饭后,湜往看赵文苹,九时半归。

九时,予就寝。

12 月 28 日(十一月十三日　乙巳)星期六

晴,寒。入晚,西北风又大作。

晨七时起。午前点毕《后列国纪五》。接润儿来禀,知在沪公竣,今日乘京沪十四次车返京,明日下午二时当可抵京云。阅悉大喜。适湜儿以明日赴厂赶校应时文件,今日休息在家,遂与之共饭。

饭后,续点《后列国纪六》,至三时半亦竟。湜往看文苹,同至北海画舫斋参观邵宇访古巴归来速写展览,六时归。汉儿、鉴孙傍晚至,知鉴孙学籍校中复查后,以曾经高等学校毕业,不能再入大学,例停止学习,情形不免沮丧。未几,琴媳率元、宜、燕三孙归,乃勉与共进晚饭。饭后,潘、权、硕来,盖硕先在我家,知鉴事,归召其父母同来慰藉者也。事已难挽,只得强作镇定而已。

九时半,汉、鉴归去。有顷,潘、权、硕亦去,予乃就寝。

12 月 29 日(十一月十四日　丙午)星期

晴,寒。

晨六时半起。九时出,乘廿四路北抵九条口,走访圣陶,适高祖文在座,共谈达午,遂留同饮。饭后,祖文先行。予乃与圣陶谈元鉴事,彼谓可向教育部人民来访接待室声诉,如无其他原因,宜可保持学籍也。二时半,辞叶家,循原路归,则润儿已安返家中。潘、琴、硕、元、宜、燕等俱往车站接归也。有顷,大璐、元镇来,汉儿亦至,知偕鉴往访顾公绪,鉴已持顾函往见北大物理系主任面谈云。其后,湜儿自厂公毕归。韵启亦自宿舍来看润儿,遂同夜饭,元鉴亦旋来共饭,甚见热闹。夜饭后,文权、昌预来。共谈至九时半,潘、汉、韵等皆去,予亦就寝。

上午,冯亦吾来访,竟未之晤,留下两稿订后期再来云。

12 月 30 日 (十一月十五日　丁未　月今蚀) 星期一

晴,寒。

晨六时起。八时,偕润儿往版本图书馆访伯昕,已出,乃过伏园,以未起不愿惊动之,遂返。润则须各部走走,料理手头事,然后归来休息云。

午前,点毕《通鉴补正·后列国纪七》。十时三刻,鉴孙来,谓已去教育部陈述过,且在家候回音云,遂留此午饭。十二时后,润始回家同饭。

饭后,予偕润儿、鉴孙出散步,步由干面胡同、西堂子胡同到王府井百货大楼一转。无所欲买,乃复北行,由八面槽、王府大街径抵隆福寺。门已拆建为东四人民市场,较后进原有者又添建一陪,然原来面貌竟渺不可得而睹之矣。至此,足力已尽,乃雇三轮以归。润、鉴则别有事,随后走归。比伊等到家,已入晚矣。

夜与汉、润、琴、鉴、元、宜共饭,湜则约文苹往政协参加评剧晚会,未归饭。饭后,潘、硕来,而汉往俞宅唱曲矣。九时半,潘、硕及鉴皆归去,予乃就寝。

十一时,湜归,知已送文苹归去。

12 月 31 日(十一月十六日　戊申)星期二

晴,寒。

晨六时半起。八时,走往文学所参加全体大会。棣华主席,听贾芝传达周扬在文联所作报告。十一时半毕,所中以年节午间会餐,予未参加即步归,与友琴同行至宝珠子胡同而别。

午与润同饭。新开去年所购绍酒瓮汲饮,试之甚佳。下午三时,点毕《后列国纪八》。冯亦吾来访,接谈移时去。取其《文字虚言》稿本去,其《汉赋选》稿则托予介绍于中华书局谋出版。当为一转,未识得售否?

夜与润、琴、湜、元、宜、燕同饭。九时后,取汤拭身洗足,均润、湜帮同照料。易衷衣就寝已十时半。

1964 年

元旦①（癸卯岁十一月大建甲子 癸巳朔 十七日 己酉）**星期三**

晴，寒不甚烈，无风。

晨六时半起。十时，潴、权及汉、璐、锴、镇、鉴、基均来。

吴翊如为雪村送鱼干及腌菜至，甫坐定而政协车来接，翊如遂起行，甚歉。车过南河沿文化俱乐部接黄季宽同载以赴政协礼堂。盖年例招待年在七十以上之在京委员、人民代表、各民主党派负责人、国务院参事也。今年圣陶初届被邀，予比之迎秀才入学矣。惜颉刚适以小病住院，未及与耳。十二时开宴，由本会副主席彭真主持，到七十以上老人二百四十八位，有老伴者亦偕至，凡列三十餘席。三楼礼堂满布矣。予坐第十二席，与邹秉文伉俪、周士观伉俪及浦、戴两氏伉俪与一代表主人之粤人同座。午后一时半乃散，仍与季宽同车，李觉附焉。二时送到家，汉等皆在。有顷，汉等皆去，元、宜两孙亦随汉同去。予展《列国纪九》续点之，近暮亦竟。傍晚，润儿亦往汉家，仅予与琴、湜在家晚饭。

饭后八时半，元、宜先归。九时，予就寝。十时半，润乃归。

---

①底本为："习习盦日记第十三册"。原注："一九六四年一月一日至二月二十九日，凡六十天。六四年三月十五日草装，时甲辰岁二月初二日也。"

1月2日(十一月十八日　庚戌)星期四

晴,有微风,不甚寒。

晨六时起。儿孙辈照常上班、上学去。十时,元善见过,谈诗。有顷,汉达至,锴孙亦旋来。予与章、林二公长谈,遂留此午饮。饭后二时,章先辞去。林则谈至四时乃行。六时后,润、琴、宜、汉、湜、元陆续归。遂同进夜饭,兼小饮。九时,汉、锴归去,予乃就寝。酬对终日,虽累而兴复不浅耳。

1月3日(十一月十九日　辛亥)星期五

晴,寒。

晨六时半起。九时出,乘廿四路南转十路到中山公园,再转五路到西华门访乃乾。即以冯亦吾稿转介与中华书局。长谈至十一时十分乃辞归。乘五路北抵地安门转十一路无轨回东单,车上遇汪季文。到东单后再转廿四路归家。

潘儿在,知已为予挂号,六日晨九时去北京医院就郭敏文诊治。午与潘、润同饭。饭后二时半出,偕潘儿乘廿四路转十路到大华路下,走往北京医院探访颉刚于一一四室。适郭普远大夫正在为之查肠,须探照摄片,然后可知何症云。予一恐妨碍手术,二亦怕看手术,遂数语即行,且俟明后日电话询问矣。既出院,穿行东单公园至东单,乘廿四路到外交部街东口下,走往大雅宝胡同一自理缝纫户缪千富处,属改作予所御皮大衣,以两掖太窄,须加宽也。约定十二日可取,遂归。即由潘儿将此大衣送去,备先拆卸。

夜与潘、润、琴、元、宜晚饭。八时,湜始归,盖在社听报告也。复具餐焉。九时,硕孙来接潘,遂同去。予亦就寝。

1 月 4 日（十一月二十日　壬子）星期六

多云转阴，近午飘雪，午后未止，入晚始已。薄有积存矣。久燥得此，不但庄稼有益，人体健康亦有裨也。谓之瑞雪不谬耳。

晨六时起。竟日未出，点毕《通鉴补正·后列国纪》十、十一、十二，凡三卷。午后四时，镇孙、锴孙先后来，知鉴仍照常上课，且俟下文云。入晚，汉、润、琴、湜、元、宜、燕皆归，遂共进夜饭。元以练习溜冰，故先饭即往北海矣。饭后，湜往访赵文苹。九时许，汉、镇、鉴皆去。九时半就寝。十时，湜归。又半时，元乃返。

1 月 5 日（十一月廿一日　癸丑）星期

晴，寒。

晨六时起。湜儿七时半出，约赵文苹同往颐和园赏雪。八时后，予点《后列国纪》，至午完两卷（十三、十四）。润儿以赶工，今日加班，仍依时到馆。

午饭后，展赏旧藏明清扇面画。三时一刻出，雪融地泞，易鞋以行。乘廿四路北转十二路无轨，到王府大街，径登华侨大厦六楼，并无民进在彼开会，出怀中请柬审之，乃新侨饭店六楼也。哑然自失。遂行，改乘三路无径径达崇文门。及至新侨六楼，大家已齐集矣。是日为过组织生活，予仍列第四组，与叶圣陶、陈慧、徐伯昕、徐楚波、梁纯夫、董守义、顾颉刚同组。今一、四组合，二、三组合，故四组除颉刚在医院未到外，且与一组王却尘、吴研因、吴荣、余之介、林汉达、葛志成（陈选善未到）等合开，适吴学兰在京开会，尚未返哈尔滨，亦与焉。凡十四人。漫谈时事及感想，至六时散。复至二楼餐厅会餐。遂与二、三两组之叶至善、吴文藻、陈麟瑞、赵朴初、许广平、张纪元、梁明、顾均正、毛之芬、严景耀、巫宝三、张明养、雷洁琼晤（谢冰心、杨东莼、冯宾符未到）。分设三席聚饮，予与广平、汉达、伯昕、圣陶、至善、纪元、楚波、均正同坐，本为新年聚餐，又兼欢迎叶氏父子，故备极欢洽。七时半散，予乘圣陶车返至小雅宝西口而别。

走归家中，潗、润、琴及三孙都在，湜亦早自颐和园归来矣。九时半，硕孙来接潗，遂同去。予亦就寝。

1 月 6 日（十一月廿二日　甲寅　小寒）星期一

晴间多云，寒。

晨七时起。午前十时点毕《通鉴补正·后列国纪十五》。今日本已挂号往北京医院就诊，乃许妈之孙取得齿科医院之号牌，须今日前往装义齿，予乃电北京医院，改期明天，令许妈前去试装。潗儿为予往文学所领薪金，以昨日星期，款未到，须明日往取，亦折回。十二时，许妈始返，谓牙床尚未固定，订下月四日再去云。

午与潗、润同饭。饭后稍休，二时半与潗同出，乘廿四路北转十二路无轨到王府大街，再转四路无轨往百货大楼，潗购得小方毛巾六条，予则购得靠腰圆垫套一对，离大楼后，再乘四路无轨到前门蒋家胡同下，物色书包，仍无所得，复往廊房头条劝业场再一询问，竟无有。盖日本新出高级塑料制品一露即被售耳。出劝业场北门，走往前门原车站，乘九路返东单，再转廿四路，归家已薄暮五时矣。

是日为琴媳生日，潗、汉、预、硕俱来，夜乃与润、琴、湜、元、宜及潗、汉、预、硕同饮，藉志家庆。晚饭后，聚谈至九时半，潗等先去。有顷，湜亦随汉归去，即宿其家。十时就寝。

1 月 7 日 (十一月廿三日　乙卯) 星期二

阴,寒。欲雪未果。

晨六时半起。八时点《通鉴补正·后列国纪十六》。十时,澘儿来,已先往所中取款矣。遂同乘廿四路南转十路到大华路下,走往北京医院就诊。待半时许,由郭敏文大夫接诊,据云无恙,配前药行。予先循原路归,澘则往百货大楼购物。到家已十二时廿分,与润先饭。有顷,澘亦至,仍同饭焉。饭后澘归去。予仍续点《列国纪十六》。四时许,伯昕见过,承询鉴孙事,因谈移时而去。夜与汉、湜、宜同饭,润、琴、元皆有事未归饭。九时,汉去,予就寝,润、琴、元始先后返。

1 月 8 日 (十一月廿四日　丙辰) 星期三

晴,寒。

晨六时半起。八时出,赴政协联络委员会之邀,乘廿四路南转九路到前门,再转七路以行。在车上遇周士观、吴研因,同诣礼堂第一会议室已将九时,诸被邀者大多先到矣。九时十分开会,由辛志超主持,座谈最近发表之毛主席诗词。与会者仇鳌、王葆真、陈半丁、覃异之、钱昌照、吴研因、李伯球、李俊龙、李培基、翁文灏、周士观、王昆仑、赵朴初、巨赞、安若定、黄琪翔、章元善及予十九人,二干部旁听作记录,其中以赵朴初、王昆仑所说为多,王反复毛诗词所含虚实、大小、义理、名物诸义综括以十六字,即:剪裁宇宙,驱遣仙灵,平章往古,指点来今。及终场已十二时半,予谥王说为达诂,遂散。予与元善过餐厅小饮。

午后二时,予乘一路无轨东如北海,乃走往西华门访乃乾,长谈至四时,行。乘五路北至地安门转十一路无轨回东单,复换廿四路北归。

夜与润、湜、元、宜同饭。饭后,湜出访赵文苹。九时就寝。琴媳及湜儿先后归,知湜携文敏、文平姊妹同看电影也。

1 月 9 日（十一月廿五日　丁巳）星期四

多云间晴,似酿雪,颇冷。

晨六时半起。湜儿感冒,今日请假在家休养。上午写信四封,分寄本京谭惕吾,太原清儿,合肥滋、佩（湜写予附注,编京一号）,贵阳埒孙。又为汉达看《三国故事新编》稿第十册。

午与润、湜同饭。午后续为汉达看稿,直至接灯乃完。有便可以还之矣。夜与润、湜、宜共饭。琴、元皆有事未归饭也。九时后,琴、元先后归。九时半就寝。

1 月 10 日（十一月廿六日　戊午）星期五

阴寒,午后天色益沉,近暮雪作,深夜未止,积盈寸矣。

晨六时半起。八时后续点《通鉴补正·后列国纪十七》,毕之。接点《后列国纪十八》,至午亦竟。湜儿今日仍在家休养。午后略休,出《楚辞集注》翻阅之。五时,润儿即归,予即与润、湜共饭。

潘儿三时半来,出外购物,入暮雪中归。琴媳、宜孙、汉儿亦先后至。伊等别具餐焉。六时,润同事五人,琴同事两人至,属为讲《离骚》"女媭申申其詈"以下一段。盖都系电视大学之生徒,未得谛解者。予指讲至八时,以疲而止,且订后期续讲,纷纷散去。有顷,潘、汉亦行。九时半,元孙始归,仍在同学家中赶作业也。十时就寝。

1 月 11 日（十一月廿七日　己未）星期六

雪转阴,寒威乃不甚烈。

晨六时起。湜儿今日上班。琴媳、元、宜等亦出门较早,盖雪天挤车者多,而道滑行车不能速,恐迟到耳。八时半,硕孙来,请同出赏雪,予以体惫惮行未果。留之看画。九时乃归去。是日,点读《通鉴补正·后列国纪》十九、二十、廿一,三卷。午后三时半毕之。鉴孙学习事校方又通知停籍,汉儿又不免毗黻,夜饭后润儿、琴媳往其家慰问,十时后乃归。予已就寝。是夕与润、琴、湜、元、宜同饭。燕孙以又感小疾托儿所不听接归,以是颇念之。

1 月 12 日（十一月廿八日　庚申）星期

晴,不甚寒,积雪交融,道途泥泞。

晨六时半起。九时,高谊见过,约同往汉达家饭。有顷,琢如来,遂共谈至十时,三人同出(予携酒一瓶自随)。琢如归去,予与高谊乘廿四路南抵东单,拟乘四路环行往,乃久待不至,即乘一路赴西单换乘三轮抵汉达所。剧谈。十一时三刻,薛慕回至,因共小饮。饭后又谈至三时,行。道泞更甚,勉行至灵境胡同,乃乘九路无轨行至西安门,慕回下,予与高谊同至南小街下,再转廿四路南归。予在禄米仓下,高谊则径归其寓所矣。予行至中龙凤口遇农祥,盖访予未值者,遂邀之折回,又谈移时乃辞去。

夜与润、琴、湜、元、宜饭。饭后八时半,汉、鉴来自北大,据谈已晤叶、魏诸公,大概不可挽回矣,且俟明日再去教育部一询。十时,汉、鉴归去,予亦就寝。

1 月 13 日（十一月廿九日　辛酉）星期一

晴,寒。

晨六时半起。上午点毕《后列国纪廿二》。下午点毕《后列国纪廿三》。鉴孙午后来,属即留待其母。四时一刻出,乘廿四路北抵九条下,走访圣陶,适陈慧在,因共谈。五时,陈行,予遂亦谈鉴事。今晚民进中央之会,伊父子俱不去。予乃独行,乘四路环行之鼓楼下,走往辛寺胡同民进中央会所。六时饭,饭后开会,讨论毛主席关于支援巴拿马谈话及周扬讲话,梁纯夫主持之,到王恪丞、章矛尘、巫宝三、吴文藻、严景耀、余之介、林汉达、徐楚波、葛志成、傅彬然、吴荣、许广平、雷洁琼、郑效洵及予。谈至十时散。由会中派车送归,予与纯夫、效洵同乘。到家知潜、汉等皆去,湜亦随汉去矣。少坐即寝,颇感累。十五晚拟邀云亭、树人、纪元、圣陶、至善同饮,云、树已发信,圣已面约,惟纪元以为会中可以晤面相约,乃竟未之见。

1 月 14 日（十一月三十日　壬戌）星期二

晴,寒。

晨六时半起,即写信约纪元,自出寄之。旋续点《后列国纪》。周身牵绊,颇形寒,硬挺之,至午点毕廿四、廿五两卷。下午,仍强坐为洁琼集古来女子教育材料。元孙喉痛早归,未晚饭。

予与琴、湜、宜晚饭。润在馆学习未归饭,九时始返。予周身不舒,临卧易衷衣不敢招凉,竟未抹拭也。十二时即起溲,旋入睡。翌晨五时醒矣。

晚接佩媳信,知滋儿或能于春节返京一省耳。

1 月 15 日 (十二月小建乙丑　癸亥朔) 星期三

晴,寒,欲雪未果。

晨六时半起,体气觉稍松。八时后,点读《通鉴补正·后列国纪》,至下午二时毕廿六、廿七两卷。三时,为洁琼写出古代妇女教育书籍提要八条。

五时后,圣陶、云亭、树人、纪元陆续至,有顷,至善亦至,遂共酌。潽、汉、润、琴、湜、元、宜别具餐。潽为予治撰已两日,汉亦佐之。中心尚在润,可见小小宴集,亦颇不易之耳。七时半,纪元先行,八时,云亭、树人亦去。九时半,圣陶、至善去,潽、汉亦归去。十时就寝。

1 月 16 日 (十二月初二日　甲子) 星期四

晴,寒不烈,午后微风。

晨五时醒,七时起。八时写信与洁琼,录所集古代妇女教育书目八种寄之。适潽儿来省,即属伊携出付邮。点《后列国纪廿八》,至午毕之。元孙感冒发热,今晨扶病赴校考历史,仅完一课,不支而退。琴媳伴之求医,午送归休息。候痊后补考。宜孙亦不甚舒适,上午在家休息。润亦归。予遂与润、琴同饭。

午后二时一刻出,步往文学所参加本组组会,除吴赓舜、邓绍基二人未见外,馀皆到。文学评论社张伯山、图书资料室汪蔚林亦列席。冠英主持,讨论毛主席诗词,发言颇热烈,王水照作记录,将整理为文,在《文学评论》上发表云。近六时散,予仍步归,天垂黑而地冰滑,跬步有戒心,到家门已曛黑矣。

夜与琴、湜、宜共饭。润在馆开会未归饭。元则卧床仍有微热也。九时就寝。寝后润乃返。

1 月 17 日（十二月初三日　乙丑）**星期五**

晴，有风，寒。

晨六时半起。为象钟检神童诗来历，摘写两纸，备明晨赴会时面与之。元孙在家休息，下午当入校就考。八时点《通鉴补正·后列国纪二十九》，迫午毕之。于是全书二百九十四卷都毕矣。顾一九六〇年十一月十三日始读时，凡阅三年两月有四日。三载以还，因目渐眊，不能谛视细字，遂专与线装书亲。此书以外，亦尝点阅《四库提要》二百卷、阮氏《研经室外集》五卷，并以其间将王氏合校《水经注》四十卷，绵绵岁月所得仅此，自愧多矣。

十二时，宜孙先饭，即遣之入学。有顷，润儿归，遂共饭。饭后得乃乾电话，约一往北海公园茶叙，因于二时乘廿四路转一路无轨径赴之。晤于双虹榭，予以皮氏《经学通论》五册假之。谈至四时行，予雇得三轮东归。

夜以馀肴邀权、潴、汉、鉴、硕及润、琴、元、宜共享之。湜本云开会不归，正嗟其弗及而翩然至，谓社中开会改期矣，甚喜，乃合坐畅饮啖。是日，硕孙向西城联合制版所洽事，彼处即令伊上班，亦一快事也。但愿好为之，在工作中提高自己耳。鉴在坐，相形之下，自难免引其暗伤矣。奈何！九时半，权、潴、汉诸人皆去，予亦就寝。

1 月 18 日（十二月初四日　丙寅）**星期六**

晴，寒。盖今日交四九矣。

晨六时半起。八时半，学部有报告会在护国寺人民剧场举行，予以道远无车时促,竟未往,惟所中本亦有会,则移至后晨举行云。十时许,中华沈君来谈,问《陈龙川集》数事,移时去。是日开始点毕氏《续通鉴》,抵暮完《宋纪一》、《宋纪二》。

夜与润、琴、湜、元、宜、燕共饭,燕孙两周未归,今见,甚快慰。晚饭后,湜儿往看文平。十时乃归,予已就寝。

1 月 19 日 (十二月初五日　丁卯) **星期**

晴,寒。

晨六时半起。上午点毕《续通鉴·宋纪三》。午后与润、湜同出散步,出大雅宝豁口,往日坛一游。迤逦出南门,径达建外大街,乘九路西达王府井下,先后历工艺美术服务社、文物出版社、百货大楼、荣宝斋等处,已将四时,予乃雇三轮先归。四时后润、湜亦踵归。夜饭后,韵启来谈,九时一刻去。予亦就寝。湜访文平未值,亦旋归。

1 月 20 日 (十二月初六日　戊辰) **星期一**

晴,寒。

晨六时半起。八时廿分出,步往建国门文学所参加全所大会,识者皆至。九时开会,张书铭主持之,由唐棣华作六四年工作动员报告,予晤及象钟,即以辑得神童诗资料与之。十一时四十分散,仍步归。

午与润儿共饭。饭后点毕《续通鉴·宋纪四》,至四时毕之。夜与汉、润、琴、湜、元、宜共饭。饭后,汉、湜去俞宅唱曲。予九时就寝。十时一刻湜乃归。

1 月 21 日（十二月初七日　己巳　大寒）星期二

阴，午后转晴，寒。

晨六时半起。八时后点《宋纪五》，至十时毕。元善偕丁裕长来访，谈移时去。又接点《宋纪六》，抵午亦竟。午与润儿饭。饭后，续点《宋纪七》，至三时半亦毕。乃乾见过，与谈至四时半辞去。

夜与湜儿、元、宜两孙同饭。润学习未归饭，琴则以浴晚归，再具餐。饭后，汉儿来，九时半归去，润亦归，予乃就寝。

下班时，朱士春为中华送《四库提要》断句费二百至。

1 月 22 日（十二月初八日　庚午）星期三

阴转晴，寒。

晨六时半起。八时后点《宋纪八》、《宋纪九》，近午都毕。午与润儿共饭。饭后小休。二时半续点《宋纪十》，至四时半竟十三页。五时许出，乘廿四路南转十路，赴民进伯昕之约，径到文化俱乐部，至则民进例行学习尚未散，参末坐听之。有顷散。伯昕五时半至，邀广平、洁琼、研因、文藻、冰心、汉达、学兰、吴荣、纪元、志成、楚波、明养、彬然、纯夫及予谈展开学习事，旋就餐室会食，且食且谈，至七时半乃散。予与纯夫、学兰同车送归。到家知湜儿饭后去汉家矣。潽儿、文权来谈，九时半去。琴媳返。予就寝近十时矣。

1 月 23 日（十二月初九日　辛未）星期四

晴，寒。

晨六时半起。八时后续点《宋纪》,近午毕十、十一两卷。午与润儿同饭。饭后二时独出散步,乘廿四路北至东直门大街,转七路无轨往鼓楼,再转五路南行,径达陶然亭,正值修桥,遂从堤上过,绕西湖之岸折还北岸,仍出北门,乘五路西至南樱桃园,复转十路东北归东单,换廿四路,归于家已五时矣。

夜与润、琴、元、宜共饭。湜电告今晚仍与汉听曲,径住汉家矣。九时半就寝。未服药,竟致梦扰不宁。

1 月 24 日（十二月初十　壬申）星期五

晴,寒。

晨六时半起。九时,外文出版社陈次园见访,已三年不见,据告被议在北郊检查,今已大白,仍回原社工作云。少谈便去。续点《宋纪十二》,至午竟。鉴孙十时来,午与予及润儿同饭。饭后小休。三时鉴孙去,予乃重治《说文》,仍以段注本为主,参以《诂林》诸说。此事为点《四库提要》及《通鉴补》所占,竟寝阁累年矣。

夜与润、琴、湜、元、宜等同饭。饭后,洗足,九时就寝。

1 月 25 日（十二月十一日　癸酉）星期六

晴,寒。

晨六时半起。八时后治《说文》。十时,潾儿来,乃与同出,乘廿四路北转九路到王府大街,诣美术宫参观齐白石诞生百年纪念画展,凡两室,兼有刻印,惟不多。早年工笔极可贵,人第喜其晚年功成粗率之作,以为泼墨一团,随钩数笔便成杰构,不知基本积累之功,有非浅人所窥及者,自有其真,故晚近流传伪品殊多犷悍恶札,盖其基本工夫未尝一试之耳。观感之馀,颇为喟叹已。十一时半,司事者急布十二时闭馆,意似逐客。予与潜即离馆,乘十一路无轨南至东单,转廿四路北归。到家已十二时五分。润儿旋归,遂共饭。

午后一时半偕潜再出,乘廿四路北转一路无轨径达西郊动物园,涉象房,历狮虎山即出,已三时半,即乘三路无轨赴王府井百货大楼购得提包一事,又过稻香春买点心,并去楼上南味小吃部各进酒酿圆子一碗。盖由柜友介绍而上,可见商业服务近日日见好转,非复往年拒人态度矣。出稻香春,乘双人三轮以归。五时到家,潜即归去。

夜与润、琴、湜、元、宜、燕同饭。今晚接燕孙自托儿所归也。晚饭后,湜儿往访赵文平,未值即返。九时半就寝。

1 月 26 日(十二月十二日　甲戌)星期

晴间多云,有时阴,午前曾见飘雪,气不甚寒而月晕,殆酿风雪乎?

晨六时半起。九时湜儿出购衣。予先治《说文》,旋点《续通鉴·宋纪》,至午毕十三、十四两卷。与润、琴、湜、元、宜、燕午饭时,汉儿偕鉴孙来,谓已在东安市场饭过,乃拉汉同予小饮。饭后三时,予偕汉、湜出,乘廿四路北抵朝内大街,先过朝内市场阅市,旋乘十二路无轨出朝阳门,径达小猪店站下,往汉家一省,至则基孙在。鉴孙留小雅宝晚饭,饭后偕琴媳往民族宫看话剧《祝你健康》,盖持予政协所发之券参加晚会也。予在汉家晚饭,八时汉、湜、基送予至车站,湜宿汉家,基陪予附九路车到东单,看予上廿四路后,伊再乘十一路回校。予车至禄米仓西口,润儿已在彼相候,盖汉送予上车后,以电话属之也。到家少休即就寝。十一时半始闻琴归,鉴孙则径归其家矣。

1 月 27 日（十二月十三日　乙亥）星期一

阴,寒。午后微显日光。

晨六时起。七时前琴媳及三孙即出门分送入学。八时后写三信,分寄清、漱、滋、佩。并为汉达看《三国故事新编》末一册稿本,至午完毕。午与润儿同饭。午后二时,潏儿来,因同出,先乘廿四路南转廿路到蒋家胡同下,寻北芦草园五十二号访顾寿白。外城街巷多斜行错综,问讯数四始得之。寿白已出未晤,晤其夫人,少坐便行。出东口南转桥湾即东珠市口,遂立待,乘廿三路西达虎坊路,再转十五路,西北至宣武门南达智桥下,东入茶食胡同,南转方壶斋,始得永光寺中街,寻至十二号访陆轶程,晤之。谈至五时辞出。遇朱公遂,盖即住其街三号,正与轶程望衡对宇也。立谈有顷而行。仍至达智桥乘九路无轨北行,径达朝内大街,再转廿四路南行。到家已六时,街灯灿列矣。汉儿来,遂与潏、汉、琴、元、宜同进夜饭。饭后,汉往俞家曲会,潏亦归去。润加夜班,九时乃归。湜亦以社中开会未归饭,径住汉家矣。十时就寝。

琴接佩信,附来铿孙四周岁照片,并知下月八日滋来。

1 月 28 日（十二月十四日　丙子）星期二

雾转晴,有风,寒。

晨五时醒,六时起。八时廿分出,步往建国门文学所参加本组组会,继续讨论工作的革命化问题。晤棣华、冠英、平伯诸位,十一时四十分散,仍步返。午与润儿、元孙同饭。盖元孙已放寒假矣。下午点读,毕《续鉴》宋纪十五、十六两卷。（夜与润、琴、湜、元、宜及宜之同班生崔女同饭。饭后,汉儿至,为予购得馄饨皮及馅肉各一斤。有顷归去。予以昨宵为电话铃所扰,不甚安睡,九时即服安眠药就寝。)(此翌日事,误提书于此。)

夜与琴、湜、元、宜同饭。九时半就寝。润学习毕方归。十二时电话铃大震,予知此时必无人有话达予,其为线路缴绕可知,不之起,然而因之失寐,甚患。至三时即眼睁睁不复能合矣。

1 月 29 日(十二月十五日　丁丑)星期三

晴,寒,大风。

晨三时即醒,俄延至六时三刻起,转觉精神颓靡,百不适意耳。八时后,强作点《续通鉴》,上午毕《宋纪十七》,下午毕《宋纪十八》。中间与润儿、元孙同饭也。夜与润、琴、湜、元、宜及宜之同班生崔欣同饭。崔随琴来,今晚住予家矣。饭后,汉儿至,为予购得馄皮及馅肉各一斤来。有顷归去。予以昨宵失寐故,九时即服安眠药就寝,甚效。(傍晚颉刚派人送所著《史林杂识初编》来,据云病已无苦,惟仍在院静养耳。)

1 月 30 日(十二月十六日　戊寅)星期四

晴,大风,寒烈。

晨五时醒,六时起。读《史林杂识初编》,即原作《浪口村随笔》重加整理者,添附地图十幅,佐读更便。予重读其中之五六篇,目昏而止,已十时矣。接点《宋纪》十九、二十,抵午亦毕。十二时十分,润归饭,有顷汉达至,盖先期约定者。因与小饮,且以馄饨为饷。饭后,长谈,即以《三国故事新编》稿末册还之。谈至三时始去。点读《宋纪廿一》,迫暮毕之。

元镇、元鉴来,与其母通电话,五时半出,往会于百货大楼。夜与润、琴、元、宜等共饭。湜在社开会未归饭。九时半就寝。寝前潜儿、文权来,因属代办年货。十时,湜儿始归。

1 月 31 日（十二月十七日　己卯）星期五

晴,寒,大风。

晨六时起。八时点《宋纪廿二》,至十时毕。晓先来谈,潜、权亦为予办年货至,因共午饭。晓先饭后去。元孙往其六姑家,宜孙仍随其母入假期活动学校。润儿午归饭,一时即上班。三时,潜、权归去。始展王氏《汉书补注》点读之,至晚读毕例目,纲领挈矣。垂老补课,其旨弥永。惜目力日渐昏耗不济之叹亦随之耳。

夜与润、琴、汉、湜、宜同饭。元孙午前去汉家,晚八时乃还。汉亦归去矣,在门首相值。湜饭后出访同事于天桥邮局宿舍,十时半乃归,予已就寝矣。

2 月 1 日（十二月十八日　庚辰）星期六

晴,寒,有风。

晨四时醒,六时半起。七时五十分出,步往文学所参加全所大会。书铭主持,八时半开,先由毛星传达中法建交经过,继由人事科传达学部计划生育措施,复由书铭传达救灾尚须进行,最后由杨耀民及一女同事轮流读一文件。盖大庆油田精神之具体事例,俾与今日《人民日报》之社论《全国都要学习解放军》所言相发明也。十一时四十分散,与冠英、子臧同乘,由老赵送归。盖所中新添一西德制小轿车,老赵亦欣然有得色也。此事发动已数年,近始实现耳。

比归,潏儿在,有顷润儿亦归,遂与同饭。饭后三时,潏归去。予续治《汉书》,点读《高纪补注》,垂暮得十四页。燕孙自托儿所接归,晚与润、琴、湜、元、宜、燕同饭。饭后,湜同学于永宽及厂中同事某君来,予与永宽及润儿同谈,知其将归沪省亲也。九时半,予就卧,永宽过西屋与湜谈,十时乃去。

2月2日（十二月十九日　辛巳）星期

晴,寒,风不大。

晨六时半起。以家中大扫除,儿辈劝予外出,予乃于九时出门,乘廿四路南转十路到中山公园,再转五路到西华门访乃乾。长谈,因留其家午饭。

午后二时,湜儿来陈家接予。予即偕之行。本有民进、政协之约,遂废不行。与湜步出南长街,在石碑胡同口乘廿二路车到西单商场下,入场阅市,今日星期休假,游人顾客皆特挤,行至南部新修各部尚未开张也。出场即乘九路无轨而北,转东,径达朝内南小街,扬长南归演乐胡同卖酒司姓,订购绍酒一坛,属过一二日送家下,备度岁家宴之用。亦以征国家经济好转,得有买酒之所耳。

到家已将四时三刻,埙孙、镇孙俱在,盖来帮同大扫除者。夜与润、琴、湜、镇、埙、元、宜、燕同进晚饭。九时就寝,镇、埙亦去。

2月3日（十二月二十日　壬午）星期一

晴,寒。

晨五时醒,六时起。点《宋纪》廿三、廿四两卷。九时半毕之。继治《说文》,阅毕草部数篆。镇孙为予购置坐杌四件,即留与共饭。润儿及元孙与焉。饭后,润上班,镇归去,元亦赴校活动。予乃续点《汉书补注》,至四时半读毕《高纪上》。傍晚与润儿、元孙步往禄米仓西口副食商店阅市,该店新近修建,今日方正式开幕,上午许妈出买菜,回报止说货多品齐,因往一看。途遇湜儿,亦自该店购物归来也。及至店中,又遇琴媳及宜孙亦在购买糖果,予乃买饼干、面包,与之同归。到家汉儿已在,遂合汉、润、琴、湜、元、宜共进夜饭。饭后,潜儿、文权来。有顷,汉、湜去俞宅练曲(湜仍往住汉家)。九时一刻,潜、权去。予亦就寝。

是晚八时半起广播《人民日报》及《红旗》杂志所发表要文,予就衾听之,至十一时始毕。

2 月 4 日(十二月廿一日　癸未)星期二

晴,寒,日中飘微雪。

晨六时半起。八时治《说文》续参《草部》数篆。九时听广播《苏共领导是当代最大的分裂主义者——七评苏共中央公开信》。十一时半完。接点《续通鉴·宋纪廿五》。午与润儿、元孙共饭。

饭后一时廿分,点毕《宋纪廿五》,复凭报纸对照再听《七评》,三时半完。接点《汉书补注·高纪下》,抵暮未毕。

夜与琴媳、湜儿、元孙、宜孙共饭。润儿在馆加班未归饭。饭后,湜往佐之写阿文书名也。八时半就寝。九时半,润、湜偕归。

2 月 5 日(十二月廿二日　甲申　立春)星期三

晴,寒。

晨六时半起。八时写信复漱儿。旋展点《宋纪》廿六、廿七,至午皆毕。文权、潜儿近午来,谓从西河沿买青鱼不得,为购鲜快鱼一尾云。午与潜、权、润、元同饭。饭后,权归去,润上班,许妈归休，留潚在家料理。予即点读《汉书补注》，至晚毕《高纪》下及《惠纪》。

夜与潚、权（复来）、润、琴、湜、元、宜同饭。饭已，润仍入馆工作，湜仍被邀同往协助。八时半，潚、权去，予乃就寝。十时许，润、湜始归。有顷，许妈亦返。

2月6日（十二月廿三日　乙酉）星期四

三时起便旋，入衾复睡，五时三刻醒，六时起。湜儿告予昨宵降雪，今已停，积寸许云。天气阴寒，近午放晴。八时后续治《说文》，阅《诂林·草部》数篆。继点读《续通鉴·宋纪二十八》，抵午毕之。

镇孙十一时半来，为予修葺坐杌。午与润儿、镇孙、元孙同饭。饭后，润上班，镇归去，元出看电影。予乃展《汉书·吕后纪》，至三时半毕。独出散步，地尚泞，遂乘廿四路南转八路无轨到灯市西口下，由八面槽南行，走至帅府园雇三轮还。抵家已四时三刻。此行只为运动筋骨，既未买物，亦无所游赏也。垂老孤闷，惟益自笑耳。

夜与汉、润、琴、湜、元、宜同饭。九时，汉归去。十时湜儿为予拭身，并自洗足易衷衣就寝。

2月7日（十二月廿四日　丙戌）星期五

阴，雪，近午微晴。午后复阴，气仍寒。

晨三时起溲，旋睡。六时三刻起。八时后点《宋纪》，至午完二十九、三十两卷。

午与润、元、宜同饭。午后电话局来修线，元、宜两孙又在家作耍,竟未能安坐也。

四时半独出,至禄米仓西口候车,盖应学部之邀共赴政协礼堂会餐。年例由院长柬请欢度春节也。立待有顷,健吾、之琳、宝权、子臧以次至,车亦旋来,车中已有平凡、力扬、翔鹤、葆华四人先在。行至演乐胡同,贾芝上,至老君堂平伯上,遂直驶礼堂。六时开宴,凡八席,藏云、叔湘、铁生、厚宣诸熟人俱晤及,三年不见之王静如亦遇谈焉。入席时,予与沫若、梓年、外庐、贺麟、琢如、旭生、文弨同座。七时散,有多人留看晚会节目,予与平伯、健吾、宝权同车先归。在礼堂出门时,平凡特送出门,及到禄米仓,宝权又扶掖送至家。可感也。元、宜两孙持予券已赴礼堂预晚会,予未之见,润、湜正在斋宰鱼肉,琴媳则在洗衣,家中亦哄哄然,有度岁之象矣。十时就寝。十一时两孙乃返。

接清儿信,知八日晚可动身,大约九日之晨便可到京,甚以为慰。前接佩媳信,知滋儿亦将于八日动身,则明后日当可与清、滋见面也。

2 月 8 日（十二月廿五日　丁亥）星期六

晨六时起,雪积及寸,正六花四飘中,七时后渐止,八时半阳光渐露矣。气寒如昨。午前后日照下大雪,午后二时后放晴。

上午点完《续通鉴·宋纪卅一》,下午点毕《宋纪卅二》。

夜与润、琴、湜、元、宜、燕同饭。饭后,润等仍分治年事,国家经济形势大好转,物资供应已见浩穰,因而各家都得欢庆度岁,理宜然矣。九时半就寝。

2 月 9 日（十二月廿六日　戊子）星期

晴,寒。

晨六时半起。八时半，润、湜及镇孙往车站接清儿及新孙，十时许皆至。盖已先赴遂安伯章家，故并小逸同来也。予则在家点《汉书补注·文纪》。清等来时适毕。汉儿、升基、昌颉亦至。乃属基往告濬。湜则往访赵家。午与濬、清、汉、润、琴、镇、颉、基、逸、元、新、燕等共饭。宜孙竟屏坐别席也。午后，湜、颉归随清、汉去。濬则归去。基帮润治事，四时乃去。予又续点《汉书·景纪》六页。

夜与润、琴、元、宜、燕同饭。八时半，清、湜偕归，与润、琴共谈，正切念滋儿究能何日到，预计八日果动身，则今晚明晨亦当可达云。九时半就寝。十二时四十分，门铃大鸣，予亟起，以为必有电报送来，大概滋儿请假未准不果行矣。及湜儿出启门，则滋儿竟到，大为欢慰。谈至二时后始各就寝。予竟喜而不寐，近四时乃入睡。

2 月 10 日（十二月廿七日　己丑）星期一

晴，有风，加寒。

晨六时起。七时后，清、滋皆起，谈至九时，清去遂安伯，滋出理发。午与润、滋、元、宜、燕共饭。下午三时，清来，偕滋出报临时户口。文学所唐棣华、王平凡见过，承存问并致鲜果为贶，至感，谈移时去。平居仍点《汉书补注》，午前点毕《景纪》，午后又点《武纪》十三页。夜与清、汉、润、湜、元、宜、燕同饭。

是夕科学院在政协礼堂有晚会，本定偕滋儿往与，乃入晚风急气寒，皆劝勿往，遂令润儿往禄米仓口候所中车至，告以故，免空待。晚饭后，锴、埁、镇、鉴四孙、濬儿、文权皆来会，卢漱玉亦来，欢叙至十时半乃各归，汉则留与清宿。十一时半始就寝。

2 月 11 日(十二月廿八日　庚寅)星期二

晴,严寒,窗上冰花坚凝。

晨五时半起。汉儿以值班故,冲寒先出,湜继之。七时半后,润、琴亦出上班矣。滋儿上下午都出为予买物,予亦无心看书,打五关自遣而已。午与润、滋、元、宜、燕同饭。下午五时,与滋儿乘廿四路北转十二路无轨,出朝阳门东达小庄(原名小猪店,今改,殆嫌其名不雅乎)下,走至汉儿家,晤锴、镇、鉴、璐、基诸孙。六时半,汉儿方下班归来,因共小饮,并夜饭焉。饭后谈至九时起行,与滋立小庄站候车久,寒冷之至,袭人欲凛,上九路后,直达东单,再转廿四路北归。到家已将十时。湜儿归家晚饭后又往民族宫参加晚会,近十一时始归。予十时半就寝,十二时后乃克入睡。

2 月 12 日(十二月廿九日　辛卯　癸卯除夕)星期三

晴,严寒。

晨六时半起。

十时,来薰阁书友王哲卿送胡刻《通鉴》第一函及陈昌治刻一篆一行本《说文解字》十册(两函附黎氏《说文通检》,翻粤刻本已不审何地翻),都留之,且属将《通鉴》馀函及苏州局刻毕氏《续通鉴》皆送来(过春节后一起送)。

志华来访清儿,因于午前同去遂安伯看新新。滋儿为予往北京医院取安乐神,午刻返。下午三时后,润、琴、滋、湜都工毕归。入夜,予同润、琴、湜、元、宜、燕及许妈团坐南屋吃年夜饭。饭后,分头治年事,如搓圆子、备年宴等,至二时乃寝。予虽于十时就卧,亦至人静而后入睡。

2 月 13 日（甲辰岁正月大建丙寅　壬辰朔　元旦）星期四

晴，寒。

晨六时三刻起。八时晓先来，九时去。予乃与清、润、滋、湜及元孙往章家拜年。晤雪村、心安、雪舟，少坐便返。

十时，尔松、芝九来。绍基、道衡、念贻、赓舜及一新来我组之同事，谈至近午皆去。午与儿孙及婿、外孙辈同进年餐，凡三席，甚热闹。傍晚刚主、绍华来。

是晚科学会堂有入场券四纸送来，在人大会堂举行春节晚会，分给清儿、琴媳，顯、硕二孙，令参加。予则晚饭后在家与润、滋等闲谈。十时就寝。清、琴亦旋返，据云会堂场所多，竟未遇顯、硕也。

2 月 14 日（正月初二日　癸巳）星期五

晴，寒，向晚阴，深夜飘雪。

晨六时半起。

八时，振甫来，九时，雪村、圣陶、至善来。有顷，友琴来，谈久之，友琴、振甫行。予亦偕村、陶、善同乘出，先送村到家，然后长驱往民族宫参加民进中央茶话会。晤却尘、东莼、广平、伯昕、志成、纪元、麟瑞、研因、景耀、洁琼、冰心、文藻、矛尘、调孚、彬然、均正、守义、楚波、选善诸人，到者百馀人，尚有熟人遗记者，欢叙至十一时乃散。予附圣陶车到其家，即午饭焉。饭后，与圣陶及其孙女同步由钱粮胡同往隆福寺闲眺，即从前门新建人民市场出，过花树商店两家，无所欲，三人东出隆福寺街，适有三轮，乃与圣陶祖孙别，乘三轮遄返。

韵启在,知已留午饭,五时与予等同出门,归去。五时与清、滋、湜三儿及宜孙过瀋儿,再偕瀋、权同行,北出朝外大街乘十二路无轨东达小庄下,走往汉家,盖是夕瀋、汉两家合请在京亲属会宴也。亦列两席,予与瀋、汉、权、润、琴、湜、顯、预、璐同坐,甚高兴,曾移尊至别席与其他孙辈共饮。九时行,与瀋、权、顯、小安及琴、滋、湜、元、宜、燕、清、新等同乘十二路无轨西行至朝阳门,瀋等先下,予等至朝内南小街下,再转廿四路南归。比到家门,润亦御骑车同到矣。十一时始就寝。

是日饮食较多,顾以心情舒畅,竟无所影响,亦一奇也。

2 月 15 日(正月初三日　甲午)星期六

阴,寒。夜风雪。晨仍有雪,迨午未停,惟微不成堆耳。午后晴。

九时祖文来,谈移时去。十一时后,湜儿同事五人来,因留午饭。润、滋皆出访客,午饭、晚饭时皆归。午后趾华来谈,久之乃去。四时半,其庸、荷生来,长谈,六时后乃行。

瀋、汉、预、颉及张桂本、孙永周来,已饭。予与润、滋、湜、琴、元、宜、燕同饭后,滋、湜持予政协请柬陪同预、颉、张、孙前往参加春节晚会。清赴民进宴,九时半归。十时就寝。十一时后滋、湜亦返,知馀人各归其家矣。

2 月 16 日(正月初四日　乙未)星期

晴,寒,大风。

晨六时半起。上午晓先夫妇及其子士中来,留饭,润、琴、滋、湜同饮。饭后与晓、中长谈至三时后乃去。清去胡雨岩家饭。午后五时静庐旋至,谈至六时半去。韵启来,留与夜饮,谈至九时半去。予乃就寝。连日多接谈,不免劳神,夜卧后梦魇频仍,颇失安。

2月17日（正月初五日　丙申）星期一

晴,寒。

晨六时半起。九时与滋儿挈元孙、宜孙出,乘廿四路北转一路无轨到北海,茶于双虹榭。十一时行,仍循原路归。午与润、滋、元、宜共饭。琴、湜等已上班,燕孙亦送回托儿所矣。午后小冈、雨岩来。夜治面为元孙庆十四岁初度。润、琴、滋、湜、元、宜外,潘、权、顯、安、清、新、逸、汉、锴、镇、鉴三家都集,颇热闹。食后聚谈至十时半,各归其家。惟清、汉、新留宿焉。十一时就寝,睡眠较好。

2月18日（正月初六日　丁酉）星期二

晴,无风,较和。

晨六时即起。竟日未出。

九时,昌顯来候雨岩电话,不至,午后乃接得,知清等三处车票俱已购得矣。清儿早出,往东城区人委洽同参观服务站情形,殆亦取经之意也。与润、滋、顯、元、宜等午饭,后顯归潘家,滋出购物。子臧、鸣时先后至。四时,子臧去。薄暮鸣时乃行,借去《文史资料》七册。清在章宅晚饭,滋赴友人宴,湜未归晚饭,俱约同宿汉家便长谈。予与润、琴、元、宜同进夜饭。九时半就寝。

2月19日（正月初七日　戊戌　雨水）星期三

晴,寒,有风。

晨六时半起。八时,元孙赴校缴费注册,属先往颐和园相候。

八时半,顯孙来,待清、滋至九时不至,予遂偕顯、宜两孙先发,乘廿四路北转一路无轨到动物园,拟转卅二路往颐和园。见车站立候之人如堵墙,屈计一小时后乃得乘,遂雇出租小汽车径赴万寿山。入园循长廊到石舫,不见元孙,复折回排云门,三人坐槛上待之。有顷,见元孙偕鉴孙从东来,始知元孙早已到园,因久待不至,乃往颐和园小学看大璐,及再入园则清、汉、滋、锴、镇、鉴俱至矣。因共至对鸥舫茶憩,已十二时矣。坐半小时,同往知春亭摄数景,然后再诣石舫饭庄午膳。膳后由后山登山,予与锴孙径东,历松堂、寅辉直达谐趣园,坐镜秋亭槛久之,清等一行始由景福阁一路来会。复盘桓至三时三刻乃同出园,乘卅二路车回动物园,再转一路无轨东归。行至北池子,元孙下,过校取书,至沙滩,锴、鉴下,转十二路无轨径归其家(镇孙出园后即返校)。予与清、汉、滋、顯、宜复东至南小街下,再转廿四路南行,顯则直达朝阳门归召其父母夜宴章宅云。予与汉归(清、滋径往章宅)。许妈告陈先生及一王姓者来看予,云同时伊介绍之女工顾姓在,润儿正与洽谈,未几去,约后日给回音,来否尚待伊自决耳。入夜,予与汉、湜同往章家,至则潜、顯亦已先在。七时开饮,席间除村公伉俪及雪舟外,全系予之儿孙,是诚喧宾夺主矣,良可自哂。席散后,谈至九时三刻乃各归。予与清、湜回小雅宝。十时半就寝。

2 月 20 日(正月初八 己亥)星期四

晴,寒。

晨七时起。九时友琴见过,谈移时去。午与润、滋同饭。诸孙已开学,清则至章家饭。下午王贯之及其友金有景来访,金在科学院语言研究所方言组工作,特来就吴语问题商榷数字耳。近暮乃去。

夜与清、汉、润、琴、滋、湜、元、宜同饭。饭后,清、汉往访云瑞。锴孙来,滋儿遂偕同车站送顯孙返青岛。九时取汤濯足,润儿为予拭身,乃易衷衣就寝。十时,清、汉等皆返,姊妹兄弟叙阔,直至深夜二时乃各就卧。

2 月 21 日（正月初九日　庚子）星期五

晴,寒。

晨六时半起。八时三刻,民进放车来接,即乘以过接均正,均正以不及待,别车先去矣。乃径赴政协礼堂,至则第三会议室已满满,待开会。九时五分,东荪报告国际国内形势及展开学习之必要,继由伯昕、洁琼、纪元、吴荣报告学习体会。十二时散,即西厅午餐,遇平伯,知九三亦在第三会议室开会也。午后,在二楼东休息室少休。二时半即在此室召开小组会,予列第一小组,与东荪、广平、却尘、彬然、汉达、研因、伯昕、洁琼、景耀、冰心、文藻、守义、楚波、志成等十八人同组,尚有历耕、明养、纯夫等四人未至。伯昕主持开会,至五时半散,仍在西二厅晚餐,餐后与均正同车送归。

到家已七时,滋儿早于午前十一时登程回皖,清儿亦在章家待发,仅及通一电话而已。九时就寝。润等送清行后归来已十时一刻矣。

2 月 22 日（正月初十日　辛丑）星期六

晴,寒。

晨六时半起。八时四十分车来,乘以径赴政协礼堂。九时,继续开会,开始学习"双十条"文件。十二时赴西厅午餐。餐后少休,二时即诣礼堂占坐,与彬然同坐第九排(予二号,傅四号)。越半时开会,聂真主持,请北京市委副主任张大同作关于社会主义教育的报告,在京各民主党派都到,五时半散。予应李云亭、王树人之邀,同赴南河沿文化俱乐部晚餐。树人先行,予与云亭乘三轮到北池子北口,转乘三路车,达俱乐部已将七时。餐厅无他客,始终予三人耳。饮且谈,至八时一刻始离去各别。予乃乘三路到东单,转廿四路归。

九时半就寝。以多食,竟影响睡眠也。燕孙未接归,以所中有儿出麻疹不得领回故。甚念。

2 月 23 日(正月十一日 壬寅)星期

晴,寒。

晨六时半起。八时四十分车来,乘以径赴政协礼堂续开学习会。是日十八人皆到齐。上午下午都然。午后五时半散。予连坐三天,深觉疲惫,未晚膳即乘车送归。

六时半夜饭。饭后润、琴持予票往首都剧场看话剧《龙江颂》。是等戏剧与电影皆配合学习而设,予不能夜出,俾儿辈观之。亦与伊等学习有裨耳。湜儿侍予,夜谈至九时半各就寝。十一时许,润、琴乃归。

2 月 24 日(正月十二日 癸卯)星期一

晴,寒。

晨六时五十分起。九时,潴儿来,邀予过饭其家,即行。十一时错孙至,越半时即偕错同出,步往潴家。晤文权。十二时十分,润儿亦来潴家,于是五人同饭。饭后,润上班先行。予与错坐至近三时，乃偕返小雅宝。潜亦同行，伊往东总布胡同就浴。四时许，书友刘清源来。许妈介绍之沈姓女佣来上工。五时许，潜儿来家，旋即归去。元错亦往候其母，将偕往翠微路中华书局访问晓先家。

夜与琴、湜、元、宜共饭。饭后，湜往俞宅习曲，径往汉家宿。九时就寝。润在馆学习，九时半乃归。接显孙书，知已安抵青岛，惟途中甚挤，且不得食，颇困惫云。岁首往来人众，刚刚碰上，宜其受累矣，然而行路亦正匪易也。

2 月 25 日（正月十三日　甲辰）星期二

晴，寒。

晨六时半起。八时错孙来，遂与同出，乘廿四路南转十一路无轨到北海后门，一访所谓灯会者。冰灯、壁灯都见之，惟麦芽灯未之见。循濠濮间度陟山桥、堆云积翠桥出前门，复乘九路无轨西行径如西单商场；一访新设之食品商店。规模较大，几包稻香春、桂香村而一之。品种之多，直超之矣。予购得江西土产雕花果盒，遂乘九路无轨复返南小街，再转廿四路南归。抵家已十一时。午与润儿、错孙同饭。下午民进本有会，得电话中止，遂未出。打五关数盘。又接点《续通鉴》，五时许毕《宋纪卅四》。鉴孙来，有顷，元、宜两孙、湜儿、汉儿陆续归来，遂与予及错孙同饭。饭后八时半，润儿自馆中归。九时三刻，汉、错、鉴归去，予乃就寝。琴媳十时后归，未之闻也。

2 月 26 日（正月十四日　乙巳）星期三

晴，寒。午后曾日下飘雪。

晨六时半起。八时一刻如文学所参加全体大会。张书铭主持,由唐副所长作加意反修报告。十一时四十分散,予与平伯、冠英同车送归。午与润儿共饭。下午二时十分,民进中央派车来接,径赴南河沿文化俱乐部参加第一组学习。六时散,与均正同车送归。均正在东安市场下,予则径归矣。

夜与润、琴、元、宜同饭。九时就寝。十时,湜儿归,盖下厂核对文件,即在社中晚饭也。

2 月 27 日(正月十五日　丙午　元宵节)星期四

晴,寒。

晨六时三刻起。八时半,瀞儿来,因同往北京医院门诊部求诊。乘廿四路南转十路以往。九时四十分始由郭敏文大夫接诊。血压为一七〇——八〇,并作心电图,仍用前药,开条三纸,当于明后日空腹往检验,须三四日后乃可知结果。予他无所感,惟近日累于开会,不免精神紧张耳。取药出,遇叙甫,立谈少时而别。出院后穿东单公园而东北行,仍乘廿四路北归。瀞儿送予到门即归去,以感热不舒故(院中热汽温度达八十度)。十二时十分,润儿归,因共饭。

连日接顯孙、清儿、漱儿信,独滋儿无信,至念。入晚,滋儿信亦至,乃慰悬悬。下午点阅《续通鉴·宋纪卅五》,毕之。润下班后往看瀞儿,据云卧床发烧,是感冒矣。

夜与汉、润、琴、湜元、宜共饭。年糕、圆子并进,借庆元宵。饭后九时许,汉归去。予少坐亦就寝。

2 月 28 日(正月十六日　丁未)星期五

阴,寒。

晨六时一刻起。七时与润儿偕乘廿四路到东单,穿行公园至北京医院门诊部。作空腹取血及尿检验之,得三日后看结果。因顺便挂号于下月二日上午前往复诊。八时一刻离院,仍取原路归。润即上班去。正伸纸欲答清儿等书。接乃乾电话,约往其家午饭,遂收拾起行。乘廿四路南转十路到中山公园,再转五路到西华门,径如陈家,晤乃乾夫妇。有顷,高谊至,因与共饮。午后二时,高谊先行,予谈至四时亦行。乘五路北到地安门转十一路无轨到东单,再转廿四路归于家。

夜与润、琴、湜、元、谈、宜共饭。饭后,润、琴往看潚儿,湜则出访厂中同事。九时就寝。润、琴旋归,知潚已痊云。湜则十时乃返。

2 月 29 日(正月十七日　戊申)星期六

阴转多云,寒气稍杀。

晨六时起。八时廿分出,步往文学所参加组会。九时开始,冠英主席,到吴世昌、范宁、陈友琴、曹道衡、胡念贻、蒋禾生、刘世德、邓绍基、梁共民、张锡厚及予十二人。谈唐副所长前作报告,结合《七评》讨论之。十一时半散,予与冠英、范宁、友琴、道衡同车送归。

午与润儿共饭。饭后写四信,分复清、漱、滋三儿及顯孙,并打五关数盘。夜与润、琴、湜、元、宜、燕同饭。燕孙上周留托儿所未返,今日送回,故琴携之同归。晚饭后,召小逸来,留燕孙在家,属许、沈二妈看护之,予遂偕润、琴、湜、逸、元、宜同往北海观春节花灯游园会。先乘廿四路南行,在东单转十一路无轨径如北海后门。七人鱼贯入场,灯火四明,游人四塞,诚所谓人挤人,人看人也。循东岸南行,在先蚕坛前广场观冰灯及各种农作物、纱绢灯,海子中冰上设放焰火,岸边有木偶戏,挤至永安寺前,人尤挤,正排队进入寺内看麦芽灯,人太多,不拟入,挤过堆云积翠桥,随人流出园前门。时已九时半,即在团城前临时出租汽车站洽租汽车(以电车站人山人海,无法一行人众都上),立待有顷,车至,予等都上,惟湜儿未得上,及车归久之,湜儿始返。十时各就寝。

是夕花灯会尚有皮影戏、走马灯等多处俱以人太挤、路太远未及遍观,然火树银花,鱼龙曼衍,真一番升平景象矣。为之欣慰不置。

3 月 1 日[①](甲辰岁正月大建丙寅   壬辰朔   十八日   己酉)星期

晴,渐见春融。

晨六时半起。明日为燕孙生日,以须入学,故特提前于今日吃面。午间潾儿、权婿、汉儿、埈孙、镇孙、鉴孙都来,小逸昨宿予家,遂与润、琴、湜、元、宜、燕同进面餐,并小饮焉。午后二时,予与汉、湜、鉴同出,乘廿四路南转十路到南河沿文化俱乐部参与昆曲研习社同期,晤平伯、圣陶、云彬、子臧、元善、允和、铨庵等。先听各唱,旋由社员十人(男女参半)合唱毛主席词《卜算子》、《如梦令》各一首,平伯夫人许宝驯谱曲,汉、湜二儿参加合唱。既而演出《思凡》、《狗洞》两出,前剧为平伯外孙女韦梅演唱,后剧为清华大学教授某君所演,据闻为前辈徐摹烟(凌云)所授,身段说白均尚可观,惟寒韵之苏白仍不免走样耳。然而,大匪易易矣。

六时散,予与汉、湜承圣陶所邀,附车往饮其家。晤满子,知所

患尚待化验,但气色不坏,宜无大碍也。至善被邀往团中央晚会,未之晤。七时开饮,谈至九时乃辞归。共乘廿四路南行,汉在南小街转车东归;予与湜则至禄米仓下,然后步返于家。连日月色欠佳,今夕迎面步月,乃稍露清光,亦足欢慰已。抵家易亵衣就卧。深夜二时起便旋,窗牖通明,月色如昼矣。复寝。

3月2日(正月十九日　庚戌　燕九日)星期一

晴,较和。

晨六时半起。八时,出昨晚假自圣陶所藏弘一大师遗墨展读之,钦挹无已,阅两小时未觉其尽也。午前点毕《汉书补注·武帝纪》。午与润儿、元孙共饭(元孙为其母归接车)。

食次,来薰阁书友王哲卿送胡刻《通鉴》馀九函及苏局刻毕《续鉴》八函至。下午点毕《续鉴·宋纪卅六》。潘儿三时半来,为予访郭敏文大夫看前日检验结果,据告一切如常,无变化。心为稍慰。

傍晚韵启来,为漱儿带到食物。有顷,汉儿亦至,润以馆中学习,六时归饭即去。七时,与韵启、潘、汉、琴、湜、元、宜共饭。饭后闲谈,卢漱玉来。九时后韵启、漱玉、潘、汉皆去。润儿旋返,予乃就寝。

3月3日(正月二十日　辛亥)星期二

阴转多云,午后曾飘雪,气仍如昨。

晨六时半起。上午点毕《汉书补注·昭帝纪》。下午点《宋纪卅七》,迨晚仅完十五页。晚六时半,湜及元、宜归。有顷,农祥来,遂共小饮。润、琴都因事未归饭。九时,农祥去,润亦归来,予乃就寝。琴何时归竟未之闻。

3 月 4 日（正月廿一日　壬子）星期三

初阴森,渐露日光,近午大风起,声震户牖,气却不寒。

晨六时半起。八时后点读《通鉴·宋纪》,抵午毕卅七、卅八。写信与人民文学出版社许誉明,介绍冯亦吾《汉赋选》稿,此稿先送中华,谓已与人文社约定分工,选注之本当归该社,故然,不识果否见采耳。

午与润儿同饭。午后二时,民进中央派车来,即乘以赴南河沿文化俱乐部参加第一组学习。到伯昕、洁琼、景耀、冰心、文藻、研因、汉达、却尘、守义、彬然、楚波、纯夫、历耕等。谈至六时散,仍车送归。

到家元鉴在,既而湜儿、宜孙亦归,润儿先已归饭,仍去馆有事。琴则有事不归饭。予等乃夜饭,元孙始至。饭后,濬、权、汉偕至,盖已在濬家饭过矣。共谈至九时半,濬、汉等皆归去,予亦就寝,琴始归。润儿十一时后乃返,予竟未之闻也。

3 月 5 日（正月廿二日　癸丑　惊蛰）星期四

晴,气温如昨。仍有风。

晨六时半起。八时后续点《汉书补注·宣帝纪》,至午毕之。午与润儿共食,啖馄饨各一器。食次元官归,分数勺与之。饭后,润上班,元上学,各去。予即点阅《续通鉴·宋纪卅九》,至四时半毕之。夜与润、湜、元、宜共饭。

雪村偕寿白五时前来访,谈移时去。知雪村已拆去电话,云不但省费,且亦免非时干扰耳。亦息事澄虑之一法也。寿白退休已三年,气色甚佳,方颐白皙,银髯拂胸,甚慰吾怀。

夜为殷孟伦注张天如《汉魏百三家集题辞》作跋,录之书尾。九时半就寝。十时半,琴媳归。

许妈下午假休归去,未归来。

3月6日（正月廿三日　甲寅）星期五

阴霾。

晨六时半起。七时后点读《汉书补注·元帝纪》,九时毕之。接点《续通鉴·宋纪四十》,亭午亦竟。午与润儿共饭。午后天转晴间多云。许妈三时归。下午点《汉书补注·成帝纪》,四时半竟。

张纪元午前有电话来约明午在文化俱乐部集合,同如丰台区参观农村斗争会。午后复来电,谓顷经同人商议（民进中央）老年不任久露立,可毋往。予两应之耳。湜儿、琴媳后先有电话见告,湜往天桥观舞剧,琴则社中有事,俱不归晚饭矣。鉴孙傍晚来,入夜遂与润、鉴、元、宜共饭。饭后,濬儿来,润儿就灯下为版本展览摹制装饰品。九时,予就寝,濬、鉴皆归去。汉儿前晨去房山县参加四清工作,须两月始返京云。湜儿十时半归。琴十时五十分归。润夜作至翌晨二时始毕工。

3月7日（正月廿四日　乙卯）星期六

晴,日中转暖。

晨六时半起。八时半,濬儿来,稍坐同出,乘廿四路北转一路无轨到北海前团城,参观浙江省工艺美术品展览会。除龙泉青窑制品及龙泉宝剑外,多宁波、温州、青田雕刻镶嵌诸品,有极精美者,且饶有新内容。阅后过小卖部一览,凡浙省土产如杭州剪刀、扇子等皆有,惟湖州善琏镇所制毛笔已售完,殊可惜(盖会已成尾声,不日且返浙矣)。仅购得青田色石所雕小山一座而已(价二元一角)。十时许离团城,见古松一株正支架修裁,颇有就萎之感,不禁暗嗟也。

出城如北长街西华门看乃乾,犹高卧未起,晤其夫人。有顷,乃乾起,与谈至十一时,行。乘五路北至地安门转十一路无轨东南达东单,再转廿四路北归,到家已十二时。午与潽、润同饭。

一时,润上班,潽午睡。民进既通知不去丰台而又来电约三时在俱乐部学习。予谢未往。学部通知民族宫有报告,亦未往。二时点读《汉书补注·哀帝纪》,四时毕。

六时,润儿接燕孙归,元、宜两孙亦随归。接湜儿电话,知今宵参加社中舞会,即宿社中矣。入夜与润儿暨三孙同饭。饭后,润复入馆赶展览工作,十时后乃归。

八时,于永宽来访,谈至十时去。琴媳方归,亦以社事忙,本周内从未归来晚饭也。于走后,予即寝。十二时始入睡。

3月8日(正月廿五日　丙辰)星期

晴兼多云,下午南风紧,转阴。

晨六时半起。润仍入馆加班。九时许,来薰阁书友王哲卿来,即将胡刻《通鉴》等书款收去。谈有顷去。午前,点毕《汉书补注·平帝纪》,又点《续鉴·宋纪四十一》八页。

十一时琴媳表弟孔德涌来,湜儿亦旋返,遂与琴媳、孔君、湜儿及三孙午饭。润儿竟馆未归饭。饭后,孔君去,琴媳挈三孙去蟾宫看电影。予乃偕湜儿出散步,由什方院出南小街方巾巷到新车站,以风大,转西登阶入箭杆白胡同转北,由公平当出苏州胡同到崇内大街,北行至东单乘廿四路北归。到家已将四时,而润儿犹未归,又半时,润始归。试以新购小羊毫记日记,颇失尖齐之德,益叹昨日失买湖笔为可惜云。润坐未久,仍入馆,盖馆友聚啖饺子,藉相劳慰耳。

傍晚,锴孙来,琴媳亦率三孙嬉罢归。遂共饭。饭后,锴往车站购票及洽寄骑车。文权、濬儿及预、硕两孙来,谈至八时,预、硕各先行,分归医院及工厂。有顷,锴孙返,润儿亦归。九时半,权、濬归去,予亦就寝。

是夕锴与湜同宿,俾明晨黎明即赴车站遄返窦店中学云。接佩媳五日信,复予京二号,并告滋已赴芜湖开会(全省财贸会议),十五左右可以回庐。晚接汉儿六日信,知已安抵房山,派在周口店公社办四清。

3月9日(正月廿六日　丁巳)星期一

初阴转晴,气温如昨。

晨六时起,锴孙已行矣。八时后,连点《汉书补注》窦姓诸侯王表及诸侯王表,十一时皆竟。向者读史表,每不谛读,止供参考,今乃与纪、志、传同视,是已晚矣。少壮读书不细,追憾又何益哉!润儿忙于布置版本展览未归饭,予独自午饭。饭后略憩,既不能睡,又不能任目力看书,昏闷极矣。遂于二时独出散闷,行至禄米仓西口汽车站,润儿骑车踵至,谓顷归家,知予已出,特追来一语,谓今晚仍不能归饭,须十时许乃返宿云。予颔之,适廿四路南至,遂漫焉以登,北至东直门内大街,转七路无轨西出西直门径抵动物园下。入内西行,绕水禽湖一周而出,以园中树色犹未新,依然萧瑟,无所聊赖故尔出。园后在广场乘七路入城,终达前门,更乘九路而东至于东单,复换廿四路归家。五时抵家,无聊益甚,乃续点《续通鉴·宋纪四十一》以遣之,直至七时掌灯乃竟卷焉。

接琴媳电话,今晚工作未了,仍不能归饭。浞儿、宜孙已归,遂共饭。食次元孙亦归,同毕此餐。沈氏女佣今晨告假休息,顺办移报户口事。晚饭后,尚未归,许妈云或须过宿在外矣。此人系伊所介,伊无闲言则亦任之而已(十时许归,户口则尚未移来)。

夜饭后,浞儿往俞宅唱曲,曲后即住汉家云。九时半就寝。十时,润归,又半时琴亦归。

3 月 10 日(正月廿七日　戊午)星期二

晴间多云,气仍微寒。

晨六时半起。九时濬儿来,遂同出散步,乘廿四路南转十路往中山公园,先如管理处南厅参观兰花展览,陈列仅数十种,而品类甚精,有宋梅、翠盖荷、蝴蝶、雪兰、朱兰具有,素心兰犹夥,幽香盈室,欣赏久之。继由东路北转柏林复绕而南,将至唐花坞,元善自后见呼,盖伊在茶点部与友茗谈,窗中见予,乃出外招呼也。立谈有顷而别。予与濬过唐花坞入览迎春外,已见杜鹃、山茶,而水仙尤茂。十一时许离园,乘十路到东单转廿四路回家。

午与濬同饭。饭后,濬归去。予亦于二时廿分出,乘廿四路南转九路到南河沿,走至文化俱乐部,参加民进中央第一组学习。到东莼、广平、伯昕、志成、却尘、研因、汉达、景耀、洁琼、文藻、冰心、纯夫等,守义、楚波未到。自三时谈至六时,散。予乃乘三路到东单,转廿四路北归。

抵家已上灯,润、浞及鉴、元、宜都在,乃与共进夜饭。八时半就寝,鉴孙归去。琴媳十时后始返。

3月11日（正月廿八日　己未）星期三

阴,微寒。午后雪堕地即化,但及暮未止,庭院阴处亦类堆盐矣。

晨六时三刻起。八时后写信两封,分复汉儿及佩媳。旋点读《汉书补注·王子侯年表》,午后一时毕上卷。午独饭,饭后续点《王子侯表下》,二时二十分亦竟。下午本有民进学习会,电话谢之,乃安坐点《续通鉴·宋纪四十二》,至五时三刻始完。

夜与润儿、宜孙饭,两人雪中归,俱沾湿矣。食已,元孙始归,盖在校外商店义务劳动也。即令易衣就食。入夜雪加大,遂厚积。九时就寝。湜儿、琴媳皆深夜乃归,予竟未之闻,不识沾湿如何耳?

3月12日（正月廿九日　庚申）星期四

雪止而阴,积三寸矣。禺中日出。

晨六时五十分起。八时后雪渐融,地泞甚,宜、濬之不至矣(本约同出游)。乃展《汉书补注·高惠高后文功臣表》点阅之,以刻工限于格子,有极细密难认处,颇耗目力,抵午仅得阅十六页耳。

午独饭,润在美术宫布置版本展览也。电视机已修好,今晨十时由润取回,计费一百七十九元。往还载机三轮各一元,犹得润御骑车来回洽送。一物之微,保管亦正不易也。下午点读《续鉴·宋纪四十三》,四时半毕。亦不任再看书矣,乃打五关数局,以待晚餐。润在美术宫布置,湜去民族宫听音乐,皆未归晚饭。琴媳却踵两孙之后归来,遂共饭。饭后,濬儿来,乃试看电视,尚好,惟所映为皖北梆子《寇准背靴》之影片不甚受赏耳。九时即完,予乃就寝。湜儿十时半归,润儿则十一时乃归也。

3 月 13 日(正月三十日　辛酉)星期五

晴,较暖。

晨六时廿分起。上午续点《高惠高后文功臣表》,至午仅增十页耳。润午未归,予仍独饭。午后闷损甚,独出散步,乘廿四路到东单,步由王府井大街,先后在美工商店及荣宝斋一转,无所可购,即北出八面槽,在灯市西口乘十一路无轨返东单,复转廿四路,归家已三时半,偃息不复能看书矣。

夜与润、琴及元、宜两孙同饭。鉴孙来,九时去。予即取汤濯足,并由润儿为予擦身,然后易衷衣就寝。湜儿十时后归。盖在社中与众共唱革命歌曲云。

3 月 14 日(二月小建丁卯　壬戌朔)星期六

阴寒。午前晴间云,夜有小雪。

晨六时半起。八时出,乘廿四路北转一路无轨西到白塔寺下,遇培老,遂同步如政协礼堂,参加政协学习委员会办民建、工商联两会学习读书会、经验交流会。九时开,空了主持,先由孙晓村讲,继由某君讲,俱发挥学习中的收获及体验,十一时休息。旋由统战部长李维汉讲话,多提撕警惕语。十二时散会,过餐厅欲谋食,乃人挤几不容足,望望然而去之,过小卖部亦然,乃走白塔寺,仍遇培老,同乘一路无轨东行,予在王府大街北口下,如大同酒家午餐,遇淑明,略谈。予仅食叉烧汤面一碗,币三角,粮票二两耳。餐已即乘十一路无轨到东单,再转廿四路还家。

抵门已将二时矣。阴霾四塞,只索出斐云所撰《汉魏六朝墓志集释》翻阅之。有写刻绝精之品,把玩难释手,至暮乃收庋也。

夜与润、琴、湜、元、宜、燕共饭,亦周末快慰之事矣。九时就寝。

午前刚主见过,未晤,承以蛋糕及盘面为饷,盖知予生日将届也,至感厚谊。

3 月 15 日(二月初二日　癸亥)星期

黎明有雪,旋止。仍阴,近午始乍见阳光。午后北风大作,黄尘蔽天,日又昏冥,气复降温。

晨六时半起。以儿孙辈都在家,竟日栗六。

下午本拟偕润、湜同出,以大风叫啸,遂未果出。出荣宝斋近出《国画汇选》展玩之。夜合家九人共包饺子为餐。八时后看电视话剧《一家人》,临了时机又发生故障,勉终此局耳。十时就寝。

3 月 16 日(二月初三日　甲子)星期一

晴间多云,午后阴,气不甚寒。

晨六时起。七时琴媳送燕孙入托儿所,湜儿亦上班。有顷,元、宜两孙入学,润儿亦上班,家中又予一人在矣。乃出《续通鉴》点之,十时三刻毕《宋纪四十四》。鉴孙来,因与同饭。饭后续点《宋纪四十五》,至二时半亦竟。鉴孙去。予又续展《汉书补注·高惠高后文功臣表》点阅之,抵暮又得廿六页,全表仅过半耳。

夜与润儿及宜孙饭,元孙早归,以不舒就卧,琴媳及湜儿皆来电话谓不归饭云。饭已,润挈宜出就浴于荣宾园。八时半琴归,有顷,润、宜亦归,予乃就寝。十时半湜乃归。

3 月 17 日（二月初四日　乙丑）星期二

晴，仍见微寒。

晨六时半起。八时后，续点《高惠高后文功臣表》，抵午毕之，前后通计六十九页。潘儿十时来，本拟与之偕出，以时晏而罢。遂与同饭。饭后，潘归去。

予二时即出，乘廿四路南转十一路无轨到景山东街下，俟三路北来，乃登之，径达南河沿俱乐部参加民进中央第一组学习。以时尚早，又待半小时始开会。由伯昕主持，到却尘、东莼、研因、彬然、洁琼、冰心、景耀、纯夫、志成、守义、楚波、文藻及予，凡十四人。讨论李维汉部长报告，谈至六时十分乃散。予仍乘三路到东单，转廿四路归。

夜与润、湜、元、宜同饭。九时就寝。寝前看京剧二团所演现代剧《祝你健康》于电视中，大类话剧，惟间以京调唱辞耳。

琴媳十时半乃归，予未之闻。

3 月 18 日（二月初五日　丙寅）星期三

多云间晴，午后转阴，气遂寒侧。夜深乃降雪。

晨六时半起。九时鉴孙来，因未能定心看书。午与同饭，润亦归。午后二时出，乘廿四路南转十路，到御河桥下，走入南河沿，如文化俱乐部参加民进中央第一组学习。仍由伯昕主持，到却尘、研因、彬然、洁琼、冰心、景耀、文藻、志成、守义、汉达、纯夫、楚波及予，仍为十四人。继续讨论。予不习于开会发言，今乃就政治、学术、生活三方面敷述个人对此的想法与态度，请教本会同志云。五时三刻散，乘三路换廿四路归家。星六之会则请假不往矣。

夜与润、琴、元、宜同饭。湜在大华看电影未归饭。

晚接汉儿房山信。九时就寝。十时三刻湜归,竟未之知,翌晨见告乃悉。

3 月 19 日（二月初六日　丁卯）**星期四**

阴,有微雪,仍寒。

晨六时半起。八时后潇儿来。九时,琴媳袯袍行,挤公共汽车往永定门车站,会社中及教育部同人乘京津火车往安定教育部农场劳动,须半月乃代还云。潇儿取钱亦行。盖为予购办看物备初九日度生日也。约明日再来。午独饭,饭后雪止,地亦稍干,予闷坐无聊,乃出散步。先乘廿四路南到方巾巷南口,在十路车站遇狄超白,青岛一别将四年矣。知伊已移居建国门外科学院新建宿舍,距予家不远云。立谈有顷乃别。予再乘十路而西,到中山公园,由水榭西南土山,越至唐花坞西小洋楼下,乃直北转入社稷坛,东转过来今雨轩,即出园,仍乘十路转廿四路回禄米仓口,适张纪元乘车来访予,伊先见予,乃下车见招。同乘径抵予家,谈学习等问题,移时乃去。

夜与润、元、宜同饭,湜有晚会未归饭。七时三刻,孙辈看电视《五更寒》,予与润儿话家常。接漱儿十七日信。九时半就寝。湜十一时后乃归。

3 月 20 日（二月初七日　戊辰　春分）**星期五**

多云转晴,北风甚劲,室外仍感凛寒也。

晨六时半起。九时独出,乘廿四路南转十一路无轨,到双辇路美术馆参观钱松岩国画、人像艺术摄影及上海日用工艺品设计三展览会。初未知有风,及出门,料峭殊甚,忍以往,目力受风竟大见折扣,模糊迷离,顿增闷怅。匆匆即行,仍乘十一路返东单,转廿四路归于家。

潏儿与鉴孙适为予购办物料来,几于同时到门。午与潏、鉴同饭。饭后二时,予往访乃乾,乘廿四路南转十路,更转五路以行。晤言之顷,达人、妙中先后至。谈至四时半,予先行,乘五路北转十一路无轨,在东单再换廿四路归。

潏为予治馔粗讫,鉴孙即膳后持予票往政协礼堂看话剧,剧后当径归其家矣。

夜与潏、润、元、宜同饭。湜在社中参加评比未归饭。九时许,潏归去,予亦就寝。湜归已十时半。是日接佩媳信,知滋儿尚在芜湖开会,伊特寄花生米二斤为予寿。润下班后去东单邮局取回。

3 月 21 日(二月初八日 己巳)星期六

阴,有雪,气添寒。

晨六时半起。八时廿分出,乘廿四路南转十路到南河沿文化俱乐部,参加四十六次学部中心学习组座谈会。到二十馀人,由刘导生主持。文学所同人到唐棣华、俞平伯、吴世昌、罗大冈及予五人,他所之出席者有夏鼐、吕叔湘、贺昌群、郭宝钧、徐炳昶、黄文弼、周新民、钱宝琮诸君。讨论形势问题及学习问题。十一时五十分散,予仍归饭。乘新民之车到东单,再转廿四路而返。到家接圣陶电话约同浴松竹园。因匆匆午饭,饭已即行,乘三轮直趋之。至则圣陶已先在。相将入浴已,予修脚,圣理发,四时后乃起行。联步由钱粮胡同入隆福寺商场一转,而出隆福寺街,入二条胡同穿出三条,到北小街,二人复南至朝内大街而别。数载以还,我两人雪中联步至数里,亦仅矣。别后,予仍南行步归。到家电话询圣陶归未,亦正步行抵门也。

夜与权、潜、润、湜、元、宜同饭。饭后,权等看电视,润陪湜往演乐胡同访卢漱玉,盖有人介绍婚事也。九时半,权、潜去。予将就寝,润、湜亦归。据告印象尚好云。

3月22日(二月初九日　庚午)星期

阴,寒,有微雪。

晨六时半起。今日为七十五岁初度,家中大小都为此起忙。湜儿凌晨出打面,元、宜两孙亦帮同操作。八时后,潜儿来,大璐、元鉴亦旋至。十时,润、湜往章家请雪村伉俪及其外孙女小逸同来。有顷,圣陶、至善、满子亦来。文权、镇孙、预孙、颉孙、硕孙及孙永周皆至。惟堉、基二孙未来。十二时许,刚主未至,湜儿往请之,知已他出,须晚上始来云。十二时半入座小饮。予与雪村伉俪、圣陶、至善、满子及潜儿同席,虚两位以待乃乾伉俪。未几,乃乾伉俪至,因畅谈痛饮。其馀诸孙辈由润、湜两儿别率之在东屋饮酒食面焉。二时食已,仍与雪村等长谈。湜儿有约出,预孙辈亦皆去。三时半,雪村伉俪归去。文权伴之在彼打牌矣。四时,刚主来,有顷农祥亦来。圣陶、至善、满子去。六时留刚主、农祥及乃乾伉俪夜饭。潜、润两儿及元、宜两孙皆与。八时许,刚主、农祥皆去。九时许,乃乾伉俪亦去(雇车送之)。潜儿亦归去。予乃就寝。十时许,湜儿始归。

3月23日(二月初十日　辛未)星期一

阴转多云,微晴。气亦稍回暖。

晨六时三刻起。七时后儿孙辈都照常上班、入学，家中又顿成寂境。予收拾昨日所挪乱器物，俾复其旧，亦费时不少也。十时后写信，中间午饭外，直至四时半竟。凡六封，分复清儿太原，潄儿上海，滋、佩合肥，汉儿周口店，锴孙窦店，琴媳大兴。润儿连日为布置六三年度出版展览，经常加班加点，不及赶回吃饭。今日午、晚俱未见回，直至深夜十二时始归，予已久入睡乡矣。下午写信后，续展《续通鉴·宋纪四十六》，七时灯下毕之。以事中辍者七日矣，冗杂累人如此耶！

夜与浞、元、宜饭。九时半就寝。

3 月 24 日（二月十一日　壬申）星期二

晴间多云，午后北风大作，气不甚寒。

晨六时半起。昨日起听雪村言作床上体操，全套做完颇吃力，不识能否坚持耳。

九时许，日出无风，予乃出散步，先乘廿四路北行，到九条换十三路无轨西行，在交道口转四路无轨，迤逦西南，出前门直达广安门，故彰义门也。立有顷，九路无轨西来，乃乘以东返至菜市口，北转入宣武门，经西单、西四折而东过北海、故宫，直抵朝内大街下，走至南小街北口，复转廿四路南达禄米仓，然后缓步以归。时已十一时三刻矣。见案上有书三种，许妈见告来薰阁书友送来者，盖王哲卿也。启包一检则：刘赜《说文古音谱》三册（一函），浙江杭大图书馆编《中国历代人物年谱集目》一册，王重民编《徐光启集》两册，共计二十七元三角云。

午与润儿共饭。午后二时廿分出，乘廿四路南转十路到南河沿文化俱乐部，参加民进中央常务委员会。由恪尘主席，听取余之介所作北京市委学习经验。五时三刻散，有晚餐共享。予亟归，未留彼同饭，只以待车之隙与东莼略谈耳。六时廿分车至，予即乘以归。

七时后与润儿、元孙、宜孙同饭。饭后，润仍入馆加班工作，予与两孙及女佣同看电视昆剧现代题材《师生之间》。九时乃毕，予即就寝。湜儿亦值班后归来矣。润归已十二时，予未之闻也。

3 月 25 日（二月十二日　癸酉）星期三

晴间多云，有风，仍有料峭之感。

晨六时三刻起。八时出，乘廿四路北转七路无轨，出西直门径达北京展览馆，参观全国工业新产品展览会。楼上、下及旁厅、广场皆满设煤炭、石油、电视、广播、林业、农业、邮电、造船、铁道交通、文教、医药以至日常衣食用具等等，靡不备，多出己国设计，且已赶上国际水平。科学院别辟一室，专陈列院方自创自制之品。诚洋洋乎大观焉矣。所惜知识（关于自然科学方面更见差距）局限，懵然者多，又兼观众拥挤围聚，而听讲解者所在皆是，予目力复日见衰退，有数处一无所睹，望望然而去之，且不足云耳。绕场一周已十时半，乃离会赴动物园前乘一路无轨东迈，至朝内南小街再转廿四路南归。

到家已迫午矣。待润儿归饭，久不至，恐又为公事所牵，未克抽身矣。至十二时半，乃独自进膳。午后二时廿分出，乘廿四路北转十二路无轨到沙滩，再换八路到南河沿，径赴文化俱乐部参加民进中央第一组学习。到却尘、景耀、楚波、研因、洁琼、守义、冰心、文藻、伯昕、志成、历耕及予。仍由伯昕主持，讨论北京市委报告，后由历耕介绍北京医院最近学习经验。六时散，会中备车送归。

予与伯昕、均正同乘。

入夜大风撼户,呼呼作声,与润儿及两孙同饭。饭后与润闲谈,九时就寝。湜儿社中开会,十一时许始归。

3 月 26 日（二月十三日　甲戌）**星期四**

晴,风狂如吼,料峭甚。

晨六时起。八时廿分出,冒风乘廿四路至东单,转十一路无轨到双辇大路美术馆,参观文化部出版管理局版本图书馆预展。六三年度出版图书陈列八千馀种（包括内部发行）,分两馆。得窥当年全国出版总量,并评比各地各单位出版质量数量。排列方式分类中有综合,综合中有分类;纵横交织,经纬相成,且可为各地一般图书馆参考。润儿及其同事连日赶忙为不虚耳。在场晤陈源、吕朗、王葆珣、邱守谦、吴大琨、贺麟、陆联棠诸人。十时半出馆,风更大。亟循原路返家,拂拭盥漱,始稍宁。北地春风挟沙俱来,诚不令人愉快也。

午与润儿共饭。午后三时,潘儿偕鉴孙来。傍晚接汉儿复信,知将下村,属给镇孙饭费及用度。

夜与潘、润、鉴、元、宜共饭。八时,湜归,再具餐。九时后,潘与鉴先后归去,予亦就寝。

3 月 27 日（二月十四日　乙亥）**星期五**

阴寒,仍有风。午后微露日光,风亦略停。

晨六时起。七时半续点《汉书补注·景武昭宣元成功臣表》,近午毕之。午与润儿同饭。饭后接点《外戚恩泽侯表》,二时亦竟。

潗儿来，坚请同出，遂乘廿四路北转九路无轨，出宣武门，在达智桥南下，走茶食胡同方壶斋到永光寺中街十二号访问陆轶程、黄汝芳伉俪。黄已他出，晤陆长谈，观其所集树木花叶标本三四册。至四时半辞返，仍循原路归。时黄尘涨天，白日无光，恐又将致大风矣。

夜与潗、润、元、宜共饭。饭后，潗怕遭风即归去。九时就寝。十时半湜始归。十二时起溲，三时又起溲，四时半迷糊入睡，乱梦达旦。翌晨六时，湜来叫醒，犹正在梦中也。颇不适。

3 月 28 日（二月十五日　丙子）星期六

晴间多云。微有风，仍感料峭。

晨六时半起。八时廿五分出，乘廿四路南转十路到中山公园，步入人大会堂，在中央大厅参观周总理访问亚非欧各国图片。展览盖对外，文协及新华社联合举办，持柬邀往者也。在场遇文藻、冰心、孟实、觉农、若定、思源、元善、嘉彬、学铭等，又晤吴荣，遂托其请假，今日下午民进之会不参加矣。十时半出会堂，乘十路到东单，转廿四路归。

到家元鉴在，有顷润儿接燕孙归。盖润儿明日须往展览会服务，今日提前休假，故得往接也。午与润、鉴燕共饭。下午点《汉书补注·百官公卿表上》，垂暮仅得十六页，略过半也。湜儿今宵参加社中舞会，即宿社中云。夜与润、宜、燕共饭。元孙近八时始归，再具餐。九时就寝。虽服药，犹两起便旋也，衰征日迫矣。

3 月 29 日（二月十六日　丁丑）星期

阴间微晴，不笼火处犹深感寒冷也。今年之春来何迟迟耶？

晨六时起。八时半，湜儿归，以接薄慧珠信，故即赴天坛之约。予九时半亦出，乘廿四路北转九路无轨至西城甘石桥下，径走辟才胡同，赴汉达之约。晤谈至十一时后，高谊偕乃乾亦至，遂共饭且小饮焉。饭后四人看画，长谈至四时四十分乃行。予与高谊、乃乾三人共乘四路环行东南行，乃乾在石碑胡同下，高谊在王府井下，予则到东单转廿四路归家。知谭季龙见过，未能一谈，至歉。

夜与润、元、宜、燕同饭。九时就寝。十时半，湜儿乃归。盖中午归饭后又往其同事家贺生日也。

3 月 30 日（二月十七日　戊寅）星期一

连日以来风霾不时，而夜间月色均好。今日始晴，气亦较和。下午五时西南风又大作。

晨六时起。七时润儿送燕孙入托儿所。予早餐后续展《汉书补注·百官公卿表》点读，抵午，上卷叙官皆毕。回忆儿时初识官称及地名，端赖先大父督抄搢绅录地望时，须辨官品、官阶诸色。今垂老还读，乃得溯设官之源，详案《汉志》。缅怀祖德，抚惜华年，不禁感从中来，盖先大父见背之年亦在甲辰，今花甲一周矣。

午与润儿共饭。饭后闷甚，乃披氅出散步，先乘廿四路南转廿路，拟一逛天坛，讵知车挤特紧，屏气立至前门，不得不遁而下矣。下车后扬长南行，至蒋家胡同口适有六路无轨南来，遂乘以入城，径抵东单，改念往游北海，复换乘十一路无轨西北行。车上遇调孚，知在日坛医院检查，今乃往美术馆参观六三年出版展览云。至双辇大路，调孚下，予则径往北海后门。入园，循北岸行，在铁影壁前乘大舫渡至琼岛，沿西侧南出堆云积翠桥。时风已大起，亟出园前门，乘一路无轨东达朝内南小街，复转廿四路南返。

到家时，濬儿已在，为予买到面筋油圈等物云。六时后，润儿、元孙、宜孙先后归，俟湜儿至七时未见归，遂与濬、润、元、宜共进晚餐。八时半，听广播人民日报、红旗杂志两编辑部文章《八评苏共中央公开信》。濬儿归去，予就卧，枕上听《八评》。十时，湜始归，盖在外晚饭观剧云。十一时听毕《八评》，十二时后入睡。

3月31日(二月十八日　己卯)**星期二**

阴寒，室内停火已两日，午后久坐，腰背凛凛矣，不得已复笼火焉。

晨六时起。八时后，写信且对报听广播《八评》。凡写三信，一复敭、清太原，一复滋、佩合肥(京五号)，一复汉儿房山。

午与润同饭。饭后润上班，即令将三信带出付邮。下午本有民进开会之约，以风紧道远未赴。三时后续点《汉百官公卿表》下，五时毕之。接点《古今人表》，至晚阅三十一页。夜与润、湜、元、宜同饭。饭后濬儿、文权来，谈至九时去。予乃取汤拭身濯足，并令湜儿为擦背，然后易衷衣就寝。

4月1日(二月十九日　庚辰)**星期三**

晴，还暖。

晨六时起。闲翻架书，未能静坐点读也。午与润儿共饭。饭后，鉴孙来，二时去。二时半民进中央放车来接，遂乘以过接均正，同赴西城赵登禹路政协礼堂参加学习。第一组到东莼、却尘、纯夫、明养、洁琼、文藻、冰心、景耀、楚波、研因、守义、汉达及予。洁琼主持，谈至六时散。本约在彼晚饭，饭后座谈《八评》，予以感累，不任夜久坐先行。仍由会派车送归。到家与润、湜、元、宜同进夜饭。九时就寝。

4 月 2 日(二月二十日　辛巳)星期四

未晓前雨,禺中微露日光,午后多云间阴。

晨六时起。续点《古今人表》,至午后一时半乃竟。连前凡一百有四页。人名琐屑,又有讹夺,细参诸说,未能速行也。

濬儿十时后来,午与濬、润共饭。下午二时轶程、澍芳伉俪来,长谈至四时半乃行。

夜与濬、润、湜、元、宜共饭。八时,濬归去。八时半就寝。

4 月 3 日(二月廿一日　壬午)星期五

阴,近午微露阳光,气仍料峭。

晨六时半起。八时半出,步往文学所参加本组组会。冠英主席,到平伯、子臧、晓铃、友琴、念贻、道衡、世德、共民、水照、绍基、象钟、和生、毓黑、锡厚、白鸿(新由文学遗产编辑部调来)及予。学术秘书室吕林、马靖云二人与焉。报告组内工作及讨论理论学习计划,十时四十分即了,仍独行步归。

午与润儿同饭。饭后,润即行,盖须往美术馆为版本展览值班也。二时,予亦出,乘廿四路南转九路到王府井新华书店,问登记苏州砖刻向何柜购买(昨有电话来招购),据云须图片门市部一问。予依言前往一询便得,盖应柜之女同志即昨日来电话者。买得后顺过文物出版社门市部又购得《担当书画集》一册。担当为明末滇中唐大来(泰),清人入侵,明亡,遂入鸡足山为僧,名普荷,字担当。书与画具臻上乘。归后(乘三轮)展阅再三,苍润老辣兼而有之,不觉心折其精熟耳。

薄暮,琴媳归。盖在安定劳动番回,仍自永定门站背负被囊挤车遄返也。夜与润、琴、元、宜共饭。饭后,琴出就浴,鉴孙来省。九时,琴媳归,鉴孙去。湜儿十时半自社中会毕归,予已就寝矣。

4月4日(二月廿二日　癸未)星期六

多云间晴,气仍料峭。

晨六时半起。八时十分出,乘廿四路北转一路无轨往北海,直赴庆霄楼参加学部四十七次中心学习组座谈会扩大会议。听候外庐报告中国学术代表团访问日本情况。夏作铭补充讲述。十二时散。文学所同人唐棣华、余冠英、俞平伯、吴子臧、汪蔚林及予六人与会,其他各所到者不少,琢如、藏云、叔湘、厚宣等不下数十人。散会后予与冠英、贺麟乘周新民车同归。

到家,家人已饭过,予重具餐。午后民进中央有学习会,予以不任连续久坐,属润儿事先电话请假。下午四时,琴媳领燕孙自托儿所归。夜与润、琴、湜、元、宜、燕同饭。饭后看电视播送两话剧,一《好榜样》,二《杨柳春风》。九时半毕,即寝。许妈下午假归休息。夜雨。

4月5日(二月廿三日　甲申　清明)星期

阴雨寒恻,真清明难将养天气也。

晨六时半起。八时后,展玩《担当书画集》及荣宝斋所印《国画汇辑》。润儿加班,雨中出,未归饭。湜儿亦早出,往访同事吴君及王女士,十一时半,偕来。有顷,管竞存亦至。十二时遂与琴、湜、元、及管、吴、王同饭。午后雨不止,添衣,坐看《文物》三期所载张葱玉遗著《怎样鉴定书画》,深入浅出,大有裨益于当前文物工作者。其人中年长往,不竟其业,惜哉!三时半,湜送吴、王二人出(管已先行)。予点读《汉书补注·律历志》,窗外雨化为雪,寒甚。怕炉灰,仍忍不笼火。

夜与润、琴、元、宜、燕同饭。饭后看电视京剧赵燕侠主演之《芦荡火种》,十时半毕。湜亦归,谓已在王家晚饭矣。予亦就寝。

4 月 6 日 (二月廿四日   乙酉) 星期一

晴间多云,仍寒。

晨六时半起。八时廿分出,乘廿四路南转十路到大华路下,潘儿踵至,遂偕行往北京医院门诊部。以先挂号故,待半小时便由郭敏文大夫接诊。据断血压较平,听心肺亦无变化,仍依前方开药,并预约廿三空腹验血,廿七看结果复诊。十时许离院,风中甚感冷,而潘兴跃然,请往北海一探桃李消息。乃与偕乘四路环行,由北海后门入,循东岸行,经濠濮间陟土山,穿桃林行,雨后新沐,树色澄鲜,桃李皆含苞初放,相映乘趣,实不虚此一行也。缓步度陟山、集翠两桥,自前门出,乘一路无轨东迤,到南小街换廿四路归。

到家将十二时,润儿未归饭,予与潘儿同饭。饭后复偕出,乘廿四路到东单,转四路环行往西单商场食品商店选购点心数事,并过旧商场一行,欲买小毛巾,无之,乃再乘九路无轨回王府大街南口,走至东四人民市场,居然买到六方。遂各乘三轮返。属潘将小方毛巾缀两为一,充洗脸用,亦得用之一端矣。

夜与潘、润、琴、湜、元、宜同进夜饭。饭后琴出访同事,盖明晨即须奉派往天津静海一带,了解各校使用小学教本反应耳。潘儿九时去。予亦以久坐感冷,即寝。琴媳何时返,竟未之知。沈姓阿姨今日休息,夜十时始归。

4月7日（二月廿五日　丙戌）星期二

阴沉寒恻。

晨六时起。八时半，日犹未见，伏案时寒气浃背矣。不得已复笼火，而烟涨弥室，殊难耐，只索开门吊窗，忍须臾以待烟之出，至九时乃克就坐。民进中央有电话来，予以惮于远行（会议在鼓楼东南辛寺胡同）回却之，且告本周不拟参加云。

午与润同饭。下午展书点读，均以意不相属无所就。四时，元鉴来。五时书友刘清源来。六时湜儿来。湜有电话谓不归饭。七时遂偕湜、润、鉴、元、宜同饭。八时，湜、鉴俱去。予亦就寝。湜归何时竟未之知。

4月8日（二月廿六日　丁亥）星期三

阴寒。

晨六时起，仍笼火。八时后看清源送来之《中国古代绘画选集》。盖西谛遗著，前有详序，著绘画发展之迹。所选虽多见过，而睹物思人，不禁黯然。十时，达先来谒，谓甫自太原出差来此，将参观各图书馆，俾有所取法改进云。至午润儿亦归，遂三人同饭。

午后一时廿分，老赵驾车来接，即乘以过接平伯、棣华、其芳、冯至同赴人大会堂参加报告会。听周总理在人大常委会和国务院全体会议联席会议所作访问十四国的报告。二时半开始，六时半散。仅得一半，明日下午将再往续听之。出会堂仍与其芳、棣华、平伯同车以次送归。冯至则别附周培源车径返北京大学矣。冯近兼本所第二副所长，每周入城两次云。

夜与润儿、元孙、宜孙共饭。湜有电话谓须加班，不及归饭也。

九时就寝。十时半,湜始归。

4 月 9 日（二月廿七日　戊子）星期四

多云间晴。仍寒。

晨六时半,尽宿火不添煤。十时后,元鉴来。午与润、鉴同饭。

午后一时廿分,老赵车来,乃乘以过接唐、何两所长同赴人大会堂,续听周总理报告录音。入门遇韵启及翔鹤。二时半开始,六时半散。与何、唐及翔鹤同乘送归。

夜与润、元、宜同饭。饭后看电视影片《赤峰号》。十时就寝。十时半湜儿归。盖偕其同事在政协礼堂看汉中歌剧《红梅岭》也。

4 月 10 日（二月廿八日　己丑）星期五

多云偶晴,仍有料峭之感。

晨六时半起。八时半出散闷,先乘廿四路南转廿路,满拟一逛天坛,乃停车站与站牌名不同,一过天桥便至先农坛东南墙根,返入天坛并不近,于是扬长北行,至商场改乘十五路,西北径达动物园,一赏熊猫幼子。园中处处有小学生及幼儿园儿童成堆聚坐,正在野餐,盖春假期近,例有此也。动物无足多赏,只柳色已新,殊可骋目耳。桃花已多泛落,曾不几时,芳信将过矣。怅然而出,乘一路无轨东入阜成门径抵朝内南小街,再转廿四路南归。到家已将十二时,少坐即饭。润在美术馆办版本展览结束事宜,未归饭,且夜饭亦未能来家也。

午后三时,鉴孙偕其同学曹女士来,谓已得曹之介绍,将在科学院情报处作临时工,校对卡片。予以为只要努力工作,表现良好,无论长期临时,皆可勖以试往应谈云。有顷,潘儿至,曹女士去。文权亦来。五时,权、鉴先具食享之。六时,权去校中开会,鉴亦去首都听音乐。七时,湜亦归,乃与濬、湜、元、宜同进夜饭。饭后,湜往访达先,因偕以俱来。湜则以管竞存约,亦往首都听音乐。八时,文权会毕,复来,润儿亦归,乃与达先长谈。九时后小逸来,达先遂偕之归去。濬、权亦归其家。湜儿适听毕归来,予乃就寝。

夜深雨止。

4 月 11 日（二月廿九日　庚寅）星期六

阴雨凄其。

晨六时半起。雨窗冷坐,听广播,越南劳动党中央《学习》上发表的《现代修正主义者反对革命战争彻底叛变革命》一文的摘要。持论严正,心目为开,可见得道多助,德必有邻矣。

午独饭。润儿又去美术馆收拾云。下午二时半,民进中央派车来接,遂乘以径赴辛寺胡同会本部。三时开会,雷洁琼主席,到王却尘、吴研因、林汉达、董守义、葛志成、徐楚波、张志公、傅彬然、严景耀、谢冰心、张纪元、巫宝三、吴文藻、梁纯夫、陈慧及予十七人。讨论周总理报告。六时散,予与陈慧同车送归。夜与润儿、元孙、宜孙、燕孙共饭。九时就寝。湜儿十时后归。

4 月 12 日（三月大建戊辰　辛卯朔）星期

阴,雾转濛雨,亦时歇脚。气仍寒恻。

晨六时半起。九时半达先来。十时韵启来。午间与达、韵、润、湜、元共饭(宜、燕则别餐)并小酌。

饭后偶歇微雨。予乃偕达、韵、润、湜同出,乘廿四路到东单,转三路出崇文门,再转一路电车往天坛北门,联袂入游。先在祈年殿东配殿廊上小坐,然后南出祈年门,过坛道复入成贞门到皇穹宇西侧茶棚茗憩。坐至四时许,起行。先南登圜丘四眺,旋入览皇穹宇,周历而出。复出成贞门,循坛道北行,折而西出坛西门。中间曾就道侧小憩片响,在天桥商场前乘十五路西北行,径达菜市口,相将登美味斋楼屋晚酌。时将六时,且饮且谈,至七时半乃行。韵启一人仍乘十五路归其宿舍。予等四人则乘九路无轨入宣武门,经北海前到朝阳门内南小街。时已雨,亟转廿四路南归。达先径归,予父子三人亦走返于家。

抵门知琴媳甫由静海公毕归,刚饭罢也。有顷,潚儿、文权来,谈至九时归去。予取汤濯足,并属湜为予拭背,乃易衷衣就寝。

4 月 13 日 (三月初二日　壬辰) 星期一

阴寒,不类三春。

晨六时半起。煤馨,不能续火,久坐竟感瑟缩,打叠精神出《上海博物馆藏画》影印巨册,一一展玩之,近午方毕。润儿适归,遂共饭。

饭后二时独出访圣陶,乘廿四路以行。晤谈至四时一刻,行。出八条西口,乘四路环行车到东单,复换廿四路北归。近日东总布胡同翻修路面,故改道由外交部街行。抵家已五时。

夜与润儿及元、宜两孙同饭。九时就寝。十时湜儿归。琴媳何时归未之闻。接错孙信。

4 月 14 日 (三月初三日　癸巳) 星期二

阴雨,寒恻,湿润不相应。

晨六时半起。连日为阴霾所困,精神颇受影响。八时后,强展

《明清扇面画选》冀一遣之,乃光目不相发,费劲而不得趣,只得草草终场耳。十时后鉴孙来。午与润、鉴共饭。

午后二时廿分,民进中央车来,遂乘以赴之。三时开会,仍由洁琼主席,到却尘、研因、景耀、文藻、冰心、守义、汉达、楚波及予十人。五时四十分散,仍于雨中车送归。

夜与潘、权、润、鉴同饭,啖新蒸松糕。琴、湜皆有事未归饭,元、宜两孙则持予票由校中径赴政协礼堂观话剧《小足球队》。九时,潘、权、鉴俱去,予乃就寝。十时后湜、琴、元、宜始陆续归,皆值雨。

4 月 15 日（三月初四日　甲午）星期三

终日阴森寒湿,唯一显示春意者,枝头微绿耳。

晨六时半起。上午写信四通,分寄汉儿周口店,漱儿上海,滋儿、佩媳合肥,锴孙窦店。午间润儿归,鉴孙来,遂与共饭。饭后即以此四信交润带出付邮。鉴亦归去。二时,予独出破闷,先乘廿四路北至东直门大街,转六路无轨出正阳门到天桥,步至天坛西门,乘十五路入宣武门,出复兴门,到西郊动物园。绕水禽湖一周,并入鸣禽室一转,则烟柳拥一湖,不啻一幅大好集禽图也。恐值雨,遂出园,乘一路无轨东入阜成门,径达朝内南小街,再换廿四路南归。

夜与润、琴、宜共饭。琴饭后往蟾宫看电影。元孙以劳动晚归,再具食。湜儿以在社同唱革命歌,在社晚饭而后归。九时就寝。接汉儿十四日来信,并复湜。

4 月 16 日（三月初五日　乙未）星期四

上午阴,偶露日光。下午竟雨,入晚不休且加甚焉。仍感寒凄。

晨六时半起。展点王补《汉书律历志注》。午与润儿共饭。下午又续点《律历志补注》。夜与琴媳、湜儿、元孙、宜孙共饭。润在馆开会未归饭。饭后看电视转播长春影片公司所摄喜剧《满意不满意》。十时毕，润亦归，予乃就寝。

4 月 17 日(三月初六日　丙申)星期五

多云间晴，气燠闷类黄梅，荫处则仍凛然寒恻也。

晨六时起。上午翻阅《通典》职官、州郡两典，并及《续通典》、《清通典》。午与润儿共饭。饭后二时出，乘廿四路南转十路到中山公园，花事推迟，牡丹尚仅具端萌而已。乃入唐花坞一巡，然后出，循径出南长街走访乃乾于西华门。有顷，妙中至，移时去，而刚主继至，遂共谈至五时许行。与刚主偕乘五路至北海，换九路无轨东归。至南小街刚主复陪予同乘廿四路到禄米仓，伊则寻店买药，予乃步归。

夜与宜孙共饭。元孙往潘儿家送物，乃饭后与权、潘同来。润、琴、湜俱以有事未归饭也。八时后，琴归。权、潘归去，予乃就寝。

十时后，润、湜始先后归。

4 月 18 日(三月初七日　丁酉)星期六

多云转阴，近午，雨时作时辍，入夜乃大雨延绵，达旦未休。气冷暖忽变，闷甚！

晨六时起。润儿已出，盖今日版本图书馆同人赴颐和园作郊游，伊为先行前往赁船备荡湖也。予精神阑珊，九时北海庆霄楼之会(学部中心学习组第四十八次座谈会)亦未去。午独饭。饭后雨窗闷坐，翻阅《图书集成·官常典》，一索历代职官之沿变，抵暮掌灯乃止。

傍晚潴儿来，即去。润儿归，琴媳亦挈宜、燕孙归。有顷，元孙亦雨中归。七时同饭。饭后看电视话剧《南海长城》。十时就寝。十一时湜儿始归。

4月19日(三月初八日 戊戌)星期

晨六时起，雨声甫歇，今日民进中央本有大觉寺之游，以泥泞行车困难，昨已有电话通知中止。禺中雨又作，自此延绵不止，彻宵达旦，昏沉闷塞，百无聊赖。午后翻阅《图书集成·成人事典》，随阅之。湜儿饭后与琴媳往访达先，未遇即归。湜旋出往访其友文修。润仍上班，补昨日之阙也。下午五时，达先来，入夜遂与之小饮。润、琴、元、宜、燕同饭。饭后元孙等看电视，予与达、润长谈。十时许，达先归去，予亦就寝。十一时湜始归。

4月20日(三月初九日 己亥 谷雨)星期一

阴雨闷湿。

晨七时乃起。未几，儿孙辈俱分别上班、入学矣。八时后，雨又作，入晚始止。

雨窗闷坐，百骸不舒，随翻架书为遣而已，不能悉心阅读也。天气之影响亦大矣。午与润儿共饭。近暮，潴儿来，少坐便去。

夜与润、元、宜共饭。八时半就寝。湜十时半归。琴媳近十一时乃归。俱为集体学习云。

4月21日(三月初十日 庚子)星期二

阴转多云，燠湿。

晨五时半即起。政协今日本有颐和园之游,以下午须出席民进听报告,遂电话达政协,未果行。午前鉴孙来,午遂与润、鉴同饭。饭后,鉴孙去。

二时半,民进派车来,遂乘以径往政协礼堂第一会议室,听东莼传达最近双周坐谈会上李维汉部长的讲话。四时毕,第一组即移座二楼东侧第一休息室讨论。六时散,仍乘车送归。

润、琴、湜俱有事不归饭。晚间予乃与元、宜二孙同饭。饭后少休,即取汤濯身洗足,易亵衣就寝。

十时半后,琴、润、湜始陆续归。

4 月 22 日(三月十一日 辛丑)星期三

阴转微晴,气仍燠郁。

晨六时半起。为汉达所问一事遍查群书不得,只能实告之。

午后二时半,民进车来,遂乘过接均正,同驰辛寺胡同会本部参加学习。到东莼、汉达、研因、景耀、洁琼、文藻、冰心、守义、楚波、纯夫、志成等,仍讨论李部长讲话。休息时,以查不得之典复汉达云。六时散,即偕均正、纯夫同乘送归。

夜与家人同饭。

达先午前来谈,后天之晚即动身回并垣,因约明日十时会紫竹院一游云。九时即就寝。

4 月 23 日(三月十二日 壬寅)星期四

阴,无风。上午有濛雨。

晨六时起。七时一刻潜来,遂偕往北京医院门诊部,作空腹检验,留小便及取血,然后就食。食已乃行。出院后与潜偕行至台基厂,乘三路无轨往北海,入园后见榆叶梅盛开,连翘花及梨花亦夥,流连有顷,迤逦出北海后门,已将十时,乃亟乘七路无轨出西直门径抵白石桥,走往紫竹院。达先已先在矣。茶憩至十二时乃出院,院中见玉兰三株皆姣好,立其旁赏览有顷,遂东走至新疆餐厅午餐。餐后步往动物园,先看爬虫馆,继看犀牛、河马两馆,乃在幽凤堂后广场茶憩,潜、达起去周览,予则独坐而已。五时出园,乘一路无轨回朝内南小街,转廿四路各归。

六时半,予偕潜过饮章家,与雪村伉俪及达先、小逸共饭。八时,湜儿来接,有顷,硕孙亦至,谈至九时乃辞返。潜、硕亦径归去矣。到家润儿亦刚归。予少坐即就寝。十时琴媳归。

4 月 24 日(三月十三日　癸卯)星期五

拂晓雨即止,转阴,午后有晴意,仍感冷,须添衣。

晨六时起。八时半潜儿来。九时一刻,偕潜过章家晤雪村伉俪及达先,移时雪舟至,遂与雪村、雪舟昆仲及潜儿、达先同出,在外交部街东口乘廿四路至方巾巷,转九路到王府井,复换四路无轨往菜市口径登美味斋楼,择坐小饮。午后一时三刻乃行。过菜市口菜场一看,规模殊不减东单也。继即乘四路无轨循原路各返。

四时文权来,即去章家。而达先随至,谈至五时告归,七时即登程返苏矣。六时后,鉴孙来,琴媳、湜儿、元孙、宜孙皆归,遂共夜饭。饭后,潜、湜、鉴、元皆过章家送达先往车站,琴媳则仅过章家话别随返。润儿加夜班未归饭。八时半,予就寝。九时,湜、元自车站送行归。十一时润始归,予已入睡矣。

4 月 25 日(三月十四日　甲辰)星期六

阴雨转晴,气亦略和。

晨六时起。八时后写信一通,寄冯亦吾,报其两次来访未值
也。适潛儿来,因属带出付邮。

午与润儿同饭。午后二时出,乘廿四路南转十路到中山公园,
换五路到西华门访乃乾。谈有顷,妙中至。三时许,予与乃乾、妙
中偕过中山公园茶憩于来今雨轩月台上。今年天气欠常,花事推
迟,牡丹、芍药俱无消息,仅丁香略开耳。五时起行,与乃乾等别。
出园门乘一路东达东单,再转廿四路归。

夜与润、琴、湜、元、宜、燕同饭。饭后看电视,十一时始就寝。

4 月 26 日(三月十五日　乙巳)星期

晴,傍晚阴,仍不暖。

晨六时半起。八时,湜儿出,同其友文修往八大处。润儿仍加
班。十时,晓先来,因留饭长谈,下午三时许乃去。润午后休息,挈
孙辈往日坛一游。五时后潛、权来,自香山畅游归云。有顷,湜儿
亦归,谓偕文修及其父母改游颐和园云。

夜与潛、权、润、琴、湜、元、宜、燕共饭。饭后不久,潛、权归去。
琴媳往政协礼堂看北京京剧院二团演出新戏《芦荡火种》。九时
就寝。琴归何时,未之闻矣。

4 月 27 日(三月十六日　丙午)星期一

晴,仍不暖。

晨六时半起。八时半潛来,同乘廿四路南转十路到大华路,径
赴北京医院门诊部,候半小时即由郭敏文大夫接诊。并至放射科
透视,结合日前检验反应一切正常(较上月所诊无变化)。十一时
乃离院,行至台基厂北口乘四路无轨到东安市场,在稻香春购得点

心数事,与潗儿各乘三轮返家。

午与潗、润共饭。饭后润上班,潗亦归去。予翻阅张舜徽《清人文集别录》,并以其间听广播《人民日报》全文刊登苏共中央反华报告和文件后的案语。夜与润、琴、湜、元、宜共饭。饭后,润去加班,湜偕鉴同出(鉴适来),过俞家唱曲后即住汉家云。九时就寝。十时后润始归。

4 月 28 日(三月十七日　丁未)星期二

晴间多云。气较昨和。

晨六时半起。八时前润儿出,谓今日须偕馆中同人赴大红门一公社参加斗争大会,向晚始能返城云。

九时独出,乘廿四路北转七路无轨到北海后门,径往画舫斋参观本市书法篆刻展览。第一室有颉刚书横幅,第二室有圣陶书直幅,第四室则多学生及少年习作(大多十四五岁者)。正逐步移进中,忽感心烦目眩,竟泛恶,似有栽倒之象,亟力自出后门,乘十一路无轨返东单,转廿四路回家。

午间强饭以支之。饭后颇有欲睡之象,恐就榻反致疾病,乃强振精神,出门乘廿四路南转十路到中山公园,转五路到西华门访乃乾。欲与同去琉璃厂书肆一行。乃乃乾已与妙中去科学院图书馆,未及晤。因与其夫人坐谈少时即起行,步入中山公园,在唐花坞一转,出公园前门乘十路返东单,转廿四路返。

六时半宜孙归,谓元孙在人教社晚饭后就浴云。又待至七时,遂与宜孙共饭。饭次,润儿归,匆匆食已,又入社加班。九时,元孙归,予就寝。十时后润、琴、湜始陆续归。

4 月 29 日（三月十八日　戊申）星期三

阴,细雨湿地,气又转冷。

晨六时半起。八时出乘廿四路南转十路至中山公园,再转五路到西华门访晤乃乾。本约同去海王村一访中国书店及来薰阁,乃细雨绵延,恐致大雨,谈至十时仍循原路遄返。妙中适至,承送予上车。

午与润儿共饭。饭后午睡,脱衣蒙被,居然入寐,惜街儿喧嚷,致迷梦纠连,不甚酣适耳。四时起天渐霁,而地润不燥,恐仍有雨也。夜与润、元同饭。湜八时半归,再具餐。宜孙在琴媳社中晚饭而后归。琴以有会十时后乃返。予九时半就寝。

4 月 30 日（三月十九日　己酉）星期四

微晴,转多云,午雷阵大作,雨随至,四时始霁。冷暖殊不正常矣。

晨六时起。九时,趁晴出散闷,先乘廿四路南转十路到南樱桃园,再转五路到陶然亭,在南北二坊间柳岸小坐,紫丁香盛开,他花不多见也。十时半出园,乘五路到前门外鲜鱼口下,步过天盛酱肉铺买得口条一事,复前至前门车站乘九路回东单,转廿四路归。抵家将午,知汉儿已返城,曾来过,因电话向新华招令来饭。甫过午,雷声忽发,大雨随至,润儿幸已归,汉则淋湿而来。遂共饭。饭后润在雨中扫庭院,二时乃去上班。至四时雨稍止,汉儿亦亟归去,以今日诸外孙皆须归省,不得不端整晚饭飧之耳。

五时,元孙归。润儿亦旋归。

傍晚雨又作,琴媳、宜孙、燕孙、湜儿雨中归。七时共饭。饭后湜儿往看汉儿,予开看电视。十时就寝。越半时湜儿归。十一时又雨,达翌晨四时乃止。

5月1日^①（三月大建戊辰　辛卯朔　二十日　庚戌　国际劳动节）

星期五

阴，微雨渐霁，午转晴，气亦向暖。

晨六时半起。九时后汉儿、镇孙、文修、鉴孙、锴孙及张彩英先后来。午间与汉等及润、琴、湜、元、宜、燕共饭，小酌致庆。午后，韵启来，润出访友，汉等皆去，元孙亦随去，惟文修、韵启留。四时后，潗、权来，权旋过章家，湜友管、曾二君来。五时后，管、曾去，润归。夜遂与韵启、潗、润、琴、湜、修、宜、燕同饭。予偕韵启等小酌。湜、修同赴青年剧院看话剧。有顷，文权来，九时后，韵启、权、潗皆去。润、琴曾挈宜、燕出看焰火，即归。许、沈两保姆亦结伴出，十时乃归。

予九时半就寝，卧听节日晚会广播，十一时始毕。

元孙偕锴、镇、彩英在天安门看焰火后归。润儿去馆中值夜。近十二时，湜儿乃归。

5月2日（三月廿一日　辛亥）星期六

晴间多云。气增暖。

晨六时半起。十时，升埙来。午与润、琴、湜、埙、元、宜、燕同饭。饭后，埙孙去，予与润、湜、元偕出散步，由无量大人胡同、煤渣胡同、帅府园，径达百货大楼一转。湜告予即赴文修约，遂行。予与润、元复过荣宝斋选购毛笔，宜书宜画及书画皆宜各两枝（紫毫），便穿行东安市场出金鱼胡同，在米市大街一奶品店各啜奶酪

---

①底本为："习习盦日记第十五册"。原注："一九六四年五月一日至六月三十日，凡六十一天。甲辰荷花诞后一日手装讫记。"

一盂,稍休再行。过东堂子胡同西口一百货店购得一塑料汽枕,遂由此胡同东归。

四时,琴媳挈元、宜二孙往蟾宫看电影。

夜与润儿共饭。八时半,琴等归,再具膳。九时就寝。十时半,湜儿始归。

5 月 3 日(三月廿二日　壬子)星期

多云间晴,气加暖。

晨六时半起。八时,潜儿至,谓汉等约,即将来家集合,要予陪同出游也。润、琴、湜照常上班补昨假。元、宜上午随校中同学在地坛开小型运动会。

九时后,汉率元锴、彩英、元镇、元鉴、升基来,遂邀予及潜同出,乘廿四路至东单,转八路到崇外花市,再转一路有轨,径赴天坛北门,在祈年殿下合摄一景,然后南行至茶棚茗憩。孙辈畅游皇穹宇、圜丘诸处。十一时半乃出坛西门,乘十五路往菜市口,共饭于美味斋。下午二时始散。元锴、彩英先乘四路无轨去王府井购物。升基乘十七路往访同学,予与潜、汉、镇、鉴同乘九路无轨北行至西单商场,潜下买物;至朝内南小街,鉴下访友;予被汉、镇所邀,径出朝阳门到小庄下,同往汉家。坐至四时,锴、英偕返。有顷,鉴亦返。六时,锴、英偕返窦店,乘九路行。予与汉与之同乘。锴、英至方巾巷换廿路去永定门车站,予与汉则至东单转廿四路归于家。在九路车上遇道衡及亚平。到家未久,念贻、水照偕过予,承告后日在潭柘春游,送乘车票三张,谈有顷辞去。琴媳亦归。入晚,遂与汉、琴、元、宜同饭。八时,湜归饭。九时,润归饭,皆以事牵迟归耳。

十时，汉归去，予亦就寝。

5月4日(三月廿三日　癸丑)**星期一**

晴间多云，暖。

晨六时半起。八时挈元、宜两孙出游，以中国青年节放假，予许其偕游陶然亭也。乘廿四路转十路到南樱桃园，再转五路以往。在园中遇劭先，略谈。稍休后，周历云绘楼及西岸土山，绕出抱冰堂前，仍出园北门，已十一时，乃乘五路往前外鲜鱼口，如老正兴午饭。食客甚挤，良久乃得坐，且待食亦甚久。午后一时许乃行。三人偕往劝业场一转，周历三楼，为燕孙购得小玩意一件，即步至前门老车站，乘九路返东单，转廿四路归家。到门已二时许，即令两孙洗脸去睡，予乃补记三日来日记。

夜与润、元、宜同饭。九时就寝。琴媳、湜儿皆十时后始归。

5月5日(三月廿四日　甲寅　立夏)**星期二**

晴和。

晨六时起。七时元鉴、升基来。有顷，濬儿来，皆欲随予附文学所春游团往游潭柘、戒坛两寺者。七时半偕出，在禄米仓口候车，七时三刻车至，有往十三陵者先过，往潭柘者凡三大车。予偕濬等坐二号，与棣华、之琳、宝权、翔鹤、念贻、水照、良沛等同乘。连家属凡五十一人。开行后，以次过东四头条、东单、民族宫、玉泉路等指定站接同人，然后直放潭柘，过石景山后河滩(永定河)起俱新修车道，盘行曲折，蜿蜒登山，路面平坦，行道树森列，左顾右盼，山色宜人，十时半乃达山门下停车场，联袂登山入寺，周历毗卢阁及诸殿，并在猗玕亭流杯石渠畔小憩。十一时半在山门右侧茶点部买座啜茗。并出所携糇粮、茶叶蛋等各分曹进餐,因晤他乘同去之冠英、水夫、绍基、世德等。以午后二时始开车,颇有人登山寻所谓龙潭者,潜等与焉。予与冠英、水夫则在山门前闲谈以待之。二时一刻开车,回程过戒坛一游,玩松久之。惟牡丹园(即清奕䜣别邸也)锁不令人,游人不免缺望耳。四时十分,自戒坛开车,循原路返城。五时四十分归家矣。

润、琴、湜俱未归饭,予乃与潜、鉴、基、元、宜同饭。饭后,鉴、基皆去,文权来,开电视同看至九时,权、潜去,予即收机辍听,取汤濯身抹足,会湜儿归,即令助予擦背。未几,润、琴亦相继归,予乃就寝。

5 月 6 日(三月廿五日　乙卯)星期三

晴间多云,气亦和。

晨六时起。十时亦秀来,知五一前由沪赶回,月底仍须赴晋报到教课也。十一时半去。

午与润儿同饭。午后二时半,民进派车来,因乘以过接均正,同赴辛寺胡同民进中央会所,参加第一组学习座谈。到东莼、研因、冰心、文藻、洁琼、汉达、纯夫、却尘、彬然及予十人。洁琼主持,嘉璇纪录,发言普遍,形势甚好。六时散,与均正、纯夫、麟瑞同车送归。

夜与润、琴、元、宜同饭。饭后,润仍加班,琴则出购物。九时就寝。越半时润、琴先后归。十时四十分,湜始归。

5 月 7 日(三月廿六日　丙辰)星期四

晴间多云,气不甚暖,午后陡热。

晨六时起。八时半，所中小李来言租车不谙路程，停在禄米仓候予上车。乃随之出，乘以过接平伯、冠英同赴北京医院吊丧。盖昨晚接所中张慧珠电话，知本组同事力扬患肺癌于五日下午逝世也。到院时其芳、棣华两所长，平凡、书铭及各组同人都已齐集，九时半，排队入太平间，以次与遗体告别，肃穆之中，悽怆更甚。本当随众送至东郊火葬场，同人坚以老年人不宜重劳，派车送予及平伯、子臧归。默存亦未送，别道行去。回家坐定久之，不能自释。

午与润儿同饭。下午二时半，出乘廿四路北至九条下，走访圣陶，知在松竹园洗澡，因踵往晤之。遂与同归其家，谈至四时半，行。仍乘廿四路南归。

夜与润、湜、元同饭。潜儿来。饭后，润入馆开会，予等开看电视杂技表现演。硕孙至，遂接其母去。宜孙在人教社晚饭，饭后先归，其母则十时后乃归。予已看毕电视就寝矣。

5月8日(三月廿七日　丁巳)星期五

阴，偶露日光。又还凉。

晨六时起。八时五十分出，潜儿偕预孙适来，因同行，乘廿四路南转十路到中山公园，伊母女入园小游，予则再转五路到西华门访乃乾。谈至十一时，偕出，乘五路北至北海，转九路无轨往菜市口，车上适遇高谊，遂拉以同赴美味斋午饮，入座未久，柴德赓亦至，盖乃乾电话约来者。一时半饭罢，高谊径回翠微路，予与乃乾、德赓同乘四路无轨东达虎坊桥，转十四路北抵琉璃厂，如海王村中国书店，观其新张规模，修建之屋尚未全部竣工，而两翼长屋书已摆满，晤熟书友不多，刘清源陪同参观楼上，展出旧本颇夥，在西翼书屋中晤及觉明，四人遂长谈，三时半，同过来薰阁访济川，又坐谈许久,晤及王质卿。(先后还讫书款六十余元。)五时半始行。觉明已先行。乃乾雇三轮归去,予与德赓乘十四路而北,德赓径去东官房旧辅仁宿舍。予则在六部口下,转十路到东单,再换廿四路归家。

在中国书店购得《王氏三沙统谱》四本,盖西沙在城支等,数小支支谱也。予为西沙陡门杨家桥支,旧谱已毁于日寇淞沪之燹,抗战之初,吾宗亦尝谋续修未果,今见此光绪丙午重修之本,虽与本支无大关涉,而卷首世系灿然可考,南渡始祖子高公及三沙分派源流已得大概,因珍视购归,俾他日葺理印证焉。

夜与湜儿及元、宜两孙同饭。九时,润儿归,予就寝。琴媳何日归来,竟未之闻。

今日始,湜儿下新华印刷厂劳动十五天。

5 月 9 日 (三月廿八日　戊午) 星期六

多云间晴,气尚和。

晨六时起。八时三刻出,步至禄米仓西口候车,盖今日力扬在嘉兴寺起灵,十时公祭。治丧委员会特备大车分站接同人赴寺也。九时一刻开出,已第四站,又沿途接人毕送至彼。遇云彬,亦赴吊者。公祭由潘梓老主祭,邓绍基司仪,何其芳致悼词,礼毕,即奉骨灰匣登车径驶八宝山。本组仅平伯、默存未往,予乘其芳车与平凡、冠英偕往。妥灵后,同人与之最后告别,分车各返城。予与子臧及路坎夫人同乘,十一时四十分开车,十二时五分即抵家。汉儿来,遂与润同饭。饭后,汉、润各上班。予开机听广播《中共中央和苏共中央来往的七封信》,历时甚久,民进学习遂未往。

夜与润、琴、湜、元、宜、燕共饭。饭后潜、权同来,九时去。予亦就寝。

5月10日（三月廿九日　己未）星期

晴间多云。天气和暖。

晨六时起。七时十分，偕润、琴、湜、元、宜、燕同出，乘廿四路南转十路到中山公园，润、湜挈燕下，入园游览，予等四人到六部口下。晤民进执事人庞安山、王嘉璇，遂上第一号车，圣陶偕至善及两孙至，未几，汉儿至，盖今日民进组织春游，前往香山静宜园憩息也。凡三大车，八时出发，经新街口、动物园、民族学院等处，沿途招接同人，径赴香山。车至海甸，前后车辆拥塞，（各机关以春雨故，例行春游多推迟，乃大集中。）疏通渐进费时颇久，到静宜园门首已十时一刻矣。入园后，同人皆散行自适，予与圣陶、研因、彬然四人即红叶村休息室坐下闲谈，竟未出室一步。十二时，诣餐厅聚餐，每九人占一席，予与圣陶两家适占此数，遂同座共饭。买鲜啤四瓶共饮之。午后一时半，开车赴卧佛寺前北京植物园参观，承主管者介绍概况，然后引导分览各培育暖房，有以寒热地带分者，有以生殖状态分者，莫不类聚区别，秩然成章。虽创立以来，只十余年，前途正未可量也。四时签名留念而出，即开车东返入城。归途较快，六时已到东单，乃转廿四路归家。润儿挈燕孙在家，琴媳之表弟孔德涌在，遂与汉、润等共进夜饭。饭后，汉儿归去，孔君亦旋去。予以腰酸早睡。润儿出二回回狗皮膏为予敷贴，然后易衰衣就榻。湜儿闻去北大访旧，至十一时乃归，予竟未之知。

5月11日（三月三十日　庚申）星期一

晴和。

晨五时半即起。天朗气清,颇不能郁居室中,遂于八时独出,乘廿四路南转十一路到景山东街,步入景山公园,一观牡丹。此园近年移植名种不少,辟畦颇广,今往一视,花事尚未全阑,姹紫嫣红,正竞芳斗艳也。中有一株标名为百花妒,纵有其实,名则俗矣。徘徊一周,绕至景山东端,觅坐小憩,继而出山前倚望楼下,南出北上门,径入神武门故宫御园中,亦盛植牡丹,花已将阑,虽枝干扶苏,却较景山逊色,于是鼓勇从故宫中道出内外三殿、午门,转入中山公园,欲再较牡丹色相,讵花候竟与故宫仿佛,不逮景山壮盛,可见,新生力量究胜老树着花耳。在习礼亭前小坐片晌,然后出园,乘十路东还。在站遇徐寿龄,同至东单转廿四路。潽儿亦适自前门来,不期同车,遂偕归。予属伊为予裹粽子(物料早备),及午而竣事,遂与予及润同饭。饭后,予及潽、润皆小睡。三时,潽去,予未之知。四时起,元鉴来。薄暮,汉、润皆归来,元、宜亦返,遂与鉴同饭。七时,汉、鉴去,润挈宜往馆,九时返,予方就卧。九时半,湜儿归。十时,琴媳归。

5 月 12 日 (四月小建己巳　辛酉朔) 星期二

晴暖。

晨五时半起。八时,老赵车来,遂乘以过接平伯、棣华、晦庵、其芳,同赴人民大会〈堂〉听陈毅副总理作访问十六国报告。九时开始,十二时半散会。明日上午九时当赓为之云。今日参加之人殆近万数,散时寻车颇不易,老赵迎至东门阶下,导以登车。于是以次送归,予到家已一时矣。家人都已饭过,予乃小酌以辅气,然后进餐。饭后小睡,四时始起。为日前所购别支宗谱作识语二百余言,书诸卷首,分支目录之左,用示后世。今日者非讲世系张家门之时，然数典忘祖，亦孔之丑，似不能以未能免俗自哂也。

傍晚，汉儿来。久之，润儿始归，遂共饭。饭后，润加班去，汉过访濬，以明日濬将往青岛看顯孙也。八时，宜孙归，谓在其母所赶作业，遂于彼处夜饭云。九时，湜儿归，亦已饭过。又有顷，元孙乃归，谓在其母所就浴，饭则尚未用，乃再具餐。

九时半，取汤洗足濯身，由湜儿为予擦背，乃易汗衫就寝。十时许，润、琴始先后归。

5 月 13 日(四月初二日　壬戌)星期三

多云间晴，午后大风。气暖如昨。

晨五时起。七时三刻，老赵车来，如昨，过接各位到人大会堂继听陈副总理报告。十二时毕，主席彭真宣告明日上午九时仍续听，不另发票，即凭前票入场云。出场寻见老赵车送各归。予到家，润儿尚未饭毕，遂与同餐。饭后，写信三通，分复勷、清太原；滋、佩合肥(京七号)；熊、澄贵阳。至四时方毕。

晚接五月十一日漱儿来信。入晚，与润儿、宜孙同饭。饭后，润出加班，忘将三信带出。八时半，元孙始归饭，询之，则在商店劳动。有顷，其母亦归，询之，则谓过队日云。校方如此不统一处理，我确有意见矣。

九时就寝。湜儿、琴媳先后归，最后润儿归，知加班后往车站送濬去青岛，看车开出后乃归来云。

5 月 14 日(四月初三日　癸亥)星期四

阴，有小雨，转晴间多云。气亦较昨稍凉。

晨六时起。七时三刻，老赵车即来，仍如昨路，以次接人同到人大会堂续听陈副总理访问十六国报告。先后凡三次,前两次由彭真主持,今次由康生主持。十二时廿分完,生动活泼,印象鲜明,连听三日未觉倦也。散会回家已将一时,遂独自午餐,润儿已先饭,未几,即上班。

午后二时,为所中送阅《红楼梦研究论文选》序言提写意见。四时独出散闷,乘廿四路南转十路,到牛街,复转九路无轨还朝阳门南小街,再换廿四路,归家已五时半。

七时,韵启来。有顷,汉儿亦至。湜儿及元、宜两孙已早归,遂共夜饭,谈至十时,韵启、汉儿皆去,润、琴乃归。予亦就寝。

韵启明晨因公去宁,四五天后将回上海,爰寄口信与漱儿。

5 月 15 日 (四月初四日　甲子) 星期五

晴间多云。气温如昨。

晨五时即起。七时三刻出,步往建国门文学研究所,参加评比五好全体大会。由王平凡主持,唐棣华作动员报告,十一时毕。张书铭又传达学部通知数事,本组复约定十八日上午八时半为此开小组会。散会后,所中派老赵送归。予与平伯、冠英同车,新来司机王姓伴送认路,盖由老赵教之也。

午与润儿同饭。饭后小休,三时半起。文权来,长谈达暮,湜儿及元、宜两孙皆归,遂共夜饭。润、琴俱未归夜饭。九时,文权去,予就寝。十时后,琴、润始先后归。

5 月 16 日 (四月初五日　乙丑) 星期六

阴,邻晚微雨,夜渐凉,雨亦渐盛,至午夜溜滴淙淙矣。

晨五时半起。上午闲翻架书。午与润儿共饭。下午二时三刻,民进车来,遂乘以过接均正,同赴辛寺胡同民进中央会所参加学习。伯昕传达各民主党派下放参加四清动员,继仍分组讨论陈副总理访外报告。六时散已雨,仍车送归。予与纯夫、均正同乘。

夜与润、琴、湜、元、宜同饭。饭后,湜往省汉家,约雨盛则即宿其家云。元、宜等看电视。十时就寝。

5 月 17 日（四月初六日　丙寅）星期

阴转多云,向晚晴,气仍不暖。

晨五时半起。十时,与润儿出阅市。途遇汉、湜、璐、鉴正自小庄来,因令先归,予父子步往朝内市场一转,顺购纸烟,即由万历桥出,转入礼士胡同走归。

李妈来。午与润、琴、汉、湜、璐、鉴、元、宜、燕及李妈同饭。饭后,湜往看文修。润挈宜、燕去中山公园。元孙出就浴,汉等三人四时去,往翠微路访丁家。

夜与润、琴、元、宜、燕同饭。九时就寝。十时,湜乃归。

5 月 18 日（四月初七日　丁卯）星期一

阴转多云,旋晴。气温则如昨。

晨五时半起。琴媳今日奉派赴辽宁省锦州等处调查研究,六时即由润儿送往新车站,未几归,再送燕孙入托儿所,然后上班。七时三刻出,步往文学所参加本组五好评比座谈会,十一时五十分散,仍步归。

午与润同饭。饭后二时半,民进中央派车来接,径赴中山公园中山堂后北京市政协会堂参加报告会。杨东莼主席,先后由葛志成、严景耀、徐楚波、董守义四人报告最近在霸县煎茶铺公社参加四清运动的观感。六时半始散,知廿一日又将有大批民进成员前往参加也。予以年老体衰,特予照顾可免行云。七时到家,与润儿及元、宜两孙同饭。饭后,润入馆加班。有顷,元、宜两孙踵往候父,至八时半仍先归。九时就寝。十时,湜儿归。有顷,润儿亦归。

5 月 19 日（四月初八日　戊辰）星期二

阴,气仍不暖。

晨五时半即起。八时后阅张江裁辑印《燕都风土丛书》,凡昆山顾云菴(森)《燕京记》、天津樊问青(彬)《燕都杂咏》、江宁夏蔚如(仁虎)《旧京秋词》及张自纂《东莞袁督师遗事》四种。《燕京》记述地方沿革,《杂咏》亦备掌故,《秋词》专咏时令韵事,皆有可观,惜校刊不精,舛讹孔多,至《袁遗事》颇见表章其乡先辈之功,而阴为牵合项城袁氏之所从出,在当时实有取媚梯荣之念,诚不能无鄙耳。

午与润儿共饭。

下午阅孙退谷《天府广记》。

夜与湜儿及元、宜两孙共饭。润儿以开会未归饭。九时就寝。十时润始归。

5 月 20 日（四月初九日　己巳）星期三

阴转晴,气亦较和。

晨五时半起。八时独出,乘廿四路南转十一路无轨,到景山公园,由山左里门入牡丹畦中,已只见一片绿叶,残英仅见矣。邻畦芍药正及时,有盛开者,有半开者,亦有含苞待放者。一望紫色,不无单调耳。前日在中山公园所见亦复如是,且多盛开。略一驻足,即缓步西出山右里门,径往北海,入陟山门度桥,绕琼岛一周而出。在门前乘一路无轨返朝内南小街,再转廿四路南归。到家已十时。阅报小休。午与润儿同饭。饭后小睡,不觉入梦,近五时乃起。

文权、鉴孙先后至,六时后,元、宜两孙亦归,汉儿约下班即来,乃迟至七时十分始到。盖顺道过访友家也。即开饭,与权、汉、鉴、元、宜共餐。润、湜皆以开会学习等事未及归饭。五月三日在天坛所摄之照已由汉儿为予放大送来,因识缘起于照片之背。九时,权、汉、鉴皆去。予取汤拭身洗足,易衷衣就寝。湜儿十时许归,润则十一时始返。予枕上延听过久,竟又失寐。

5 月 21 日（四月初十日　庚午　小满）星期四

阴转多云,渐晴。午后畅朗,蒸暖矣。

晨五时起。八时出,乘廿四路北转七路无轨,直出西直门抵白石桥,步入紫竹院公园,徘徊于柳岸红桥间,碧波左暎,长河右带,花事虽阑,鸟声静作,悠然久之。十时,就坐茶棚(即食堂、前所辟)食堂向以活鱼名,今他迁矣。茗歇半时,行。仍乘七路返东直门南小街,转廿四路南归。到家未久即饭,与润儿共。润在西城印厂洽事,食次始返。午后小睡,近四时乃起。写信寄漱儿,告韵启返沪,曾托带物云。

夜与元、宜两孙共饭。八时,湜归,再具膳。九时半就寝。润儿仍未归饭,十时后始返。琴媳公出,润儿又连夕牵事,不能早归,持家若此,殊感欿然耳。

5 月 22 日（四月十一日　辛未）星期五

晴暖。

　　晨五时起。八时半出,乘廿四路南至方巾巷,本欲转十路行,适一路至,遂乘以西行,至西单下。走至商场食品商店,购得苏州叶受和椒盐片四包,即附九路无轨往北海,在漪澜堂前附渡船北渡至铁影壁,入澄观堂一览。此堂辟为蔡公祠后,久不开放,今为北京图书馆分设阅览室,遂乘此入观之。后又有快雪堂则仍封不令入也,年久失修,亦感败坏矣。匆匆出,顺坡东北一瞻九龙壁,遂扬长出北门,乘十一路无轨去东单,再转廿四路北归。到家已近十二时。

　　午与润儿同饭。饭后小睡,四时乃起。惟乱梦萦绕,殊未见舒适耳。琴媳离京已多日,却未见一讯,不知事忙如何也。夜与润、湜、元、宜同饭,近日稀有之事矣。饭后,看电视转播北京京剧团在虎坊桥工人俱乐部演出现代剧《芦荡火种》。赵燕侠、周和桐、马长礼等都越演越好矣,为之终局,十一时乃洗足就寝。

5 月 23 日（四月十二日　壬申）星期六

　　晴转多云间阴,气温如昨。

　　晨五时半起。九时出,乘廿四路至东单,换六路无轨到天桥,转十五路入宣武门,出复兴门,由南礼士路北至阜外大街,以天有雨意,即转一路无轨入城,径达朝内南小街,复转廿四路还禄米仓,步回家门已十一时半,明知无聊盲行,亦强求慰藉而已。午与润儿同饭。宜孙亦归,谓其姊属归饭,顺便放却书包。盖午后别有活动,不需多负耳。比其饭,元又电话来询到未?此事值得一书,以其能渐知关心也。

　　午后小睡,四时起。夜与润、元、宜、燕同饭。宜在校活动,薄暮先归,元则接燕随返。湜儿与文修看电影,十时后始归。予已就寝久矣。是晨为念贻看稿两件,即作书答之。函须后日交润带出送去。

5 月 24 日(四月十三日　癸酉)星期

阴转多云,旋晴。气暖类前昨。

晨五时半起。七时半与润、湜挈燕孙出,乘廿四路北转一路无轨,往游北海。是日星期,游人多,欲得小艇泛湖已无着,乃径登琼华岛之巅,在揽翠轩茶憩,遇景耀。九时半行,在儿童运动场陪燕孙玩,遇其庸。移时乃出后门,乘十一路无轨抵东单,换廿四路北归。午与润、湜、元、宜、燕同饭。饭后小睡,三时起。夜与儿孙共饭。饭后,湜儿出访友。八时半,予就寝。九时,湜即归。盖都未遇见也。

5 月 25 日(四月十四日　甲戌)星期一

晴和。

晨六时起。七时后写信,分寄潜儿青岛,清儿太原,滋、佩合肥。午与润儿及元、宜两孙同饭,两孙今日补春假一天。饭后小睡,三时起。五时,鉴孙来,六时半,汉儿亦来,润适归,入晚遂与汉、润、鉴、元、宜同饭。饭后,坐庭中与汉闲谈。九时半,汉、鉴归去。予亦就寝。

十时后,润始归(加夜班)。十一时许,湜乃返。盖与竞存、文修在外夜饭,及是始归耳。

5 月 26 日(四月十五日　乙亥)星期二

多云,温和。

　　晨六时起。八时半出,乘廿四路南达东单,换三路至东华门入故宫文华殿参观古代艺术展览,阅一时出,由左翼门东道径由景运门到皇极殿西廊,参观明代绘画展览。此次展品除故宫原藏外,调集上海、广州、四川、西安、苏州、南京、辽宁诸省市博物馆所藏统一编排,精品不少,演进之迹亦显,较以往各次为长。十一时出神武门,乘九路无轨到朝内南小街,转廿四路南归。在禄米仓副食商店购得藤萝花饼一斤。此品已数年绝迹于市场,前日润儿为买得此物,尝后不憾往昔,应时之品与花候攸连,过此将俟诸来年矣,因复购之,俾分享儿孙焉。午与润儿及元、宜两孙同饭。饭后,两孙仍入校,润亦上班,予小睡片晌。四时半,书友刘清源来,送到《西谛遗作辑印》、《楚辞图》两册,价廿五元。展玩久之。不禁怅然无告耳。

　　夜与两孙共饭,润、湜俱未归饭也。九时,拭身洗足就寝。十时后,润始归。十一时许,湜乃还,竟未之知。

5 月 27 日（四月十六日　丙子）星期三

　　五时半起。多云。六时,湜儿偕竞存来谈,盖昨夜与湜同归。今晚即须动身赴成都矣。七时,与湜偕去,分头上班云。八时后转晴。取箧藏《三希堂帖》赵书展玩之。

　　午与润儿共饭。午后二时半,民进中央车来,遂乘以前往学习。晤伯昕、却尘、研因、志成、彬然、德赓、守义等。伯昕、志成主持,开会讨论霸县归报中所发见的问题。六时散,仍车送归。

　　夜与润、元、宜同饭。饭后,元孙出访同学,九时,予就寝,十时后始归。十一时,湜始归。

5 月 28 日（四月十七日　丁丑）星期四

晴和。

晨五时起。七时，湜偕其友曾君来别，盖昨夜在车站送管竞存，曾君不及返北大，故留宿予家云。八时，汉儿、鉴孙来，陪予去北京医院复诊。至则郭敏文大夫今日改在下午应诊，遂与护士约下午二时再去，因三人同赴中山公园来今雨轩茶憩。乃乾本有电话约在此会晤，乃俟至十一时不见至，予等乃行。步由阙右阙左门，沿筒子河绕出东华门大街，过浦五房购熟食。在门口遇叶浅予，立谈数分钟。又过一家百货店，购得泡沫塑料拖鞋一双，并弹力袜两双，然后在东安市场西门附四路无轨，北转十一路无轨回东单，再转廿四路归。

午与汉、润、鉴同饭。饭后，润上班，鉴有事去。下午一时半，汉儿再陪予去北京医院，郭大夫接晤后谓适有会诊，属高佩丽大夫诊治，高大夫年余未见矣。经诊，血压又略高，谓不宜多动，萝芙木片加量用，对痰喘仍主用氨茶碱（近数月用胆茶碱）。配药后即归。

汉儿往看文权，知在腹痛，甚剧，即电话告昌预，属即归视。七时，与汉、元、宜同饭。刘心如之孙女亦来饭。润、湜俱以事未归饭也。八时半，昌预来，谓其父恐系盲肠炎，汉儿遂偕伊同去雇车送朝阳医院求治。九时半就寝，十时许昌预来电话，谓诊断确系阑尾炎，准备住院割治云。潚儿去青岛，诸孩又多不住家中，突遭此事，人皆不知，幸汉儿往探，乃得急治，否则殆难设想矣。十时后，润归，十一时许，湜始归。予已入睡。

5 月 29 日(四月十八日　戊寅)星期五

多云间晴,气已向暖。

晨五时半起。七时,接乃乾电话,约去中山公园茶叙,并告昨日早归之故,予乃于八时出门,乘廿四路转十路以赴之。至则其夫妇已先在来今雨轩矣。谈至十时半起行,历唐花坞、社稷坛出园,伊二人乘五路,予乘十路,分道各归。予到东单,再转廿四路北返。到家接汉儿电话,知文权昨晚已动手术,经过良好云。许妈见告,昌预亦有电话来告此事。

午与润儿同饭。饭后小睡,三时半起。是日初卸去弹簧厚垫,易一棕绷,似有换生之感,枕亦嫌低,故睡不甚恬也。起后看《剪灯新话》。晚与汉、润、湜、宜共饭。元孙晚归,再具膳焉。饭后看电视,予则别坐打五关,九时半电视毕,汉儿归去。予乃拭身洗足就寝。

5 月 30 日(四月十九日　己卯)星期六

多云转晴,颇热。入晚须露坐纳凉矣。

晨五时半起。上午颇翻架上诸话本,略究其前后相承之迹。午与润儿及元孙、宜孙同饭。盖景山小学校下午有演出无课,故皆返家共饭也。二时,予赴政协礼堂听胡愈之参加霸县煎茶铺公社四清汇报,晤立庵、青士、研因等。五时半休息,予恐车挤先退。然今为周末,来往仍仅得立于车中耳。

到家,农祥在,因留与共饮。有顷,润儿接燕孙归,遂共饭。九时,农祥去,予近十时乃就寝。

元孙参加校中演出未归夜饭,十时后乃归。湜儿参加周末晚会,十二时许始归。予竟未之知也。

5 月 31 日（四月二十日　庚辰）星期

晴间多云,闷热。

晨五时半起。七时,润儿挈宜、燕两孙出,往北大看李妈,并往游颐和园。八时,浞儿往看汉儿,同过朝阳医院看文权。九时,元孙出往看其同学。午后予看画兼听徐越潘洁广播《我国政府声明》,评苏联政府关于第二次亚非会议筹备会议的声明,并观察家文章《苏联领导人有什么权利向亚非国家发号施令》。十二时许浞归,言文权已渐见平复,在院晤及预、硕两孙,汉则已归去云。遂与共饭。饭后,鉴孙来。三时半,于永宽来。四时半,浞接文修来。有顷,润、宜、燕亦归。又有顷,元孙亦归。汉儿、镇孙继至,浞同学吴君亦至,入晚遂团坐共饭。九时,汉等皆去,浞送修归,予乃取汤拭身洗足即寝。十一时,浞始归。

6 月 1 日（四月廿一日　辛巳　国际儿童节）星期一

隔宿雨破晓未停,禺中转甚,气不凉,午后渐晴,气乃转凉

晨五时即起。今日元、宜两孙均仍入学参加节日活动,燕孙本可留家,而看护乏人,仍由润儿送回托儿所。日前接所中学委会通知,定今日上午九时在所举行开学式,展开学习。予忆三岁在家侍先大父识字,六岁出就外傅,兹得再参加开学,是回复七十年前童时景象,真能返老还童矣乎？欣然欲往,而雨作,遂不果行,徒自怅结而已。

午与润、元、宜同饭。饭后小睡,三时半起。鉴孙午后来,为予粘贴照相簿,最近积存零星像片俱已入册矣,四时去。夜与汉、润、

元、宜及刘静同饭。饭后,元偕静出游,璐琪来访汉,汉因与偕归小庄。

九时就寝。湜旋返,元则十时乃归。

接漱儿信,知韵启与予去信同日到。

6 月 2 日（四月廿二日　壬午）星期二

晴,还暖。

晨五时半起。湜儿出照片一包尚未入册。盖庋藏伊处,未及交予者,暇当仍令鉴孙补粘之。八时出,乘廿四路南转廿路到天桥,步入天坛西门,一赏月季田。往看已略迟,半已零落,仅一种深红色取名火焰者尚倚篱盛开,不失如火如荼之观耳。少憩即行,仍循原路返,到家已十时半。

午与润儿共饭。饭后小睡,三时起。日来以血压增高,常至目眩,懒翻书帙而出外散步。又茫茫无所之,莫名无聊,殆毫及之征乎。夜与湜、元、宜共饭。饭后,湜往看汉即宿其家。

九时就寝。以润儿未归饭,不免望之,直至十时半乃见归,竟转侧不成寐,延至十二时,不得不起取安眠药吞服之,越半小时,乃得朦胧云。

6 月 3 日（四月廿三日　癸未）星期三

晴暖。

晨五时半起。八时半出,乘廿四路南转十一路无轨,到双辇大路美术馆正九时,阍者以时未至却之。盖除星期日外,须十时乃开馆。只得别适待时。乃乘三路无轨赴景山,由倚望楼西行,在浓荫下绕出山里右门,五路车恰自北而至,遂漫登之,直出正阳门至珠市口,换四路无轨复返王府大街北马市大街下,步往美术馆,十时甫过五分也。先看集体画家所作井岗山国画展览,继看云南大学艺术系主任袁晓岑雕塑展览,然后东看上海连环画稿展览,及黄翔摄影展览。井岗作品皆山水画,多写实景,是能以画笔写真山者。袁塑生动逼肖,今之高手矣。连环画稿亦丰富多彩,有刻画如剪纸者,有模拟动画者,有工笔细描者,有以粗线条表现者,惜满壁琳琅不暇一一谛视耳。最后乃看黄翔所作,其所作黄山诸景已曾见过,今则陈列之品加多,所摄范围加广,地区则两广、云贵、四川、陕西、河南、吉林、安徽、大连、北京。内容则工矿、农林、人物、风景、花卉,淡取浓摄,黑白敷色毕具。除工农实景外,山水、花卉皆如笔画,有水墨、有青绿、有淡描、有设彩,颇多妙品,间见神品焉。十一时半乃出,仍乘十一路无轨到东单,再换廿四路归家。禄米仓正在翻修,或修成沥青路,则于附近居民大感功德矣。

午与汉、润两儿共饭。汉以买得鲜蚕豆两斤,特送来赶煮之,味虽不逮南中,要亦难得矣,为之一快朵颐。饭后小睡,四时起。接民进电话,谓政协组织于后日去顺义看四清运动,须上午八时前在南河沿文化俱乐部取齐同往云。

夜与润、浞、宜同饭。元孙以在校观排球赛,即在人教社就近晚饭。九时取汤濯身洗足就寝。有顷,元孙归。

6月4日(四月廿四日　甲申)星期四

晴暖。午后起风上云,傍晚闻雷。

晨五时半起。八时后理架书,将常用参考诸书易置案旁。十时,琴媳自辽宁省归。盖离家已十八天矣。午后即赴社报到听报告。

午与润、琴同饭。下午二时半,民进车来,即乘以径赴辛寺胡同会所,参加学习。到徐伯昕、王却尘、吴研因、孙照、董守义、严景耀、葛志成、王历耕(北京医院外科主任)、左克明(同院眼科主任)、林子扬(同院皮肤科主任),及一女同志,未请教。翌日询景耀知为陈叔老之女侄陈意。伯昕主持讨论胡愈之所作报告。六时散,仍车送归。

夜与润、琴、湜、元、宜同饭。九时就寝。

6 月 5 日（四月廿五日　乙酉）星期五

晴间多云。气暖。

晨五时半起。七时十分出,乘廿四路到东单转三路,径赴文化俱乐部,与民进诸人会,九时出发,由王却尘、徐伯昕领队,合乘一大轿车,直往顺义县城关公社访问。同行男女凡三十余人。分三小组,予与却尘、伯昕、彬然、景耀、孙照等十人为第一组。葛志成、吴研因、柴德庚等九人为第二组,陈选善、董守义、李紫东、戴孝侯等十人为第三组,外加工作人员五六人。十时五分即到,入西门下车,步抵社办公处,由社书记宋保玉接待,作该社概况报告。十二时廿分始毕。就其礼堂出粰粮各啖之。(政协预筹携去,各缴粮票三两。)一时即起行,乘原车出北门,到向阳大队访问,由大队长张书田作报告,并由贫下中农代表董志和等三人先后发言,谈展开四清运动经过情形及效果。三时即罢,以大队三时出工,已占其休息时间不少矣。遂上车行返,由北门入,仍出西门径还朝阳门,予即于南小街下,转廿四路归家。到家未及五时也。

顺义在汉为渔阳狐奴县,隋为顺州,唐曰燕州辽西县,亦称归德郡,壤接卢龙,与奚、契丹交,故向为边戍。唐诗有"打起黄莺儿,

莫教枝上啼。啼时惊妾梦,不得到辽西。"即指此。石晋忝颜引寇,
地遂入于契丹,所谓燕云十六州也。废辽西县改曰顺州,亦称归宁
军,又曰归化军。宋宣和四年约金灭辽,地遂归宋,赐郡名顺兴,旋
入金,仍称顺州。元因之,明初始改置顺义县,沿称至今。其实所
谓顺,所谓义,皆任人摆布而已。今日乃永属人民自名矣。顾名思
义,安所免今昔之感耶!

　　夜与湜、元、宜同饭。九时即寝。十时,琴媳归。又有顷,润
乃归。

6 月 6 日（四月廿六日　丙戌　芒种）星期六

　　晴转昙,闷。傍晚有阵雨即止,虹见东南。

　　晨五时半起。九时出,乘廿四路北至九条下,走八条访圣陶,
未值,晤满子,谈有顷,仍循原路归家。宜孙下午无课,十二时归,
遂与予及润儿同饭。午后二时,挈宜孙出游,乘廿四路北转一路无
轨,到西郊动物园,大略一周,四时半乃出,仍循原道归。

　　夜与润、琴、元、宜、燕同饭。饭后,润、琴与宜、燕往访文权,盖
权今日下午出院在家休息也。元孙出看电影。

　　九时就寝。十时许,润等归,知文权已大好矣。有顷,元孙归。
湜儿十二时始返,予竟未之闻也。

6 月 7 日（四月廿七日　丁亥）星期

　　多云间晴,午热。

　　晨五时半起。润儿仍赴馆加班。湜儿往看文权,十时归。元
孙早餐后即出,访同学温课。予听时事广播外,看本组送来唐诗选
前言稿,近午毕之。午与润、琴、湜、元、宜、燕共饭。饭后小睡,三

时半起。四时后汉儿、锴孙、镇孙、鉴孙、基孙及翠英来。傍晚,遂合家人同饭。又在院中设圆桌乃容坐。饭后,锴、翠及镇孙、基孙皆返校,汉儿亦归去。顺道接文权住其家将养。盖濬不在家,而预孙等又各有工作,只赖鉴孙可以带为照料耳。

九时浴身就寝。睡至十时半,外来电话纠缠,遂致失寐。俄延至十二时,不得不起服药,良久始入睡。

6 月 8 日(四月廿八日　戊子)星期一

晴间多云,热。

晨五时醒,六时起,精神不免恍惚也。八时后,打叠精神,勉为清儿及滋儿、佩媳写信,寄合肥者编京九号。十一时半,交许妈出投邮。

午与润儿同饭。饭后小睡,不觉入寐,五时乃起。偶翻《归玄恭集》,击筑余音,读之悲壮苍凉,副其实矣。近晚,元、宜孙始归。汉儿、润儿亦归,遂与共饭。饭后润仍入馆加班。九时,汉儿归去,予亦就寝。十时后,湜、琴、润先后归。

6 月 9 日(四月廿九日　己丑)星期二

多云间阴。午前后晴,向晚起风,有雨,气温亦由暖转凉。

晨五时半起。上午闲翻目录书。近午接新华书店电话,询及汉儿,知未上班,恐患病矣。昨夕归去本云头痛也。

午与润儿同饭。午后小睡,四时乃起。复阅《唐诗选》前言稿。随手在打印稿上校正脱讹字及句读,垂暮乃已。

夜与宜孙同饭。八时半即寝。十时许,元孙、润儿、琴媳先后归。十一时后,湜乃归。

6月10日（五月小建庚午　庚寅朔）星期三

晴间多云，午后有雷阵雨，向晚日出。

晨五时半起。上午为《唐诗选》前言写书面意见。午与润儿同饭。饭后小睡，四时起。文权来，盖病已痊愈，能行动矣。有顷，鉴孙亦至。薄暮，琴、汉、润及宜孙皆归。入晚遂及权、鉴等同饭。惟湜儿在社开会，元孙在同学家温课，俱未归饭耳。

九时，湜儿归。汉、权、鉴同去。予亦就寝。有顷，元孙归。

6月11日（五月初二日　辛卯）星期四

晴间昙。气仍和，下午雷雨，夜半又有雷雨。

晨五时半起。八时独出散闷，乘廿四路南转十一路无轨，到北海后门入园。浓荫交翠，颇引人入胜。循北岸至铁影壁乘画舫渡至琼华岛碧照楼下，步由漪澜堂、道宁斋西出园廊分凉阁，在阅古楼登山陟降于山岩洞窟中东下，出倚晴楼，遂扬长过堆云积翠桥出北海前门，乘一路无轨返朝内南小街，转廿四路归。到家已将十一时，中间绝未驻足休息，自试腰脚尚堪一逞，私心窃喜，于是积日闲愁竟为消散矣。所恨踽踽凉凉孤竹难振耳。

午与润儿共饭。下午二时，民进即派车来，遂乘以赴辛寺胡同会所。去霸县、泰安及大庆各位均已返京，今日先分组座谈。予仍参加顺义小组，与徐伯昕、葛志成、吴研因、傅彬然、贾祖璋、董守义、徐楚波、陈意、陶建基、严景耀、柴德庚、孙照同座。伯昕主持之，正谈间，雷阵大作，风雨骤至，兼以微雹。六时十分散，已云收雨歇矣。遂偕纯夫同乘以归。

夜与琴媳、宜孙饭。九时就寝。有顷，润儿及元孙归。十时后,湜儿乃归。

6 月 12 日（五月初三日　壬辰）星期五

阴。近午有濛雨,气陡凉,老人有御薄棉者。午后霁。

晨五时半起。九时出,乘廿四路南转十路到王府井,先过百货大楼一看,未驻足即行,至荣宝斋门市部,欲观其近日陈列之京、沪两地书画家展出扇面,乃门尚紧闭,牌告须十时乃开云。予即跨至对面,附三路无轨径达动物园,入解溲,绕池一周而出,乘十五路到复兴门内民族饭店,换十路返东单,再转廿四路。归家已十一时四十分。

午与润儿共饭,啖新蚕豆瓣煮饭,不免陡增乡思矣。午后二时廿分出,步往建国门文学研究所,参加《毛选》学习,在二楼会议室举行,吕林主持,参与者多青年人,识者仅本组张锡厚一人。较为年高者为健吾、友琴、晓铃及予四人耳。六时一刻散,仍步归。

夜与润儿、宜孙同饭。饭后取汤洗濯,九时就寝。九时半,元孙温课归。十时后湜儿,琴媳先后归。

6 月 13 日（五月初四日　癸巳）星期六

晴,仍不甚热。

晨五时半起。七时半出,乘廿四路北转一路无轨到北海,独在琼岛西北各处闲眺,颇得清幽之趣。八时半乃诣庆霄楼,遇琢如,遂同入坐廊上闲话。有顷,人渐集,平伯、冠英、子臧、叔湘、旭生、文弨、宝钧、志韦诸稔者皆至,惟藏云未之见。九时开会。(哲学社会科学部中心学习组召开第五十次座谈会。)姜君辰主持,由平伯、贺麟、陈世林、巫宝三先后谈参加霸县、泰安、通县各地社会主义教育运动的观感,十二时半始散。遄返午饭,已午后一时矣。二时,民进又放车来接,遂乘以过接均正夫妇,同赴政协礼堂,(在均正家晤孙君立。)参加学习座谈会。杨东莼主持,由梁纯夫、陈麟瑞先后讲霸县社会主义教育参与情形。六时半散。与纯夫同车送归。

夜与润、琴、湜、元、宜、燕同饭。饭后,元、宜往汉儿家,即住其家。湜儿同学同事张恩涛来,十时去。予九时即就寝。

6 月 14 日（五月初五日　甲午　端阳节）星期

晴暖。

晨五时半起。今日真乃重午,殊喜。汉儿、锴孙、镇孙、大璐、堉孙、基孙及文修、翠英俱于午前集家门,值午,分别两席共饭,不失节景,亦颇自慰矣。

午后三时半,湜儿偕文修去,晚饭其家。汉等亦各归去。

夜与润、琴、元、宜、燕及琴甥女滕秋梨同饭。九时就寝。湜儿十时半归。

6 月 15 日（五月初六日　乙未）星期一

晴暖。

晨五时半起。七时后,儿孙辈皆分别上班入学。八时许,予步往文学所,应本组召开之组会,乃俟至八时卅五分迄未见组中一人来,属人询问后,水照来会言今日正值所务会议,组会改在明日上午举行,曾有电话(星六)告知予家云(许妈忘转告),遂废然而返。由北总布胡同绕道而归,取其略有荫蔽耳。

午与润儿同饭。饭后,日炽,颇感热,本拟往看圣陶,遂未果行。一时许,就枕小睡,四时乃起。抽架得《挥麈录》,阅之。

夜与润、元、宜共饭。九时就寝。琴媳九时半归。湜儿十时半乃归。

6 月 16 日（五月初七日　丙申）星期二

晴暖。

晨五时即起。组会未往，在家展《故宫周刊》所印《雍正耕织图》玩之。每幅题诗颇有自然之趣，而不协处亦不免。爰再取《授时通考》中所载《耕织图》比观，则次第亦微异。雍正所题诗大有改润，岂乾隆刊布时特为干蛊乎？然而失真多矣。

午与润儿共饭。午后小睡，三时起，捡拾架书。晚与湜儿、元孙同饭。饭后，鉴孙来，知其母去葛渠拔麦已三日，伊明日起将去和平里科学情报所上班工作，但仍为临时性质，不入编制云。予勉以在工作中表见，自己提高，不必问临时与否也。九时就寝，鉴孙去。十时，润儿归。有顷，琴媳携宜孙归。

6 月 17 日（五月初八日　丁酉）星期三

晴热。

晨四时半，润儿即赴馆，将集合同人往南苑红星公社拔麦，晚间当归。（此行空过，翌日始发觉，足见耄荒日甚矣。）明日再往云。

五时予起，六时湜儿亦出，往民族宫门首候其社中车，亦往红星公社拔麦（未必与润同处）一天。七时后，琴媳及元、宜两孙亦上班入学矣。八时后，展玩《故宫周刊》所载郎世宁画《百骏图》，及清院画《十二月全图》等。午独饭，草草下咽，殊乏意趣。午后小睡，三时起，读顾千里《百宋一廛赋》黄丕烈注一过。佞宋固一痼癖,而汲古得修绠,功亦何可遽泯,宜其艳称书林永传佳话也欤。

五时后,文权来,润、湜两儿亦先后自红星公社归。六时半,遂共饭。饭后,元孙始归,再具膳。九时,文权去,予取汤洗濯就寝。

十时后,琴媳始携宜孙归。盖连日在人教社补习功课也。

6 月 18 日（五月初九日　戊戌）星期四

拦朝阵雨,以后阴雨断续,迨暮始霁。夜又雨,气乍凉乍燠,颇不易把捉耳。

晨五时即起。润儿已出,又赴南苑拔麦矣。予起后头晕神颓,八时后只索倚枕假寐。十一时强起,午独饭,益不舒。下午二时,民进派车来,遂乘以过接均正夫妇,径驰政协礼堂,登三楼参加座谈会。东莼主持。先后由雷洁琼、张纪元报告参加山东泰安及山西晋南两区四清运动的经过及体会。六时半始散,仍车送归。均正别有事,乃与纯夫、陈慧同车。雨中往返,虽有车,仍感粘滞也。

润儿以雨故,午后即归。

夜与润、琴、元、宜同饭。九时就寝。十时半,湜儿始返。

6 月 19 日（五月初十日　己亥）星期五

晴暖。午后偶洒大点雨,旋有阵雨且挟雹,向晚晴,夜有月。

晨六时半起。写信复漱儿,盖昨晚接其来信也。九时出,乘廿四路北转七路无轨,到北海后门入园。循北岸行,在铁影壁前附画舫南渡海子到漪澜堂,在道宁斋购得饼饵数事,由琼岛西侧而南,度堆云积翠桥出前门,乘九路无轨到朝内南小街,再转廿四路南归。到家正十一时。看报并接滋儿十七日发安六号,知予前发京八、京九两号及湜五日去信都到云。午与润儿同饭。饭后小睡,三时半起,阅阮葵生《茶余客话》。六时,湜儿归。韵启继至,盖自沪过宁返京也。车甫到,径来我家耳。遂与同饮。琴媳、宜孙偕归,因同饭。八时,元孙始归。又有顷,润儿亦归。九时半就寝。韵启是夕留宿予家,与湜儿同榻。

6 月 20 日（五月十一日　庚子）星期六

晴间多云。

晨六时起。七时三刻,与韵启同出,伊回工作机关报到。予则乘廿四路南转十路,到东单大华路口赴青年艺术剧院,应文学所之邀,听军事学院郭力军作学习毛选《矛盾论》报告也。车中遇琢如,遂同入。有顷,叔平、冠英、蔚林、友琴至,除所中同人外,哲学社会科学学部其他各所亦有来会者。楼上下皆满,八时半开会,书铭主持,十时四十分休息,晤子臧及锦琪,知子臧六日有黄山之行,时期已改,前为八月一日（锦琪见告）云。十一时续开,十二时半始散。予附廿四路归,饭已将一时。润儿、沈姨已饭毕。许妈则卧病未能起。

午饭已,电话告民进,今日下午学习请假,遂就榻小休,四时始起。阅法梧门《陶庐杂录》。七时,琴媳挈燕孙归,宜孙亦先返。湜儿偕文修来。润儿亦下班,遂共夜饭。惟元孙以在校看球赛故,八时始归,尚及同饭。饭已,润儿往看汉儿,乃途中相左,汉儿于八时三刻来省,润亦旋归。九时一刻,文修去,湜送之。又越半小时,汉儿挈元、宜、燕三孙去,皆宿其家。汉行后,予取汤洗濯,然后就寝。湜归已十时半。

6 月 21 日（五月十二日　辛丑　夏至）星期

晴热。

晨五时即起。润儿照常加班。湜儿九时往看汉儿。有顷，丁裕长见过，出所草《袁世凯丧葬琐记》属为一阅，将以供文史资料之需也。谈至十一时许，辞去。元、宜、燕三孙十一时自汉儿所归，知湜早到彼处云。午，润儿归取食仍入馆与其同人共餐。琴媳十时与许妈同出，陪伊就医于赵家楼医院，近午始归。

午与琴媳及三孙同饭。饭后，湜儿始返。一时前元孙往同学家，约共赴什刹海游泳场习泳。湜儿往访文修。予则小卧，四时起。琴挈宜、燕往蟾宫看电影。汉儿、鉴孙来，傍晚，润、琴、元、宜、燕都归，遂同饭。饭后，颇燥热，汉、鉴看电视，予坐庭中纳凉。九时半就寝。汉、鉴亦去。

十一时许，湜始归。

6 月 22 日（五月十三日　壬寅）星期一

晴热。夜浴汗难寐。

晨五时半起。九时出，乘廿四路南转十路，到中山公园，再转五路到西华门走访乃乾。长谈，因留饭其家。下午二时半行，乘五路北至地安门转十一路无轨到东单，换廿四路归。

小睡至四时起，阅法梧门《陶庐杂录》。

夜与汉、润、湜三儿及元孙、宜孙共饭。饭后，汉、湜两儿往平伯家唱曲，曲终，湜即随汉归宿其家。

九时半，取汤洗濯就寝。终宵未能盖单被也。

晚饭前为丁裕长看萧景泉（原东珠市口贵寿彩子行扎彩匠）

口述《袁世凯丧葬琐记》,当时排场固可考见梗概,而参与人名颇有舛讹,如袁死于民国五年而云请陆润庠点主,陆固前卒一年矣。史料必经考订而后信,于此益明。

6 月 23 日（五月十四日　癸卯）星期二

晴间多云,炎热。

晨四时即起,以元孙今日校中组织去东郊金盏公社拾麦穗,五时即须在校集合也。予起后,精神颇差,连日如此,特勉强撑持耳。因撤去床褥易以草席,乃时时偃卧,藉资调摄,除中午起与润儿、元孙（午间即返休）共饭外,直至下午六时始起。枕上阅徐大临（昂发）《畏垒山人集》,其人康熙间吾乡学人也。

夜与元、宜两孙同饭。黄昏大作雷阵,未果雨,益感闷热。九时浴身就寝,终宵有汗。

琴、湜、润俱有事未归晚饭,以雷作,十时前先后皆归。

6 月 24 日（五月十五日　甲辰）星期三

晴热。

晨五时起。九时,丁裕长来,谈移时去。即以所记《袁世凯丧葬琐事》稿还之,并提示应订应删各点,冀其修改。

午与润儿同饭。饭后小睡,四时起,写信两封,分寄潄儿及滋、佩（编京十号）。时天色晦暗,雷声大作,疑有暴雨。琴媳、宜孙六时得归。润儿七时半归,遂就东房晚饭。（连日多在庭中设席。）饭终,元孙乃返,再具餐焉,而雨却未果大作,仅洒洒数大点而止。夜月且甚皎。真所谓雷声大雨点小矣。然而地面积热为云所蒙不得散,又终宵浴汗不止,难受之至。湜儿十时始归。

6 月 25 日（五月十六日　乙巳）星期四

晴热，入晚稍有风。

晨六时起。连日精神阑珊，坐卧不舒，有类疰夏，以此经常偃息，但睡又不能，醒则无慀，看书更觉头晕，奈何！午与润儿饭。夜与琴、元、宜同饭。八时半，润始归，再具膳。九时浴身就寝。

湜儿十时半乃归。

报载今天月全食，惟我国境内皆不见。

6 月 26 日（五月十七日　丙午）星期五

昙热。

晨六时起。九时半，正感无聊，乃强坐补记日记。而叔湘见过，接谈甚畅，移时始去。予亦振作一时，似稍起色也。文权十时半来。午与权、润同饭。一时，权归去，润亦上班。予乃小睡。三时许，金有景偕其妇来谈吴中方音问题，近五时乃去。夜与汉、琴、湜、元、宜同饭。饭后，汉归去。润儿九时半归。予浴身就寝矣。

6 月 27 日（五月十八日　丁未）星期六

晴热。

晨六时起。八时，润儿陪予乘廿四路南转十路到大华路口，走往北京医院门诊部求诊。俟至九时半，乃由郭敏文大夫接诊。量血压听诊之后，亦无新话，即处方配药携归。润儿至东单骑车往外文厂公干。予乃附廿四路北归。

午后一时许，润始归，遂与同饭。下午民进有会，予以身子不爽且惮暑中出行，电话辞之。二时小睡，四时起。依然没精打采也。出邓文如《骨董琐记》强看之。

夜与琴媳、元、宜、燕同饭，已待至七时半矣。润九时后始归。湜则竟夕未归。曾电话禀知宿其同事家云。九时半浴身就寝。

6 月 28 日 (五月十九日　戊申) 星期

晴热。

晨六时起，周身疲软，仍时时偃卧，翻看《骨董琐记》及《桑园读书记》而已。润、琴清早挈宜、燕去北海。元孙则九时半出，偕其同学往体育馆游泳。午与润、琴、元、宜、燕同饭。下午五时，韵启来谒。以湜儿托买之皮鞋带来，因留夜饭。饭后良久，湜始返。九时半，韵启去。予浴身就寝。

6 月 29 日 (五月二十日　己酉) 星期一

昙闷加热。

晨六时起。神思懒倦，强起作书复温州陈纪方 (数日前由所中转来语体《史记精华》稿，属为审阅)，告以研究所非出版机构，无由处理来稿，另函挂号寄还之 (命润儿代笔)。又书复中华书局编辑部，赞成标点《后汉书》出版说明。午与润儿共饭。饭后小睡，四时起。出定海黄以周《礼书通故》五十卷一一检清细目，分书于各册之封面，盖黄书以通故之名贯全书，不检细目固不悉其内涵何等也。

汉儿、鉴孙来，入夜遂与汉、润、鉴、元、宜共饭。九时，汉、鉴去。予乃浴身就寝。

十时后，湜儿、琴媳先后归。阵雨作矣。

6月30日（五月廿一日　庚戌）星期二

阴。八时后有阵雨，旋止。午后又有雨转多云。

晨六时起。六时三刻空腹出，润儿陪予往北京医院取血检查血糖、胆固醇及尿糖。到即做，七时四十分行矣。以将雨，父子亟偕归。甫上廿四路车，雨已至（去时乘二十四路）。比到禄米仓下，雨势稍杀。乃过副食商店购得面包，归作早餐。润乃上班去。予取张舜徽《广校雠略》阅之，颇多胜义，近顷不多见之读书人也。

午与润儿同饭。饭后小睡。三时起，仍阅张书。夜饭与元、宜同之，润、琴、湜皆未归。

九时浴身就寝。十时后，润等先后归。

7月1日①（甲辰岁五月　小建庚午　庚寅朔廿二日　辛亥）星期三

晴间多云。热。

晨六时起。连日未出，时时偃卧。午与润儿共饭。偶查《丛书集成》文字声韵学类诸书，凡须讲究点画之作，多依善本影印。从前常检各书大率用细字排印，校点尤累见讹谬，世遂以其草率应售少之。平心而论，尚能顾及昔日所谓小学典籍已足多矣，不能终掩其流通之功耳。

夜与湜儿、宜孙同饭。润儿参加文化部歌咏晚会，庆祝党诞。十时始归。元孙以参加劳动，八时后乃归饭。琴媳又将下乡劳动，傍晚亦赶回。九时半浴身就寝。

---

①底本为："习习盦日记第十六册"。原注："一九六四年7月1日至8月31日，凡六十一天。甲辰冬十月丁巳朔手装。"

7 月 2 日 （五月廿三日　壬子）星期四

晴热。

晨六时起。八时出，乘廿四路南转九路到前门，再转七路往政协礼堂，上三楼前厅参观政协学委会举办之山东省泰安县北集坡人民公社社会主义教育运动图片展览。遇谢家荣及丁裕长。人多而热，予周览而出。仍循原路归，于家已十一时半矣。

午与润儿同饭。饭后卧床看凌扬藻《蠡勺编》，手倦抛书入睡。四时起后杂翻数则，所言大抵有根据，非逞臆涉笔者可企及，宜其见称乡里，刊布行世也。

傍晚，宜孙先归，琴媳亦继至，遂同饭。琴见告谓顷在王府井遇湜及文修，知湜得领导通知，或将去外语训练班教阿拉伯语云。晚饭后看电视转播中国京剧一团演出现代剧《红灯记》。十时半毕，乃浴身就寝。润儿馆中有会，十时归。十时四十分，元、宜归。盖予嘱往政协礼堂看京剧晚会《草原英雄小姊妹》，亦现代剧，由内蒙古自治区艺术剧院京剧团演出，表现去冬乌兰察布盟龙梅（十一岁）、玉荣（九岁）与风雪搏斗、完成放牧羊群故事。十一时，湜儿乃归。予已就卧矣。

7 月 3 日 （五月廿四日　癸丑）星期五

晴间多云，入晚阵雨，闷热。

晨六时起。八时半电话约乃乾会中山公园。九时赴之，乘廿四路南转十路以往，径至来今雨轩，尚未到，迎至社稷坛门首，乃乾施施来，遂复返来今雨轩，觅坐啜茗。其地透风而敞，颇凉快，长谈至十一时起行。同乘五路南出正阳门至北纬路下，西行至虎坊路南口,转十四路北抵虎坊桥,饭于湖北餐厅。午后一时,乘十四路至琉璃厂海王村,盖中国书店门首两侧之店已于一日开幕,因往一访之也。东为文奎堂(卖线装书),西为翰文斋(卖新印古旧书),专应一般顾客者。予在文奎堂买得北大旧印崔觯甫《史记探源》两册,既而入中国书店自西廊转东廊,略视架书,休息东西室各一次。晤刘清源,还书账并约陈济川一谈。予购得李光明刻本《龙文鞭影》四册。四时行,与济川别。乃乾唤三轮先行。予仍附十四路北转十路返东单,再转廿四路归。疲甚。

夜与汉、润、湜、鉴、元、宜同饭。伊等雨中或雨前归来者。九时,汉、鉴归去。湜、宜偕行,即宿其家。雨湿气闷,烦热益甚,取汤浴身就卧,仍挥扇难停也。十时后,琴媳始归。

傍晚接清儿二日来信,详告近状,并知漱、滋俱有信寄晋也。

7月4日(五月廿五日　甲寅)星期六

晴热。下午起阵未果。

晨六时起。上午阅张舜徽《清代文集别录》。午与润儿同饭。午后二时半,民进车来,乘以往辛寺胡同四号。到彼,葛志成正在转达张执一部长讲话,三时二十分分组讨论。予仍列第一组,却尘、东莼、研因、冰心、文藻、洁琼、景耀、守义、楚波、彬然、伯昕、志成、汉达、纯夫俱集。六时散,予与麟瑞、均正同车送归。

夜与润、琴、元、宜、燕同饭。九时半,浴身就寝。十时后,湜儿始归。

7月5日(五月廿六日　乙卯)星期

晴间多云,夜阴,闷热。

晨六时起。八时,润儿挈宜、燕两孙送琴媳往永定门车站附车去大兴安定镇教育部农场。十时,湜儿出,候文修同归,偕予往汉儿家。乘廿四路北转十二路无轨以行。午饭后稍休,四时半与湜、修偕乘九路到东单,转廿四路北归。

垂暮与润、湜、修、元、宜、燕同饭。饭后,汉儿、鉴孙来看电视转播云南京剧团来京演出之现代剧《黛婼》。予以挤在室中怕热,独在院中乘凉。润则出外为燕孙买汗裤。九时润归,文修去。十时剧终,汉、鉴亦去。予乃浴身就寝。通宵有汗。二时闻雨声。

7 月 6 日(五月廿七日　丙辰)星期一

阴雨而热似未降。

晨六时起。七时后,润儿送宜、燕入学,湜儿与元孙亦分头上班上学。八时半,冒雨独出,乘廿四路转十路,至大华路下,步往北京医院门诊部就诊。少待即由郭敏文大夫接诊。血压下降,尿糖无,血糖亦不严重。惟胆固醇仍未见减,又量体重。较一年前减斤许。补开安乐神带还。仍雨中穿行东单公园,径在东单乘廿四路北归。到家为十时半。看报垂午始毕。

午与润儿共饭。饭已少休,二时许即出,仍携雨具乘廿四路南转十路到民族宫,参加全国政协学习工作会议开幕。晤效洵、纪元、志成等,并晤近秋,知颉刚已自北大归,今日未来耳。三时开会,包尔汉主持,旋由统战部副部长张执一作报告。于国际及国内大好形势剖析详陈,且于今后展开社会主义教育运动指出方向。六时散,出门后遇志成,偕行至西单,伊上五路无轨,予上十路,分道各归。予至东单再转廿四路行。

夜与润儿及元、宜两孙同饭。九时浴身就寝。

湜儿旋归,知今已在外语训练班办公处报到。(仍由外文出版发行事业局领导。)将来开学将搬往八大处云。

7月7日(五月廿八日　丁巳　小暑)星期二

阴雨,午前后曾晴。下午一度细雨,后转多云,夜深中雨,檐溜声喧。热。

晨六时起。八时出,持伞步往文学所参加本组组会。除平伯未到外,全组都齐集,由冠英主持,检查第二季度工作进行状况。十一时半散,仍缓步以归。

午独饭。润儿在为印刷厂洽事未归饭。饭后小睡至四时起。五时廿分出,乘廿四路北转一路无轨,往白塔寺,步往政协礼堂。先去三楼服务台洽购下半年电影证,继至餐厅候湜儿,与觉明同桌。至六时一刻,予亲出至赵登禹路接湜儿同入。盖今日忽须看证始得出入,非自己招呼无由自入耳。七时餐已,同入礼堂坐第八排,看云南京剧团演出现代少数民族景颇族姑娘翻身剧《黛婼》。七时半开,十时廿分终。中间休息十分钟。散戏后偕湜儿步至白塔寺乘一路无轨东还,在南小街换廿四路至禄米仓口下,走归。小坐即取汤濯身就寝。

7月8日(五月廿九日　戊午)星期三

晴热,偶多云。

晨六时起。北大中文系文献专业学生黄先义毕业论文稿《史记标点释例》已转到,因为翻阅,多从云彬说,以副题为《从史记选谈起》,故送来请教耳。

午与润儿、元孙同饭。元孙下午无课,回家换装,预备游泳,以是归饭也。饭后小休,四时起。

傍晚文权、昌硕来,汉儿亦来。权父子已饭,予遂与汉、润、元、宜共饭。饭后不久,昌硕先归去。元鉴至。九时,权、汉、鉴亦归去。乃取汤濯身就寝。

接漱儿六日来信,复予最近两次去信。

7月9日(六月大建辛未　乙未朔)星期四

晴热。午前后有风,入晚乃绝,益浴汗难收。不但惮于外出,抑且贴枕无由。

晨六时起。精神阑珊,因思珏人癌症初萌时,出则怅怅无所之,住则百无聊赖,稍有事则紧张,对饮食则失甘,种种情状殆难言说,予连月以来颇近似之,毳及之兆庶几矣。遂打叠精神勉理旧业,希脱斯厄忆,本年之初曾用《四部备要》本毕氏《续通鉴》点读,荏苒数月亦既至四十七卷,中以栗六竟致废阁,今拟重赓其业乃改用嘉庆冯氏刊本从头开点,一以字大更能适目,一以针肓起废须得改弦易辙,始见功耳。竟日为之毕三卷。

午与润儿共饭。夜与润、湜、元、宜共饭。

下午及夜晚民进都有会,予辞未往。科跌竟日,犹牛喘不止,幸而未出耳。九时浴身就寝。

7月10日(六月初二日　庚申)星期五

晴,午后时昙时阴,入夜多云,热稍减于昨。

晨六时起。写信复清儿,附湜儿信去。午前点毕《续通纪〔鉴〕》第四卷。午与润儿同饭。饭后小睡。三时半起,接点《续通鉴》第五卷,抵暮毕之。

夜与润、湜两儿及宜孙同饭。元孙八时后始归，重具餐。九时，集家人剖食西瓜，今年初尝也。啖瓜已，取汤浴身就寝。

7 月 11 日（六月初三日　辛酉）星期六

晴，午后微阴，傍晚有雨，旋止。入夜晴，明星灿然矣。

晨六时起。竟日未出，前后点阅毕氏《续通鉴》六、七、八卷。午独饭。夜与润儿、元、宜、燕三孙同饭。晚九时浴身就寝。

7 月 12 日（六月初四日　壬戌）星期

昜热，浴汗不得干。

晨六时起。九时北大黄生先义来谒，谈移时，其人好学，颇有望。临行即以寄来之稿归之，多致勉语。十一时后晓先夫妇来，湜儿早携燕孙去北海荡舟，至是亦偕文修同归。午遂与同饭。又陈设圆桌矣。

午后，晓先夫妇去，予就榻小眠，热不得睡，三时即起。平伯书来，询《豫让传》索隐文异同，为检录汲古阁单刻索隐复之。五时，韵启来，润儿出购菜肴，雷阵至，风雨大作。比归上下淋漓，心甚闵之。雨至八时乃止。

晚饭后，乘雨隙湜儿送文修归去。韵启亦旋去。予浴身就寝。初尚汗粘，迨十二时许，霹雳大震，雨又倾盆喧庭矣，气陡凉，起御毛巾浴衣并引毛巾被自覆焉。

7 月 13 日（六月初五日　癸亥）星期一

宵来雨作，达旦未休，绵延至午后稍霁。气乃陡凉，与昨前日判若两季矣。

晨六时起。七时后雨中润儿送燕孙去托儿所,湜儿及元、宜两孙亦分别雨中上班及入学。予以凉爽伸纸写两信,一复漱儿,一询滋儿(编京十一号)。又点阅毕《续鉴》第九卷,近午读竟。遂与润儿同饭。饭后倚枕看报,四时起,天渐开朗,竟得晚晴。续点毕书第十卷。垂暮亦完。

夜与汉、润、湜三儿及元、宜两孙共饭。饭后,汉、湜偕往俞宅理曲,即同住汉家云。

予与润于八时半开听广播九评苏共中央公开信《赫鲁晓夫的假共产主义及其在世界历史的教训》。九时,润归房自听,予亦就榻倚枕续听,十一时半乃毕。

7 月 14 日（六月初六日　甲子）星期二

晴兼多云。午后热。

晨六时起。上午下午各点毕《续通鉴》十一、十二各一卷。并又收听九评广播一次。午与润儿共饭。元、宜两孙因期考完毕,午后无课亦归饭。下午,得本所人事科贾锦琪电话,谓顷接友琴黄山来信,在南京往彼须乘公共汽车十二小时,且须自己买票,车中又挤,特属转告予多加考虑。予遂告以改往青岛,以该处今年可以带家属,拟携元孙一往耳。

夜与元、宜两孙同饭。九时半拭身就寝。

十时,湜儿归。十一时润儿始归。

7 月 15 日（六月初七日　乙丑）星期三

阴。偶昙。较凉。

晨六时起。八时出,缓步往文学所参加全体会。九时开始,棣华主持。由贾芝传达聂真关于京剧演现代戏的意义。十一时许毕。与冠英同车送归。

午与润儿共饭。元、宜孙与昨同,亦归饭。饭后小休,卧看《浮溪集》。四时起。偶抽架得钱子泉教授光华大学时所撰《现代中国文学史》读之,编次叙述情文相生,随阅马通伯、林琴南两人事,俱惬当。

夜与润、湜、元、宜同饭。文权来与焉。九时,文权去,予亦浴身就寝。

7 月 16 日(六月初八日　丙寅)星期四

晴热。

晨六时起。阅钱子泉《现代中国文学史》。午与润、元、宜同饭。午后二时四十分,民进中央派车来,乃乘以过接均正同赴辛寺胡同,参加学习座〈谈〉会。第一组到东莼、冰心、洁琼、研因、纯夫、汉达、楚波、景耀、彬然、文藻及予十一人。洁琼主持开会,六时毕。本续有晚会,予与均正未参加,仍同车送归。

夜与润、元、宜同饭。饭后啖瓜。九时半浴身就寝。

7 月 17 日(六月初九日　丁卯)星期五

晴间多云。傍晚起阵未果。星月灿然。气较凉。

晨六时起。上午点毕《续通鉴》十三、十四两卷。又辍作两日矣。下午二时半出,步往文学所参加本组组会,冠英主持。到子臧、晓铃、念贻、毓黑、道衡、世德、共民、禾生、赓舜、公峙及予。三时开会,讨论九评,五时三刻散,仍步归。今日为滋儿生日,晚间汉、润两儿俱有会,因此午晚俱吃面。午与汉、润同食,晚与湜儿同食。元、宜两孙皆与。

九时半浴身就寝。十一时后润儿始归。

7月18日(六月初十日　戊辰)星期六

晴热。

晨六时起。竟日不出,科头跣足闲翻架书,倦则时时偃卧。午与润、元、宜同饭。接滋儿十六日发安七号书。晚与汉、润、镇、鉴、元、宜、燕同饭,以傍晚汉等来,而元孙亦接燕孙自托儿所归也。晚饭后,啖瓜。九时半,汉等归去。予亦洗浴就寝。

湜儿十一时后乃归。

7月19日(六月十一日　己巳)星期

晴热。

晨六时起。午前点读《续通鉴》十五、十六两卷。午与润、元、宜、燕同饭。饭后小睡。三时起,又点《续通鉴》十七卷十五页。湜儿上午出访友,饭后归,三时又出往南河沿文化俱乐部参加昆曲研习社同期会,汉儿遂偕返汉家,夜饭后十时乃归。

予晚与润儿、元孙、宜孙、燕孙同饭。饭后,文权及预、颉、硕三孙来谒,谈至九时半。啖瓜后归去。予亦浴身就寝。

7月20日(六月十二日　庚午　初伏)星期一

阴,偶有细雨,午后晴。较昨热。夜半又雨。

晨六时起。写信两通,分寄漱儿上海、滋儿、佩媳合肥(京十二号)。三五日来,伊等俱有书至,故复谕焉。

九时,平伯见过,谈移时去。以所撰《新刊乾隆抄本百廿回红楼梦稿》印本(载《中华文史论丛》第五辑)见示。平伯行后,续点毕《鉴》十七卷。近午点竟。午与润、元、宜共饭。下午二时半出,乘廿四路北抵九条下,走访圣陶。晤谈至四时许,亦秀至,盖自崞阳暑假归来矣。满子坚留夜饭,并电招汉儿与焉。七时半,汉儿偕鉴孙至,遂共至善、满等宴饭。饭后,又在庭中闲谈纳凉。九时半始各归。汉儿、鉴孙送予到家后即归去。

琴媳已自安定午后归。润、湜亦都在家晚饭。予少坐便取汤浴身就寝。

7 月 21 日(六月十三日　辛未)星期二

阴雨。

晨六时半起。接点昨点残之毕《鉴》十八卷,九时竟。又点十九卷,抵午亦竟。

午与润儿、元、宜两孙同饭。夜饭时汉儿亦至,为爱龙文所制霉千张送来,此物系绍兴土产,予颇思之而不可得。昨在圣陶座上言之,满子为达其兄今乃送至,可感也。是夕润、湜俱未归饭,琴媳以在教育部听报告会后尚及赶归同饭。晚饭后汉即归去。八时半即寝。十时润归。十一时,湜乃归。

是日雨未停,檐溜终日作声。予午后雨中又点毕《鉴》第二十卷。

7 月 22 日(六月十四日　壬申)星期三

阴,午后晴。初凉后热。

晨六时起。八时出,步往建国门文学所参加本组组会。在所长室举行。到冠英、绍基、道衡、念贻、荷生、象钟、水照、毓黑及予。讨论关于时代精神的专论。十一时三刻散,仍步还。

午与润儿、元孙同饭。饭后小睡。三时半起,点毕《鉴》第廿一卷,六时竟。夜与润、湜、元、宜同饭。饭后孙辈看电视,予九时即拭身就寝。十时,琴媳归。十时半电视节目乃完。

7 月 23 日(六月十五日　癸酉　大暑)星期四

晴间多云,仍热。

晨六时起。上午阅《宸垣识略》。午与润儿共饭。元孙参加校际暑期活动,中午携单被前往地坛夏令营,须明日中午乃归云。午后小睡即起。点毕《续鉴》第廿二卷。五时点竟。随点廿三卷,垂暮亦毕之。

夜与润、琴、宜同饭。饭后,润、琴出看电影。九时拭身就寝。十时半,润、琴归。十一时半湜始归。

7 月 24 日(六月十六日　甲戌)星期五

薄阴乍晴,凉而不爽。

晨五时起。六时偕湜儿、宜孙出,乘廿四路北转十二路无轨到王府井大街大同酒家进早点。久不尝粤点,亦餍望也。食已,乘一路无轨西行,湜径赴局上班,予挈宜孙赴北海公园,在东山之半慧日亭稍憩,亭新葺,颇觉焕然。旋下山度桥出陟山门入景山山右里门,在山后柏林中小坐,至八时送宜孙出园,俾就其母社中补习。予乃绕山而南,坐于倚望楼东侧铁椅上憩息。看园工治花畦一区,至九时乃出北上门,径入神武门,由琼苑左门穿永巷,经景运门到皇极殿西庑参观近百年绘画展览。屏轴册页甚影,自任阜长、任渭长、任立凡、任伯年、赵撝〈叔〉而后,逮于徐悲鸿、齐白石,就所记忆,凡见顾若波、倪墨耕、吴石仙、陈兰洲、吴昌硕、陈师曾、吴秋农、陈树人、高奇峰、虚舟等数十家皆精妙,历一小时半乃出。仍出神武门乘一路无轨还王府大街,往美术馆参观中国人民解放军第三届美术作品展览会。凡分三室,有国画、油画、版刻、剪纸、宣传画、招贴画等等。共陈列六百五十二件,题材内容多现代新事物,极有意义。惜人多气浊又限于时间,至十一时半即匆匆而出。乘十一路无轨转廿四路以归。午与润儿及宜孙饭。饭次元孙亦欣然归来同与午餐。饭后小睡。三时许亦秀见过,长谈至五时,文权来乃去。

夜与权、润、琴、元、宜共饭。饭次,汉儿至,同与晚餐。八时半后,汉、权皆归去。予乃取汤洗拭易衣就寝。

十一时半,湜儿始归。

7月25日(六月十七日　乙亥)星期六

上午阴,时飘细雨如喷沫,下午转晴,以是午前颇凉,午后渐热,幸有风拂然,不致如日前之甚耳。

晨六时起。八时半,乃乾电话见约,因于九时乘廿四路南转十路,径赴中山公园来今雨轩会之。至则尚未到,予先瀹茗以待之。有顷,偕其夫人来,谈至十一时,同乘五路至友谊医院转十五路西达虎坊桥,径往湖北餐厅午饮。遇李云亭于别座,略谈即分手。下午一时半饭毕,仍乘十五路转五路而行。予至中山公园先下,再转十路至东单,换廿四路以归。到家未几时,中国书店书友萧新祺将何叙甫函送还我《昭和法帖大系》十五册,并知廿八日将有青岛之行云。新祺坐谈移时乃去。

润儿接燕孙自托儿所归。七时,与润、琴、元、宜、燕同饭。饭后小坐,九时就寝。十一时湜儿始归。

7 月 26 日（六月十八日　丙子）星期

晴热。

晨六时。八时许，润、琴挈宜、燕两孙游西郊动物园，湜儿在家洒扫己寝。予则点读《续通鉴》，至午毕廿四、廿五两卷。十二时半，润等归。遂与润、琴、湜、元、宜、燕同饭。汉儿一家及文修俱云来饭，皆不果。徒增盘餐而已。下午二时出，乘廿四路北转一路无轨，往白塔寺，车上遇冠英、若定至沟沿下。予及冠英各乘三轮以赴政协礼堂参加政协学习工作会议闭幕式。三时开会，徐冰主席，由张执一发言。重申学习之意义，五时散。仍偕冠英同行。在白塔寺前附一路无轨东归，予则再转廿四路行。到家知元、宜往工人体育场习泳，湜则往看文修矣。于永宽来，遂留夜饭，与润等同餐。餐后啖瓜，谈至十时，湜乃归。予遂抽身就浴即寝。又有顷，永宽去。翌晨拂晓雨有檐注。

7 月 27 日（六月十九日　丁丑）星期一

阴雨转凉。

晨六时起。本拟挈家属往大同进早点，遭雨不果。七时，各上班。琴挈宜、燕如社分遣之。八时，点《续〈通〉鉴》，抵午毕廿六、廿七两卷。适为宋真宗天书封禅之事，君臣交罔欺世诬民，直同演戏（儿戏尚未漓天真也），因思史乘所载骄辟屠戮王侈大掩饰，千古一辙，其为妄惑止堪一笑，直不必代为兴叹耳。午与润儿、元孙同饭。饭后小睡，三时半起。四时元善电话约会于颉刚所，因赴往一谈，移时乃归。两公久不相晤矣。五时半，锴孙偕翠英来谒，傍晚宜孙、汉儿、湜儿、润儿亦先后归。遂同饭。饭后啖瓜闲谈。九时三刻,汉偕翠归去。予乃就寝。是夕凉爽未汗,竟无用抹身也。十时,琴媳乃归。

7月28日(六月二十日　戊寅)星期二

阴,午后转晴。暑不甚烈。

晨六时起。上午点毕《续通鉴》廿八、廿九两卷。午与润儿、元孙同饭。饭后,润上班,元出习泳。予乃小睡,三时半起。阅庐江刘体智《辟园史学四种》,其中《异辞录》四册所记多洪杨及辛亥革命前后诸佚闻,颇可补正史乘也。

夜与元、宜两孙同饭。九时,润儿始归。两孙乃得啖瓜。九时半拭身就寝。十时后琴媳归。十一时后,湜儿归。

7月29日(六月廿一日　己卯)星期三

晴热,较之前昨又大感炎蒸矣。

晨六时起。八时五十分出,乘廿四路转十路到中山公园。径如来今雨轩瀹茗,坐待有顷,乃乾至,长谈而轶程、万里诸人竟未来。十一时,与乃乾出园,乘十路东至南河沿,饭于文化俱乐部,其大厅及弹子房,适有扇面展览,为吴荣、常任侠所藏,多清人作品。颇有佳者。浏览一周而后饭。饭已仍乘十路西还中山公园。盖二时半,民进中央有会,乃乾则转五路归去也。予入园后,由长廊行,且休且步,至二时一刻乃趋坛后殿(今为北京市政协会堂)参加民进中央座谈会。三时开会,东莼主席,请叶圣陶谈参观大庆体会,继由湖北武汉市民进副主委胡文裕谈参加社会主义学院学习的体会,均生动深切,足以立己立人也。时已六时半,本尚有贾祖璋谈大庆,主席乃宣布别为布置,致结语而散。散会后附圣陶车行,送至禄米仓口而别。到家已七时十分矣。遂与润、湜两儿及宜孙共饭。饭后闷热甚,发大雷而卒无雨。九时半浴身就寝。

十时后,琴媳先归,元孙后归。下半夜月明如昼。

7 月 30 日(六月廿二日　庚辰　中伏)星期四

晴热。傍晚有雷阵,未果大雨。

晨六时起。上午点毕《续通鉴》第三十卷。下午点毕《续通鉴》第卅一卷。午与润儿、元孙共饭。饭后且小睡片晌。日前遗忘在政协礼堂服务台之预订电影券久已置之度外矣。乃今晨接该台电话,谓已代为寻着,可即来取云云。因命元孙于午前往取之。

夜与润、琴、元、宜同饭。晚九时就寝。听取广播中共中央答复苏共中央信。十时半后,湜儿始归。是日上午十时锴孙来谒,约明日清晨七时在西直门相候,同游香山静宜园。

7 月 31 日(六月廿三日　辛巳)星期五

薄晴多云,热不甚烈。入夜阴欲雨。

晨五时起,唤元孙起,早餐已,于六时十分出,偕乘廿四路南转十一路无轨赴西直门。七时到,锴孙与翠英已先在。乃候卅二路车上之,径驶颐和园,再转卅三路,径抵香山停车场。遂步入碧云寺,时仅过九时耳。坐水泉院啜茗小憩。锴、翠、元同游金刚宝座罗汉堂、中山纪念堂,予独坐以待之。茶座在高松之荫,水泉旁淳,墙东则山翠招人,山外则长天一碧白云数朵,令人更涉遐想,因成一绝,题为《碧云寺水泉院茶座即景》录如下:

　　小坐闲庭酌水泉,苍松银栝斗芳鲜。抬望更豁双蒙眼,墙外青山山外天。

十时三刻离寺,西入静宜园,度眼镜湖,穿见心斋、陟山登琉璃塔座小憩。有顷下山,迤逦径至红叶村香山饭店,正十一时十分。四人觅坐午餐。餐已,徐步出店右门,登山憩于双清别墅,久之,然后行。过听法松,上香山寺,循十八盘而下,径僻赵人,以是失修,砾确甚,及履平地始见路牌标十八盘之名。予涉园数矣,迄未一经其地,今无意得之,亦足快也。出静宜园,喘累已甚,乃就山门旁茶点部棚下啜茗稍息。三时至停车〈场〉,仍乘卅三路回万寿山,转卅二路到动物园,再转一路无轨入阜成门至朝阳门南小街,换廿四路归家。至门已五时半。

七时许,润儿、宜孙、湜儿、汉儿先后归,遂与汉、润、湜、锴、翠、元、宜共饭。饭后啖瓜,至八时三刻,汉等归去。予乃浴身就卧,执报纸听中央广播电台播送今日中共中央对于苏共中央六月十五日来信的答复。九时起,十时五分止,揭露彼阴谋,昭兹正义,词严理达,令人气振。听罢不久即入睡。睡至翌晨三时半,里急起如厕,及返榻而咳喘大作,几不能平卧,窗外则亦雨声大作矣。天气变化影响于身体,捷于桴鼓,是诚衰兆耳。迁延至五时始渐平。竟亦因此不寐焉。

8月1日（六月廿四日　壬午）星期六

阴雨竟日,午后及傍晚尤大,且挟以风,气虽凉而不爽。

晨六时起。点阅《续通鉴》第卅二卷,雨窗破寂,亦至得也。近午毕之。

午与润儿、元孙同饭。润之归也雨正甚,遍体淋湿矣。饭后,仍于雨中上班去。午后小睡片晌起,看邓文如《骨董琐记》。四时后又点阅《续通鉴》第卅三卷十五页。

傍晚大雨中,琴媳挈宜、燕两孙归,元孙去车站相接,皆沾湿。湜儿亦于其时归。有顷,润儿亦归。雨虽未止,而人毕归来,亦稍慰矣。俟诸人去湿易干,然后同进晚餐。九时就寝。

8月2日(六月廿五日　癸未)星期

破晓微雨,旋日出,近午雨作,檐溜声喧,午后雨止,而濛淞不休,入晚,雨转甚,绵延至十一时后,雷电大作,雨势加剧,至一时后稍止。达旦又雷雨矣。气温未多降,而冲击兴头为尤甚。

晨六时起。竟日坐雨纳闷,点完《续通鉴》卅三卷及卅四卷而已。

文修十时半来,午饭后与湜儿偕游隆福寺,五时还家。六时,予与湜、修及宜、燕同饭。饭已,湜、修往政协礼堂看河北省唐山市京剧团演出现代剧《节振国》。盖政协布置之京剧晚会,伊等持予柬往看也。七时半,润、琴、元归饭,以下午在蟾宫看电影也。返途值雨,狼狈甚。

九时就寝。十一时湜儿归,雨尚未剧,须臾雷电交至,幸已到家,否则真糟矣。计文修当先已到其家云。予鉴于往年塌屋之祸,每逢雨季颇感威胁,今又连日大雨不能不怃于心,于是睡眠为之难安。

8月3日(六月廿六日　甲申)星期一

清晨大雨,旋乍晴,忽阴还雨,颇类南中梅雨时也。气亦冷暖难凭。

晨六时起。午前点毕《续通鉴》卅五、卅六两卷。琴媳七时大雨中将燕孙出,径送托儿所。予意绝怜之,因令宜孙留家不去活动云。

午与润儿、元孙、宜孙同饭。饭后小睡,三时起,点《续通鉴》第卅七卷,垂暮毕之。夜与润、琴、湜、元、宜共饭。九时就寝。琴十时归。

8月4日（六月廿七日　乙酉）星期二

晴间多云,暑不甚。

昨晚略多食,中夜数起便,旋且感恶心,颇疑又将发病乎?今晨六时起,恶心如故,早餐大减。七时廿分仍强自振作,(恐偃卧反招病耳。)出门徐步往建国门文学研究所参加全所大会。八时开会,王平凡主席,由贾芝传达周扬所作京剧演现代戏问题的报告。阐述至十一时半,犹余四之一,主席宣告下午三时续为之。(年老者可不参加。)予因乘九路至天安门走赴中山公园陈乃乾、陆轶程之约。(昨日约定也。)到来今雨轩正十二时,陈、陆各偕其夫人在焉。乃移坐餐厅,遇调孚,遂六人同餐。餐已,复移入茶棚。调孚少坐便行,诣人大会堂听报告。予等五人长谈至三时半乃起行。予即乘十路返东单,转廿四路以归。到家未久,锴孙来,有顷,亦秀至,因接谈至五时半,亦秀去。

七时与锴、元、宜同饭。八时,翠英来,九时半偕锴孙同归去。予乃取汤洗沐,然后就寝。十时,琴媳、润儿、湜儿始陆续归。

予硬挺之后,居然奏效,临眠服安乐神复得安睡。竟大复矣。

在所遇友琴,以黄山道路辛苦状见告,深幸予未之往,云为佳云。予至感关切。

8 月 5 日(六月廿八日　丙戌)星期三

拂晓阵雨,午后又大雷阵急雨。余则时阴时晴,湿气弥漫,殊不舒适,惟较凉为稍胜耳。

晨六时起。上午点毕《续通鉴》第卅八卷,又卅九卷之十页。午与润儿、湜儿(以在王府井采购教具,故回家午饭)、元孙共饭。午后小睡,雷阵扰醒,旋复入睡,近六时乃起。夜与琴媳、湜儿、元孙、宜孙同饭。饭后,坐庭中纳凉,九时,润儿始返,乃剖瓜共啖。予即就寝。

是日下午许妈归休未回。接三日午漱儿信,知去信都到,伊即将下厂参加四同云。因念滋儿久无信,不识近况何似耳。

8 月 6 日(六月廿九日　丁亥)星期四

晴间多云。傍晚闷热殊甚。

晨六时起。八时半,锴、镇两孙来,有顷,大璐、翠英来。九时一刻,遂偕锴等及元孙同出,乘廿四路北转一路无轨,到西郊动物园。予即坐新葺牡丹厅席棚下茗憩,遇汪季文,与谈久之。

十一时,予等出园,乘十五路径至虎坊桥湖北餐厅午饭。并电邀汉儿预焉。午后一时三刻离厅,锴等与元孙乘四路无轨往美术馆参观,予则与汉儿乘十四路北行,在西长安街下,汉返新华书店上班。予乃转十路东至东单,再换廿四路归。到家,许妈尚未返,予小坐未久即偃息。三时,许妈归,予亦起。四时许,伯昕见访,谈移时去。

夜与琴媳、湜儿、元孙、宜孙同饭。九时半,润儿始归。予亦拭身就寝。

8 月 7 日（六月三十日　戊子　立秋）星期五

晴热。

晨六时起。七时五十分出，步往建国门文学所参加组会。到冠英、平伯、默存、叔平、念贻、道衡、世德、绍基、象钟、水照、锡厚、公峙等，冠英主席，讨论周扬报告及康生讲话，正谈论间，临街歌声喧阗，游行行列络绎往东，盖皆赴越南大使馆声援被侵（前日美机美舰公然肆虐越南）也。美帝怙恶不悛坚与世界人民为敌，终将自毙。吾人亟宜奋起同抗，俾伸正义于天下耳。十一时三刻散会，游行者犹未全散，予仍步归。

午与润、湜、元同饭。汉儿亦至。饭后，汉、润、湜皆上班去，元出外取弹旧棉絮于魏家胡同。予小睡，三时起。元孙四时半始归。

有顷，锴孙来，接往其家吃馄饨，六时一刻与偕乘廿四路北转九路无轨，到小庄下，步往汉家，汉儿、镇孙、大璐、翠英俱在，忙于治馔裹馄饨。薄暮湜儿、鉴孙、堉孙亦至。入夜小饮，即以馄饨为餐。晚十时始与湜儿归。乘十二路入朝阳门，在南小街转廿四路以行。

到家润、琴尚未睡，予小坐片时即取汤浴身，然后就寝。今日立秋，热乃增剧，终宵浴汗，不能有所覆盖云。

8 月 8 日（七月小建壬申　己丑朔）星期六

晴间多云，向晚转阴。气较昨稍凉。

晨六时起。上午点毕《续通鉴》第卅九卷，下午点毕第四十卷。午与润儿、元孙同饭。饭后，曾小睡片晌。四时命元孙往西城东养马营教育部托儿所接燕孙。五时后大雨，六时半琴媳雨中，盖参加援越反美示威大游行。午后自西单出发,历东西长安街出建国门诣越南驻华大使馆致意,并游行至朝外东大桥始散队,因附十二路无轨入朝阳门,再转廿四路回家云。有顷,元、燕两孙亦归,俱淋湿矣。亟令拂拭易干衣。至七时后雨稍止,润儿乃返。遂共夜饭。

饭后,又雨,闷湿难堪。九时浴身就寝。湜儿参加政协晚会未归。而雨声不歇,终不免牵萦,难入寐,直至十一时半,湜儿入门,时雨仍未止。乃起服药,十二时后始入睡。

8 月 9 日(七月初二日　庚寅　三伏)星期

晴兼多云。夜深雨,闷湿,凉而不爽。

晨六时起。八时后展点《续〈通〉鉴》第四十一卷。

濬儿来谒,谓昨晚甫自青岛归,备述游踪,较予前年所经为广多矣。十一时许归去。盖离家日久,家务待理也。湜儿九时半出,约文修同摄影,近午偕返。遂及润、琴、元、宜、燕同饭。予亦点毕《续通鉴》一卷矣。

润儿是日加班搬书库。下午湜偕修出,将晚饭修家云。予续点毕《鉴》第四十二卷,至晚完十四页。以其间听广播首都人民第三天支越反美大游行实况。美帝之猖狂无赖及现代修正主义之窘态毕露,直使人愤慨感奋同仇难忘耳。

夜与润、琴、元、宜、燕同饭。饭前琴、元、宜在蟾宫看电影。饭后,润、琴挈元、宜、燕往省濬儿。九时,润等归。予亦浴身就寝。十时半,湜儿归。

8 月 10 日 (七月初三日　辛卯) 星期一

凌晨雨不止,七时后稍停。

予六时即起。七时,润挈元孙往馆中帮同操作,琴挈宜、燕出,顺送燕入托儿所。七时半,湜儿袱被出,将奉调赴八大处大悲寺筹办干训班开学。先在彼典守教具也。一二年内将长期山居耳。濛雨中辞别不禁凄然。旋得其到局电话,知未遭雨,即将由局中派人伴送入山云。

午前接点《续通鉴》四十二卷,并四十三卷之二十页。午与润儿、元孙同饭。饭后,元孙仍随润儿入馆帮搬书册。予少卧,抽插架《语石》观之,尽一卷。书为乡先辈叶缘督所著,谈石刻源流了如指掌,不朽之作也。四时起,续点毕《鉴》四十三卷,逾时毕之。

是日午后晴。傍晚与润儿、元、宜两孙正在庭中进晚餐,忽闻雷,雨点且随至,乃移案入东屋,未几即过,且又现好天矣。因于饭后仍坐庭心纳凉。九时就寝。十时,琴媳归。

8 月 11 日 (七月初四日　壬辰) 星期二

晴,虽热,而较爽,有秋意矣。

晨六时半起。以滋儿久无信,作函诘之。十时许,湜儿有电话(在八大处二处灵光寺发),禀告昨日由局中安送上山,虽多蚊,以携帐故,尚无畏,一切尚好,甚以为慰。

点阅《续通鉴》第四十四卷,日亭午始毕之。午与润儿同饭。元孙在馆与小友在食堂进膳云。饭后小睡,三时起,接点《续通鉴》第四十五卷,抵暮竟。小卧时曾阅《语石》一卷。

夜接清信,知昌、新二孙尚未能确定来否。

与润儿、元孙、宜孙同进晚餐。餐后坐庭中纳凉,小逸偕其弟妹来,出晋信,知昌、新决于后天清晨到北京云。九时半去。予乃洗身就寝,忽感闷热,终宵未能稍覆也。较诸今晨迥不侔矣。

琴媳十时乃归。

8 月 12 日(七月初五日　癸巳)星期三

晴间多云。午后渐阴,闷热,入晚微雨,夜半大雨达旦不休,檐溜喧耳,可厌之至。

晨六时起。翻阅中华新出影印元至顺间建安椿庄书院刻本陈元靓编《事林广记》。是书分前后续别四集,凡四十二卷,系供有关研究工作之内部参考资料,不公开发行,日前与调孚谈及,昨晚托由朱士春送来者。其中保存不少有用资料,颇耐寻阅。

十时半,金有景来谈,以吴语若干词头见询,近午始辞去。

午后三时,民进中央派车来接,径往西堂子胡同和平宾馆就其东部舫厅宴谈,乃徐伯昕所约,入门晤葛志成,知伯昕今晨突接通知,偕却尘、东莼去北戴河开会,即由志成主持照料。甫坐定,圣陶、宾符、研因、彬然先后至,最近〔后〕明养至,凡七人,漫谈当前学术文艺界往复辨难诸问题及美帝侵略越南与国际形势等。垂暮,七人者围坐聚餐,七时半散。予与宾符、明养同车送归。

时已雨作,但不甚,惟闷湿难除,亟洗身就卧,挥扇不已。夜深后为雨声所扰,不能寐,枕上看政协新送到《文史资料选辑》四十七期,载有清季宫中太监回忆录等篇,残酷丑恶非生人所堪,封建罪恶此其突出例子矣。卧待天明,雨转剧。

是日午前,友琴见过,以黄山风景印册见赠,弥感关注。

8月13日(七月初六日　甲午)星期四

大雨,凌晨绵延及午,午后转晴,但多云,气稍爽。

五时半,元孙雨中出,直往车站接昌、新,予亦随起。本苦失寐,起之为愈耳。

八时许,元孙归,谓已接到送至遂安伯矣。伊即去校有所事。有顷,昌、新偕来,备述并垣近状。十时半,镇孙亦至,与昌晤。至午,昌、新归去,以其祖母生日必当归饭也。

逾午,汉、润、元皆归,遂及镇同饭。饭后,汉、镇过章家看昌、新,润、元仍入馆搬书,予乃小睡,四时起。傍晚在庭中与润、元、宜共饭。饭后,潘、权来,啖瓜闲谈,九时去。予亦取汤浴身即寝。十时,琴媳归。

8月14日(七月初七日　乙未　七夕)星期五

晴热。

晨六时半起。九时,镇孙、建孙、新孙来。十时偕宜孙同往小庄,盖今日汉儿生日,去吃面也。

竟日点书,毕《续通鉴》四十六、四十七两卷。午与润儿、元孙同饭。元孙仍去版本图书馆帮忙也。下午小睡片晌。四时半,宜孙归。七时与润、元、宜同进晚餐。傍晚天气又变,潮闷恶热甚于南中黄梅,可憎也。九时,雨大至,予亟浴身就寝。终宵汗濡,滋不适。

8 月 15 日（七月初八日　丙申）星期六

凌晨雨,旋转阴,近午放晴,气亦渐爽。

早六时起。九时,元镇、建昌来,同出,乘廿四路南转十路到右安门内南樱桃园,再转五路到陶然亭公园,茶于大悲院西廊。十一时起行,度新修洋灰桥(仿赵州桥式),循云绘楼、清音阁,缘湖西岸行,仍出北门,复乘五路到友谊医院前换十五路到菜市口,午饭于美味斋。食客颇挤,午后一时半乃毕。即乘九路无轨回朝阳门大街,再转廿四路归家。镇、昌各归去。予亦倚枕小睡,盖颇累矣。

傍晚,儿孙辈皆归。遂共润、琴、元、宜、燕同饭。惟湜儿住山未返,颇念之。饭后,农祥、亦秀来,知亦秀十八日即去峄阳开学授课云。谈至九时半去。予亦浴身就寝。

8 月 16 日（七月初九日　丁酉）星期

失记。汉儿一家及昌、新来饭。

8 月 17 日（七月初十日　戊戌）星期一

终日阴,近午微有日光。午后三时雨点稀撒而已,入夜乃见月,气较凉。

晨五时即起。六时廿分即挈元孙、宜孙及外孙女章爱农同出,乘廿四路北转一路无轨,到动物园,寻开往八大处之四十七路车站。绕大弯始得之,乃在无轨电车停车场之南(昔在动物园门前,今西南移甚遥),立待久之。大璐自颐和园小学来会。有顷,文修及其弟文杰至(其家甚近,在二里沟,步行不多时即达)。近八时元镇、心农始骑车来。寄顿讫,四十七路车即至,乃相将登车。八时五分开，八时四十五分已到翠微山下四平台。下车度桥，缘溪北行登山，径至二处灵光寺，略一徘徊，即经由三处三山庵到四处大悲寺。雨后溪流有声，沿径而上，左右得自然之趣不少。抵寺，湜儿正在彼管理教具及修建诸务。憩于其卧室中，并晤其同事杨君。杨君坚嘱湜伴予等登山，乃共上五处龙泉庵（俗称龙王堂），遂就殿廊茶憩。湜等复率众登山，予独坐酌茗，境至清寂，但闻山蝉作异鸣，其声如击金而曳其尾声至尖峭凄厉也。曩闻乔峰言，西山各处有蝉迥异常种，其殆此乎？时稍久，游人渐集，有少先队跳跃欢笑者，有结侣占座买茶者，语声稍停，蝉鸣终不能掩也。因即景成诗云：

> 积雨初霁后，相将出郭游。儿曹登山争揽胜，予乃独坐檐前头。微风习习来，虚庭参差松影落。茶瓯忽闻山蝉奇鸣戛金石，常蝉之噪莫与俦。偶来群童竞跳掷，一时境界失清幽。亦有结侣占座买茶客，笑靥相向语温柔。荫下偶喧聒，树巅唱犹道。下山缘溪行，溪瀑淙淙流。蝉鸣与溪声，高下相答酬。此行归去好收拾，两袖满贮西山秋。

十一时，湜等始下来，盖湜、修仅止于六处香界寺，余均高至七处宝珠洞也。十二时一刻方回到灵光寺食堂谋午餐。山中供应少，又时晏，竟无所可食，仅鸡子、茄子、粗粮而已。食毕，已将二时，乃下山至四平台，恰有班车开城，已赶不上，只索南游一处长安寺。三时回至四平台，又待半小时，予等九人始附车东归。湜儿明日本值轮休，今日可以偕归，乃临时有急要事，杨君被召入城，遂止不行。送予等登车而别。明后日无变化，宜可归省耳。

四时廿分，四十七路归。抵动物园，大璐再转卅二路返校，修、杰姊弟送予与元、宜、新上车后（上一路无轨）归去。镇、昌二人仍骑车径归小庄。

五时半,予挈宜孙归。元孙则送新归去后返家。傍晚,润、琴、汉先后至,遂及两孙同饭。晚接佩媳十四日发安八号书,知予京十三号信已到,并详事忙天热,未能勤写信之故。又接漱儿十五日发信,知已下厂工作,环境似甚艰辛也。

晚饭后,坐庭中纳凉,与汉、润、琴闲谈。九时半浴身就寝,汉儿亦旋归去。

今日由沈佣介绍之蒋姓修棕棚者来修大床棕绷,工作一永日尚可看得过。索酬六元,与之。此棚已再经修理,不识传与湜儿后能经用否耳。

8 月 18 日(七月十一日 己亥)星期二

拂晓雨,日出后渐晴,午后又乍阴忽晴,早晚已见凉。

晨六时起。午前为农祥、亦秀结婚纪念画册写题记。午与润儿、元孙同饭。饭后小休,四时起,展点《续通鉴》第四十八卷,抵晚毕之。

夜与宜孙同饭。元孙往接新孙,即饭于章家。润儿、琴媳则参会未归饭。十时后乃归。予已就寝矣。

8 月 19 日(七月十二日 庚子 末伏)星期三

晴,较和。渐来秋爽之兆乎。

晨五时半起。七时心农来,接爱农去颐和园(昨夕爱农住予家)。元孙偕去,闻将与镇孙同习游泳云。八时半出,乘廿四路南转十路,赴中山公园径至来今雨轩入座啜茗。有顷,轶程至,九时一刻,乃乾至,谈至十一时散,予仍循原路归。

午与润儿共饭。饭后小休,三时半起,点读《续通鉴》四十九卷,五时毕。

傍晚汉、润、琴、宜皆至,乃共饭。元孙则径与心农等饭潃儿家。夜饭后,汉往潃家,元孙随归。九时半浴身就寝。

十时湜儿归,云明日轮休,今午即返城,下午在局工作,晚乃与文修逛王府井也。

8 月 20 日(七月十三日　辛丑)星期四

初阴转晴。夜月微晕,早晚凉。午前后仍热。

晨六时起。九时与湜儿出,乘廿四路南转十路到中山公园,茶于来今雨轩。十时,文修至。十一时偕湜、修同归。午与润、湜、修、元同饭。下午二时潃儿、文权同来,三时乃邀予与之同出,湜、修、元偕行,乘廿四路至东单,转三路出崇文门止于花市,拟乘一路电车去天坛,乃久仁不至,询之人谓两月前已废不行矣。自晒背时,遂返入城附六路无轨出正阳门径达天桥,走入坛西门,茶憩于皇穹宇西侧之棚下。五时半起行,仍出西门,乘廿路回东单,再换廿四路北归。

宜孙已下学在家,遂同进晚餐。润、琴皆以事未归饭也。

夜九时,潃、权归去。有顷,润归,湜送修归。予亦取汤浴身,将就寝,湜归。十时,琴媳亦归。

8 月 21 日(七月十四日　壬寅)星期五

晴间多云。气温大略与昨同。

晨六时半起。七时,润、琴皆上班,宜孙随其母往社,将偕同活动学校师生同游香山。湜儿同时出,先过局治事,然后还山。十时,元孙出访同学。潴儿来,午前写信两通,一复漱儿,一复滋、佩（编京十四号）。

午与潴、润同饭。元孙去校即在其母社中饭云。下午三时,偕潴儿出,乘廿四路南转十路到大华路北口下,步往北京医院门诊部就诊。待半小时,由郭敏文大夫接诊。盖预先挂号者。据云血压尚平（高一百六十,低七十云）,惟心脏衰弱而痰多,照原方外加配治痰剂,并属验血,且作心电图（验血须空腹,留待下周作）。作心电图毕,已将六时,即与潴儿出院,步由东单公园乘廿四路归。

入夜与潴、元、宜同饭。饭毕而琴归,再具餐。九时,潴去,予亦浴身就寝。越半小时,润儿始归。

8 月 22 日（七月十五日　癸卯）星期六

昨宵夜深有雨,今晴间多云,气仍如昨。

晨五时半起。午前点毕《续通鉴》五十及五十一两卷。午与润儿、元孙、宜孙同饭。饭后小休片晌,接点《续通鉴》五十二卷,近晚毕之。五时,农祥来访,即以题就之纪念册归之,移时去。

七时半夜饭,与元、宜、燕共之,外孙爱农来与焉。饭后元孙送之归。润以看电影,八时后乃还,琴则持予券参加政协京剧晚会也。

饭后,潴儿、预、硕二孙及张桂本来,九时半去。予乃浴身就寝。十时三刻,琴媳归。

8 月 23 日（七月十六日　甲辰　处暑）星期

阴,禺中雷声殷殷,顷之晦冥,霹雳四震,大雨立至,过午始已。下午时阴,有微雨,亦偶露日光,向晚多云。气凉而不爽。

晨六时起。润儿上午到馆加班。予昼晦中点《续通鉴》五十三卷,挑灯为之。雨停亦随竟。

午与润、琴、元、宜、燕同饭。饭后小憩,旋起,接点前书五十四卷,至五时亦完。夜与家人共饭。饭后孙辈看电视,予九时即寝。

8月24日（七月十七日　乙巳）星期一

阴转多云,气温如昨。

晨五时起。六时一刻偕润、琴挈元、宜、燕三孙到王府井大街大同酒家进早点。为时尚早,而食客已多。先定之点不够,如再添必排队半小时后乃得食,遂将就吃毕即行。儿孙各上班入学去,予独往景山小坐,然后出山右里门,入陟山门进北海,度陟山堆云二桥,出承光左门,乘九路无轨到西单,正八时五分,乃步往民族宫参加学部党委召开之报告会。遇冠英、绍基、水照、赓舜、之琳等,即与冠英、绍基、水照并坐。八时半开会,张仲才主持,由刘导生作报告,动员下乡参加劳动,搞社会主义教育运动。十二时毕。散出后,乘十路回东单,再转廿四路归。在廿四路车上遇戈宝权、王蔚林、范叔平。到家已十二时三刻,润及元、宜等已饭过,乃具餐独进焉。

饭后小睡,三时半起。接湜儿电话,知明日文修将往访伊,或就轮值休假与之同归云。七时后,汉、润、元、宜、鉴孙皆归来,遂同饭。饭后,潜儿、文权来。八时半,汉、鉴去。九时,潜、权亦去。予乃拭身就寝。月色甚姣。

8月25日（七月十八日　丙午）星期二

晴间多云,黄昏无风不凉。

晨六时起。七时五分出,步往文学所参加本组座谈。讨论昨听报告。十一时三刻散,与冠英、默存、叔平偕行,至宝珠子胡同南口而别。到家午饭,与润儿、元孙、宜孙俱。午后小睡三时起,点阅《续通鉴》第五十五卷,六时毕。夜与元、宜两孙饭。饭已,心农及其妹爱农来,予与心农谈至九时归去。

升埂午后来,知校中检定,已作出下月即分配在近郊农场劳动云。九时半,润、琴先后归,予已就卧。十时,湜儿乃归。

8 月 26 日（七月十九日　丁未）星期三

早日出,有细雨,旋转多云,气骤热乍凉。

晨六时起。七时,与湜儿偕出,盖须空腹赴北京医院取血检验也。乘廿四路南转十路行,到院交单坐定,潗儿亦踵至,在院遇李觉、李俊龙、曹葆华。七时四十分离院,三人乘一路至西单,就同春园早点。啖馄饨一碗、肉包子一枚。旋乘九路无轨到北海,憩于团城长松之下久之。近十时,文修来,四人遂同上揽翠轩啜茗,遇郑尔康。十一时下山出园,行至府右街,乘十四路南至虎坊桥,午餐于湖北餐厅。下午一时半乃起行。乘四路无轨到王府井,步向东单,乘廿四路归家。

夜与潗、润、琴、湜、修、元、宜共饭。饭后,湜送修归去。

韵启来,有顷,潗儿去。九时三刻,湜归,韵启亦去。予乃就寝。

8 月 27 日（七月二十日　戊申）星期四

晴兼多云,偶有雷雨,入晚大凉。

晨六时起。上午点毕《续通鉴》五十六、五十七两卷。午与润儿、元孙、宜孙共饭。饭后小休,三时起,接点前书第五十八卷,垂暮亦竟。

夜与润及两孙同饭。饭后,润出购物,予与两孙看电视现代京剧《奇袭白虎团》,十时毕。润、琴亦归。予乃就寝。

8月28日(七月廿一日 己酉)星期五

晴间多云,傍晚大雷雨。雨后气稍凉。

晨六时半起。昨晚得好睡,以初凉故。

午前点毕《续通鉴》五十九卷。午与润儿及元、宜两孙共饭。饭后小睡,三时起,接点前书第六十卷,未暮亦竟。雷雨声中打五关为戏,以遣之。接澄儿贵阳来信,知埠、埙两孙考高中,兄落第,而弟取中云。

琴媳、汉儿雨隙中归来,入夜遂与之同饭,宜孙与焉。润儿则应民进之组织往看现代京剧于民族宫。元孙则往看爱农,留在章家晚饭也。饭后,元镇、心农来,谈至九时三刻,汉、镇、心三人皆去。元孙亦于八时后归来矣。

十时,予取汤拭身就寝。十一时润儿乃归。

8月29日(七月廿二日 庚戌)星期六

晴兼多云。黄昏前后闷热异常,欲雨未果,甚不惬。

晨六时起。午前点毕《续通鉴》六十一卷。午与润、元、宜同饭。饭后小休,倚枕阅陈田《明诗纪事》。四时续点《续通鉴》六十二卷,至晚得十八页耳。五时后元镇、心农、爱农、潜儿先后来,元孙亦接燕孙归。

傍晚,湜儿(湜儿入城备课将住家若干天云)、琴媳、润儿、汉儿亦先后至,匆匆聚餐,餐已,镇、元、宜送心、爱二农行,润儿、湜儿亦接燕孙径往车站。予遂乘纳凉之时与瀋、汉、琴谈家常。九时半,润等归,谓已安全送上二农车厢,并目送开车出站云。有顷,瀋、汉、镇归去。予遂洗拭就寝。

8 月 30 日 (七月廿三日   辛亥)星期

晴,午后时阴而不雨,闷热。

晨六时起。接点《续通鉴》六十二卷,十时毕。继以六十三卷,抵午亦毕。文修来,遂共家人同饭。饭后小睡,闷热难任,四时起,气急神怠,至感不适。乃与湜、修同出,漫步出城阙,至日坛公园,冀略得苏息,乃躁热逼人,甚于伏暑,遂折往瀋家一看其近日新腾之卧室。硕孙先在,既而预孙及桂本亦至。坐有顷,偕湜、修步归。到家韵启在,入晚即合坐夜餐。八时半,湜送修归去。九时三刻湜归。韵启去。予浴身就寝。

8 月 31 日 (七月廿四日   壬子)星期一

晴兼多云。气较前昨略爽。

晨六时起。收听三十日中共中央对于苏共中央七月三十日来信的复信。广播二十分钟,重申七月廿八日去信,严斥召开分裂会议。八时,独自出门,乘廿四路北转七路无轨,到北海公园,先在白杨荫下坐息。俟九时入画舫斋参观昨日开始之国画展览。仍分陈四室,青年作品占多,题材新颖,一致表现现代事物,大都画于下乡下厂体验生活中,墨守陈规之旧作品几乎绝迹矣。十时离场,循北海东岸出前门,乘九路无轨回朝内大街,再换廿四路南归。

午与润儿同饭。元、宜两孙今日俱已开学。午后小睡片晌,点阅《续通鉴》第六十四卷十二页，以头晕而止。日来以天气闷湿故，胸次颇感抑压，强出以冀疏宣，所得乃甚鲜，其衰兆日迫乎？

晚与润、琴、湜、元、宜同饭。汉儿后至，亦与焉。湜儿明日将偕同局中全体教课人员入山，准备开学。饭后，潜、权来，同谈至九时半，偕汉同去。予乃取汤濯身，然后就寝。

9月1日①(甲辰岁七月小建壬申　乙丑朔　廿五日　癸丑)星期二

多云偶晴，又感躁热。

晨五时半起。七时半，湜又携被赴局，午后将入山备课云。七时三刻，予独行，步往文学所参加全所大会，王平凡主持，由何所长作报告，动员下放四清，并对国内文艺界当前发露的不正确现象统加批评，十二时十分始毕。又介绍新来同事欢迎致辞，十二时半乃散。予与平伯、冠英、叔平、友琴同车送归。近一时始与润儿同饭。饭后小睡，三时半起。接点《续通鉴》六十四卷余页（昨已点至十二页），至五时竟。

元鉴来还车，旋去。接漱儿信，知近得上海市委组织部批准，提升为妇联宣传部副部长。至慰。但冀克副厥职服务更见精勤也。

夜与元、宜两孙共饭。天湿闷，人汗沈被，肤如敷薄糊，亟取汤濯之，八时半即寝。九时三刻，润儿、琴媳先后归。予大失眠，一时后始合眼。翌晨三时已醒矣。

---

①底本为："习习盦日记第十七册"。原注："一九六四年九月一日至十月卅一日，凡六十一天。甲辰十月丁巳朔手装。"

9 月 2 日（七月廿六日　甲寅）星期三

昙闷。仍如黄梅天。

三时起便旋，后略又朦胧，六时乃起。八时廿分，濬儿来，乃同出，乘廿四路南转十路到大华路下，步往北京医院门诊部就诊。遇白寿彝及介泉夫人。坐待有顷，即由郭敏文大夫接诊。据告检查结果尚无特殊变化，经查血压等亦尚平稳，补开药两种，并试易安眠剂一种。十时离院，乘一路西赴中山公园，径如来今雨轩晤乃乾。盖昨所约也。谈至十一时半各归。予与濬儿乘十路返东单，转廿四路归家。

坐定未久，润儿下班，遂同进午饭。饭后小憩，三时起，续点《续通鉴》六十五卷。四时许，雪村见过，告方曙先（光焘）已于七月病逝，朋辈又弱一个，黯然久之。又谈晓先近事，此人垂老不减其僻，为之叹息而已。语移时辞去。适宜孙放学归，爰命扶掖送章老还其家。

夜与润、琴、元、宜同饭。饭已，汉儿至，谈至九时半去。予亟浴身服新药就寝。然仍未得酣睡耳。

9 月 3 日（七月廿七日　乙卯）星期四

阴，仍闷热。

晨五时半起。昨接圣陶书，以"可怜无补费精神"语出处，为检《临川》、《遗山》两集摘告之。

午与润儿饭。午后雨晦渐沥，达暮不止，入夜始戢。三时后点读《续通鉴》第六十六卷，仅得十四页，以目眩而罢。

夜与润儿、元孙、宜孙同饭。接心农信，知已安抵并垣。润儿夜饭后出看电影。予九时即寝。十时琴媳归,又有顷,润儿乃返。

9月4日(七月廿八日　丙辰)星期五

晴温。

晨五时半起。阅昨夜元孙复寄爱农书,文理清晰,颇见佳思,殊欣慰也。八时步往文学所参加本组组会,讨论前日其芳报告。冠英以拔牙未至。绍基主持斯会,十一时半散。所中车送各回,与平伯、友琴、叔平同行。

到家,潸、润俱在,十二时半,琴媳亦归,同饭讫,潸、琴即送润赴车站,盖润出差去沪印总书目。此行约须兼旬始返京也。

予小休。三时,潸归报已目送润车开出,且已打电话报与漱儿,属明日下午去北站一接矣。琴则送润到站后即赴人教社上班云。三时半,潸儿归去。予乃接点《续通鉴》六十六卷,近暮毕。夜与元、宜两孙同饭。饭后看电视转播中国京剧四团演出之《红色娘子军》。十时半完,即浴身就寝。时琴媳亦自出版社归来矣。

许妈归休,是夕未回。

9月5日(七月廿九日　丁巳)星期六

初阴旋转多云间晴,气较和。

晨五时半起。八时展点《续通鉴》第六十七卷,至午得廿六页,犹余十页也。午独饭,宜孙以下午无课,亦归饭,尚及同席。饭后小睡,三时起。张纪元来访,谈移时去。堉孙来,七时后琴媳及三孙皆返,乃同进晚餐。餐后堉孙返校。

九时半湜儿归,谓下午即入城,在文修家夜饭,并知文修亦将入山襄理会计及保管工作云,闻之大慰。因加勉督俾好自为之耳。

十时就寝。

9 月 6 日 (八月大建癸酉　戊午朔) 星期

　　晴间多云,气温如昨。

　　晨六时起。八时半圣陶、满子乘车过我,遂同载以行,径赴复兴门外翠微路中华书局,共应云彬之约也。先憩于云彬家,未几,彬然、调孚、晓先皆来会。谈至十一时,共过灿然家访问。灿然患脑瘤,压迫视神经,几于失明。经医割治,即复光明,近方自长春长期疗养后归来,爱与圣陶走访耳。接晤如常,神色亦佳。惟微感略肿,不日当可痊复,颇为其病愈引慰,亦兼为医术颂庆。据谈施术时先在右额盈寸之地四角钻眼,然后披皮下,盖眉目,揭开脑壳再轻轻划破脑膜,寻得瘤在右眼角下深处,遂用钳钳出,乃层层用原膜原脑壳原皮精密接上,凡历三时,比由手术室车还病榻即苏醒,视力顿复云。今视之右额宛然如昔,经说明后谛审仅见四角初钻处隐隐有微涡之迹耳。诚神乎其技矣。为赞叹不能已。亭午辞出,返云彬家小饮。彬然与焉。饭后,与圣陶、云彬过调孚家长谈,数十年老友叙话,又兼中华宿舍环境清幽,花木扶疏,斯乐诚不易得也。四时始起行。仍附圣陶车行。送予到家,然后引车去。

　　入夜与琴媳、元、宜、燕三孙同饭。

　　是日接六日滋儿发安九号书,知忙迫异常。

　　九时浴身就寝。湜儿始自文修家归。盖明日修亦入山报到,故帮同料理一切耳。

9 月 7 日 (八月初二日　己未　白露) 星期一

　　拂晓雨,旋止。禺中复雨,遂尔淅沥绵延,真作秋霖矣。

晨五时半。六时半后，湜儿先行，琴媳与三孙继之。度未及抵社与校，当遭淋也。湜、修袯被入山，雨行更不便，为廑念不置。八时后接点《续通鉴》六十七卷，至十一时毕之。起身前倚枕挑灯阅陈鸿墀《全唐文纪事》，点书前又阅之，竟其言体例者三卷，所谓体例并包体制及文例，言之颇资考核，深佩博采也。

午前，潜儿为予领得工资来，遂与同饭。饭后小睡，三时起，接点《续通鉴》六十八。潜儿归去。六时点毕，将暝而天乃有晴意。

夜与琴、元、宜同饭。知燕之人所与元孙、宜孙之往还午饭俱受淋焉。九时就寝。加毯覆被矣。

9月8日（八月初三日　庚申）星期二

晴间多云，气较爽。

晨五时即起。昨晚睡眠欠佳，三时已醒矣。八时写信，凡四件，分寄清、澄、漱、滋四儿，都复告近状。十时潜儿来，近午去。即以四信属伊带出付邮。午独饭。饭后为元善之友张古凤（茂鹏）所藏式之先生手翰册题辞，录下：

> 古凤先生出其师章丈手翰十六通见视，皆丈晚年流寓京津时所作，时辽沈沦丧，东氛正恶，丈眷怀世局，不无忧愤，而师弟之间书札往还仍不失平素冲夷春容之度，殷殷以植品治学相敦勉，心长语重，自今读之，恍如亲炙謦欬，岂止藻耀高翔，长为后学矜式而已也。

二时半独出，乘廿四路南转十路到中山公园，再换五路往西华门访乃乾。谈至四时半，范尊行至，予略谈即起行。恐稍晏车挤也。先乘五路北至地安门，转十一路无轨回东单，复转廿四路北归。

夜与元、宜两孙共饭。九时拭身就寝。十时半琴媳始归。

9 月 9 日（八月初四日　辛酉）星期三

晴兼多云。气又较暖。

晨五时半起。九时出，乘廿四路南转十路到中山公园，车中甚挤，立以往。入园稍憩，然后徐步出园西门，由南长街到北长街，应乃乾之约。谈至十时半，云彬至，亦预约而来者。共谈达午，遂留饭焉。饭后复谈，二时半乃行。与云彬偕行。至北海乘一路无轨东行。彬在沙滩下，赴民盟学习，予径至南小街下，转廿四路南归。到家湜儿、文修俱在。予以为轮假同返，讵知事有变化，当前日雨中携行李向局中报到，候车入山，乃俟至午后，忽主者传言以近日奉上级指示为言暂不进用人，只得仍携行李送文修归其家。湜竟以连日奔走于雨中，劳累感冒骤发寒热，至卅九度，遂卧病修家，不能起。今日热稍退，文修送伊回来也。此事起止皆鹘突，虽主者亦感歉然云。四时许，湜同事马维强来访湜，致领导意，属安养，谈至近晚乃去。

文权、濬儿至，谓来吃宜孙生日面。予已忘之，至此乃属濬往浦五房购酱肉，归而治面为享。汉儿、鉴孙亦至，遂与湜、修及元、宜同餐。

餐后，韵启来，为致生玉米请尝。盖伊新分得农场摘配者也，甚感挚谊。谈有顷，堉孙至，至九时半皆去。修已于八时半归去。濬等去后，取汤拭身即寝。

傍晚中华书局送来林庚属赠其父宰平先生遗著《帖考》四册，因倚枕阅之。十时半琴媳归。十二时犹未入眠，乃起服药，睡至翌晨三时，为雨声所醒，起便旋，竟不能寐。

9月10日（八月初五日　壬戌）星期四

阴雨。

四时即起，挑灯待旦，湜儿体软，上午仍在家休息。八时后展点《续通鉴》六十九，至十一时毕。午与湜儿同饭。饭后湜赴局上班，予倚枕小憩，阅林宰平《帖考》。

三时半起，录韩退之《赠崔立之评事》诗，备寄圣陶申前答也。湜未入山，仍归家。入夜遂与之同饭，元、宜两孙共之。九时就寝。琴媳十时归。

9月11日（八月初六日　癸亥）星期五

晴兼多云，气又转燠。

晨三时醒，挨至五时起，致感不适。八时，潜儿来，少停即去。写信寄林庚，谢赠《帖考》。录下：

　　　中华书局人来，颁到尊公宰平先生《帖考》四册，敬谨展读，无任钦挹。自来丛帖流行，辗转翻刻，真赝杂糅，辨证考索之书虽亦不鲜，而或矜奇秘，或资耳食，终不免莫胡影响之谈，使览者快目惬心之作实不多觏。尊公此帙萃平生心力，多经自验于各帖传刻之渊源，镌石梓木之不同，与夫书迹之真伪存佚，靡不推究尽致，犁然有当，俾从事帖学者一扫积翳，窥见真际，造福后学，何可限量，岂仅指示八法，长为矜式而已。诚拜承嘉贶，奚啻百朋。专肃陈谢！云云。

十时后，书友刘清源来，前该书款即收去。

午前写信与润儿告文修事中变。午独饭，以馄饨代餐。下午一时半出，乘廿四路北转一路无轨，到白塔寺下，走往政协礼堂，直上三楼,听赵朴初作报告。晤圣陶、满子、汉达、却尘、桂庭、异之、树人、平衡、图南、纪元诸人。二时半开始,图南主持之(旋以事先行,平衡接主之)。朴初报告分两大项,一、世界宗教和平会;二、反对原子轻气弹会。俱在日本召开者,在此两会中与现代修正主义者及其它反动派展开剧烈斗争,终于完成一致反帝的决议,获得光荣胜利。六时始毕。朴初擅言语,真能绘声绘色,使人神王,益征真理终申,邪气必绌焉。散会后即附圣陶行,至禄米仓西口而别。到家,两孙已归。元孙感冒发烧卧床,宜孙在庭嬉戏。湜儿未归,想已入山备课矣。

七时,汉儿至,遂与元孙同饭。饭后,琴媳归,以元病也。堉孙来,九时与汉同去。予体惫神怠,亦即服药就寝。

9 月 12 日 (八月初七日　甲子)星期六

破晓大雨,禺中止,午后晴间多云,较凉。

晨五时半起。八时乘雨隙携雨具出,步往文学所参加组会。仍讨论《文学遗产》问题。子臧已自黄山还,今来出席,晤之。知在山甚好也。十一时四十分散,仍步归。

午与元、宜两孙同饭。元孙热退,在家休息。宜孙下午无课,故亦归饭耳。饭后小睡,三时半起。文权来,未几,借报纸去。

傍晚琴媳挈燕孙归,遂共元、宜等同饭。饭后堉孙来,并往汉家。九时就寝。湜儿十时乃归。

9 月 13 日 (八月初八日　乙丑)星期

阴,有雾,近午微霁。闷热,午后又阴,且有细雨,转凉。

晨五时半起。六时三刻与湜儿偕出,乘廿四路南转一路,到西单,在同春园进早点。七时半,复乘十路东返中山公园,在唐花坞、社稷坛等处一转便出,已八时半。文修已在人大会堂北门等候,盖昨湜儿约伊同看周总理访问十四国携归礼品内部展览会也。

展览会设在人大会堂安徽厅,予上星期接请柬因与伊等同往参观。九时半出,在人民广场流连多时,然后步往王府井东安市场等处购物闲眺。北走至灯市西口乘十一路无轨往东单,再转廿四路返家。

午与琴、湜、修、元、宜、燕同饭。饭后小憩,三时半起,湜儿送修归去。

四时半,外文出版发行事业局罗耀培、林恒英携其子罗林来谒。盖本系青年出版社滋儿同事,往年调往合肥,近又调来外文局,与湜同事,故携滋口信来谈也。琴媳亦与之稔,遂由琴与长谈,近六时辞去。留夜饭不肯应。七时,与琴、元、宜、燕同饭。八时半即寝。九时,湜亦归。

9 月 14 日(八月初九　丙寅)星期一

晴,爽。午后多云。

晨五时半起。九时,新建设社田森来访,谈李秀成评价问题。初意欲予为文讨论,继知予目力不济,且不任构思,仅长谈移时,予亦倾予所见以告之。田君未行,元鉴、翠英来,汉儿属伊等送苏州团子奉予。谈次知翠英乘校中放大秋假,须返宁一省其亲,元锴将偕往,以是锴今晨赶回窦店部署一切云。十一时,伊二人坚欲归去,谓约好元锴归饭,须回家煮饭也。

十二时许,元锴自窦店来,遂留与共饭,宜孙以下午治牙痛,亦自校归饭。饭后,沈姨陪宜孙往锡拉胡同口腔医院看牙。予与锴孙谈至二时半,嘱令归去。予亦以午前啖团子三枚。不敢多坐,遂独出散步,先乘廿四路北至东直门大街,转七路无轨出西直门,径达动物园。在柳槐交荫下缓步绕过垒桥、豳风堂、牡丹廊至鸣禽室一转。继在水禽湖畔小坐,然后出园,未曾一览其他动物也。五时,乘一路无轨东归。至朝内南小街,再转廿四路返家。

午前接润儿十二午发航信,知今日乘十四次快车返京。明日下午六时廿二分可抵站云。为之大喜。湜儿今晨入山。

夜与元、宜两孙同饭。九时就寝。

9 月 15 日(八月初十日　丁卯)星期二

晴和,正天气初肃之候矣。

晨五时半起。七时携糇出,乘廿四路南转十路到六部口,民进中央预雇之两大轿车已在,予第一人上车,盖应招同赴温泉参观本市工读学校及科学会堂也。稍坐后,同人渐集,圣陶、满子及均正、国华与予同车。八时,两车皆开出西直门,经海淀径达温泉村稍西即工读学校。主事者延入会议室,少息,然后导观木工、金工、油工三车间及教室宿舍等,十时半回至会议室,由其教导主任徐君介绍该校成立经过及历年施教措置甚详。至十二时始毕。该校生徒都为社会上特种少年,分子极为复杂,行止亦甚恶劣,近十年来,逐渐改造,已挽救了不少堕落少年,送上工作岗位。其言娓娓动言,其精神亦大足感人也。报告毕,即室中各出糇粮为餐,开水送之,亦甘且快也。下午一时半离校,开车进城,直造西颐路科学会堂参观,历报告厅、休息室、俱乐部等处,试验其光学黑板电子机对弈及荧光粉画毛主席像,并放映了科教影片《对虾》。四时半始行。两车分行东西城,予坐至最终指定站东单始下,再转廿四路北归。

到家已五时三刻,宜孙放学在家矣。知润儿今晚可归,瀞、权、汉、鉴、元等都往站接候,予俟至七时,伊等果欢然齐归,遂共夜饭。饭后,长谈至九时,琴媳乃归。又有顷,瀞、汉等皆去。予亦就寝。

9 月 16 日（八月十一日　戊辰）星期三

晴兼多云。凉,夜月晕。

晨六时起。昨日积疲,颇软软,遂未出。十时后展点《续通鉴》卷七十六,仅十四页而止。竟未能终卷也。午与润儿共饭。饭后小睡,乱梦频仍,殊不适。四时遂起。

六时半携宜孙出东城阙往瀞儿家,以昨约过饭其家也。行至日坛西路西口,遇硕孙,偕与俱归。到彼,汉儿、鉴孙已先在,元孙亦径自校往矣。有顷,润儿、琴媳偕至,遂围坐小饮。盖明日为文权生日云。食后,长谈至九时半乃行。与润、琴、元、宜联步以归。到家稍坐即寝,已十时半矣。

9 月 17 日（八月十二日　己巳）星期四

三时雨声喧醒,遂起便旋,竟不能复睡矣。倚枕看《六朝文絜》。六时乃起,雨暂歇,旋又作。

八时为黄先义写条幅,即录毛主席北戴河词以应之。伊昨日有电话来,谓分配在中华书局工作,即将下乡劳动,十月一二日来看我云。因为写此便取去耳。

旋接点《续通鉴》卷七十,移时毕之,乃续点卷七十一,近午亦竟。午与润儿饭。润雨中归,淋湿矣。饭后,润上班,予小睡。三时半起,雨窗纳闷,出吴氏《宸垣识略》阅之,此书依朱氏《日下旧闻》及官修增考辑其关于城郊胜迹故实者重编之,并采附当时近人诗作资佐证,卷首又绘附地图,在初行之际(乾隆中)实为佳作,不愧其自序所云言简事赅也。按以今迹犹多可考,惜新出版者(北京出版社)校点仍欠精审,讹字较少而破句依然不免耳。

夜与琴媳、元孙、宜孙同饭。九时即寝。十时,润儿始归。是夕雨未辍。

9 月 18 日 (八月十三日　庚午) 星期五

阴,时有细雨。凉气陡增,御毛裤且嫌单矣。曾不几时汗粘可憎,倏而大类初冬,幽燕天气之忽变,真难把握也。

晨六时起。八时写信与清、漱两儿。十时许元善见过,长谈近午,去。即以张古凤属题之件交之。

午与润儿同饭。有顷,宜孙自校归饭,以下午请假往口腔医院拔牙也。一时半属沈姨伴宜如院诊牙。二时后予亦出,乘廿四路南转十路到中山公园,再转五路往西华门访乃乾。谈有顷,其同事朱士春及别一位不相识者来,皆即将下放劳动者也。五时,士春等行。少顷,予亦行,乃乾夫人雇三轮送予归。到家未久,沈姨亦伴宜孙归,谓量有寒热,不能拔牙。须俟热退,始能施手术云。徒费半天,深可惜也。

夜与润、元、宜同饭。接澄儿十四日贵阳来信,复予八日去信。告知埤孙已报名学工。九时就寝。十时,琴媳归。

9 月 19 日 (八月十四日　辛未) 星期六

阴森。

晨六时起。八时,点阅《续通鉴》卷七十二,毕之。又接点卷七十三,至午得十四页。宜孙发热未退净,上午润儿携往赵家楼医院诊治。据云又发扁桃腺炎，打针给药而还。

午与润儿同饭。宜则睡着矣。午后二时，宜醒，以粥饲之，少选，沈姨又陪伊往院注射，明日上午、下午均须往。予小睡（昨夜乱梦萦绕，未能安睡之故），四时半乃起。阅焦里堂《剧说》。是晨，中华书局朱士春来取去段《说文》两部，盖两年前属予点句者。今印此书非所急，因令收还。

夜与润、琴、元、宜、燕同饭。盖周末例得领回燕孙也。九时许，湜儿归，谓下午入城，在文修家晚饭后始归云。予正取汤浴身，因令为予擦背，浴罢即寝。以昨睡不安，服药而后就榻，然十二时即醒，起床便旋，后幸仍入睡。

9 月 20 日（八月十五日　　壬申　　中秋节）星期

晴和。

晨六时起。湜儿八时即出，赴文修家，予阅《剧说》，故事纷披，逸趣横溢，惜排校未精，破点误植不鲜耳。

午与润、琴、元、宜、燕同饭。饭后，家人治庖，予乃出架书《桃坞百绝》手自装治，此书原刻吾吴谢氏《望吹楼丛书》中，客岁觉明得单行本，此本于书林以其为吴中文献，慨蒙移赠。顾书已破残，题跋俱脱，时方从事库书提要断句工作未遑谛视，今偶翻架得之，其题签为张叔鹏（炳翔）所书，署岁月为光绪甲辰中秋。今日适亦值甲辰中秋，俯仰之间岁已周甲，而撰刻署检之人又皆为乡里前辈，其为巧合夫岂偶然，因乐而为之，裁幅量比，穿针引线，在老眼昏花中度此半日，而未觉倦甚矣。积习之中人深矣。

向晚，镇孙、汉儿、大璐、鉴孙、韵启、潘儿、文权、预孙、硕孙先后来，惟湜儿仅来电话，谓为修家所留，须晚饭而后归耳。于是，入暮即会餐,凡两席。食饮毕,在庭中设茶果并月饼分啖之。八时半,湜儿归,参与共谈。九时半,韵启及潚、汉等皆去。予亦就寝。

昨日天气预报今晚阴有雨,正虑大好清光,又将蹉过,不意乃竟得朗晴,及时赏月,不负此岁,更为忻慰想并筑沪庐诸儿女当亦同此明月耳,不无又涉远念矣。

9 月 21 日(八月十六日 癸酉)星期一

晴和。

晨六时起。七时前,儿孙都上班入学,湜还山,燕又返托儿所矣。一时热闹又归岑寂。复续阅《剧说》以遣之。十时,平伯见过,长谈移晷乃去。老友晤叙,不自觉其言之长也。

午与润儿同饭。接圣陶书,询全谢山文疑义,予于午后二时半往访之。乘廿四路北行,到其家,知方出就浴,乃与满子闲谈,移时,圣陶归来,遂与相析久之。五时起行,仍乘廿四路南归。

到家鉴孙已在,盖约今晚同去北海看月也。七时,润、琴、元、宜皆陆续归,汉儿亦至,遂共饭。饭已,偕汉、润、鉴、元、宜同出,独琴留家以带有工作回来,就家治之也。予等六人出,乘廿四路北转一路无轨,到北海已八时,月色正与湖波相映,浓荫中透出新饰之白塔,倍见精神。乃沿琼岛东侧绕至漪澜堂,满拟登渡船至五龙亭一赏清辉,讵以时晏,船已入坞,只得复由西侧绕至双虹榭茶座小憩对月,惟茶水已辍供,干坐而已。今夕天安门正预习国庆游行,四处探照灯亦适时演放,光点集中团城之顶,与月争辉,景殊绝,颇堪揽赏也。至九时离园,汉、鉴乘九路无轨归去,予与润、元、宜则乘一路无轨回南小街,再转廿四路归。一路皆有学生列队赴天安门与〔预〕演者,歌声杂起,途为之塞,想见十月一日典礼之盛,定将空前耳。到家小坐即寝。明月犹正悬中朗照也。

9 月 22 日（八月十七日　甲戌）星期二

晴爽。

晨六时起。上午阅夏啸盦（仁虎）《枝巢四述》，四述者说骈言诗谭词论曲也，予赏读其《旧京琐记》，今偶翻纸及此，殊感亲切，把卷自已耳。

午接所中电话，谓下午四时在历史所礼堂举行外国文学研究所成立大会云。与润儿同饭。午后二时半即出，乘廿四路北行，在九条换十三路无轨，到大北窑，再转九路西行，径达建内科学院哲学社会科学学部门首，遂入。先往文学所，遇葆华、默存、季康、蔡仪，遂偕往历史所礼堂，又晤念生、平凡、毛星、水照、绍基等，知本所下放四清者明日即须成行，先往合肥集合，再分配至外县，本所大致发往寿春云。四时开会，先由冯至所长报告筹备经过及宣告成立，继由其芳、导生讲话，此次仓猝召集，实缘明日即将大部出发，及时宣告兼为下放者送行，是表示此所成立不寻常，一成立即参加社会主义革命斗争也。五时半即散。俾可收拾行李云。散会后，予乃独自步归。

夜与元、宜两孙同饭。润、琴皆以开会未及归饭。九时就寝，琴媳旋归，十时后，润儿始归。

9 月 23 日（八月十八日　乙亥　秋分）星期三

晴兼多云，午后时阴。气又回暖。

晨六时起。九时后看帖（怀素草书）。午与润同饭。下午二时出，乘廿四路北转一路无轨往沟沿，在旧帝王庙前下，步至政协礼堂南门,径如第三会议室参加第一二三组学习联合座谈。东莼主席,到者不少,由民进成员何君报告五月多来在霸县煎茶铺公社参加四清工作的认识和体会。三时开始,六时乃毕。在会上晤祖璋、满子、广平、均正、青士、研因、德赓诸人。散会后仍循原路转车归。七时与润、元、宜同饭。八时半琴媳归。九时就寝。

9 月 24 日(八月十九日　丙子)星期四

晴暖。

晨六时起。八时,续点《续通鉴》卷七十三,已辍业四日矣。近午乃毕之。

午与润儿同饭。啖蟹两枚。午后二时三刻出散步,乘廿四路南转九路到王府井南口,徐步过新华书店、工艺美术社,无所需,遂往荣宝斋一转。购得周虎臣纯狼毫中楷两枚,扬长而北,过八面槽,在灯市西口乘十一路无轨回东单,再转廿四路北归。到家正四时半,遂试笔记此。

薄暮,潜、汉两儿先后来,润儿及元、宜两孙亦下班放学归。遂同进晚饭。予又啖两蟹,数年馋吻获餍矣。

九时,潜、汉去,予亦就寝。琴媳十时后乃归。

9 月 25 日(八月二十日　丁丑)星期五

晴,有高云,益暖。

晨六时起。八时,点读《续通鉴》卷七十四、七十五,至午毕之。午与润儿共饭。下午二时半,民进中央放车来接,因乘以过接均正,同往政协礼堂,在第三会议室参加庆祝开国十五周年座谈会。到四十余人,东莼主席,先后由叶圣陶、吴研因、陈麟瑞、柴德赓及范君(代表中学教师)、某女士(高年老教师代表小学校)讲话。六时廿分散,同诣餐厅聚餐。凡三席,予与圣陶、至善、汉达、宾符、宝三、洁琼、之芬等同座。七时半罢,予附圣陶车东归,送至小雅宝胡同西口而别。

到家,元、宜两孙已饭毕,润、琴都未归也。八时半就寝。九时琴归,十时后润始归。

9 月 26 日 (八月廿一日 戊寅) 星期六

晴兼多云,偶飘细雨,凉燠殊未协也。

晨六时起。八时出,乘廿四路北转一路无轨,到白塔寺,复乘三轮往政协礼堂参加学习委员会传达报告会,晤云彬、行之及元善,即与联坐。九时开会,由社会主义学院聂真主席,旋由萨空了传达彭真所作关于国际国内形势和社会主义教育问题的报告。空了本擅言辞,而彭词又极丰美振奋,以是历时不倦,散出犹感动无已也。散出遇独健,遂同行,返白塔寺,予乃仍循原路归于家。

过午始饭,润儿、宜孙皆久之始来。午后二时半复出,步往文学所参加组会。三时开,冠英主席,到默存、平伯、绍基、子臧、象钟、白鸿、世德、赓舜及两新自外放归来之两青年同事与予,十二人而已。馀皆赴皖办四清及参加劳动矣。会上谈所务会议近日决议,为适应当前形势重新安排工作事。五时半散,仍走还。

现代组同事井岩盾近以脑疾逝世,下周将在嘉兴寺公祭,冠英以本组挽联见属。

夜与润、琴、元、宜、燕同饭,盖周末小燕例得领归也。

九时浴身易衷衣就寝。湜儿始归,仍在文修家晚饭云。

9 月 27 日（八月廿二日　己卯）星期

晴暖。

晨四时半醒，在枕上得一联，挽井君云：

早岁献身革命借文章鼓吹无忝作者，频年比肩从事忽奇疾侵寻痛失斯人。

六时起，即录出送绍基、赓舜，交润儿亲送去。

午前汉儿、鉴孙、晓先、雪英、濬儿、文修及琴媳之妹之女秋梨先后来，遂用圆桌与儿孙辈共饭。惟润儿以欢迎外宾故，未与此，归已食过，乃重具餐。

饭后，濬、汉陪宜、英去章家，湜与修出看电影，予与晓先闲谈。近暮，农祥来，濬、湜等亦归。入夜又合饮焉。润及农祥皆与矣。晚八时，濬等皆去。予以竟日酬谈颇倦，亦即就寝。

9 月 28 日（八月廿三日　庚辰）星期一

晴暖。

晨六时起。七时后儿孙俱各从事工作及学习，照常出外，又剩予一人在家，顿见岑寂，聊翻旧籍，仍不免枯坐而已。

午与润儿同饭。午后二时，民进中央车来接，径往辛寺胡同会本部。二时半开始学习座谈。到伯昕、却尘、、研因、楚波、洁琼、文藻、汉达及予，伯昕主持之。予以科学院哲学社会科学学部之约，须参加民族宫晚会，五时即行。乘七路无轨到东直门小街，转廿四路南归，略进点心，六时半所中车来，遂乘以过接棣华、世昌、念生同往民族宫应召。至则各所同人已多先在，坐至八时，乃由梓老介绍新来关山复、杨述两副主任与莅场各所所长及诸研究员见面，旋即开放电影。予同车四人,皆不看电影,遂原车依次送归。到家已八时半,聚餐进食,十时即寝。

是晚润儿往教育部托儿所参加家长联欢会,十时半乃归。琴媳较早一步归。

9 月 29 日 (八月廿四日　辛巳) 星期二

晴暖。

晨六时起。八时即出,在禄米仓西口候车,遇子臧及默存、季康伉俪。廿分,大车至,遂同登以往嘉兴寺。九时公祭井岩盾,张友渔主祭,默哀及介绍生平事略如仪,十时起灵,送往八宝山,予则与同车同人仍车送各归。

予到家接乃乾电话,约去厂甸十三号中国书店看书,并会陈济川。予少坐即行,乘廿四路南转十路到六部口,换十四路南出新华街和平门到琉璃厂下,径如书店。乃乾已先在,晤其主事者王子霖,济川则有事往海甸云。予与乃乾看书至十二时,乃同往虎坊桥湖北餐厅午饭。以剩看太多,乃乾电话招其夫人至携椷带归。予仍与乃乾再过中国书店看书,时济川已返,遂陪同闲谈,遇商承祚及冯庸,由二陈之介,亦略与交谈,予在各部闲翻,选得数种,即属书友刘清源便中送来。五时遂行,讵以欢迎外宾,东西长安街不能穿过,凡穿行该处之公共汽车、电车皆南北分段行驶。(四时起即尔。)予与乃乾先乘十四路南行至虎坊桥路,拟另换别路绕道各归,岂知各路皆然,乃仍乘十四路北至和平门外,步行至西长安街(在和平门口遇吴心庵)欢迎队伍方散,时已过六时三刻,而行人车辆仍拥塞,勉强行至石碑胡同,十路有接连二辆西来,予与乃乾别挤上之,立至东单下,欲转廿四路,而站上候车者列如长龙,而来车却绝迹,盖亦以途塞之故,挤在方巾巷、外交部街等处而不能迅来赴站耳。时夜色已上,予目益昏,窘极,适有三轮过,出五角钱始得雇以送回。连日欢迎外国元首之来参国庆十五周年者,逐天都有今日,予亦躬逢其盛矣。

到家已七时多,湜儿、元、宜孙已在晚饭矣,予方坐定共餐,甚矣,其惫也。饭中,濬儿、文权来,少坐即行。盖往天安门看热闹云。九时取汤濯身易衷衣就寝。

润儿、琴媳俱以事未归夜饭。何时归来,予已入睡矣。

9 月 30 日(八月廿五日　壬午)星期三

晴暖。

晨六时半起。九时半,伯昕见过,谈学习问题,十一时半始行,可谓长谈矣。濬儿来,以有客在,未几即去。

午与润儿同饭。饭后小睡。三时许其芳及新任办公室主任某君(张书铭已去皖四清,即以外国文学研究所办公室主任兼管)见过。承存问并以鲜果一筐相贻,谈移时行。明日观礼证即带来,约明日上午八时廿分车在禄米仓西口相候云。

傍晚,基孙来,时润、琴及宜、燕俱已归,惟元孙未归,等待至七时同饭。予又啖蟹两枚,惜多空未结实耳。夜饭后,基去汉儿家。九时与两孙等看电视,迎接国庆晚会,军政文工团歌舞,后继以影片《家庭问题》,至十时毕。予则十时已就寝矣。

是日下午四时振甫见过,谈至近暮乃去。

10 月 1 日(甲辰岁八月大建癸酉　戊午朔　廿六日　癸未　建国十五周年大庆)星期四

阴,偶有细雨,气温微凉。

　　晨六时起。八时，润儿、宜孙陪予出门候车，行至禄米仓西龙凤口，老杨适接平伯后，车来接予，遂属润、宜归而登车焉。车出南小街径往裱褙胡同接其芳，仍掉头东行，入方巾巷，循南小街而北，转入朝内大街，直穿东四，历双辇路汉花园、景山前大街，复南转入北长街，经西华门洞子河转入中山公园停车处，年例规定之西台路线。偕行出园，登西二台，晤熟友甚夥，不悉记，惟未见觉明为憾耳。十时，中华人民共和国建国十五周年典礼开始，彭真讲话已，游行队伍遂以次自东向西通过天安门。今年行列益丰富，组织益谨连，队伍通过，宣告礼成。适为中午十二时，时间起讫之准，且确足征我国一切走上轨道矣。虽值微雨，而予植立两小时，未移动，竟未觉倦怠也。散会后，叔湘附予等车行，先送平伯，继送予，然后其芳与叔湘疾驰去。

　　到家，潜、权及预孙、桂本、硕孙均在，惟润儿在馆值班未归。汉儿一家不知何故不来耳。一时半，湜儿亦游行归，遂陈圆桌与共餐焉。二时一刻，润始归饭，予等已食毕矣。午后三时，潜等一家去，湜有友人来，予偃卧未久即起坐。是晚其芳本约与平伯及予同车去天安门参加联欢晚会，以雨，予临时电话谢却，乃与润、琴、元、宜、燕同进夜饭，予又啖蟹二枚。湜儿送友出门，遂未归饭。饭后大雨中，汉儿、镇孙、鉴孙、大璐乃来，俟至八时半，雨稍停，汉等一行四人并润、元、宜、燕同往新车站观焰火，予在家看电视转播话剧《结婚之前》及电视新闻。

　　十时，润儿挈宜孙归，元孙、燕孙则随汉儿住其家云。予亦就寝。十时半，湜儿乃归。

10 月 2 日（八月廿七日　甲申）星期五

阴雨

晨六时半起。汉儿本言来饭，至九时，镇孙、鉴孙（及元、燕归）来，谓其母往屠家午饭矣。十一时，文修来，十二时与润、琴、湜、修、镇、鉴、元、宜、燕同饭。午后雨止，湜、修偕出。汉儿来，升堉来。夜与汉、润、琴、镇、堉、鉴、元、宜、燕同饭。饭后，汉往昆曲研习社看彩排，镇、堉出看电影及鉴孙皆行。八时，潘、权来看电视，盖转播人大会堂彭真市长招待各国来宾举行之大型歌舞史诗《东方红》也。集首都各文艺团体及工业、学生、业余文艺者于一堂，有大合唱，有分组唱，有集体舞，有分类舞，都三千人，前后共八场，将四十年来革命进行以抵今日之历史通过各剧种表现，全部体见出来，诚空前巨观矣。十时半毕。湜儿十时归，犹及观尾场也。十一时就寝。

10 月 3 日（八月廿八日　乙酉）星期六

晴和。

晨六时起。昨晚接滋儿三十日下午二时所发不列号函，知工作又调动，由秘书改管副食品，辄为改行，颇为廑念，不识能否胜任耳。

八时半偕湜儿出，乘廿四路北转一路无轨，到北海。盖湜约文修之家属与予会晤也。在双虹榭择座甫定，文修偕其父孝达、母柳瑛及弟文杰来，啜茗少谈即起行。在琼岛周侧摄影多帧，共参阅古楼，楼本盘旋而上，壁嵌全部《三希堂帖》，久不开放，近加修葺，国庆始开放也。外形未变，内部大为改观，匀分两层，上层集中原石，以次分格整砌,别加日光灯照之,清晰易观。下层沿壁装玻璃框格,选列此帖拓片,黑白朗然,可更换。其设计较原来胜多矣。为上下涉历一周而出,已十一时,乃乘九路无轨(甚挤,先乘区间到宣武门,再候车),到菜市口登美味斋餐馆之楼觅座小饮。孝达能饮,至下午二时饭毕,又共乘十五路至友谊医院转五路到陶然亭,就慈悲院西廊,所谓江亭者茶憩,至四时起行。又复摄影多帧,五时乘五路至前门而别。孝达等再转二路无轨归去。予父子乘九路回东单,转廿四路。

归家正六时,只燕孙在,询知润率全家往饭汉家,润以多饮,卧汉处未起,琴送燕归后,与宜孙往东四工人俱乐部看电影。元孙则偕汉及鉴孙将往政协礼堂看晚场电影也。傍晚,润儿自汉所归,宜孙亦归。告知其母连看下集不归饭。遂与润、湜、宜、燕同进晚餐。九时就寝。琴媳、元孙之归竟未之闻。

陈慧见过未值,留言在案,甚歉。

10 月 4 日(八月廿九日　丙戌)星期

阴转多云间晴,气又较凉。

晨六时起。八时后写信与滋、佩,适平伯见过,出示所撰《槐屋五十自嗟》诗属为识语,并以新得夕葵书屋抄《脂砚斋石头记》卷一批一条(仅存残片)而笔画精工,无一字之讹,足为他本订正者至要。相与把玩久之,且将此页照片见贻。长谈至十一时许,乃行。予接写信,抵午毕之。

午与润儿及宜孙共饭,宜孙下午无课也。饭后,润上班,即以寄滋信交伊付邮。又写信与颉刚,寄青岛,即令宜孙出投邮。四时半,陈慧来洽谈民进小组过组织生活事,移时去。

夜与润、元、宜同饭。元言其母将于七日出差去武汉,正部署一切,不归饭云。九时就寝。琴何时归,未之闻。湜儿凌晨出赶车去八大处。

10 月 5 日(八月三十日　丁亥)星期一

晴和。

晨六时半起。昨日许妈假归未回,今晨沈姨之替工田妪来,许仍未至。

午前玩《三希堂帖》宋元人书。电话与书友刘清源,属将日前挑出之书送来。盖已多日矣。据答下午可送来。午与润儿共饭。饭后,沈姨去,明后即赴苏乡探亲,须一月后始能返京云。午后三时,刘清源送书至,计《读史探骊录》等十一种,价二十六元六角,即付讫。坐谈移时乃去。

许妈三时半归来。五时,锴孙及翠英来,盖自宁沪甫归,因电话告汉儿,令于下班归来。予以须参加晚会,六时即饭。六时半,所中车来,遂乘以过接张伯山于本所,陈伟(即日前见过之主任)于裱褙胡同,直驶天安门人大会堂东门,应国务院机关事务局之柬招,在一楼参观大型歌舞晚会,演出《东方红》。予坐廿八号(不记排数,大约在卅排以后),与唐擘、黄子卿邻近。七时四十分开始,十时完。日前在电视中见之,已叹为空前,今亲临真视,凡背景之变换,色彩绚丽,场面之伟大,表现之动人,一一活跃于当前,兼以情节已先得粗解,以是益感真切,虽目力不济,不得不乞灵于望远镜,而精神振奋,始终未倦。散会出,在大门北侧灯柱下候伯山等,移时始集,仍由老杨以次相送,最后乃送予及门。到家琴媳方归未久,润儿告予汉及锴、翠亦十时始去云。予少坐即就寝。

10 月 6 日 (九月小建甲戌　戊子朔) **星期二**

晴和。

晨六时半起。八时后摸抄昨日送来诸籍，一一著之簿录，迨竟录已十一时矣。午与润儿共饭。饭后，翻检所得尺牍景印本，近代史料甚多，且有轶闻，把玩至晚乃罢。

夜与琴媳、元、宜两孙共饭。润以参加开会未归饭。九时取汤濯足拭身，易衷衣就寝。润儿之归何时，竟未之闻矣。

10 月 7 日 (九月初二日　己丑) **星期三**

晴和。

晨六时起。八时后，题《读史探骊录》书衣一则。复玩索近代人尺牍，时事背景颇能窥见当时朝局军务幕后情形。

午与润儿共饭。午后二时出，乘廿四路北转一路无轨到白塔寺，雇三轮如政协礼堂，参加政协全国委员会欢迎老挝爱国战线党和中立派联合友好代表团，大会在京委员大都莅场，李四光主持，郭沫若致辞，代表团长答辞。辞毕休息十五分钟，文艺演出。予坐与沈从文、彭子冈邻，因与休息时闲谈。其余熟友甚多，不悉数。文艺表演系军委文工团，凡五节目：一、门文元、扈灵锐等之舞蹈《比武》，二、吕文科男声独唱，三、左哈拉(克里木手鼓伴奏)铃舞，四、马玉涛女声独唱，五、门文元、王欣然等之舞蹈《天罗地网》，均见特色。五时半毕，步至白塔，途遇王家桢，略谈，予即乘一路无轨回朝内南小街，再转廿四路归。到家已掌灯，宜孙已归。七时，元孙亦归。遂同饭。九时就寝。十时许，润儿始会竟归来。

是日晨八时，琴媳偕其同事蒋仲仁等乘京广快车赴武汉，润儿送伊上车。

予九时后,曾往团城参观全国工艺美术展览,项目众多,而以贝壳、羽毛、树皮、麦秸等堆垛雕饰为最引人,以其新颖而富有画意大有前途也。其它缂丝、刺绣、玉石、牙雕、镶嵌、漆器、文具、陶瓷以逮扇、伞、首饰、儿童玩具等等,靡不精丽,草草涉历,亦费两小时也。十一时半出,在售品部购得彩印《全国工艺美术图说》一巨册价止一元四角。盖五九年所印,较诸今日已成陈迹,殆所谓处理品耶。

10 月 8 日 (九月初三日　庚寅　寒露) 星期四

阴,时飘细雨,午后益甚。森然有寒意矣。

晨六时半起。八时后,翻看尺牍,书友刘清源来,谓近时新书每多收起不售,以外宾多有走书店者,恐引起问题云。顺带到岑仲勉遗著《通鉴隋唐纪比事质疑》一册。中华书局新近印出者也。谈移时去。

午与润儿共饭。饭后阴森不欲出,遂觅旧纸补书,凡加封面三种,且以线缀之并作题辞四则。

夜与润儿及元、宜两孙同饭。饭后看电视转播歌舞史诗《东方红》,十时罢,即寝。

10 月 9 日 (九月初四日　辛卯) 星期五

阴转晴,傍晚又阴。气益凉。

晨六时起。十时后续点毕氏《续通鉴》卷七十六,至午乃竟。回顾前卷之终,又废阁将半月矣,为之怅然。午与润儿同饭。下午又点毕《续通鉴》卷七十七,并玩索同光时人手札数通。颇可窥见当时官场积习及明争暗斗之剧烈。

　　夜与润、元、宜同饭。九时就寝。颇为梦扰数醒。

10 月 10 日 (九月初五日　壬辰) 星期六

　　阴转多云。气凉如昨。

　　竟日未出，展玩尺牍。午，汉儿来，遂及润儿、宜孙同饭。宜孙下午无课，故归来也。傍晚，元孙接燕孙归，遂共润、宜同饭。夜饭后，少坐便就寝。以昨夜睡不安耳。

10 月 11 日 (九月初六日　癸巳) 星期

　　阴霾终日。颇有雨意。

　　晨六时起。九时接汉达电话约往谈，且云高谊亦在，当同饭焉。十时半赴之，乘廿四路转四路环行以往。近午，高谊伉俪至，遂与林家眷属会餐，用圆桌。餐后复谈，四时乃行。予乘九路无轨，循北道到朝内南小街，再转廿四路南归。

　　抵家，润、湜、修及元、宜、燕三孙俱在，知汉儿及璐、镇、鉴俱来午饭。饭后，濬、权亦至，三时后俱去矣。入暮，与润、湜、修、元、宜、燕同进夜饭。饭后，湜送修归去，即住其家，俾明早搭车入山云。濬、权复至，谓自章家晚饭而后来，谈移时亦去。九时，予就寝。

10 月 12 日 (九月初七日　甲午) 星期一

　　阴转晴，气爽。午后渐阴，向晚雨，气乃转躁。

　　晨六时起，灯下结袜也。

　　八时写京十七号寄滋、佩，以昨湜儿接滋信，附有近照一片，见滋瘦削,特致慰讯耳。终不释渠体能顶剧任否也。午与润儿共饭。下午二时,民进车来,遂乘以赴辛寺胡同本部参加学习座谈。伯昕主持,揭明学习主旨在求改,非仅求知而已。洁琼以不日下放四清,改推纯夫承其乏(现组长为伯昕及纯夫二人)。五时半散,候车廿分钟,始与纯夫同车行,先送纯夫,然后送予到门。

午前接琴媳九日来信,知已安抵武昌,现住省人委招待所。不日即下去试点,回信竟无从寄发也。

夜与润儿、元孙、宜孙同饭。九时后就寝。

10 月 13 日 (九月初八日　乙未) 星期二

阴,偶多云。午后转晴。夜乃星月朗然。但气不甚凉,北风亦不劲。仍未能望老晴耳。

晨六时起。上午仍把玩清人尺牍。午与润儿同饭。瀒儿九时来,因亦同饭,饭后便归去。下午一时五十分,所中车来,冠英已先在,遂过接朱寨、其芳,同出复兴门,直驶西颐路科学大会堂。盖文学所组织日本学术访问团成员目加田诚及内田道夫在此会堂作学术演讲也。三时开会,其芳主持之。先听目加田诚讲日本诗人大伴等二人与中国诗人李白、杜甫相似各点,说明中日文化交流之影响,继听内田讲以佛教中心构成之《西游记》。目加田讲时由一女翻译任开头结尾语,中间由本所女同志唐某宣读中文译稿。内田讲时,由一男翻译,始终其事,并宣读中文译稿。五时许终事,遂驾车返城。原来三人外加一子臧。六时许送抵禄米仓西口,步以归。

夜与元、宜两孙同饭。九时就寝。润儿十时乃归。

10 月 14 日（九月初九日　丙申　重阳节）星期三

大雾，近午渐开，下午晴，夜有月，子夜后有微雨。

晨六时起。七时三刻潜儿来，遂同出，乘廿四路南转十路到大华路口下，步往北京医院门诊部。郭敏文大夫只星三上午应门诊，故候诊者极夥，予幸于先两日润儿为预挂号，得少候，即接诊。此次所量血压（高一百五十，低八十）及心脏均正常。但为预防计，除前药照配，外又加硝酸甘油片，属常佩身旁，为不时之需云。九时许即取方配药。遇东莼及宾符，略谈即出。雾中穿东单公园到崇内大街，遇万里夫妇，立谈有顷，乃偕潜径如廿四路车站，乘以北归。

午与潜、润共饭。饭后潜即归去。二时，民进车来接，遂径赴辛寺胡同本部参加学习。三时许开会，伯昕致词后有事先行，由纯夫接持座谈，反覆肯定学习以求改为主，气氛大为热烈焉。五时半散，仍与纯夫同车送归。

到家，鉴孙、宜孙在，有顷，元孙、汉儿亦至，乃共进夜饭。饭后，与汉谈，九时，汉、鉴去。予取汤濯足，润儿适会毕归来，遂为予擦背焉。易衷衣后就寝。

元孙十八日即须与同班同学去涿县参加劳动，学校通知以刨花生为主，为期八日。润因为端正行李至子夜云。

10 月 15 日（九月初十日　丁酉）星期四

拂晓大雨，遂尔绵延，大好秋光不免减色矣。

晨六时起。本约潜今日同出西郊往颐和园补作登高，坐雨遂止，不无扫兴耳。午与润儿同饭。饭后小休。未几即起，因墙外群儿起哄，不能静卧也。浅屋临街，宜其有此耳。夫何言，只得闲翻架书，以遣之。为《蒙兀儿史记》题识云：

> 屠敬山（寄）撰此书之作，实包钱竹汀（大昕）、魏默深（源）、洪文卿（钧）、李仲约（文田）之所业而迈进之。惜属稿未竟，随出随刻，此其初刻本也（缺第二册，以后诸刻亦随时增损，迄无定卷）。甲辰秋仲得自厂甸中国书店。重九后一日记。

夜与润儿及元、宜两孙共饭。八时半就寝。

10 月 16 日（九月十一日　戊戌）星期五

晨六时听广播，知赫鲁晓夫已解除苏共中央第一书记及部长会议主席职务，不论后继如何，新修正主义阵营总已兆崩溃矣。连日积阴成霾，今忽转晴，天人相应，其快可知。九时半出，乘廿四路转十路到中山公园，再换五路到西华门访乃乾快谈，因留饭其家。饭后，复谈至三时半，行。乘五路到地安门转十一路无轨，到美术馆参观华北地区美术展览，计北京市、山西省、内蒙自治区都有，件数众多，匆匆一览而出，仍乘十一路无轨到东单。其时天日晴朗，而西北风甚劲，单身越过马路几有刮倒之势，拄杖缓步，始克到家。

傍晚，汉儿来，因与润及元、宜同饭。饭后，汉归去。八时半，予亦就寝矣。

10 月 17 日（九月十二日　己亥）星期六

晴，晨有霜冻矣。

五时半听广播，知昨日下午三时，我国西部爆炸第一颗原子弹成功。政府且有公报，为之狂喜，亟披衣起，儿辈亦已闻之，相与欢忭。

元孙七时自负袱被就道。盖初次离家偕同学赴涿县参加劳动也。先到学校取齐,然后搭敞车送去,伊既欣然,予亦乐赞耳。

八时半出,步往文学所拟参加开会,遇世德、棣华、赓舜、象钟,知为下星一,予误看通知而致差,诚堪一笑已。既离所,适有九路至,遂乘以出前门徜徉于正阳门大街。两侧俱髹饰一新,全聚德已门临大街,闻楼上有飞梁通肉市,本店云其他各店亦多改观,真有一番新气象也。踱至珠市口,适五路自北来,乃附以至永安路东口,转十五路迤西北出复兴门,由南礼士路、阜外大街、三里河大街等处,径抵动物园。入园略绕一圈即出,附一路无轨东入阜成门,径达朝内南小街,再转廿四路南归。

午与润儿及宜孙同饭。想元孙此刻必已到涿县土地矣。

午后二时一刻,民进中央放车来接,即乘以赴辛寺胡同本部,出席庆祝我国第一颗原子弹爆炸成功座谈会。杨东莼主持,三时开会,到王却尘、许广平、叶圣陶、徐伯昕、冯宾符、张纪元、雷洁琼、吴文藻、谢冰心、徐楚波、林汉达、梁纯夫、吴研因、傅彬然、陈麟瑞、章矛尘、巫宝三、吴容、柴德赓及予等二十余人。普遍发言,气氛甚为热烈。六时一刻始散,予应圣陶之招,同车过饮其家。晤至善、满子。饮后八时一刻行,承圣陶、至善走送至九条车站,看予上廿四路后始别。

到家,燕孙已归。少坐即就寝。寝后未久,湜儿亦归。

10 月 18 日（九月十三日　庚子）星期

晴爽。早晚薄寒。

晨六时起。湜儿八时出,往看潜、汉。予与润儿及宜、燕两孙越半小时亦出,追踪至瀋家,则大门下键,不知何往。湜车亦未见,想已去汉家矣。予等三代即转往日坛公园,先在儿童运动场俟两孙,盘桓逾时,乃登土山,坐新建亭子上少憩。十一时乃走还,则湜儿、镇孙在家,知瀋、权、硕三人往游颐和园,湜及见之,汉与璐、鉴亦将来饭云。近午汉、璐、鉴皆至,遂共饭。商定湜生日时家宴办法。下午三时,汉等归去。湜则早已往看文修矣。

予展玩陶湘所辑尺牍。入晚乃与润、宜、燕同饭。迟湜归饭竟未得也。大收音机又失灵,午间,润、镇捎出修理。据云须过夕始能查出毛病所在云。自己不懂机件,而唯匠是依,宜其受制耳。

九时就寝。湜儿仍在修家饭而后归。

10 月 19 日 (九月十四日　辛丑) 星期一

阴而微寒。大有冬意。

晨六时半起。七时,润儿送宜、燕入学。湜儿则六时已出,赶车往八大处矣。八时半出,步往文学所参加组会。冠英主持,到默存、子臧、平伯、晓铃、世德、绍基、白鸿、象钟、赓舜及两位去年配来之新同事(以下放一年刚回竟未悉其姓名)。讨论学习问题。继即对赫鲁晓夫下台及我国第一颗原子弹成功两事各抒观感。咸为兴奋,十一时四十分散。仍步归。

午与润儿同饭。饭后,润去武英殿参观阶级教育展览,返馆即讨论,说明不回家晚饭矣。予偶翻出两日前在灵光寺新建佛牙塔前所摄照片,爰拈一先韵制赞十六句:

揽胜秋先,接武随肩。度陌越阡,穿云入烟。或登山巅,
或憩僧廛。聆赏鸣蝉,斟酌清泉。兴阑意旋,留影志缘。翠微
山边,佛牙塔前。幸值新天,乃克乐宣。乐得其全,敢诩神仙。

遂书于照片之背。二时出散步,先乘廿四路南转十路,到王府井南口下,缓步而北,过文物出版社,购得启元白功著《古代字体论稿》,顺登百货大楼。前所传半导体收音机已不见或已售完乎？即下楼,颇感腰脚疲乏,遂雇三轮以归。

少坐即展启稿读之,甚有见地,不觉至掌灯,阅廿六页。入晚,汉儿来,遂同宜孙共饭。饭已,潬儿、文权来,谈至九时,潬、汉、权皆去。予看毕启稿而后就寝。

润儿十时归。

10 月 20 日（九月十五日　壬寅）**星期二**

阴转晴。西北风甚劲,近晚始少息。骤冷,恐将见冰矣。

晨六时半起。九时后展点《续通鉴》卷七十八,近午毕之。埙孙来,谓农场积假,今起放四天云。午与润儿、埙孙同饭。饭后埙孙出。予接点《续通鉴》卷七十九,至十六页。彬然见过,遂与长谈,移时去。乃辍点,玩《昭代名人尺牍续编》,上灯乃已。

七时埙孙归,夜与润儿、埙孙、宜孙同饭。九时就寝。埙孙宿西屋。

10 月 21 日（九月十六日　癸卯）**星期三**

晴兼多云。又增冷。

晨六时半起。八时埙孙出访同学。予乃展点《续通鉴》卷七十九,移时毕之。接点卷八十,至午得廿三页。

接琴媳十九晨汉口航信,知工作正紧张也。午与润儿共饭。正饭间,宜孙来,与饭,以午后无课,集体看电影也。下午二时,民进车来,乘以赴辛寺胡同本部参加第一组学习座谈,到东莼、冰心、伯昕、楚波、研因、恪丞、彬然、文藻、广平、汉达、纯夫及予。伯昕主持之,畅谈展开批评事。六时一刻始散。与伯昕、纯夫同车送归。到家已六时半,遂与润儿、宜孙共饭。

七时,埕孙偕同学两人来看电视,谓已饭过。予等饭后潘儿亦来看,盖乒乓邀请赛决赛也。九时,予就寝。有顷,权、潘去,埕同学亦去,埕仍宿西屋。

10 月 22 日（九月十七日　甲辰）星期四

晴冷。

晨六时半起。八时接点《续通鉴》卷八十,至九时毕之。继点卷八十一,至午亦竟。埕孙十时半辞去,谓今日住同学家,明日将看六姨及升基,或径返农场不来云。

午与润儿同饭。午后二时出散闷,徐步至禄米仓西口,乘廿四路北行,到东直门内大街,转七路无轨,西到北海后门下,步入公园。循东岸行,度陟山桥,绕琼岛一周,稍坐小息,即度堆云积翠桥出前门,附九路无轨回朝内南小街,再转廿四路南归。遇琢如夫人,知伊伉俪青岛归来未久也。曾与颉刚同住疗养院云。夜与润儿、宜孙同饭。颇念元孙。八时半即寝。睡不安。

10 月 23 日（九月十八日　乙巳　霜降）星期五

晴,薄寒。

晨六时半起。八时展点《续通鉴》卷八十二,近午毕。潘儿、鉴孙十时来,为予重翻丝绵被。

午与潘、润、鉴同饭。午后二时半,民进中央车来接,遂乘以往辛寺胡同本部参加常委扩大会议。由东莼作报告,传达人大常委会关于原子弹成功的经过及意义。兴奋愉快兼而有之。六时一刻始散。与伯昕同车送归。

到家，潗、鉴皆已归去。宜孙则放学归来矣。六时半，即与宜共饭。八时半就寝，九时润儿归。

10 月 24 日（九月十九日　丙午）星期六

晴，微寒。

晨六时半起。十时元鉴来，十一时潗儿来，即令鉴出购物。十二时文权来，润儿、宜孙亦归，鉴亦继至，遂共饭。饭后，权、润皆上班去。鉴偕宜孙往其家，今晚宜即住彼处矣。潗在家治馔，备明日宴请文修家兼为湜儿三十初度暖寿也。三时元孙归，谓劳动结束，自涿县乘火车回京。老师与偕，行李已径送入校云。具饭讫，即自往取之。良久乃归。

夜，文权、昌硕来，湜儿归，遂与潗、润、湜、权、硕、元、宜、燕同饭。盖燕亦由润接回矣。饭后，潗等看电视转播中日乒乓队比赛。予九时即睡。潗等去已不之知。

10 月 25 日（九月二十日　丁未）星期

阴转微晴，仍森寒。

晨六时半起。今日为湜儿三十初度之辰。午间文修父母、弟妹及其姨母皆与文修同来，予及潗、汉、湜、文权合席共饮，藉志欢庆。元孙挈燕孙晨去汉家，盖为地窄，特安顿在彼也。午后三时，孝达等皆归去。文修留，元、燕两孙亦偕大璐、基孙、鉴孙同来。镇孙亦至，预孙、硕孙、桂本亦来。入夜开两桌，予与文权、润儿、汉儿、湜儿、文修、基孙、鉴孙、燕孙占一席，在南屋，潗儿、大璐、镇孙、预孙、硕孙、元孙、宜孙、桂本占一席,在东屋。饭已,璐、镇、预、硕、桂皆行,濬、权、汉、润、湜、修、鉴皆留看电视转播古巴巴〔芭〕蕾舞团在天桥剧场演出。八时半,湜、修偕去,湜以明日八时前须赶到八大处故,仍宿修家,取便上车云。九时半,电视毕,濬、汉等皆归去。予与润亦各就寝。元、宜、燕三孙则早已入睡矣。

10月26日(九月廿一日　戊申)**星期一**

晴间多云,气温如昨。

晨六时半起。七时宜孙上学,润儿亦送燕孙入托儿所,元孙以劳动后,特予休息半天(校中规定下午仍往校作总结)。九时后写信三通,分寄贵阳澄儿,合肥滋、佩(京十八号),上海漱儿,告近状。即属元孙出付邮。

午与润儿、元孙共饭。饭后润上班,元入学,予乃独出散步,乘廿四路到东单,转六路无轨往大栅栏,徐步由门框胡同出廊房头条穿劝业场,到前门桥入正阳门,在东交民巷口乘五路到西华门访乃乾。谈至四时半起行,乘五路至地安门转十一路无轨到东单,再换廿四路回禄米仓走归于家。

孟通如自沪来京,为新华总店编书目,今日去文化部版本图书馆查书,润儿晤之,因邀回夜饭,汉儿亦于下班后来会,遂与元、宜两孙同进晚餐。餐后话旧,至九时一刻辞去。汉儿亦归去。九时半,取汤洗足拭身,润儿为予擦背,乃易衷衣就寝。

10月27日(九月廿二日　己酉)**星期二**

雾转晴兼多云,气却增冷。

晨六时半起。午前点毕《续通鉴》卷八十三、八十四。静坐觉冷,亟电招润儿回开箱取羊皮袍穿之。衰象日增,竟不耐些子寒冷矣。午与润同饭。

下午三时许,乃乾电话约谈,谓云彬在彼处,拟晚间同饮也。予应约往,乘廿四路南转十路到中山公园,再转五路以赴之。至则与乃乾、云彬长谈,话今忆昔,颇滋欢洽。入暮遂共饮。七时,汉儿寻至,即共饭,饭后复谈至九时,乃与云彬、汉儿辞出,漫步至中山公园南门,看云彬上一路后,予乃偕汉儿乘十路到东单,再转廿四路归家。

到家,润儿亦会毕归来未久也。少坐,汉儿归去,予与润儿亦各就寝。接琴媳廿五武汉来信,知下月初可返,至迟七日当能到家云。

10 月 28 日(九月廿二日　庚戌)星期三

迟明雨,遂尔延绵,气温与昨略同。

晨七时起。八时后闲翻架书,重检《清经解》编目。午与润儿同饭。

午后二时,民进车来,遂乘以往参加第一组学习座谈,到恪丞、东莼、伯昕、纯夫、研因、彬然、冰心、文藻、楚波、守义及予。会务先后由伯昕、纯夫主持,集中提出问题,批评洁琼。五时半散,时天已略见明朗,惟寒气益增,仍与纯夫同车送归回。

夜与润儿、元孙、宜孙同饭。鉴孙为予买到大蟹两枚,于傍晚送来。予归,伊已归去,予久思此物,得此乃大乐,持螯酌酒就之。九时就寝。

10 月 29 日（九月廿四日　辛亥）星期四

阴森。

晨六时起。八时廿分出，独步往文学所参加本组学习，象钟主持，到冠英、平伯、默存、子臧、白鸿、世德、晓铃、赓舜及予。尚有一新同事未识。九时开会，棣华、陈伟亦与。十二时散，以待车。久延，越半时乃到家。适润儿亦以开会拖迟下班，到门乃同入共饭。

下午未出，闲翻架书。夜与润儿、元孙、宜孙同饭。饭前润挈宜出浴，饭后润入馆加班。九时，予就寝。十时后，润儿始归。

10 月 30 日（九月廿五日　壬子）星期五

微晴。近晚雨连绵未休。

晨六时半起。八时后，点《续通鉴》卷八十五，近午毕之。

午后润儿吃菜饭，宜孙归与焉。饭后，润、宜分别上班入学。予于二时出，乘廿四路到东单，购换下月分公共汽车月票。见道旁人众多，列队持旗行者，知今日欢迎阿富汗国王及王后，恐少停便须停止公用车辆行驶，因即乘四路环行至西单商场，在食品部略行一周，无欲亟购者遂行，在甘石桥一小商店购得四六平手纸两刀，便乘九路无轨由北道到朝内南小街，再转廿四路南归。闻之售票员此刻车只开至外交部街云，可见此时阿富汗来宾将过东西长安街矣。比及家门，雨微作，颇幸未值淋湿也。

薄暮润儿下班，元、宜放学归，皆值雨。

夜与儿孙同饭。饭后，润仍入馆加班。九时就寝。润儿于何时归家竟未之知。

10 月 31 日（九月廿六日　癸丑）星期六

晴，薄寒。

晨六时半起。检书。午与润儿、元、宜两孙同饭。元孙午后仍入学，宜孙则无课矣。

午后二时，民进车来接，乘以赴之，参加学习座谈，仍为洁琼问题。五时半散，与纯夫、纪元同车，先送纯夫至政协礼堂，继送纪元归二道栅栏六号寓所，然后径送予归家。

夜与润、元、宜、燕同饭。盖燕孙已由润儿接归矣。九时就寝。湜儿明日值日不能归，谓下周将补放云。

是日西北风甚劲，因而转晴，气亦顿寒。

11 月 1 日①（甲辰岁九月小建甲戌　戊子朔　二十七日　甲寅）星期

晴，微寒。

晨六时半起。以四室装炉，喧甚，润儿劝予出避嚣。予乃独自出门，乘廿四路北至九条下，走访圣陶，圣陶正往函授学校参加座谈，至善亦出差去杭州。仅晤满子，少坐便行。出八条西口，乘四路环行到东单，再转廿四路北返，到家正十时半，仅南屋装好，馀皆未动手也。

午与润等同饭。饭后三时各处炉子始装毕。计添烟筒及杂件装工等费用达卅余元，北地苦寒每岁此项费颇不赀，如在南中则不但此费可省，且亦减却麻烦不少耳。

夜与家人同饭毕，看电视转播成都、兰州、新疆各军区文艺演

---

①底本为："习习盦日记第十八册"。原注："一九六四年十一月一日至十二月三十一日，凡六十一天。乙巳清和月大尽日手装。"

出晚会,至九时就寝,未及终场也。

是日初易厚垫,替下棕棚,须来夏再用矣。此亦费手脚一端也。

11 月 2 日(九月廿八日　乙卯)星期一

晴,无大风,气较和,早晚则寒威已露矣。

晨六时半起。八时半出,步往文学所参加本组学习座谈。十一时四十分散,附所中车送还。归后潜儿来,未几润亦下班。遂与潜、润同饭。

午后一时半,偕潜儿往北海参观本年市园林管理局主办之菊展。此次规模之大,超越往昔,奚啻倍蓰。凡分布廿一室,琼岛及东西两岸建筑物中,几于到处皆有,路旁、山侧、桥头、坊畔,触目都是。真目不给赏,洋洋大观矣。予父女仅历永安寺、双虹榭、悦心殿、庆霄楼、甘露殿、琳光殿、崇椒、濠濮间、春雨林塘、观妙镜香、画舫斋等处,即顺道出后门,西岸尚有八室未及观,已四时半矣。出门乘十一路返东单再转廿四路归家。

入晚汉儿来,润及元、宜亦归,遂共饭。饭已,文权来。接漱儿及庞京周来信。九时半,潜等皆去。予亦就寝。

11 月 3 日(九月廿九日　丙辰)星期二

晴,微寒。

晨六时三刻起。八时半出,走往文学所参加全体会议,听唐副所长传达时事报告。十二时散,仍步归。

午与润儿同饭。饭后三时出,乘廿四路至东单,欲购金奖白兰地,不得,乃再乘四路至王府井在南口稻香春买到两瓶,即雇三轮径赴东四八条圣陶家贺其生日,盖已七十晋一矣。晓先夫人已先在。有顷元善、蠖生、云彬、晓先、至美先后至。七时共饮,面罢,再谈至九时半乃散。予仍附廿四路南归。一路与三午之友姚女士同行。至禄米仓下车,润儿已在站相候,遂相偕走归。

到家小坐即就寝。润则于十时再出,赴车站送其同事去辽宁四清,归来当在十二时左右,予已入睡矣。

11 月 4 日（十月大建乙亥　丁巳朔）星期三

晴间多云。

晨七时起。八时半出,走赴文学所参加本组学习座谈。十一时四十分散,与平伯、冠英、默存同车送归。

午与润儿共饭。午后手装日记两册。旋写信三封,分寄澄（贵阳）,漱（上海）,滋、佩（合肥京十九号）。四时毕。五时,宜孙归,遂为予携出投邮。许妈下午假归。傍晚,田妪初为予笼火炉子,装的不甚好,颇漫烟久之始发火,不识以后究如何也。

夜与润儿、元孙、宜孙共饭。九时就寝。许妈亦返。

11 月 5 日（十月初二日　戊午）星期四

晴,较和。

晨六时半起。九时出散步,先乘廿四路北转九路无轨,到西单食品商场购得苏州糕饵三种,欣得乡味。遂走至西单,乘十路东还东单,再转廿四路北归。到家正十时半。

午与润儿共饭。午后风作未出,翻检所藏目录、书跋诸籍,不觉向晚。入夜,汉儿来,遂合汉、润、元、宜同饭。饭后,润挈元、宜往红星看电影《光辉的节日》。予与汉谈家常。九时,汉去。予亦就寝。十时许,润等归。

11 月 6 日（十月初三日　己未）**星期五**

晴和如昨。

晨六时半起。十时,潗儿、鉴孙先后来。比午与润共饭。饭后,鉴孙去,潗留为润制蛋肉,盖明日润卅九初度矣。予以接乃乾电话约谈,二时出,乘廿四路南转十路到中山公园,以赴之。相遇于社稷坛门首,乃偕茶于西侧茶点部。谈至四时半起行。予仍在西长安街乘十路车转廿四路归家。抵家,潗已归去。

六时半,与润、元、宜共饭。饭后,润等三人往车站接琴媳。九时,予就寝。十时前即同还。询悉旅中顺适,至慰。

11 月 7 日（十月初四日　庚申　立冬）**星期六**

晴,微见薄冰。

晨六时半起。八时半步往文学所参加本组学习。十二时散,与棣华、冠英、平伯同车送归。午与润儿、琴媳、宜孙同饭。琴媳今日上午赴教育部听报告,下午仍入出版社上班。

下午二时,民进车来,因乘以赴辛寺胡同本部,参加第一组学习。纯夫主持,仍为洁琼问题。六时散,与梁纯夫、吴学伦同车送归。

到家潗儿、文权、镇孙及元、宜两孙俱在。有顷琴媳挈燕孙归。汉儿来,润儿亦下班,俟湜儿不归,乃于七时同饮,盖今天为润儿卅九初度之辰,吃面志庆。适值琴媳远道归来,又值立冬,并逢苏联十月革命纪念节（今年卅七周年,彼中政局有更新之象更好）,举世有庆,希有之会也,因畅饮焉。面毕,已八时,湜尚未归,颇念之,想在文修家耳。九时十分,濇等皆去。湜始还,果已在修家晚饭矣。予适取汤濯身,遂令湜为予擦背,然后易衷衣就寝。

11 月 8 日(十月初五日　辛酉)星期

晴,薄寒。

晨六时半起。湜儿九时出,约文修在王府井买物,午与修同归。琴媳上午仍入社,亦午间始归。

午与润、琴、湜、修、元、宜、燕同饭。饭后,在炉畔打盹,三时许始醒。湜、修偕辞去,谓往探修姨丈之疾,今晚即宿修家,仍明晨拂晓还云。予偕润儿出,步往王府井百货大楼,在三楼选中一半导体收音机,为北京制品,百灵牌,七晶管,性能尚好,当即购下,价九十五元,并加电池费,由润儿挟以行。再过稻香春购得蛋糕、蜜糕等,遂雇三轮,由予乘坐携带归家,润随后步归。

夜与润、琴、元、宜、燕同饭。饭后,琴媳为予拾掇衣物,将夏季用者整治归好,调出冬季用者,亦费时颇久云。九时,予就寝。

11 月 9 日(十月初六日　壬戌)星期一

晴。气候与昨前略同。

晨七时起。儿辈上班,孙辈入学,又突然独处,况味殊异矣。午与润儿同饭。下午二时半,民进派车来接,遂乘以赴辛寺胡同本部。三时开会,听汇合传达两年来关于学习改造等问题的首长报告,至六时犹未竟。主席梁纯夫宣告星期三下午再续听。当即散会。予与吴学伦同车送归。

润儿以夜间有会,先饭而行。予与琴媳及元、宜两孙同饭。九时就寝。润亦旋返。

11 月 10 日 （十月初七日　癸亥）星期二

晴。下午有风,微冷。

晨六时半起。上午翻检架书。午与润儿共饭。饭次,汉儿至,知在民族宫参观各民族社会主义教育展览会归来也。饭后,汉、润俱上班去。予仍翻架书,三时许,新建设社田君来访(已来两次未晤,昨日电话约谈),谈至近五时始去。

夜与元、宜孙同饭。饭后,琴媳归,润儿亦在馆开会未归晚饭,及予九时就卧,润亦随归矣。

11 月 11 日 （十月初八日　甲子）星期三

晴。温如昨。

晨七时起。九时平伯见过,谈移时辞去。午与润儿共饭。下午二时,民进车来,乘以赴之。二时半开会,一、二两组联合听毕星一余尾,然后分开,东莼、纯夫选主之。结合听受,谈洁琼问题。五时半散,与纪元、纯夫同车送归。北地昼短,已万家灯火矣。

到家与润、琴、元、宜共饭。饭后,琴率宜孙往红星看电影,予以倦惫未行。八时半即就卧。十时许,琴、宜亦归。

11 月 12 日 （十月初九日　乙丑）星期四

晴,有风,冰冻。

晨七时起。八时后看《乾象》、《岁功》两典。书友刘清源来,送到新书三种,留谈移时乃去。

午与润儿同饭。接十日滋儿来安十一号书,复此去京十九号。知佩华已到青阳候分派,伊本人忙迫之至。以此深念之也。下午,阅高阆仙《唐宋文举要》。

晚与润、琴、元、宜、同饭。九时就寝。

11月13日（十月初十日　丙寅）星期五

晴。风小于昨,寒气较增。

晨六时半起。八时半出,乘廿四路南转十路,到大华路口下,走往北京医院门诊部,少坐便由郭敏文大夫接诊。盖昨日由润预先挂号。今乃独往就诊也。据诊,血压又骤高起卅度,无怪近来连日觉晕眩耳。属加量服萝芙木片,并安乐神亦可加服一片,于午后行之云。在院中遇颉刚、冠英,十时许,携药出院,遂与颉刚同行,由公园穿至东单,同乘廿四路返禄米仓而别(颉刚十日方自青岛归),到家已将十时半。

午与润儿同饭。饭后傍炉小盹,有顷起,阅高阆仙《〈唐〉宋文举要》,注释精详,近世罕匹,致足赏也。

晚与元、宜两孙同饭。润、琴皆以开会未及归饭耳。饭后,潜儿、文权来,外孙黄升埙来,九时,潜、权去。埙孙留止西屋。润儿旋返。予亦就卧。十时半,琴媳始归。

11月14日（十月十一日　丁卯）星期六

晴寒。

晨七时起。八时后写信两通,一京二十号寄滋儿,复告近况;一致上海庞京周,复前信言来京小住,表欢迎,并顺告同学颉刚、圣陶近状。

潜儿上午十时来,买鲜花一束供珏人像前,以今日为伊母生日,代诸弟妹等表示纪念也。

埙孙晨出午归。午与潜、润、埙同饭。饭后,润上班,予即以刚写两信属伊付邮。有顷,潜归去。埙孙亦行,谓今晚去六姨家云。

二时一刻,民进车来,乃乘以赴辛寺胡同本部,参加第一组学习座谈。二时四十分开会,纯夫主持,到东莼、研因、彬然、文藻、冰心、守义、楚波、汉达及予,凡十人。仍谈洁琼问题。五时半散,与纯夫同车送归。

晚与润、琴、元、宜、燕同饭。盖周末例接燕孙归家也。望湜儿归饭不至,饭后乃来,已在文修家饭过矣。予九时即就卧,伊归来予已在床,询悉后日将补假一日云。

11 月 15 日(十月十二日　戊辰)星期

晴。气温如昨。

晨七时起。上午未出。午与润、琴、湜、元、宜、燕同饭。饭后,湜去访文修。元孙亦出访同学。予乃与润儿挈宜孙出,乘廿四路北至朝阳门大街,一看百货商店,即东走朝阳门乘新设之廿八路公共汽车东南行,经芳草地、二闸、垂杨柳等地,直达老虎洞,沿途修洁。老虎洞者为一村落名,民物殷繁,故修路以通之,兼便附近工厂人员上下耳。徘徊有顷,乘原路车还齐家园,转九路到东单,在文具店及菜市等处一转,即乘廿四路回禄米仓走归于家。

五时后,潜儿、文权来,有顷,汉儿亦至,遂与润、琴及三孙同饭。饭后闲谈,以俟湜儿归,至九时未见返。潜、汉等皆去。予亦就寝。十时,湜始归。

11 月 16 日(十月十三日　己巳)星期一

晴,较和。

晨六时半起。七时一刻与湜儿空腹偕出，乘廿四路到东单，车甚挤，故未换车，遂自公园穿往北京医院门诊，取血检验。遇李觉，略谈。八时，预挂星五上午九时门诊号，即走赴东单一路车站，乘以往西单，在同春园进早点。然后再乘二路无轨到二里沟，湜往唤文修，同乘卅二路往颐和园。由宜芸馆后上山，沿山脊大道径达佛香阁，就东南隅廊上茗憩。十一时一刻行。由东侧山洞下转轮藏，再沿排云殿东侧长级阶廊下，出排云门，循长廊西至石丈亭，就饭于石舫饭庄。饭后，在石舫附渡船南赴龙王堂，在昆明湖中泛艇以行。山色湖光胥为我有，真在画图中行矣。惜龙王堂正在修葺，暂撤茶座，不得不少停即行。东度十七孔桥，憩于八风亭久之，遂沿湖东岸而北，进文昌阁。茶憩于知春亭畔之茶点部。三时半起行。出园仍乘卅二路东返至动物园下，文修归去。予与湜儿再乘一路无轨入阜成门，径达朝阳门内大街，复换廿四路。归已五时矣。

琴珠且归，先饭而后行，盖今晚有《东方红》晚会券，可往人大会堂看演出也。六时半，予与润、湜、元、宜同饭。饭后，湜往省汉儿，今晚即宿其家，明日径赴外文局上班云。盖今日补假，明日暂留局中，赶办另一工作也。

九时，予就寝。十时三刻，琴媳始归。

11月17日（十月十四日　庚午）星期二

晴。气温如昨。

晨六时三刻起。九时出，乘廿四路南转一路，西出复兴门，径达革命军事博物馆，持券入门，乘电梯上三楼，再上四楼，参观廖初江、丰福生、黄祖示学习毛主席著作展览会。往参单位甚多，在四楼楼梯上阻住，良久后挤出行列，与主车者洽，乃得独上，而中厅陈列室内满挤人群,非但不能挨近听讲解,即遥望图表亦难看清,况兼目力不济,仅约望。绕室两周始循梯而下,亦不复更乘电梯矣。及出大门,遇陈选善,乃同附一路车东行,伊在西单下,予则至王府井下。已十一时,徐步而北,到东安市场稻香春,买得饼饵两事,即雇三轮归。未几,润儿下班归,遂与同饭。

饭后,润上班。予炉边小盹,三时许起。四时,冯亦吾见过,谈古典文学教学问题,五时去。润、琴俱以开会未及归家晚饭。湜儿有电话见禀,谓今晚仍归宿,惟须夜饭后乃还。于是,予与元孙、宜孙同饭。九时就寝。润九时半归,湜亦继返。惟琴媳之归则竟未之闻矣。

11 月 18 日 (十月十五日　辛未) 星期三

早大雾,旋晴。气较还暖。

晨七时起。午前写史目表跋语两通。午与润儿同饭。下午二时,民进车来,乘以径赴之。二时半开会,参加第一组学习。到杨东莼、吴研因、严景耀、梁纯夫、吴文藻、谢冰心、林汉达、徐楚波及予九人。仍谈洁琼问题,五时半散。予及景耀乘车先归,到家已六时一刻。润儿、元孙、宜孙俱归矣。有顷,汉儿亦至,遂同饭。饭后,与汉、润谈,九时。汉去。予乃取汤濯足并令润为予拭背,然后易小衣就寝。近十时,琴媳归,湜儿竟未归,大概已公毕入山矣。

11 月 19 日 (十月十六日　壬申) 星期四

晴,无风。日昃后寒。

晨六时半起。九时三刻,濬儿来,谓今无风,盍出散步。遂与之偕出,乘廿四路北转十二路无轨到王府大街下,走往美术馆,参观一九六四年全国高等美术学校毕业生成绩展览会。凡分国画、油画、雕塑、版画、工艺品设计五部，而国画为多。予反观国画、油画两部，潗则加观工艺品设计，十一时半离馆。乘十一路无轨到东单，再转廿四路北归。

午间润儿在新华印刷厂赶工作未归饭。湜儿则十二时半归来，因同饭。据告昨晚入山，今日清晨由八大处与同事乘车赶往东郊定福庄第二外语学院听课、洽事也。

饭后，湜儿即出，往西郊第一外语学院洽事。予就炉边小盹，三时许起。潗儿归去。傍晚润、琴、湜、元、宜俱归，遂与共饭。饭后，润、琴往看孟通如。九时就寝。有顷，润、琴归，未晤及通如云。

是晚，田妪替工期满归去。沈姨已于前日自苏来，在其戚家休息，明日将来复工云。

11 月 20 日（十月十七日　癸酉）星期五

晴。晨有雾。

早六时，湜即出，仍赶车往定福庄第二外语学院听课洽事。未几，沈姨亦来上工。七时后，润、琴、元、宜皆出，分别上班就学矣。八时廿分，潗儿来，即与偕出，乘廿四路到东单，徐步由公园穿出大华路，如北京医院门诊部内科就诊。九时，由郭敏文大夫接诊。据诊，血压已渐降，惟胆固醇特高，竟达二九三度，是近日多食动物脂肪之故乎？痰蕴亦不少，加配咳嗽药水及导眠能片，遂携以出院，仍徐步由东单北大街及无量大人胡同、什方院等处归于家。沿途过德昌厚及米市大街、百货商店等，买得水果杂物，到家已将十一时。

十二时前，湜儿自定福庄归，即开饭，饭毕，径去外文局上班。

有顷，润儿归，予遂与潸、润同饭。饭后，润亦上班，予与潸闲谈家常。三时，潸归去。予闲翻架书，发见近时新版诸籍校印颇多舛谬，原其致误之由，半出校对者不明文义（于古籍尤甚），至有其兄某某作其见某某者，不禁浩叹。

入夜与润儿及元孙、宜孙同饭。九时就寝。枕上听广播，知十二时有重要文章播送也。琴媳十时归。十二时，第一台播送《红旗》十一、十二期合刊专载之文（社论）《赫鲁晓夫是怎样下台的》，历时卅三分，听毕始渐入眠。（此文直揭修正主义之必然崩溃，痛快之。）激越之情久久始平。

11 月 21 日（十月十八日　甲戌）星期六

晴，仍有雾。下午有风，气温略升。

晨六时半起。听《红旗》社论一遍。继翻架书。午与润儿同饭。饭已，宜孙以下午无课亦归饭，乃再具餐焉。午后一时，又听《红旗》社论一遍。二时，民进车来，乘以径赴辛寺胡同本部，参加第一组学习。到东莼、广平、纯夫、景耀、研因、楚波、彬然、冰心、文藻、汉达、却尘及予。仍谈洁琼问题。四时后，与第二组合并，听东莼传达政协常会通过全国政协第四届名单及其他事项。五时半后散会。予与纯夫同车送归。

夜与润、琴、湜、元、宜、燕同饭。盖周末例得此聚也。九时就寝。

11 月 22 日（十月十九日　乙亥　小雪）星期

晴，无风，较暖。

晨六时半起。十时，湜儿出候文修同往汉儿所。午与润、琴、元、宜、燕同饭。饭后，在炉边小盹，润则带回馆中卡片在北屋编写。

三时，润、琴偕出，去王府井百货大楼。近五时，润先归。傍晚，琴亦归。盖折往八大人胡同看其妹慧英也。六时，湜儿、文修自汉儿家归来，知大璐及锴、镇诸孙昨皆归城，今晚都各归校也。

夜与润、琴、湜、修及诸孙共饭。九时，文修归去，湜送往车站而后归。九时半就寝。

11 月 23 日（十月二十日　丙子）星期一

晴，较和。

晨七时起。儿孙辈都分别上班入学，湜且于今晚入山备课矣。八时后，阅读《毛选》。十时，晓铃见过，以所辑《西谛藏书题跋》稿六大帖属更阅，谈至十一时半行。

午间，润儿共饭，晓先夫人适至，因同饭。饭后，予写信与念生，为陆生再请教希腊字。晓先夫人及润儿皆行。二时，予独出寄信，即乘廿四路南转十路到中山公园转五路，往西华门走访乃乾，谈至四时半行。乘五路北至地安门，转十一路无轨到东单，再换廿四路归。

六时后，汉、润及元、宜孙皆归，遂与共饭。饭后，闲谈。九时，琴媳归。有顷，汉儿归去。予亦就寝。

是日下午，接政协全国委员会秘书处通知，常委会已决定予继为第四届全国委员。

11 月 24 日（十月廿一日　丁丑）星期二

阴，较昨为冷。

晨六时三刻起。八时写信与漱、滋两儿,及附复曦孙。九时半,汉达见过,正谈间,修电灯工人来,因将原装正屋南荣之荧光管改移在中西两楹之跨梁上,俾两间都得照明。近十二时始装好。计工料一元五角九分。此一计划上年移榻外间时即想照办,乃迁延不得雇工,只好一待再待,今始如愿耳。汉达十一时去。

午与润儿同饭。饭后,始将上午写残之信件续写完毕,封口后已二时,乃独自出寄之。顺乘廿四路北至东直内大街,再转七路无轨西行,本拟往紫竹院一游,乃此车只开至崇元观,遂于北海后门下,入北海公园,循东岸南行,出陟山门,乘五路出前门至大栅栏下,沿前门大街路西南行,在一百货店购得一尼龙丝手提袋,遂跨至路东,折北行至前门桥,在月盛斋购得酱牛舌半斤,乃乘九路入城。至王府井,高谊上来,同至东单下,换乘廿四路北归。高谊先在外交部街东口下,予则至禄米仓西口乃下。扬长归家,已四时半。

五时后宜孙归。六时半,与宜同饭。七时半,元孙始归,再具餐。八时半,为元孙温课,润儿亦归。九时半就寝。琴媳何时归来竟未之闻矣。

傍晚,接滋儿廿二日来安十二号,复告京廿号信已收到,并告佩华青阳工作地址。

11 月 25 日(十月廿二日 戊寅)星期三

晴,气温如昨。

晨六时五十分起。八时后写信两封,一寄青阳佩媳致慰兼鼓励,一寄合肥滋儿,即复昨信。午与润儿共饭。饭后二时,独出散步,先乘廿四路北转一路无轨,到动物园。略一走动,少息于水禽湖畔,旋离园,乘十五路到麟阁路下,转十路回东单,再换廿四路北归。到家已将五时。

夜与元、宜两孙同饭。九时,润儿归。予即就寝。未几,湜儿归,谓傍晚入城,在文修家晚饭而后归,明日拂晓又须赴定福庄外语学院治事云。十时后,琴媳始返。社中下放人多,工作集中,竟经常赶夜班也。

11 月 26 日（十月廿三日　己卯）星期四

晴。有雾,转阴。气亦较寒。夜见微雪。

晨六时半起。九时潴儿来,遂与同出,乘廿四路北转九路无轨,到北海公园。由庆霄楼西侧径上揽翠轩茶憩,至十时半起行。自琼岛东侧慧日亭下,且行且息,十一时廿分乃出园,复乘九路无轨而西,到西南甘石桥下,就路西新开之真素斋午饭,素菜洁净而已,无大特色也。饭后,步往西单商场一行,购得中毛巾及食物等,遂顺道南至西单乘十路东还东单,再转廿四路北归。

到家已将三时,潴儿少坐即归去。予乃就炉边小盹,四时亦起。傍晚,宜孙先归,湜儿同到,既而文修来。六时半,元孙亦归。遂五人同饭。饭后,湜、修偕去,今晚仍住修家,明日一早入山云。九时就卧,有顷闻琴媳归。润儿归来何时,竟未之知。

11 月 27 日（十月廿四日　庚辰）星期五

早有重雾,旋转晴。

晨六时三刻起。八时半,平伯见过,谈移时去。填好第四届全国政协委员登记表。

午与润儿同饭。饭后,润为予取到添印之照片,因以其五张及底片附入登记表,挂号寄政协秘书处。

　　二时半,予独出散步,先乘廿四路到东单,顺在邮局寄挂号信。出邮局适有廿路车至,遂乘以赴天桥,走至百货商场,欲一访此先进单位,乃正在拆修房屋,别辟一所为临时售货站,未入。即附十五路往动物园,已将四时。入至豳风堂吃馄饨一碗、春卷两条,价虽不高,而质地太差,似不能为大众化解嘲也。匆匆出园,乘一路无轨,东入阜成门,径达朝内大街,再转廿四路南归。

　　到家已掌灯,而颉刚过我久待矣。遂纵谈良久,假《齐鲁学报》两册去。六时半与润儿及元孙、宜孙同饭。饭后本遣元、宜两孙去政协礼堂看部队演出晚会,乃宜孙忽觉棉大衣丢失,父、女、子三人出外找寻,夫何可得? 徒扰攘一番,政协之行遂废。润则仍往大华看《天山红花》也。澬儿、文权来,九时去。予取汤濯身易亵衣就寝。十时许,琴媳、润儿先后归。

11 月 28 日（十月廿五日　辛巳）星期六

　　晴转多云,入晚阴。气不甚寒,殆酿雪乎?

　　晨七时起。儿孙辈纷纷出门矣。昨日元孙自购元书纸临写欧帖,予见而心喜,因取一张今日午前亦庄书数行,似与孙辈竞胜者,真童心涌现也。午与润儿、宜孙同饭。宜下午无课耳。

　　下午闲翻架书,虽不专一册,亦殊自得。傍晚,润、琴、湜、元、宜、燕都归,入夜共饭。夜饭后,念生伉俪见过,谈移时去。

　　九时半就寝。

11 月 29 日（十月廿六日　壬午）星期

　　晴间多云,转冷,但仍未见雪。

晨七时起。九时,纪元见过,告三届人大及四届政协大会已定于下月二十日召开,并谈民进将集中学习事,十时半乃去。

午前,濬儿、文权来,旋去。午与润、琴及三孙同饭。升基以参加游行,午饭时来,遂与同饭。湜则去文修家午饭,并为予取物于建筑工程部招待所。(今接漱儿廿三晚信,谓托上海文化局金国华来京之便,带来蟹油一器,嘱往洽取。)饭后二时半,元镇先来,汉儿及大璐、元鉴继至,湜儿亦取得蟹油归来。四时,湜儿仍往文修家,明日径上八大处云。

大璐、元镇亦各返校,升基往省其大姨母。六时半,与润、琴、汉、鉴、元、宜、燕等共进晚餐。餐后,濬儿、文权、升基偕来。八时半升基先返校,九时濬、汉等亦各归去。予乃拾掇就寝。

11月30日(十月廿七日 癸未)星期一

晴兼多云,残冰不融矣。

晨六时半起。八时后撰书跋两首,写信寄复漱儿,告蟹油已收到。午与润儿同饭。饭后于炉边打盹片响。二时半出,在史家胡同东口候廿四路车,不知何故,车稀人挤,等待至第四辆始得上,及到东单,见游行队伍东往西来,旗帜鲜明,口号声喧,长安街汇成人流矣。盖各界人民为声讨美、法帝国主义武装侵略非洲刚果(利),集中天安门游行示威也。予徐步挨至四路环行车站,俟良久乃有车至,遂乘以西行,过天安门至西单,转北直达西四乃下。一路在壮盛队伍中驶过,不啻躬自参加此役,颇为奋兴,到西四后,再附一路无轨东还,比较道清矣。至朝内大街下,见廿四路站排队鹄立者众,乃扶杖步归,到家已为五时,坐定即上灯矣。

宜孙独自出门,往东单为予换购十二月分汽电车月票。风中排队,手为之僵,深怜之。夜与润、元、宜同饭。饭后,润去馆中加班。九时就寝。琴媳旋归。润亦归。

12 月 1 日（十月廿八日　甲申）星期二

晴间多云。加寒。

晨七时起。上午阅《四库采进书目》。（即当时各省进呈书目,近年商务印书馆属吴慰祖整理排印者也。）

午与润儿共饭。润儿今日参加反美侵略刚果（利）示威游行,予俟至近一时始与同餐。下午二时,民进车接宾符来接予,遂乘以过接均正,同赴政协礼堂第一会议室参加民进中央一二小组联组大会。王却尘主持之,二时三刻开会,展开批判雷洁琼错误言行,由陈麟瑞、梁纯夫先后发言,五时半散。过西厅晚餐,予与圣陶父子、杨东莼、张志公等同席。凡四席。餐已,复返第一会议室,六时半续开会,吴文藻、王国光、章廷谦、林汉达、张志公发言,八时半散。明日下午将续开焉。散后,予与宾符、均正、颉刚同车送归。

到家已九时过,小坐服药即寝。十时许,润、琴始先后归。

12 月 2 日（十月廿九日　乙酉）星期三

晴寒。

晨六时半起。十时许,濬儿来,看信（昨晚所接清儿信）后即去,知伊星期日归去受凉感冒。旋与汉儿通话,知鉴孙亦感冒发烧云。

午与润儿同饭。下午一时五十分民进车来,遂乘以过接仲足、颉刚,再过接均正,乃均正已先行,于是三人同车,径赴政协礼堂第一会议室继续参加一二两组联组会。许广平主持,仍批判雷洁琼,先后由余之介、戴克光、严景耀、陈选善等发言。休息后由杨东莼总结发言，至六时始散。仍在西厅晚餐，餐后仍与仲足及二顾同车送归。到家已将八时，少坐便寝。

12 月 3 日（十月三十日　丙戌）星期四

晴寒。下午有云，夜下雾。

晨六时半起。八时半潚儿来，乃偕同赴北京医院门诊部就诊。熟大夫都不在，即由苏明大夫接诊。查血压又略高，配药后行。在东交民巷乘三路无轨到东安市场，过稻香春买得蛋糕两小蒸，北行至灯市西口，乘八路无轨到东单，转廿四路北归，已十一时四十分。

午与潚、润同饭。下午二时半，偕潚儿出，乘廿四路南转十路到中山公园，再转五路到西华门走访乃乾。正谈间，达人至，共谈至向晚，达人去。予与潚儿留彼吃面，盖乃乾昨日生日，予误记为今日，遂补此一面耳。饮次，汉儿亦至，潚所约来者。面后又谈至八时半乃行。乘五路到北海，转一路到朝内大街，再转廿四路归家。

知文修送照片来，晚饭后候予不及，已行矣。接一日滋儿来安十三号书，知予京廿一、廿二两号俱收到。潚、汉同看信后即归去。予亦就寝。

12 月 4 日（十一月大建丙子　丁亥朔）星期五

晴寒。

晨七时起。八时后写家信。十时纪元见过，谈集中学习问题。六日至九日俱在民族饭店举行，予允上下午均往，惟夜间不能参加，仍须归宿云。十一时去。予乃续写信。至午得三通，一复清儿太原,二复滋儿合肥(京廿三号),三复佩媳青阳。

午与润儿共饭。饭后,润上班,即以三信交伊付邮。午后三时,藏云见过,以新印出所著《汉唐间封建土地所有制形式研究》一书惠我,从而长谈,入暮乃去。

夜与汉儿、元孙、宜孙同饭。儿时汉儿归去。九时就寝。十时润归。琴之归何时,竟未之闻。

12 月 5 日 (十一月初二日　戊子) 星期六

晴寒,午后大风撼户作声。

晨六时半起。八时一刻所中车来,已先接平伯,予遂乘以过接棣华、子臧同赴北京饭店新七楼参加学部中心学习组。九时开会,到沈梓年、张友渔、周新民、顾颉刚、胡厚宣、贺藏云、陆志韦、傅懋勣、张铁生、贺麟、金岳霖、翁独健、冯家升、钱琢如、徐旭生、夏作铭、吕叔湘、侯外庐、丁声树等及我所四人。梓老主席,座谈当前国际反帝反修斗争形势问题。先后由子臧、懋勣、友渔、铁生发言,甚深切。十一时五十分散,乘原车送归。到家正十二时十分。

午与润儿、宜孙同饭。下午三时,云彬来访,长谈。予因电约圣陶、至善父子同来晚酌。五时许圣陶至,六时至善至。七时,润、琴及三孙皆归,乃于南屋设席,与润及三客同饮,饮后复谈至九时,客去。予亦就寝。

12 月 6 日 (十一月初三日　己丑) 星期

晴寒。

晨六时半起。八时出门,乘廿四路南转十路,径赴民族饭店三楼参加民进中央集中学习。先由东莼召开联组会,阐明此次学习精神,既而仍分组讨论,展开批评。午饭于该店餐厅。下午三时续开(此前即在会议室打盹),予亦发言,六时散。派车独送予归。并约今后三天都由会派车接送。

到家,永宽在,湜儿、文修亦甫到家。遂与永宽、润、琴、湜、修、元、宜同饭。燕孙则别坐先餐云。

夜饭后,与永宽谈,九时辞去。湜、修亦偕出,仍宿修家,明早拂晓去八大处也。九时半,取汤洗足,并由润儿为予拭身擦背,然后易衷衣就寝。

12 月 7 日(十一月初四日　庚寅　大雪)星期一

晴寒,有雾。

晨六时起。八时廿分,民进中央车来,乘以赴民族饭店续会。上下午都谈反帝反修问题上各人思想情况,下午六时散会,仍由民进派车送回。

夜与润儿、宜孙同饭。元孙以随同学校师生参观东郊纺线厂,八时始归,带干粮充饥云。

夜饭后,润又赴馆开会。九时,予就寝。润、琴之归竟未之闻。

12 月 8 日(十一月初五日　辛卯)星期二

多云间晴,寒。

晨六时起。八时四十二分民进车来,乘以赴民族饭店参加续会,九时到达。上下午均讨论国内阶级斗争问题。午饭后在研因、彬然卧室中休息。(前两日俱在会场休息。)六时散,仍由司机同志送归。到家,潜儿在,宜孙亦已归。有顷,元孙归,遂同进晚饭。饭后未久,潜归去。八时半就寝。润、琴何时归仍未之闻也。

12 月 9 日（十一月初六日　壬辰）星期三

阴寒。

晨六时起。八时半，刘司机驾车来接，遂乘以赴民族饭店参加续会。上午谈意识形态问题，下午谈教育观点及培养接班人问题。午饭后仍在研因、彬然卧室（三〇一号房间）休息。六时散，四天集中学习，遂告闭幕。予仍由刘司机车送归家。润儿适归，汉儿亦随至，元孙、宜孙均放学回家，乃与之共饭。饭后，润儿仍出往馆中值夜，须在彼住宿矣。

九时，汉儿归去。予亦就寝。以忘服安乐神等药片，竟若寤若寐，恶梦侵扰，自十一时十二时一时二时均听得钟声，乃强起便旋，饮水下药，旋即入寐，醒来已翌日六时半矣。

琴媳十时后归。

12 月 10 日（十一月初七日　癸巳）星期四

晴间多云，气加寒，殆酿雪乎？

晨六时四十分起。八时半出，徐步往文学所参加本组组会。晤平伯、冠英、默存、子臧、晓铃、象钟、棣华、赓舜、世德、绍基及白鸿、董乃斌、陆永品等。冠英主持，棣华传达学部对本组的意图，旋谈本年度工作小结及明年上半年安排。十二时散会，予与棣华、冠英同车送归。

午与润儿同饭。饭后炉边小盹，近四时乃起，大足补昨晚之欠睡矣。起后打五关，听广播节目。入夜与润、元、宜共饭。饭后，润仍入馆值夜（上半夜），元孙在予案上写信。九时就寝。十时后润、琴相继归。

12 月 11 日(十一月初八日　甲午)星期五

晴,有时多云。下午风紧,又加寒。

晨六时半起。八时后翻阅《颍川语小》、《释常谈》等书。午与润儿共饭。饭后读平伯钞示金篯孙《宫井篇》,书其后以复之(备明日往访)。

三时许,滋儿之友朱增鳌女士来访,盖在合肥江淮化肥厂工作者,出差来京,乘便托伊带来茶叶两包。谈至四时半辞去,约伊后日来午饭云。

夜与元、宜两孙同饭。九时,润归。予乃就寝。十时许,琴媳亦归。

12 月 12 日(十一月初九日　乙未)星期六

晴寒,有雾。

晨六时半起。九时出,走访平伯,以《宫井篇》归之。纵谈,移时乃还。潗儿在,遂及润儿同饭。午后三时,介泉夫人来访,知介泉疾已日痊,为之欣慰。四时半,潗儿归去。近五时介夫人亦行。

夜与汉、润、琴、元、宜、燕同饭。盖周末乃有此况耳。九时许,汉儿归去。元孙随之去,即宿其家。浞儿亦旋归,知近日将常住定福庄第二外语学校听课练教云。九时半就寝。

12 月 13 日(十一月初十日　丙申)星期

晴寒。

晨七时起。九时半,浞儿出候文修,同往潗家午饭。十时,朱增鳌来。久之,汉儿、鉴孙、基孙、元孙同归。近午,琴媳亦自社加班归。遂与朱等同饭。饭前,接乃乾电话约饭,予以朱在家同饭,允饭后即往。于是属汉与朱谈,并以果饵三匣托朱带皖。遂行,乘廿四路南转十路,到中山公园换五路到西华门访乃乾。其客潘达人、孙助连、朱菊生正起行,予到乃留谈。潘先去,孙、朱谈移时乃去。孙原为修绠堂书坊旧主,朱则上海商务印书馆发行所老同人,早已退休,现来京就养者也。三时许乃乾别有他客至,而家中适有电话相告韵启在家候我,乃辞出,乃乾夫人为予雇三轮送归。

一路甚冷。到家时外衣如铁矣。晤及韵启外,潏儿、文权复在,遂又合坐晚饭。八时,汉、鉴归去,宜孙随之去,基亦返校。又越半时,韵启及潏、权皆归去。予亦就寝。

十时,湜儿始自文修所归,知伊明日起住往第二外语学院矣。

12 月 14 日（十一月十一日　丁酉）星期一

晴寒。

晨六时起。七时前湜儿先出,骑车径赴定福庄。七时后,润、琴、元、宜、燕分头上班入学返所,顿见岑寂。九时许,接介泉夫人电话,谓为予购得活鲫鱼,属饬人往取,予乃导沈姨乘廿四路往文化部前属伊入取,予以头条同院熟人太多,未便独诣一家,贻拣佛烧香之讥,未进谒。先乘廿四路回。有顷,沈姨归来,以鲜鲫三尾见报,谓潘夫人不肯收费,盖馈予者,心感之至。

午与润儿同饭。午后,抽架得任心白所辑《历代名人家书》,二十年前商务印书馆出版者,岁久纸脆,封底皆脱开,乃觅旧牛皮纸信封拆裁糊缀之,洋纸不如中土手工纸之坚久,于此可见,因记数语于序目之后。（因先已书其跋矣。）三时后阅钱子泉《现代中国文学史》中关于王闿运、章炳麟、廖平各节。

晚与润儿、元孙、宜孙共饭。九时就寝。

12 月 15 日（十一月十二日　戊戌）星期二

晴寒。连日有黄雾。

晨六时起。八时三刻，所中车来，冠英、晦庵已在车内，乃过接其芳，同往民族宫报到。其芳、冠英报到人大，晦庵及予则报到政协。予信件忘带，适遇广平作证，取得应取之件，仍与三人同车而归。先送冠英，继送予，予即在禄米仓西口下车步归。晦庵心脏病颇剧，疗养已久，今日虽报到恐将于开会期间请假耳。

到家少坐，写京廿四号与滋儿，告朱增鳌来过，曾托伊带儿饵与小铿。

午与润儿同饭。饭后，润出即属其寄信，并凭邮局通知续订《参考消息》。下午阅钱子泉《现代中国文学史》。

夜与元、宜两孙同饭。八时半，润儿归，予即寝。琴媳何时返未之闻矣。

12 月 16 日（十一月十三日　己亥）星期三

晴寒。

晨六时起，便旋稍迟，竟污我裤，亟取汤拭体，易浣中衣，不免招凉已。年老不能自禁，诚无如何耳。

前日宜孙归，知汉儿星期回家，感寒发烧，正念而未能往看之，今晨得其新华书店电话，知已上班告痊矣，为之一松。

九时半，平伯见过，谈移时，假钱子泉《文学史》（别一册）去。

午与润儿共饭。饭后，风声浩浩，本欲出散步，闻声而止，翻架书自遣。

夜与润儿及元、宜两孙共饭。元孙招凉早睡,恐感冒矣。九时就寝。十时,琴媳归。

12月17日(十一月十四日　庚子)**星期四**

晴间多云,风虽不大,而早晚甚寒。

晨六时起。九时半,濬儿来,与之偕出,乘廿四路南转十路,到中山公园,先至唐花坞一看,仅有残菊及柑橘等,匆匆即出,绕由北边筒子河柏林中,出东园门,进阙右门,转南出端门、天安门,在人大会堂前乘五路南行,到友谊医院前转十五路到虎坊桥下,赴湖北餐厅午饭。餐厅移在北头旁屋中,规模大缩,询之服务员知正厅有任务招待人大代表故耳。餐后,父女二人仍乘十五路径到西郊动物园,茶于牡丹亭屋中。三时许出,一览猩猩及鸣禽,然后沿水禽湖西边走出园。乘一路无轨回朝内大街,转廿四路南归。到家已五时,濬儿旋归去。

夜与润儿、宜孙同饭。元孙有微热未起也。九时就寝。

12月18日(十一月十五日　辛丑)**星期五**

晴寒间多云。

晨七时起。元孙热虽退,仍感软,予令再在家休息,并属宜孙向校方请假。上下午均看书阅报。午与润儿、元孙共饭,同吃馄饨。五时许,宜孙放学归。六时,润儿亦归。遂与儿孙同饭。

饭后六时三刻,老赵车来,遂乘以过接子臧,同赴人大会堂招待人代及委员晚会。坐前排略偏台左,盖已到晚矣。七时半开幕,仍为音乐舞蹈史诗《东方红》演出,更有改进精练。凡序曲歌舞,《葵花向太阳》外,有《东方的曙光》、《星火燎原》、《万水千山》、

《抗日的烽火》。《埋葬蒋家王朝》、《中国人民站起来》等六场，歌舞及朗诵等三十七节，尤以《伟大的节日》一节最宏丽，参加演出单位有中央歌舞团等十六个，中国人民解放军总政治部文工团等八个，北京人民印刷厂等产业部门及北京大学等业余合唱团共廿三个，北京市第二中学等十四个，协助演出单位有北京人民艺术剧院等八个。规模之大，前无伦比矣。观众既多罕遇熟人，仅在场遇觉农及光旦，在门口遇贺麟云。九时半剧终，出门候车，老赵不久即寻到，乃驾车送归。

子臧先下。予到门，润儿已闻声来接。少坐便就寝。未及十时也。

12 月 19 日（十一月十六日　壬寅）**星期六**

晴寒。

晨六时起。九时，濬儿来。十一时半，湜儿自定福庄来，谓午后将往局中听报告。午与濬、润、湜三儿及宜孙饭。宜孙午后无课故归饭。饭后，湜赴局，润去馆，濬亦归去。元孙乃归，盖午后亦无课云。

下午文修来。夜，小燕随母归，遂共儿孙辈（湜儿亦归来）饭。九时就寝。湜送文修上车旋归。

12 月 20 日（十一月十七日　癸卯）**星期**

晴寒。

晨六时半起。九时半，老王车来，遂乘以过接子臧，同驰往政协礼堂。晤云彬、若定、征燠、文藻、暂沉等。十一时参加第四届全国政协第一次大会开幕，周总理主席，予坐楼上一排一号。通过主席团及秘书名单等,郭沫若作上届工作报告。十二时十分散会,仍与子臧同车送归。

午后三时一刻出,乘廿四路南转三路,到新侨饭店参加民进中央招待本会会员之来京出席人代政协者,以是晤各地熟人,如杭州周建人,上海李平心、柯灵等。洁琼、志成等下放四清者亦归京云。茶叙至六时,予偕圣陶、至善父子归其家,因留彼晚饭。

八时半,润儿、元孙来叶家接予,乃偕乘廿四路南归。到家湜儿亦归。予以汗湿衷衣即取汤拭身,润儿为擦背,换棉毛衫就寝。

12 月 21 日（十一月十八日　甲辰）星期一

晴寒。

晨六时起。八时二十分车来,即乘以过接子臧同赴民族饭店十一楼西厅,参加政协第廿八组组会,晤云彬、秉文、若定、征燠、通夫等。盖本次分组,凡特邀委员均按地区分组,在京委员则各按籍贯分插之,故廿八组为江浙组,以此语言隔阂大减,诚一大改进办法也。九时开会,推选正副组长,并讨论昨日郭沫若报告。十一时散,仍与子臧同车送归。

午与润儿共饭。下午二时廿分车来,仍过接子臧,同赴人大会堂参加第三届人大第一次大会开幕。予以政协委员列席,坐楼上第十排第五十三号。三时半开幕,毛主席、刘主席、朱委员长、周总理等党政领导人俱到,刘主席宣布开会后,由周总理代表国务院作政府工作报告。至五时半散会,仅报告一部分,明日犹须继续报告也。

到家后,濬儿、文权、汉儿、润儿、元孙、宜孙都集,遂团坐共饮。以今日为冬至夜,藉以团聚家人耳。惜琴媳与湜儿俱以工作关系未能与焉。

九时，潘等归去。予取汤洗足换衬裤就寝。

12 月 22 日（十一月十九日　己巳）星期二

晴寒。仍有雾。

晨六时起。八时半车来，过接子臧，同赴民族饭店参加廿八组小组座谈。十一时半散，仍归家午饭。与润儿同餐。

午后二时一刻车来，与子臧同赴人大会堂列席人大会议。续听周总理政府工作报告。六时半毕。散会后，纪元邀予往南河沿文化俱乐部，因附予车行，到俱乐部下，老王乃独送子臧归。俱乐部餐厅新改由恩成居接办，以粤菜称。是晚被邀者有冯仲足、叶圣陶、至善父子，凡五人，地静甚适畅谈。惜酒肴都不见佳妙，虚名之不足恃有如此者，宜其问津者鲜矣。纪元殷勤见招，转使主人歉然。予等亦同为怅叹耳。餐后，予与仲足俱附圣陶车行，至小雅宝西口步归。

润、琴俱未归也。九时就寝。十时后，润、琴乃先后返。

12 月 23 日（十一月二十日　丙午）星期三

雾转晴兼多云。寒气稍缩。

晨六时半起。八时一刻车来，仍过接子臧，同赴民族饭店十一楼西厅政协廿八组组会。九时开会，经众讨论，今日先阅读文件（政府工作报告），明日开始展开讨论。因各自由处理，先行者颇多。予与子臧、云彬仍在彼阅读，十一时半乃乘车各归。

午与润儿同饭。下午未出。晚与两孙同饭。八时半就寝。十时，润始归。琴归何时未之闻。

是夕未服药,竟梦魇频扰,至翌晨三时起便旋,不得不取服"导眠能"始入睡。六时乃醒。

12 月 24 日(十一月廿一日　丁未)星期四

重雾笼日,晓有浓霜。气温还暖,北地冬至后有此象颇以为怪。

晨六时一刻起。八时一刻车来,乘以过接子臧,同赴民族饭店出席廿八组组会。听人发言。十一时半散,向组长卢宗澄请假,下午在家休息,仍与子臧偕乘以返。

午与润儿同饭。饭后炉边小盹,片晌即醒,终不能偿昨宵之欠睡也。少选抽笺写家书京廿五号,寄复滋儿,即令沈姨出付邮。

五时半,象钟有电话见约,谓晚饭后将来看我。因先与元、宜两孙同饭。六时三刻,润儿归来,象钟适至,予亦饭毕。乃延见长谈。承伊美意,特来传达重要报告,继又谈所事及外放工作情况。八时半始去。

九时就寝。琴媳旋返。

12 月 25 日(十一月廿二日　戊申)星期五

12 月 26 日(十一月廿三日　己酉)星期六

两日天气相同,只是廿六日更晴朗而已。

上午下午均参加政协小组开会,可记者此次本组成会各方面专家都有,农业,工业,教育,文艺,体育,美术,政法,历史,文学俱有发言。在予言得益不少,有隔行向不了解者,有国外情形全未目击而此次详闻种切,不啻亲历者,最突出的表现则思想斗争耳。顽固守旧倒不多,而崇洋之人亦颇有津津乐道洋风,宜乎受人批评矣。廿五日上午即廿六日下午,予均发言。廿六下午六时许,散会归家。

夜与润、琴、元、宜、燕同饭。湜儿下午即归。仍往文修家夜饭。十时始归。予已就卧久矣。

12 月 27 日（十一月廿四日　庚戌）星期

晴兼多云,气温稍低。

晨六时半起。上午未出。十时许,雪村偕予同来访,予同新膺第三届人民代表,与上海市各人代同来,住前门饭店,乘今日休假特来看我者。握谈移时,辞去。雪村亦同去。

文修来。午与润、琴、湜、修、元、宜、燕同饭。

午后一时半车来,乘以过接子臧,同赴人大会堂,由北门入,在二楼宴会厅集合,先休憩茶谈,晤陈真如、李云亭、李平衡等。三时,毛主席,刘主席,宋、董两副主席,朱委员长,周总理等国家领导人延见本届政协全国委员之出席第一次会议者。随即合摄一影。三时半散,仍与子臧同车送归。

四时后潜儿、文权、汉儿、鉴孙偕来,薄暮皆归去。夜与润、琴、湜、修、元、宜、燕同饭。八时,文修归去,湜亦往汉儿家,今晚住在彼处,俾明日骑车直赴定福庄外语学院也。

九时半就寝。

12 月 28 日（十一月廿五日　辛亥）星期一

阴寒。

晨六时半起。八时一刻车来,过接子臧,同赴民族饭店十一楼出席政协廿八组小组会议。十一时半散,仍与子臧同车送归。

午与润儿同饭。下午二时一刻,仍乘车与子臧同赴民族饭店出席小组。六时散,归家已灯火万家矣。

待汉、润来饭,七时犹未见来,乃与元、宜两孙同饭。饭后,濬、权来。八时,汉至,具餐。九时,润始归,复具餐。一顿饭分三次开,甚无谓也。颇着恼。九时三刻,濬、权及汉皆归去。予亦就寝。十时后,琴始归。

12 月 29 日(十一月廿六日　壬子)星期二

阴,晨中见雪即止,午后晴,天寒。

晨六时半起。八时一刻车来,过接子臧同赴民族饭店出席。小组讨论热烈,十二时五分始散。乘车归饭已过十二时半。润已等予矣。

午后二时一刻车来,与子臧同赴政协礼堂出席全体大会。六时散,云彬附予车同到民族饭店购餐券,与子臧同在彼处晚饭。饭后即与子臧同车赴天桥剧场看芭蕾舞《红色娘子军》。到时未及七时,已坐在第二排台右侧矣。十时散,车送回家已十时半,少坐便寝。

12 月 30 日(十一月廿七日　癸丑)星期三

晴寒。仍有雾。

晨六时半起。八时一刻车来,径赴政协礼堂出席大会。十二时散,子臧出席本所组会未与。云彬乃附车至民族饭店。

到家与润儿同饭。饭后二时一刻车来,过接子臧,同赴政协礼堂出席大会。六时散,与子臧、云彬同车过民族饭店,予则独自径归。与润、元、宜同饭。饭后,润复入馆加班。

九时,润、琴皆归,予乃令润取汤为予擦背,然后洗足易亵衣就寝。

12 月 31 日（十一月廿八日　甲寅）星期四

晴寒。

晨六时半起。八时半车来(改由老赵司机),过接子臧同赴政协礼堂出席全体大会。听各位发言中暴露严重问题不少,于此可证社会主义教育运动的发展真刻不容缓矣。

十二时即车归,午饭与润儿共之。午后一时,与润儿偕出,伊入馆上班,予则步往文学所参加新年联欢大会。一时半开会,唐副所长致词后,由同人分节表现歌唱音乐。三时半结束,予与子臧乃乘老王所驾车前往民族饭店出席政协廿八组小组会,认可本会主席、副主席、秘书长及常务委员名单。五时即散。子臧以须参加本晚人大会堂军民联欢迎新大会,留与云彬等同行,老王乃先送予归。

夜与润、琴、湜、元、宜、燕及外孙黄升堉同饭。饭后看电视,转布人大会堂联欢节目,十时半就寝。其实尚未完也。